KB201948

지난 3백년 동안 복음서 연구를 지배한 역사비평 방법은 기본적으로 "의심의 해석학"에 바탕을 두고 있었다. 곧 모든 것을 의심함으로써 의심할 수 없는 진실을 찾아낼 수 있다는 전제에 지배를 받았다. 그로 인해 얻은 성과도 많지만, 복음서 기록에 대한 의심과 회의와 불신이 커져 왔다. 이런 상황에서 저자는 수사관의 수사 원칙과 기법을 따라 그동안 의심되어온 문제들을 하나씩 점검한다. 매우 따분하고 지루할 수 있는 문제를 추리 소설처럼 혹은 범죄수사 드라마처럼 흥미롭게 다루고 있다. 그런 과정을 통해 독자는 든든한 확신에 이르게 된다. 복음서를 사랑하는 독자들 모두에게 일독을 권한다.

김영봉
와싱톤사귐의교회 목사

첨단과학 범죄수사기법을 동원하여 복음서 증언들의 진위 여부를 가려내겠다는 이 기상천외한 발상은 그 자체로 충격적이다. 물론 변증적 차원에서 복음서의 역사적 사실성을 진술한 책들이 없었던 것은 아니지만 이 책은 전혀 새로운 차원에서 이 문제를 다루고 있다. 경륜 있는 미제사건 전담 수사관인 저자가 복음서의 뒷골목을 샅샅이 뒤져 실 한 가닥도 지나치지 않는 날카로운 눈과 귀 그리고 예민한 손끝으로 자료들의 퍼즐들을 맞춰가는 것을 보면서 독자들은 손에 땀을 쥐게 된다. 저자가 안내하는 길을 따라가다 보면 독자들은 어느새 복음서에 대한 확신이 깊어진 자신을 발견하게 될 것이다. 한 글자도 놓치지 않고 정독해볼 가치가 있는 흥미진진한 책이다. 먹고 나서 후회하는 라면류가 결코 아니다.

류호준
백석대학교 신학대학원 구약학 교수

"회의"와 "의심"의 눈으로 성서를 바라보던 저자가 도리어 회의주의자들에게 일격을 가한다. 성서학자가 아니라 수사관 출신이라는 특이한 이력을 가진 저자가 자신의 경험을 유비적으로 활용하여 성서읽기의 색다른 방식을 제시하는 것이 독특할 뿐 아니라 더욱 흥미를 끈다. 본서는 저자만의 독창적인 관점을 구체적으로 적용하여 정경 복음서야말로 가장 신뢰할 만한 역사적 문서임을 논증하는 동시에, 그 중심에는 언제나 하나님의 유일한 아들 예수가 우뚝 서 있음을 설득력 있게 변증하여 독자를 끝내 매료시키고 만다.

윤철원
서울신학대학교 신학대학원 신약학 교수

나의 친구 J. 워너 월리스는 내가 알고 있는 가장 사려 깊고 매력적인 복음 변증가들 가운데 한 사람이다. 『베테랑 형사 복음서 난제를 수사하다』는 당신이 주변에 있는 회의론자들과 함께 나눌 수 있는 통찰로 가득 차 있으며, 이 책을 통해 당신은 이를 나눌 수 있다는 자신감을 얻게 될 것이다.

릭 워렌 Rick Warren

『목적이 이끄는 삶』 저자, 새들백교회 목사

『베테랑 형사 복음서 난제를 수사하다』는 굉장한 책이다. 내가 처음으로 기독교 신앙을 검토했을 때, 이런 자료가 있었다면 얼마나 좋았을까! 그랬다면 이 책은 내가 품었던 여러 질문에 대답해주었을 것이고 진리의 길에 굳건히 서는 데 큰 도움이 되었을 것이다.

조쉬 맥도웰 Josh McDowell

강연가, *Evidence That Demands a Verdict* 저자

무신론자인 어떤 경찰관이 정말로 풀기 어려운 사건, 예를 들어 수십 년 동안이나 미제 딱지가 붙었던 살인사건을 해결하기 위해 사용하는 것과 동일한 포렌식(과학적 범죄수사) 기술들을 나사렛 예수의 생애에 대한 목격자 증언과 정황 증거에 적용한다면 어떤 일이 벌어질까? 이는 복음서의 신뢰도 문제에 관한 대단히 흥미롭고 새로운 접근이 될 것이다. 『베테랑 형사 복음서 난제를 수사하다』는 내가 이제껏 읽어본 신약성서의 신뢰도에 관한 변증 가운데 가장 기발하고도 설득력이 넘친다. 사건은 종결되었다.

그레고리 쿠클 Gregory Koukl

Stand to Reason 대표, *Tactics: A Game Plan for Discussing Your Christian Convictions* 저자

『베테랑 형사 복음서 난제를 수사하다』는 성서의 진정한 사실을 찾는 일에 신선한 접근법을 제공한다. 이와 같은 접근은 변증학을 정말로 즐겁게 만들어준다. 당신이 회의론자이든 영적 구도자이든, 아니면 헌신된 신자이든 관계없이 기독교 신앙을 뒷받침하는 증거에 관심이 있다면 이 책을 강력히 추천한다. 모든 사람이 J. 워너 월리스의 힘 있는 신간으로부터 유익을 얻을 수 있을 것이다."

마크 미텔버그 Mark Mittelberg

The Questions Christians Hope No One Will Ask(with answers) 저자

Becoming a Contagious Christian 공저자

이 책에 대한 J. 워너 월리스의 아이디어를 듣는 순간, 나는 그것이 정말로 오랜만에 듣는 신선한 아이디어라고 생각했다. 손에 책을 들고 있는 지금, 이 책은 나의 기대를 실망시키지 않는다. 우리는 이 책을 통해 기독교의 진리 주장이 얼마나 강력하고 오래된 것인지를 가장 즐겁고 기발한 방식으로 배울 수 있다. 나는 언제나 표준적인 수사도구들을 편파적이지 않은 방식으로 적용하기만 한다면, 기독교의 진리 주장의 정당성을 입증해줄 것이라고 생각해왔다. "미제사건" 형사로서 짐이 수행한 작업은 그 생각이 옳았음을 보여준다.

크레이그 J. 헤이즌 Craig J. Hazen

바이올라 대학교 기독교 변증학 프로그램 창설자, *Five Sacred Crossings* 저자

오늘날 미국인들은 진리를 추구한다. 가장 기본적인 진리는 하나님의 주권적인 실재다. 불가지론에서 변증학에 이르는 여정 가운데 J. 워너 월리스는 그와 같은 신의 실재를 증명하기 위해 "미제사건"의 수사 기술을 사용한다. 이 책을 읽으라. 절대로 후회하지 않을 것이다.

윌리엄 G. 보이킨 William G. Boykin

미 육군 중장(퇴임), Family Research Council 부대표,
전 국방부 정보담당 부차관, 미 육군 델타포스 창립 멤버

『베테랑 형사 복음서 난제를 수사하다』는 실제로 대단히 빠르게 전개되는 수사 드라마와 같이 읽힌다. 이 책은 흥미로운 증거와 논쟁으로 가득 차 있을 뿐만 아니라, 역사적인 기독교를 옹호하거나 반대하는 증거에 대해 법률적 접근을 제시하는 모든 작품 가운데서도 독특하다. 나는 이처럼 중요한 책을 열렬히 추천하는 동시에 이런 훌륭한 작품을 남겨준 J. 워너 월리스에게 감사의 마음을 표한다.

J. P. 모어랜드 J. P. Moreland

바이올라 대학교 철학 특임교수, *The God Question* 저자

『베테랑 형사 복음서 난제를 수사하다』는 신앙의 변증에 대해 정말로 오랜만에 읽어본 매우 통찰력 있고 흥미로우며 유익한 책들 가운데 하나다. 당신이 기독교인이든 회의론자든 간에, J. 워너 월리스는 새로운 시각으로 증거를 숙고하도록 당신에게 도전할 것이다. 나는 여러 해 동안 신앙에 대한 증거들을 연구해왔지만, 그럼에도 짐은 내가 역사적·과학적·철학적 사실들을 새로운 방식으로 바라보도록 돕는다. 나는 이 책을 두말할 필요도 없이 높이 추천한다.

션 맥도웰 Sean McDowell

교육가이자 강연가, *Is God Just a Human Invention?* 저자

J. 워너 월리스의 『베테랑 형사 복음서 난제를 수사하다』는 예수 부활의 증거에 대해 매력적인 관점을 제공한다. 월리스는 과거에 무신론자로서의 경험도 있지만—그것은 보너스와 같은 특징이다—이 책에서 그는 미제사건 담당 형사로서의 전문성을 가지고 최초의 부활 현장을 둘러싼 사건들의 법의학적인 측면을 살핀다. 이 책은 예수의 부활과 관련해서 점점 더 증가하는 문헌들에 특별히 기여하는 작품이다.

폴 코판 Paul Copan
팜비치애틀랜틱 대학교 철학 및 윤리학 교수

오랜 시간 검사로서 일하는 동안 나는 사건의 정황이 갖는 설득력을 인정하게 되었다. J. 워너 월리스는 미제 살인사건 수사를 그의 생업으로 삼아왔다. 이제 그는 진실에 대한 그와 같은 끈덕진 추구와 냉철한 판단력을 고대 문서, 목격자 진술, 변화된 삶의 세계에 적용하고 있다. 과학적 범죄수사 기법에 따른 진술 분석, 동기의 평가, 그리고 음모가 성공하기 위해 무엇이 필요한지에 대한 분석에 이르기까지 짐은 심층적인 내용을 제시한다. 그 내용은 쉽게 접근할 수 있는 동시에 "입증의 책임"을 질 수 있을 만큼 충분히 유익한 것들이다.

앨 세라토 Al Serrato
캘리포니아 주 검찰청 검사보

J. 워너 월리스 형사는 범죄해결에 유능하지만, 동시에 이야기 전달에도 창의적이다. 이 책은 그가 맡았던 것들 중 최대의 사건으로, 여기서 그는 자신이 지난 일을 통해 배워온 여러 교훈을 적용해서 바로 자기 자신의 개인적인 변화 과정을 수사한다. **로버트 딘** Robert Dean
Dateline NBC 프로듀서

경찰관 모임의 동료인 J. 워너 월리스는 우리 세대는 물론 자녀들의 세대를 위해서도 귀중한 공헌을 했다. 그의 책에는 진리를 추구하는 이들에게 고전이 될 수 있을 만큼의 잠재력이 깃들어 있다. 짐은 수사계통의 훈련과 논리를 틀로 삼아 하나님, 예수, 성서의 신뢰도, 복음서의 메시지를 검토하는 작업을 훌륭하게 수행했다. 그의 분석은 회의론자들은 물론 구도자들과 헌신적인 신자들 모두에게 흥미롭고 강력한 인상을 줄 것이다. 탐정들과 학자들이 모두 함께 이 작품을 소중히 여기게 될 것이다. 이 책은 내 개인 서재에서도 이미 중요한 자료가 되어 있다.

로버트 L. 버논 Robert L. Vernon
LA 경찰 부서장(퇴임), Pointman Leadership Institute 창립자

경고! 시간이 없다면, 이 책을 집어 들지 말라. 당신은 이 책을 읽는 동안 절대로 내려놓을 수 없을 것이다. 이 책은 모든 사람이 읽어야 할 유일무이하고 획기적인 책이다. J. 워너 월리스는 기독교의 진리 주장을 수사하는 일에서 특별한 위치에 있다. 오랜 시간이 걸리지 않아 그는 내가 가장 선호하는 변증가가 되고 있다. 10점 만점에 12점을 주고 싶다.

돈 스튜어트 Don Stewart

Pastor's Perspective 진행자, 작가

『베테랑 형사 복음서 난제를 수사하다』는 흥미로운 탐정소설처럼 읽히는 동시에 교과서와 같이 읽히기도 한다. J. 워너 월리스는 자신의 노련한 수사 기술들을 사용하여 기독교가 사실일 수밖에 없다는 믿기 어려운 주장을 펼쳐간다. 나는 그를 미국의 모든 대학 캠퍼스로 데려가 학생들을 배심원으로 삼은 다음, 그가 그의 주장을 펼치도록 자리를 마련하고 싶다.

릭 쉥커 Rick Schenker

대학생 변증학 연맹 Ratio Christi 대표

J. 워너 월리스에게는 직업 형사로서의 배경이 있고, 그래서 그는 증거를 꼼꼼히 살펴서 조리 정연한 결론에 도달하는 능력과 자질이 있다. 월리스의 『베테랑 형사 복음서 난제를 수사하다』는 오늘날 우리가 가지고 있는 변증학 자료들 가운데 독특하다. 이는 전문 수사관이 어떤 사건을 다룰 때 적용하는 것과 동일한 규약을 사용하여 역사적인 사실과 관련된 증거를 검토하기 때문이다. 당신이 믿음의 영역 중 어디에 속하든지―기독교인이든 회의론자이든 둘 사이 어디쯤이든―월리스가 기독교를 검토하면서 적용한 수사 원칙들은 변증학 분야에서 필독서가 될 만한 공헌을 이루어냈다.

알렉스 맥파랜드 Alex McFarland

10 Most Common Objections to Christianity 저자, 노스그린빌 대학교 변증학 책임자

J. 워너 월리스의 친구이자 상사였던 나는 운이 좋은 사람이다. 나는 『베테랑 형사 복음서 난제를 수사하다』를 대단히 즐겁게 읽었다. 짐은 노련하고 놀라울 만큼 능수능란한 수사관으로서, 진실에 도달하기 위한 중요한 개별 증거들을 찾아내고 그것들을 논리적으로 연결시키는 뛰어난 재능을 지녔다. 이 책은 눈을 떼기 어려운 수사물로서 여기서 짐은 어떤 범행을 수사할 때 따르는 단계들을 그리스도에 관한 진실을 밝히기 위해 따라오는 단계들과 병행시킨다. 이 책은 설득력이 넘치고 확증적인 방식으로 진실을 조명하는 밝은 빛이다.

짐 헤렌 Jim Herren

UCLA 경찰서 서장

나는 지난 25년 동안 J. 워너 월리스와 함께 일하는 기쁨을 누렸고, 이것은 내가 그로부터 배운 가장 소중한 것이기도 하다. 그의 뛰어난 작품 『베테랑 형사 복음서 난제를 수사하다』를 통해 독자들은 미제사건 담당 형사로서 얻은 짐의 경험으로부터 무언가를 배우게 되고 그것에 더하여 그의 참된 열정도 발견하게 될 것인데, 그의 열정은 그의 인격, 지식, 지혜에 비교될 만하다. 『베테랑 형사 복음서 난제를 수사하다』는 모든 사람이 참고할 수 있는 새로운 자료를 제공했고, 짐이 기독교를 위해 이루어낸 무한한 기여를 보여준다. **존 J. 누** John J. Neu

토런스 경찰서 서장

수사관의 작업은 관찰하는 눈과 사건 관련성을 알아보는 냉철한 정신을 요구한다. 하나님은 짐 월리스에게 그와 같은 은사를 허락하셨다. 그 은사는 수년 동안 사용되어 향상되었고, 이 책의 작업을 통해 증명되었다. 스코틀랜드 야드(영국 런던 경찰국)의 위대한 로버트 앤더슨 경과 흡사하게 월리스는 사실들을 파헤치고 그 사실들을 타당한 방식으로 제시한다.

켄 그라브 Ken Graves

강연자, 메인 주 뱅고어 갈보리 채플 목사

Cold-Case Christianity

COLD-CASE Christianity

베테랑
형사
복음서
난제를
수사하다

J. 워너 월리스 지음

장혜영 옮김

Holy
WavePlus

차례

1부　**형사가 되는 법을 배우라**　　27
형사가 되기를 갈망하는 모든 사람이 통달해야 하는 열 가지 중요한 원칙

이 책을 쓸 수 있도록 동기를 부여하고 믿음 안에서 참된 형제가 되어준 션 맥도웰(Sean McDowell), 나의 가장 열렬한 지지자였을 뿐만 아니라 이 책의 출간을 실현시킨 사람들과 나를 연결해준 크레이그 헤이즌(Craig Hazen), 성심을 다해 이 작업을 지지해준 리 스트로벨(Lee Strobel), 그리고 내 전화를 일일이 받아주었을 뿐만 아니라 한낱 미제 사건 담당 형사인 나를 믿고 모험을 감행해준 출판 에이전트 마크 스위니(Mark Sweeney)에게 큰 감사의 마음을 전한다.

이 책을 나의 가장 친한 친구이자 가장 신뢰하는 파트너이며 또한 가장 명석한 비평가인 내 아내, 곧 내 영감의 원천인 수지(Susie)에게 바친다. 내가 쓴 모든 문장을 가장 먼저 읽어주었을 뿐 아니라 감히 책을 쓰겠다는 꿈을 갖도록 나를 도와준 당신, 고마워요.

나는 살인사건 담당 형사들과 어울리기를 좋아했다.

　나는 「시카고 트리뷴」(*Chicago Tribune*)의 일반 기자로서 언론인 경력을 시작했다. 당시 나는 야간 근무조에서 일하면서 도시에서 자주 일어나는 살인사건과 마주쳤다. 범죄조직의 범행, 갱이 연루된 폭력사건, 엇나간 가정 분쟁, 판이 커진 강도사건 등을 취재했다는 뜻이다. 나중에는 형사 법원으로 파견되어 쿡 카운티(Cook County) 주변에서 일어나는 주요 살인사건 재판들을 보도하기도 했다.

　나의 이런 이력은 내가 살인사건을 담당하는 형사들을 인터뷰하고, 그들과 오랜 시간 동안 어울렸다는 것을 말한다. 나는 그 형사들을 좋아했다. 그들은 에두르지 않고 핵심을 겨냥했으며, 피고인들이 자신의 발자취를 감추기 위해 사용하는 안개와 같은 속임수를 꿰뚫어보는 비범한 능력을 갖추고 있었기 때문이다. 실전으로 다져진 이 수사관들은 좀처럼 가짜 알리바이나 조잡한 핑계에 속아 넘어가는 일 없이, 모든 이를 어리둥절하게 만드는 미스터리들을 체계적으로 잘 풀어나갔다. 그들은 증거를 중심으로 움직였고― "드라그넷"(*Dragnet*, 1951년에서 1959년까지 방영된 TV 드라마―역자 주)에서 잭 웹(Jack Webb)이라는 나이 많은 등장인물이 자주 말하고 했던 "아주머니, 오로지 사실만요"라는 대사처럼—나 역시도 온 도시가 읽게 될 기사를 인쇄하기에 앞서 계속 반복해서 정보를 꼼꼼히 확인하곤 했다.

그 당시 나는 무신론자였다. 나는 신을 믿는 믿음이 추측, 소원, 감정에 기초한다고 생각했다. 사실, 신의 존재를 지지하는 어떤 증거가 있을 수 있다는 생각은 내게는 너무 생소했다. 그런데 나만 그런 것이 아니었다.

짐 워너 윌리스는 미제 살인사건의 수사관으로서 처음에는 영적인 세계를 부인하는 회의론자였다. 그는 초자연적 현상은 불가능하다는 가정에서 출발했는데, 형사로서 가진 기술을 부지런히 적용하며 증거가 인도하는 대로 따라갔을 때 그 가정과 전혀 다른 결론에 다다르게 되었다. 그는 면도날 같이 날카롭고 정밀하게 증거를 평가하면서, 역사상 가장 중요한 미스터리를 풀어냈다. 그것은 곧 나사렛 예수가 하나님의 유일무이한 아들이라는 사실이었다.

짐은 이와 같이 수완 넘치고 매혹적인 책을 통하여, 다른 형사들을 곤혹스럽게 만든 미제 살인사건을 자신이 해결하는 데 오랫동안 사용해왔던 도구들과 기술들을 소개할 것이다. 그리고 거기서 사용된 그의 분석적 사고가 어떻게 아주 오래전에 십자가 처형에 의한 살해와 뒤이어 일어난 믿기 힘든 부활 사건의 수수께끼를 해결하는 데 사용될 수 있을지를 보여줄 것이다. 짐이 25년에 이르는 경찰 경력을 활용해서 역사적 증거들이 어떻게 그리고 왜 저울을 기독교에 우호적인 쪽으로 크게 기울게 만드는지 설명해나가는 과정은 정말 매혹적이다.

당신이 과거의 짐과 나처럼 "영-회의론자"인 독자라면, 이 모험에 가득 찬 탐구 과정은 통찰과 지혜로 넘쳐나서 저항하기 어렵고, 눈을 열어주며, 인생을 바꿀 잠재력을 지닌 여정으로 다가올 것이다. 나는 당신이 훌륭한 경찰관처럼 증거가 뒷받침되는 최종 결론에 도달할 때까지, 다시 말해 증거가 궁극적으로 지지하는 결론에 이를 때까지 조사를 계속하기 바란다. 그 결정은 당신이 마침내 도달해야 할 당신의 몫이다.

당신이 예수의 제자라면 짐의 기록은 먼저 당신의 믿음을 강화시켜 줄 것이며, 나아가 당신은 역사 속의 많은 예리한 사상가들이 왜 유독 기독교만이 신뢰할 만하다는 결론을 내렸는지를 다른 사람들에게 보다 효과적으로 설명할 수 있게 될 것이다.

의심할 바 없이 당신은 미제사건의 담당 형사가 자신을 깊이 당황하게 만든 살인사건을 풀기 위해 어떻게 증거들의 퍼즐을 맞춰나갔는지에 관한 대중매체의 이야기를 들은 적이 있을 것이다. 그중 하나는 짐이 실제로 해결을 도왔던 사건에 기초하고 있을 수도 있다. 그런 모든 조사 방법들이 중요하다고는 해도 그 가운데 어느 것도 이 책이 씨름하고 있는 사건의 중요성에는 범접하지 못한다.

이제 짐이 믿음의 증거를 탐문하는 동안, 그를 그림자처럼 뒤따를 준비를 하라. 당신은 그의 흥미로운 접근에서 눈을 떼기가 어렵고, 탄탄한 논리가 그의 결론을 충분히 뒷받침하고 있다는 사실을 발견하게 될 것이다. 짐과 더불어 예수에 관한 역사적 사건들을 파헤치고, 그것이 당신과 당신이 아는 모든 사람에게 미치는 영원한 결과를 발견하라!

리 스트로벨 www.LeeStrobel.com
『예수는 역사다』, 『특종 믿음 사건』 저자

형사의 길

전화를 받은 것은 새벽 1시경이었다. 살인사건 담당부서의 형사는 경찰-총격-사건(OIS)도 맡는데, 나를 포함하여 OIS 팀 전원이 이번 사건에 호출된 것이다. 현장에 도착했을 때, 경찰관 마크 워커(Mark Walker)가 우리를 기다리고 있었다. 그는 순찰차 옆에 서서 한 경사와 이야기를 나누는 중이었다. 나는 그와 악수를 나누면서 그가 총격에 대해 의견을 나눌 준비가 되어 있음을 확인했고, 함께 우리의 "호출"을 촉발시킨 사건을 되짚기 시작했다.

마크는 순찰을 돌던 중 마치 술 취한 것처럼 이리저리 차선을 넘나드는 차량 하나를 발견했다고 말했다. 그는 운전자를 세운 뒤에 차량 쪽으로 다가갔다. 운전자에게 말하기 위해 몸을 숙였을 때, 그의 입에서 알코올 냄새가 풍겼다. 마크가 운전자에게 차에서 내릴 것을 명령하자, 그는 마지못해 명령을 따랐다. 차량 밖으로 불려 나와 서 있는 그에게서 분노와 반항심이 느껴졌다. 마크는 혹시 운전자가 무기를 소지했는지 확인하기 위해 간단한 "몸수색"을 하기로 했다. 마크는 그가 인근 도시에서 수차례 체포된 이력의 소유자이며, 지금은 가석방 상태로 풀려난 제이콥 스티븐스(Jacob Stevens)임을 알지 못했다. 제이콥은 방금 주 교도소에서 풀려난 상태였다. 그의 죄목은 폭행이었고, 그날 밤 그는 허리춤에 장전된 콜트 45구경 권총을 감추고 있었다. 제이콥은 총이 발견되는 순간 감옥으로 돌아가야 한다는 사실을 알았기에, 어떻게든 그것만은 피하고 싶었다.

마크가 제이콥 스티븐스에게 몸수색을 할 수 있도록 몸을 돌리라고 지시했을 때, 그는 몸을 돌리는 척하면서 순간적으로 총을 뽑아 마크의 가슴에 총구를 겨눴다.

"먼저 총을 꺼낸 것은 확실히 그입니다." 마크는 사건을 회상하며 내게 이야기했다. "제가 총을 잡기도 전에 그는 이미 총을 꺼내 저를 겨누고 있었지요."

제이콥은 자신이 처한 상황에 대해 마크와 의논할 생각이 전혀 없었다. 그는 경찰을 죽이는 한이 있더라도 감옥으로 되돌아갈 수 없다는 의지만 확고했다. 제이콥은 마크에게 총을 겨눴고 방아쇠에 힘을 주기 시작했다. 마크는 목숨이 걸린 싸움에 빠져들었지만, 시작부터 상대보다 몇 초 뒤처진 불리한 상황이었다.

법을 집행하는 사람이라면 누구나 방탄조끼의 착용이 얼마나 중요한지 알고 있다. 처음 경찰관이 되었을 때 방탄조끼를 입는 훈련을 받기도 하고, 조끼가 실탄을 막아내는 모습을 실제로 보기도 한다. 우리가 알기로 방탄조끼는 45구경을 포함한 모든 총알을 막아낼 수 있다. 마크에게는 그날 밤이 그 사실을 시험할 기회였다.

"배에 힘을 주고 총알을 맞이할 준비를 하면서 동시에 권총집에서 총을 꺼냈어요. 그가 첫 발을 발사할 것을 알고 있었거든요."

베테랑 형사 복음서 난제를 수사하다

마크는 방탄조끼가 45구경 총알의 충격을 견딘다는 것을 알고는 있었지만, 그 사실을 신뢰하게 된 것은 그날이 처음이었다. 바로 그순간 마크는 "지식의 믿음"(belief that)에서 "신뢰하는 믿음"(belief in)로 옮겨간 것이다. 조끼가 생명을 살릴 수 있다고 단순히 믿는 것과 나 자신의 생명을 의탁할 만큼 그것을 신뢰하는 것은 엄연히 다른 일이다. 물론 마크는 목숨을 건졌고, 우리에게 그 사건에 대해 증언했다. 하지만 내가 마크로부터 얻은 교훈은 그가 상상도 하지 못할 만큼 큰 영향을 내게 미쳤다.

지식의 믿음(belief that)에서 신뢰하는 믿음(belief in)으로

내가 목사의 설교를 처음으로 들은 것은 서른다섯 살이나 되어서였다. 교회에 가자는 한 동료 경찰관의 청을 여러 달 동안 거절했지만, 결국 가족과 함께 주일 아침예배에 참석하게 되었던 것이다. 대부분의 설교 내용을 무시하며 듣던 중에 나는 설교자가 그리는 예수의 모습에 집중하게 되었다. 설교자는 예수를 대단히 명석한 인물로 묘사했고, 예수가 삶, 가족, 관계, 일에 대하여 놀랄 만큼의 큰 지혜를 가졌다고 말했다. 그 말은 사실일 수도 있겠다는 생각이 들었다(belief that). 예수를 하나님으로 믿고 그 앞에 무릎을 꿇을 수는 없었지만, 그를 선생으로 여기고 그의 말에 귀를 기울일 수는 있었다. 내 생애 처음으로 성서를 구입했던 것은 그로부터 일주일이 지난 후였다.

친구들 사이에서 나는 성난 무신론자이자 기독교인과 기독교 세계관을 진지하게 해부하는 회의론자였다. 그런 내가 갑자기 예수의 이야기를 들으려고 복음서를 읽기 시작한 것이다. 나는 복음서의 어떤 특성 때문에, 고대 철학에 대한 현자로서의 관심이 아니라 형사로서의 호기심을 느꼈다. 그때까지 나는 순찰경관과 갱 수사 팀, (거리의 마약을 수사하는) 메트로 팀, 경찰 특수기동대(SWAT), (전문 범죄자를 수사하는) 크라임 임팩트 팀의 일원으로 일해왔다. 나는 (수천은 아니라도) 수백 명에 달하는 목격자와 용의자들을 심문한 경험이 있다. 그래서 나는 목격자 진술의 본질에 익숙했고, 증언이 법원에서 어떻게 평가되는지도 잘 알고 있었다. 복음서 안의 무엇인가가 내게 단순한 신화적 이야기 그 이상의 인상을 풍겼다. 실상 복음서가 고대 목격자들의 진술로 보이기 시작했던 것이다.

수없이 많은 심문을 해본 경험과 마지막에 용의자들의 "자백"을 받아내는 데 성공한 사례 덕분에, 내가 속한 부서는 나를 여러 수사학교로 보내 기술을 더 연마하도록 해주었다. 나는 포렌식 진술분석(FSA) 훈련을 받았다. 이 방법을 신중하게 적용하고, 용의자가 선택한 대명사, 긴장이 느껴지는 용의자의 화법, (다른 많은 언어적 성향과 더불어) 시간의 압축과 확장 등을 면밀히 살핌으로써, 나는 보통은 그 용의자가 정말로 범죄를 저질렀는지 판단하는 것은 물론 때로는 실제로 범죄가 일어난 시각까지 알아맞히기도 했다. 이런 기술이 용의자나 목격자 진술에 대해 놀라운 통찰을 제공할 수 있다면, 그것이 복음서의 주장을 조사하는 데 사용되지 말아야 할 이유가 없었다. 나는 마가복음을 연구하면서, 포렌식 진술 분석을 적용해보기 시작했다. 그리고 한 달이 채 지나지 않아 깊은 회의와 망설임에도 불구하고, 마가복음이 베드로의 목격자 증언이라는 결론을 내릴 수 있었다. 예수가 지혜로운 선생이라는 단순한 **지식의 믿음**에서 그가 직접 자신의 이야기를 말했다는 **신뢰하는 믿음**으로 옮겨가기 시작한 것이다. 무심한 동의에서 헌신적 신뢰로, 지식적인 믿음에서 신뢰하는 믿음으로의 여정이 시작되었다.

현재 내게 주어진 임무는 미제 살인사건의 수사다. 보다 가벼운 다른 범죄들과는 달리 미제 살인사건에는 종결이 없다. 공소시효가 없다는 의미다. 내가 속한 부서만 해도 수십 개의 미제사건, 즉 여전히 가능성을 열어놓고 재수사를 기다리는 사건들이 있다. 미제사건을 수사하는 것과 기독교의 진리 주장을 조사하는 것 사이에는 많은 유사점이 있다. 미제 살인사건은 오래전에 일어난 사건으로서 과학 수사를 위한 증거가 거의 남아 있지 않다. 범죄 시점과 수사 시점 사이에 수년의 시간 간격이 존재하지만, 때로는 목격자의 증언이 토대가 되어 사건이 풀리기도 한다. 생존한 목격자가 없다고 해도 범죄가 발생하기까지의 앞선 사건과 범죄 이후 용의자의 행동을 이해하는 데 도움을 주는 목격자들이 있을 수 있다. 이런 목격자의 신뢰도는 여러 가지 방법으로 평가된다. 결국 강력한 "사건 정황"(circumstantial case)을 구성하는 방법은 목격자의 진술을 수집하고, 조금이라도 가능한 모든 과학적 수사의 증거를 동원해서 그 진술들을 확인하는 것이다. 이런 방법으로 접근해서 나는 살인을 저지르고도 처벌을 면했다고 생각한 많은 미제사건의 용의자들을 체포했고, 또 성공적으로 기소했다.

기독교는 먼 과거에 일어난 사건에 근거하여 진리를 주장하는데, 이를 뒷받침할 과학적 증거는 거의 없다. 미제사건과 마찬가지로 실제로 무슨 일이 일어났는지는 목격자들의 증언을 검토하고 그것을 추가 증거들과 비교해서 판단할 수 있다. 목격자들을 평가할 수 있다면(그리고 그들의 진술을 우리가 가진 증거를 통해 확인할 수 있다면), 신약성서의 주장과 관련해서도 강력한 사건 정황이 구성될 수 있다. 하지만 과연 확증을 가능케 할 만큼 신뢰할 수 있는 목격자 증언은 있는가? 기독교에 대한 나의 개인적인 수사과정에서 가장 중요한 질문은 바로 이것이었다. 복음의 이야기는 "목격자 증언"인가, 아니면 단순한 "도덕적 신화"인가? 복음서는 믿을 만한가, 아니면 신뢰할 수 없는 초자연적 모순 덩어리인가? 어쩌다 보니 기독교에 대해 던져야 할 가장 중요한 질문이 나의 전문 분야 안으로 들어온 것이다.

나는 이 책을 통해 내가 가진 전문지식의 일부를 독자들과 나누고 싶다. "지식의 믿음"에서 "신뢰하는 믿음"으로 나아가는 나의 여정 가운데 내게 C. S. 루이스를 소개해준 친구가 있었다. 『순전한 기독교』(홍성사 역간)를 읽고 난 후, 나는 그의 모든 저서를 사들였다. 『피고석의 하나님』(홍성사 역간)에 등장하는 한 구절이 수년 동안 내 머릿속을 떠나지 않았다. "기독교는 거짓이라면 전혀 중요하지 않은 진술이 되지만, 사실이라면 무한히 중요하다. 적당히 중요하다는 것은 절대로 있을 수 없는 경우다."[1] 루이스의 말은 옳다. 만일 사실이라면, 기독교는 수사해 볼 만한 가치가 있다. 수년에 걸쳐 "지식의 믿음"에서 "신뢰하는 믿음"으로 옮겨가면서도 나는 회의주의와 절실한 사실 조사의 필요성을 내려놓지 못했다. 어쨌든 나는 형사이기 때문이다. 그리고 그 과정을 통

---

1   C. S. Lewis, *God in the Dock: Essays on Theology and Ethics* (Grand Rapids, MI: Eerdmans, 1970), 101. 『피고석의 하나님』(홍성사 역간).

해 나는 독자들이 성서가 사실이라고 주장하는 바를 조사하는 데 도움이 될 만한 몇 가지를 배웠다고 생각한다.

처음부터 말해두고 싶은 것은 내가 그동안 배워온 것을 독자와 나누면서, 살인사건과 미제사건을 담당했던 형사로서의 경험을 활용해 많은 예화를 제시할 것이라는 점이다. 즉 나의 수사 경험담을 나누겠다. 하지만 해당 경찰관과 피해자들을 보호하기 위해 관련자의 이름을 바꾸고, 각 사건의 세부사항을 변경하는 등 신중하게 예화를 편집할 것이다. 나는 지난 20여 년 동안 우리 시에서 가장 중요하고 잘 알려진 사건을 다룰 수 있는 특권을 누려왔다. 우리의 공과 실을 통해 독자가 배울 점이 있기를 바라는 동시에 형사들(과 피해자 가족)의 사생활도 존중되기를 원한다.

당신이 과거의 나처럼 성서를 거부하는 회의론자라면, 나의 경험과 통찰은 당신으로 하여금 새로운 관점에서 복음서 저자들을 평가하도록 도움을 줄 것이다. 자신의 믿음을 변호할 준비를 갖추지 못한 그리스도인을 만나본 경험이 있다면, 인내심을 갖고 우리의 이야기에 귀기울여주기를 부탁한다. 기독교인들이 때때로 당신의 도전에 제대로 대답하지 못할 때도 있지만, 기독교 전통은 실은 지성적으로 탄탄하고 만족스러운 것이기 때문이다. 유용하고 명확한 대답들이 있다. 그러므로 기독교인이 되기 위해 지성적 사고를 멈출 필요는 없다. 그렇다. 증거"에도 불구하고"가 아니라, 바로 그 증거 "때문에" 그리스도인이 될 수 있다. 우리 가운데 다수가 그런 경우였다.

당신이 이미 믿는 자라면, 내 경험은 필요한 몇 가지 도구를 제공해서 당신으로 하여금 믿음을 보다 더 활기차고 박식하게 변호하도록 해줄 수 있다. 당신은 기독교 역사 혹은 증거의 본질과 능력에 대해 새로운 사실을 배우게 될 수도 있다. 나는 독자 여러분이 박식한 그리스도인이 될 뿐만 아니라, 당신의 뜻(mind)을 다해 하나님을 사랑하고, 당신 자신을 기독교 진리의 주창자(主唱者, case maker)로 준비하라고 격려하고 싶다. 이제 당신이 기독교를 바라보는 방식을 영원히 변화시켜줄 열 가지 단순한 증거 원칙을 검토해보기로 하자.

형사가 되는
법을 배우라

형사가 되기를 갈망하는
모든 사람이 통달해야 하는
열 가지 중요한 원칙

1장 원칙 #1

"다 안다"고 생각하지 말라

"제프리즈(Jeffries), 월리스(Wallace)." 젊은 경찰관이 범죄현장 출입기록에 우리 이름을 허둥지둥 적어 내려가는 동안에 앨런(Alan)은 조급증을 드러내며 소리쳤다. 노란 테이프를 들어 올리고서 그 아래를 통과할 때는 무릎 통증 때문인지 쭈그리고 앉는 것을 고통스러워하기도 했다. "이런 일을 하기에는 난 너무 늙었어." 웃옷 단추를 풀며 그가 말했다. "야간 호출시간이 점점 더 늦어지고 있잖아."

그곳은 내 생애 최초의 살인사건 현장이었고, 나는 어리석은 실수를 저지르고 싶지 않았다. 여러 해 동안 강도사건을 맡아왔지만 수상쩍은 살인사건 수사는 이번이 처음이었다. 자칫 잘못 움직여 현장을 망가뜨릴까 걱정이 들었다. 나는 작고 신중한 발걸음으로 애완견처럼 앨런 제프리즈 형사의 꽁무니만 졸졸 쫓아다녔다. 앨런은 이런 현장에서 15년 이상 일했고, 몇 년 후면 은퇴할 참이었다. 그는 지식, 주관, 자신감이 풍부했고 심술도 잘 부렸다. 나는 그를 매우 좋아했다.

우리는 잠시 그곳에 서서 피해자의 사체를 지켜봤다. 목이 졸린 그녀는 반쯤 옷을 걸친 채 침대에 누워 있었다. 싸움을 벌였거나 누군가가 아파트에 무단침입을 한 흔적은 없었고, 단지 46세의 여성이 매우 어색한 자세로 죽어 누워 있을 뿐이었다. 최근 두 주 동안 다녀온 살인 사건 수사 교육에서 배운 모든 내용을 기억하려고 애를 쓰느라 내 머릿속은 무척이나 분주했다. 현장에는 우리가 보존하고 수집해야 할 중요한 증거들이 있다는 사실을 나는 알고 있었다. 나는 현장에서 드러난 "자료"의 양을 가늠하는 일에 정신이 없었다. 증거와 살인범 사이에는 어떤 관계가 있을까? 우리는 현장을 재구성해서 살인범의 정체를 밝혀낼 수 있을까?

"어이, 잠 깨!" 앨런의 목소리에 그런 생각이 산산이 흩어졌다. "우리에게는 잡아야 할 살인범이 있다고. 어서 가서 피해자의 남편을 찾아봐. 그 사람이 우리가 찾는 사람이니까."

뭐라고? 벌써 범인을 찾아낸 거야? 나를 바라보는 앨런의 눈빛에서 조급함과 경멸이 느껴졌다. 그는 침대 옆 탁자 위로 넘어진 액자 속의 사진을 가리켰다. 피해자는 비슷한 연령대로 보이는 한 남자와 애정 어린 포옹을 나누고 있었다. 이어서 그는 피해자의 옷장 오른편에 걸린 남성용 옷가지들을 가리켰다. 몇 가지 물건이 없어진 것처럼 보였다.

"애송이 형사 같으니라고. 내가 이 일을 얼마나 오랫동안 해왔는지 알아?" 앨런은 수첩을 열며 말했다. "낯선 사람을 죽이는 일은 정말로 드물어. 이 남자는 아마도 피해자의 남편일 것이고 내 경험으로 볼 때 살인은 주로 부부 사이에 일어나지." 앨런은 여러 증거를 체계적으로 가리켰고 자신이 선언한 내용 안에서 그 증거들을 해석했다. 무단침입의 흔적은 없다. 피해자가 저항한 흔적도 없다. 침대 옆 탁자 위에는 액자가 쓰러져 있다. 옷장에는 남자의 옷가지들이 없어진 것처럼 보인다. 앨런은 이 모든 것이 자신의 이론을 확증한다고 믿었다. "어이, 초보 형사, 문제를 더 복잡하게 만들 필요가 없어. 대부분의 경우에 문제는 아주 간단해. 남편을 찾아와. 내가 살인자를 보여줄 테니."

그런데 알고 보니 사건은 그보다 더 어려웠다. 우리는 3개월이 지나도록 용의자를 찾지 못했고 나중에 밝혀진 범인은 바로 스물다섯 살 먹은 피해자의 이웃이었다. 두 사람은 서로 알지 못하는 사이였지만, 피해자를 강간하고 살해한 날 밤에 용케도 그녀가 문을 열도록 유도했던 것이다. 그녀는 미혼이었고 사진 속의 남자는 그녀의 남동생이었다(해외에 사는 그는 가끔 누나를 방문했고 자신의 옷가지 몇 벌을 옷장에 보관해두었다). 앨런의 모든 예상은 빗나갔고, 그의 예상은 우리가 증거를 바라보는 방식에 영향을 미쳤다. 앨런의 철학이 방법론에 해를 입힌 것이다. 우리는 증거가 우리를 인도하는 곳으로 가지 않았다. 오히려 증거가 우리를 인도할 방향을 미리 정한 채, 단순히 그것에 대한 확증만을 찾았을 뿐이다. 진실이 밝혀진 것은 천만다행이었다.

우리 모두는 무엇이든 미리 추정하면서 살아가며, 이는 우리가 세상을 보는 방식에 영향을 미친다. 나는 수사에 임할 때마다 있을 수 있는 모든 합리적 가능성에 최선을 다해 눈과 마음을 열어야 한다는 사실을 배웠다. 그래서 나는 증거를 통해 가장 합리적으로 보이는 것이 떠오르기 전까지는 섣불리 특정한 논리나 이론을 덥석 붙들지 않으려고 노력한다. 이것은 많은 실수를 범해가는 중에 어렵게 얻은 경험이다. (새로운 사건과 미제사건 모두를 수사했던 경험을 통해) 분명히 알게 된 한 가지는 수사결과를 좌우할 만한 어떤 철학을 가진 채 수사에 임해선 안

된다는 것이다. 무엇보다 중요한 것은 객관성이다. 이것은 우리 모두가 배워야 할 수사의 제일원칙이다. 단순하게 들리겠지만, 우리의 추정에는 때때로 발견하고 알아차리기 어려운 전제들이 숨겨져 있다.

자연주의적인 추정

내가 무신론자였을 때 고수했던 많은 추정은 기독교의 진리 주장을 수사하는 내 방법을 오염시켰다. 나는 스타트렉 세대(그것도 원년 배우들의 세대)였고, 나의 아버지는 내가 경찰이 되기 전에 거의 30년간 경찰관과 형사로서 살아온 무신론자였다. 점점 더 강력해지는 세속문화 속에서 나는 인생의 모든 신비가 결국은 과학에 의해 설명될 것이라고 확신했고, 한때 "초자연적"이라고 생각했던 모든 것이 결국에는 "자연적"인 해답을 찾을 수 있으리라 믿었다.

　살인사건을 담당하는 형사로서의 초년 시절은 나의 그런 추정들을 더욱 증폭시켰을 뿐이다. 어려운 사건을 맡아 모든 증거를 조사한 후에 (용의자를 지목하지 못해) 유령이나 귀신이 살인을 저질렀다고 결론을 내린다면 동료들은 어떻게 생각할까? 분명 내가 미쳤다고 할 것이다. 모든 살인사건 수사관은 초자연적 존재가 용의자가 될 수 없다고 가정하며, 통상 많은 형사들은 초자연적인 것을 완전히 부정한다. 형사는 현실 세상, 곧 물질적 인과율이 존재하는 "자연의 세계" 속에서 일한다. 사건을 수사하기 시작하면서 우리는 이미 특정한 철학을 전제하고 있다. 그 철학은 "철학적 자연주의"(혹은 "철학적 물질주의")다.

스타트렉 세대의 대부분은 이런 철학을 명확히 설명하지는 못하더라도 이해는 하고 있다. 철학적 자연주의는 초자연적인 동인, 힘, 존재, 실재를 거부한다. 자연법칙과 자연적인 힘만이 우리가 검토하는 모든 현상을 설명해낼 수 있다는 기본 전제에서 출발하는 것이다. 철학적 자연주의는 우리에게 발견 가능한 해답이 있다면 물질과 자연적인 힘 사이의 관계를 검토해서 그것을 찾으라고 지시한다. 그 외에는 방법이 없다. 초자연적인 힘은 원천적으로 배제된다. 대부분의 과학자는 이런 추정을 시작점으로 삼고, 육체적·물질적·자연적 해답 외에는 고려조차 하지 않는다. 대다수의 과학자는 자연적·물질적인 과정이나 힘으로는 도저히 설명될 수 없는 현상에 대해서도 초자연적인 설명을 거부한다. 리처드 르원틴(Richard Lewontin, 진화생물학자이자 유전학자)은 칼 세이건(Carl Sagan)이 쓴 책에 대해 다음과 같은 유명한 비평을 남겼고, 자연적·물질적 설명만으로는 부족하다는 증거가 분명히 드러나는 순간에도 초자연적 설명에 귀를 기울이지 않는 과학의 모순을 인정했다.

우리는 과학의 편을 드는 데 익숙하다. 과학의 부분적인 구조가 불합리하게 보일 때도, 건강과 생명에 대한 과학의 허황된 약속이 실현되지 않을 때도, 입증될 수 없고 근거도 없는 그저 그런 이야기를 과학단체들이 허용할 때도, 우리는 과학의 편을 든다. 이는 우리가 미리 앞서서 물질주

철학적 자연주의

세상에 오직 자연법칙과 (초자연적 힘에 반하는 개념인) 자연력만이 작용한다고 추정하는 믿음. 철학적 자연주의자들은 자연의 영역의 외부에는 그 무엇도 존재하지 않는다고 믿는다.

의에 붙들려 있기 때문이다. 과학의 방법과 제도가 현상계에 관한 물질적인 설명을 받아들이도록 우리를 어떻게든 설득한 것이 아니다. 오히려 우리는 물질세계 내부의 원인에 "선험적"으로 집착하도록 강요를 받고 있다. 그 때문에 우리는 그것이 얼마나 반직관적이고 일반인들을 얼마나 혼란스럽게 하는지와 상관없이 물질적인 설명을 제공할 수 있는 수사기관 및 일련의 개념을 만들어낸다. 더욱이 물질주의는 절대적이라서 우리는 신의 발걸음이 문안으로 들어오도록 허락할 수가 없다.[1]

과학자만이 아니다. 상당수의 역사가 역시 자연주의적인 추정에 매달린다. 예를 들어 대다수의 역사학자는 신약성서의 복음서가 묘사하는 기원후 1세기의 환경, 곧 예수의 생애와 가르침, 예수가 실존하고 사역했던 시대적 환경의 역사성을 인정한다. 그러나 그들은 그와 나란히 묘사되는 신약성서의 기적들이 지닌 역사성은 부정한다. 그들이 일부는 인정하고 다른 일부는 부정하는 이유는 뭘까? 초자연적인 것에 대한 추정적 편견을 가지고 있기 때문이다.

영국의 라디오 프로그램인 "언빌리버블?"(*Unbelievable?*)[2]을 통해 바트 어만(Bart Ehrman, 채플힐 노스캐롤라이나 대학교 종교학부 교수이며

---

1   Richard Lewontin, "Billions and Billions of Demons," review of *The Demon-Haunted World: Science as a Candle in the Dark*, by Carl Sagan, *New York Review*, January 9, 1997, 31. 『악령이 출몰하는 세상』(김영사 역간).

2   2011년 4월 16일 방송된 라디오 프로그램 *Unbelievable?*에 저스틴 브리어리(Justin Brierly)가 초대한 바트 어만(Bart Ehrman)과 마이클 리코나(Michael Licona)의 논쟁, "Biblical Evidence for the Resurrection"으로 출처는 다음과 같다. 2012년 4월 17일, www.premierradio.org. uk/listen/ondemand.aspx?mediaid={32EC8B32-035E-4C2D-AB44-38C0210FD9FD}.

유명한 불가지론자)과 마이클 리코나(Michael Licona, 서던 복음주의신학교 신약학 연구교수)가 논쟁을 벌인 적이 있다. 부활의 증거에 대해 논쟁하는 동안, 어만은 많은 역사가들에게서 공통적으로 발견되는 자연주의적인 추정의 성향을 드러냈다. 그는 이렇게 말했다. "우리는 기적에 대한 역사적 증거가 존재하느냐는 질문에 대해 아직 논의하지 않았습니다. 제 생각에 그 대답은 분명한 '아니오'이며, 이 점에 대해서는 사실상 모든 역사학자가 동의할 것입니다." 어만은 역사적 증거를 통해 기적을 증명할 수 있다는 생각 자체를 거부했는데, 그의 말을 빌리자면 그것은 "과거에 일어난 일을 설명하기 위해 자연적인 경험의 바깥에 놓인 그 무언가를 끌어들이는 것"이기 때문이다. 이런 전제를 가진 어만이 부활을 부인한다는 사실은 놀랍지 않다. 그가 특정한 자연적인 결론에 도달한 것은, 자신이 부정하는 바로 그 관점으로부터 주어진 증거를 더욱 잘 설명할 수 있는데도 불구하고 다른 선택을 도무지 용납하지 않으려 했기 때문이다.

정신적 장애물

나는 살인사건 담당 형사로서 일하는 동안 철학적인 추정이 지닌 위험을 이해하기 시작했다. 범죄 현장에서 앨런과 나는 "누가 이 여성을 살해했는가"라는 질문에 답하기 위해 애쓰고 있었다. 우리 가운데 한 사람은 이미 답을 가지고 있었다. 이런 살인을 저지르는 것은 보통 피해자의 배우자나 연인이다. 사건 종결! 이제 그 여성의 남편이나 연인을 찾기만 하면 된다. 이것은 곧 남편 외의 모든 용의자를 배제한 채 "남편이 그녀를 살해했을까?" 하고 묻는 것과 마찬가지였다. 앨런이 그런 결론에 도달한 것은 놀라운 일이 아니다. 애초에 그렇다는 전제에서 출발했기 때문이다.

나도 무신론자였을 때 똑같은 우를 범했다. 나는 하나님이 있다는 증거들을 앞에 두고서 "하나님은 존재하는가"라는 질문에 답하고자 했다. 하지만 자연법칙, 힘, 물질의 이면에는 그 무엇도 존재하지 않는다고 가정하는 자연주의자로서 그러한 조사를 시작했다. 나는 먼저 초자연적인 가능성을 배제한 다음, "초자연적 존재는 존재하는가"를 질문하고 있었다. 앨런처럼 나도 답을 찾기 시작할 때부터 이미 전제로 삼았던 바로 그 결론에 도달했다. 이것이 "편견"의 가장 진실한 정의가 아닐까? 미리 마음을 정하고 시작하는 것 말이다.

사실로 단정한다는 것

특정한 전제를 가진 채 수사를 시작하는 것은 우리의 결론을 몰래 숨기고 들어가는 것과 마찬가지이며, 그때 우리는 사건의 진실을 반영하기보다 시작점의 가정에 부합하는 결론을 취하게 될 가능성이 높다. 이것은 사실이 아닐지도 모르는 것을 미리 사실이라고 단정하는 것이다.

빈손으로 돌아서라

그리스도인은 초자연적인 것을 믿는다는 이유만으로 "편파적"이라는 비난을 받곤 한다. 작금의 다원주의 문화 속에서 그런 비난은 힘을 얻

1부 형사가 되는 법을 배우라

는다. 편파적인 사람은 유해하고 불공정하며 교만하고 자신의 입장에 대한 자신감이 지나치다고 말해진다. 편파적이고 독선적인 사람으로 낙인찍히고 싶은 사람은 아무도 없다. 하지만 우리 모두가 저마다의 견해를 갖고 있다는 사실은 분명하다. 사람에게는 세상을 바라보는 방식에 영향을 미치는 나름대로의 의견과 생각이 있다. 자신은 완벽하게 객관적이고 어떤 선입견도 없다고 말하는 사람이 있다면, 그는 심각한 문제가 있는 사람일 것이다. 그는 놀랍도록 순진한 사람이거나 거짓말쟁이인 것이다.

이것은 우리에게 생각, 의견, 혹은 앞서 형성된 관점이 있는지 없는지의 문제가 아니다. 문제는 이런 개별적인 견해들이 증거를 객관적으로 검토하지 못하도록 만드는지의 여부다. 물론 자기 의견은 있을 수 있지만, 증거를 공정하게 검토하려면 그것은 잠시 문밖에 두어야 한다. 이것은 우리가 배심원에게 항상 요구하는 바다. 캘리포니아 주에서 배심원이 반복적으로 받는 교육은 "재판이 진행되는 동안 열린 마음을 유지"하라는 것과 "편견, 연민, 선입견, 여론이 당신의 결정에 영향을 미치지 않게" 하라는 것이다.[3] 법정은 사람들이 편견과 선입견을 갖고 연민을 품으며 여론을 의식한다고 추정한다. 하지만 그 모든 것에도 불구하고 "열린 마음을 갖도록" 배심원에게 요구하는 것이다. 배심원은 법정에 들어설 때 빈손이어야 하고, 가방은 복도에 남겨두어야 한다. 모

---

3   캘리포니아 사법위원회, 『캘리포니아 사법위원회 형사재판 배심원 지침서』(2006), LexisNexis Matthew Bender(사법위원회 배심원 지침서의 공식 출판인), CalCrim Section 101. 출처는 다음과 같다. 2012년 4월 17일, www.courts.ca.gov/partners/documents/calcrim_juryins.pdf.

든 사람은 여러 가지 편견을 품은 채 출발한다. 우리는 (최선의 역량을 다해) 우리의 편견이 수사가 시작되기도 전에 특정한 형태의 증거(와 따라서 특정한 결론)를 배제하려는 유혹에 저항해야 한다.

배심원에게 위험한 추정　　　　　　진리 탐구자에게 위험한 추정

　회의론자였던 나는 기적이 존재한다는 일말의 가능성도 받아들이려 하지 않았다. 나는 자연주의에 전념한 나머지 그런 터무니없는 생각을 한 번도 고려해본 적이 없었다. 하지만 어떤 가정을 미리 세워놓고 범죄 현장에 들어가는 것을 경험한 이후, 나는 내 자연주의적인 성향을 잠시 뒤로하고 공정해질 것을 결심했다. 결론을 정해놓고 수사를 시작할 수는 없다. 만일 증거가 하나님의 존재를 합리적으로 증명한다면, 분명 기적의 가능성이 열릴 것이다. 하나님이 정말로 존재한다면, 그분은 우주만물의 창조자가 되신다. 그분은 비물질에서 물질을, 생명이 없는 것에서 생명을 창조하셨고 모든 시간과 공간을 창조하셨다. 하나님의 우주 창조는 분명…기적일 수밖에 없다. 우주의 시작을 설명할 수

　　　　　　　　　　　　　　　　1부　형사가 되는 법을 배우라

있는 하나님이 존재한다면, 그보다 못한 기적들(예를 들어 물 위를 걷거나 눈먼 자를 고치는 일)은 사실 그리 인상적이지 않다. 기적을 행하는 하나님의 존재에 대한 진리를 배울 생각이라면, 나는 기적에 대한 내 가정들을 내려놓아야 했다. 그렇게 하는 데 범죄 현장의 경험이 도움이 되었다. 물론 그렇다고 해서 이제 쉽고 빠른 자연적인 설명을 찾지 못할 때마다 곧장 초자연적인 설명으로 달려가게 되었다는 뜻은 아니다. 다만 증거가 인도하는 대로 따르기로, 심지어 그것이 기적을 행하는 설계자의 존재를 가리킨다고 해도, 그것을 따르기로 마음을 열었다는 뜻이다.

 출장 가방과 체크리스트를 위한
첫 번째 조언

내 침대 옆에는 가죽 가방 하나가 놓여 있다. 한밤중에 급히 살인사건 현장으로 호출될 때 필요한 장비 일체가 담긴 가방이다. 이 출장 가방 안에는 보통 손전등, 빈 수첩, 비닐장갑, 디지털 녹음기, 카메라, 그리고 (물론) 총과 배지가 들어 있다. 수년 전 내가 신참 형사였을 때 만들어 놓은 수사 체크리스트도 있다. 지금은 출동할 때마다 다 들쳐볼 필요는 없지만, 여기에는 수년 동안 나의 파트너들, 수업, 훈련 세미나, 성공적 수사, 또한 실패한 시도로부터 얻은 지혜가 고스란히 담겨 있다. 자신만의 출장 가방과 체크리스트를 꾸리고 싶어 하는 독자가 있을 수 있다. 그렇다면 추정에 관련된 첫째 원칙을 포함해야 할 것이다. 그것은 복음서를 수사하는 동안 당신에게 도움을 줄 것이다.

무신론자였을 때 나의 자연주의적인 추정은 하나님의 존재에 대한 증거들을 바라보는 방식을 부당하게 오염시켰다. 나는 과학(현상에 대한 체계적이고 합리적인 조사)과 과학만능주의(자연적인 원인 외에 다른 것은 전혀 고려하지 않으려는 태도)를 분별하지 못했다. 나이 서른다섯이 넘어서야 나는 깨닫게 되었다. 기독교의 초자연적인 주장에 대해 수사를 시작하기도 전에 초자연적인 가능성 전부를 부인한다는 것이 얼마나 비합리적인지를 말이다. 그 당시에 나는 자연적으로 설명되지 않는 현상을 접할 때면 완강히 고집을 부리며 초자연적인 것이 작용했을 가능성을 계속해서 부인했다. 빈손과 열린 마음으로 나의 여정을 시작하지 않으려고 했던 것이다.

그리스도인이 된 지금도 나는 우리가 목격하는 대부분의 현상이 물질과 자연법칙 사이의 단순한 관계들을 통해 만족스럽게 설명될 수 있다고 생각한다. 그러므로 자연적인 원인을 뒷받침하는 증거가 충분하다면 굳이 초자연적인 설명을 시도하지 않으려고 조심하는 편이다. 하나님의 역사가 전부 기적인 것은 아니다. 하나님은 창조하신 물질 사이의 상호작용과 그것들의 본질을 반영하는 자연법칙들을 통해 여전히 역사하고 계신다(물론 이 사실 자체도 충분히 기적적이다). 따라서 나는 회의적인 내 친구들을 격려해서 자연적인 가정을 다시 한번 조사해보도록 권하는 동시에, 충분한 증거가 있을 때는 자연주의자의 주장 역시 존중하려고 한다.

2장 원칙 #2

"추론"하는 법을 배우라

"이런 사건은 정말 별로야." 마크는 침대보를 조심스럽게 제자리로 옮겨놓으며 중얼거렸다. 마크 리차드슨(Mark Richardson) 형사에게는 피해자와 비슷한 또래의 아이가 있었다. 그는 하필 그날, 어느 사건보다도 충격적인 갓난아이 살해 사건을 맡을 차례였던 것이다. 우리 셋은 검시관이 도착하기를 기다리면서 현장을 조사했다. 마크를 제외한 우리 둘은 오늘이 우리 순서가 아닌 것을 다행스럽게 여기고 있었다.

"어떻게 부모라는 사람이 자기 자식한테 이런 짓을 할 수가 있죠?" 마크는 상관이 어떤 반응을 보일지 모르는 양 뻔한 질문을 던졌다.

"이런 쓰레기는 '부모'라고 부르지도 마." 앨은 복도 아래 놓인 소파에 부스스한 모습으로 앉아 있는 가석방 죄수를 향해 경멸의 눈빛을 보내며 대답했다. "이런 짓을 하는 놈이면 부모 자격이 없는 정자 기증자와 다름이 없다고 봐야지."

나는 이번 경우처럼 사인을 단정하기 어려운 미심쩍은 사망 사건이 발생한 경우, 현장으로 불려 나와 담당 형사들을 돕곤 했다. 나중에 후회하느니 미리 조심하는 게 나았다. 이런 현장들은 (달리 밝혀지기 전까지) 살인사건으로 다뤄져야 했는데, 그렇지 않으면 미제사건으로 남아 결국에는 내 담당 목록에 올라올 것이기 때문이다. 이번 사건을 둘러싼 정황에도 미심쩍은 부분이 있어서 동료들을 도우라고 호출된 것이다. 아이는 같은 방에 놓인 새 아기 침대에서 조금 떨어진 아버지의 침대에서 잠을 자다 질식사한 것처럼 보였다. 아이의 부모는 최근 별거를 시작했고, 아이 아버지는 몇 년 전부터 아내를 폭행한 전력이 있었다. 아이 엄마는 더 이상 그 집에 살지 않았지만, 종종 아이의 안전을 염려하곤 했다. 남편은 그녀에게 아이를 내어주지 않았고, 남편의 폭력성을 익히 아는 아내는 갓난아이를 데려오기 위해 법적 도움을 구하는 것을 두려워했다. 설상가상으로 그녀의 남편은 아내를 위협하기 위해 아들의 목을 조르겠다고 협박을 한 적도 있었다.

우리가 살펴본 대로 집안은 대체로 더럽고 흐트러져 있었으며 거실에는 마약을 한 흔적도 남아 있었다. 피해 아이의 아버지를 처음 만났을 때, 그는 적대감 외에 별다른 반응을 보이지 않았다. 그는 간단한 질문에도 대답하지 않았고, 법 집행관들을 싸잡아 불신했다. 그는 마약 사용과 가정폭력, 그리고 다른 범죄 전과를 가진 가석방 상태의 죄수였다. 첫인상만 본다면 이 남자는 상상도 할 수 없는 짓을 능히 저지를 만한 인물로 여겨졌다.

우리는 검시관을 불렀고 그가 도착하기까지 눈앞에 보이는 모든 증거를 수집하고 사진을 찍으면서도, 사체만은 건들지 않았다. 검시관이 도착하고 나서야 우리는 아이의 상태를 정확하게 볼 수 있었다. 주변의 침구를 걷어내고 가까이서 살펴보았을 때, 아이는 놀라우리만큼 깨끗하고 깔끔했다. 잘 먹어 건강한 모습이었다. 아이 옆에는 새로 탄 분유병이 세워져 있었고, 아이는 새 기저귀를 한 채 잠옷을 입은 말끔한 상태였다. 간밤에 머리를 감은 듯이 보였고 아이의 몸통 한편에는 폭신하고 긴 베개가 놓여 있었다. 바닥에 떨어져 있는 또 다른 긴 베개는 아이의 다른 쪽 몸통 방향으로 놓여 있었던 듯 했다. 아이는 첫 번째 베개 가까운 곳의 침대 위에 얼굴을 묻고 누워 있었다. 아이에게서 어떤 방치나 학대의 흔적도, 한 군데의 멍도, 의심스러운 자국도 찾아볼 수 없었다.

아이 아버지에 대한 심문에서 앨은 그가 그 아이를 가장 큰 보물로 여겼음을 알게 되었다. 본인 스스로도 인정했듯이 많은 실패와 무정하고 냉담하게 보이는 외모에도 불구하고 이 남자의 유일한 기쁨은 그 아이였다. 그는 매일 밤 갓난아이를 재우는 일에 정성을 다했고, 영아돌연사 증후군을 너무도 걱정한 나머지 아이의 숨소리를 직접 들을 수 있도록 침대 위 바로 옆자리에 긴 베개를 아이 양쪽에 두고 아이를 똑바로 눕혀 재웠다. 그런데 하필 그날 밤 베개 하나가 침대 밖으로 떨어졌고 아이가 혼자 뒤집기를 한 것이다. 현장에서 본 내용과 아이의 상태를 감안해서, 우리는 아이가 사고로 질식사한 것으로 결론지었다. 앨도 이것을 살인사건으로 여기지 않았다.

형사처럼 사고하기

우리는 수사관으로서 현장 상황을 판단하기 위해 "귀추법"(abductive reasoning, "가장 합리적인 설명을 도출해내는 방법"으로 알려져 있다)을 사용했다. 우리는 증거가 될 만한 모든 자료를 수집했고, 있는 그대로의 사실들을 머릿속에 나열했다. 그다음에 현장을 개괄적으로 해명해줄 가설 목록을 만들었다. 마지막으로 그 가설들을 증거와 비교한 후, 사실상 증거를 감안했을 때 어느 설명이 가장 합리적인 추론인지 판단했다.

일어난 일의 진위를 파악하기 위해 귀추법을 사용하는 것은 비단 형사들만이 아니다. 역사가와 과학자는 물론 (직업과 취미를 불문하고) 독자 모두에게는 탐정으로서의 경험이 있을 것이다. 우리 대부분은 필요와 습관에 의해 뛰어난 수사관이 되며, 달리 고민하지 않은 채 귀추법을 즐겨 사용한다. 내게 종종 자녀 양육에 관한 조언을 건네던 파트너가 한 명 있었다. 나보다 연배가 위였던 데이브는 오랫동안 순찰 일을 했다. 풍부한

추론과 합리적 추론

"추론한다"는 말은 "거두어들인다"는 뜻이다. 논리에서 추론은 여러 출처로부터 자료를 수집한 후에 증거에 기초해서 결론을 이끌어내는 과정을 의미한다. 추론은 법률 용어로는 발견된 혹은 다른 방법으로 구성된 사실이나 그 사실들로부터 논리적이고 합리적으로 도출된 "추정"이다(캘리포니아 증거법 600조 [b]).

덧붙이자면 전국의 법정은 배심원들에게 "합리적인 추론"을 이끌어낼 것을 지시한다. 이것은 "합리적인 사람들이 자신의 삶의 경험에 의거해서 논리적이라고 인정하는 결론"이라고 말해질 수 있다. Lannon v. Hogan, 719 F.2d 518, 521, (1st Cir. Mass. 1983).

경험과 유머감각을 갖춘 경찰관이었던 그는 세상 물정에 밝고 냉소적이며, 대단히 실리적이었다. 우리 아이가 아직 고등학생이었을 때 그는 이미 결혼한 자녀가 둘 있었다. 그의 충고는 유익한 정보로 넘쳐났다 (그는 충고만 한 것이 아니었다).

"짐, 우리 아이들 이야기를 좀 하자면 말이야. 나는 두 아들을 정말로 사랑해. 그 애들은 고등학생 때 주말마다 친구들과 외출을 하곤 했지. 그러면 나는 늦게까지 자지 않고 걔들이 돌아오기를 기다리다가 문을 열고 들어오는 순간, 소파에서 일어나 꼭 안아주었지."

솔직히 내가 알고 있는 데이브와는 좀 어울리지 않는 이야기였다. 그는 감성적인 면을 거의 드러내지 않는 사람이었기 때문이다. "오, 데이브, 당신이 그렇게 감정 표현을 잘하는 분인 줄 몰랐어요."

"이런 얼간이 같으니, 그게 아니지." 데이브는 정색하며 말했다. "아이들을 꼭 안아주는 건 그래야 냄새를 맡을 수 있기 때문이야. 난 선수지. 몇 초 안에 아이들이 마약을 했는지 또는 술을 마셨는지 알아낼 수 있으니까."

독자들이 눈치 챈 대로 데이브는 증거론자였고 자신의 추리 기술을 부모로서의 경험에 적용했던 것이다. 알코올이나 마리화나 냄새는 나중에 아이들이 집 밖에서 하고 다니는 행동을 추측하는 증거로 쓰일 것이었다. 데이브는 "귀추법"에 따라 생각하고 있었다. 독자들도 부모, 배우자, 아들과 딸로서 비슷한 일을 해보았으리라 확신한다.

가능한 것과 합리적인 것을 구분하기

우리 모두는 "가능한" 것과 "합리적인" 것 사이의 직관적인 차이를 알고 있다. 근본적으로는 말 그대로 모든 것이 가능하다. 당신은 스스로 책을 읽고 있다고 생각하겠지만 사실은 그렇지 않을 수도 있다. 어젯밤 외계인이 당신을 몰래 납치해서, 꿈꾸는 것같이 유체이탈 된 외계의 환각 안으로 당신을 몰아넣었을 수도 있다. 가능한 이야기다. 당신은 이 책을 읽는 경험이 실제라고 생각하겠지만, 내일 아침 일어났을 때 외계의 우주선 안에 있는 자신을 발견할 수도 있다. 하지만 솔직히 말해서 이것은 합리적인 생각은 아니다.

많은 "가능성"을 상상하는 것은 흥미로운 일이지만, 특별히 진실과 관계된 경우에는 "합리적" 설명으로 귀결하는 것이 중요하다. 이 때문에 판사들은 배심원들이 사건에서 일어난 일을 설명하려고 고심할 때 "추측"을 삼가도록 조심스럽게 지시한다. 재판 중에 배심원들은 "제시된 증거만 사용하도록"[1] 교육을 받는다. 그들은 뒷받침되지 않는 가능성에 대한 변호사의 의견에 솔깃해지려는 유혹을 거절하고, 어디서 들었든지 관계없이 근거 없는 추측은 무시하라는 권면을 받는다.

또한 우리는 제시된 증거로부터 동떨어져서 "만약에…했다면" 혹은 "이런 가능성도 있지 않을까?"와 같은 질문을 던지고 싶은 충동을 자제하도록 배심원에게 부탁한다. 특별히 증거가 뒷받침되지 않는 추

---

1   캘리포니아 사법위원회, 『캘리포니아 사법위원회 형사재판 배심원 지침서』(2006), CalCrim
     104항. 출처는 다음과 같다. 2012년 5월 16일, www.courts.ca.gov/partners/documents/
     calcrim_juryins.pdf.

측에서 나온 질문일 때, 그렇다. 배심원들은 제시된 증거를 참고하여 합리적인 추론만 하도록 스스로 자제해야 한다.

　형사 법정은 최종적으로는 "합리성"에 높은 기준을 부여하며, 이것은 우리가 귀추의 과정을 논의할 때 중요하다. 이성적으로 접근하여 사실을 밝힌다면 우리는 증거에 의해 가장 합리적인 결론에 다다를 수 있다. 이것은 형사 사건 외의 문제에도 적용될 수 있는 방법이다. 즉 영적인 문제의 조사에도 그와 같은 귀추의 과정을 적용할 수 있다. 그 시도에 앞서 실제로 있었던 살인사건의 예를 살펴보면서 그 개념을 이해해보자.

추측

추측은 이미 그 정의에서부터 위험할 정도로 증거와 거리가 멀다. 이는 "결정적이지 않은 증거에 근거한 추론, 짐작, 추정이다"(*The American Heritage Dictionary of The English Language*, Fourth Edition, 2003).

　추측은 "보통 구체적인 증거 없이 추측이나 짐작으로만 형성되는 가설"이다(*Collins Thesaurus of The English Language – Complete And Unabridged,* 2nd Edition, 1995, 2002).

귀추법과 사망자들

귀추의 과정을 충분히 설명해주는 다른 사망현장의 사례가 있다. 당신과 나는 "사체가 있는 현장"으로 호출되었다. 사람이 죽은 채로 발견되었고, 정황은 다소 의심스럽다. 이것이 살인 현장일 수도 있지만 그보

사망한 남성이 엎드린 채 발견됨

자연사
사고사
자살
타살

다 사악함이 덜한 경우일 수도 있는데, 죽음에는 몇 가지 다른 설명도 있기 때문이다. 모든 사망은 네 가지 범주 곧 자연사, 사고사, 자살, 타살 가운데 하나로 분류된다. 다음과 같은 각본이 주어질 때, 무엇이 가장 합리적인 설명인지를 찾는 것이 우리의 임무다.

사체가 있다는 신고를 받고 현장으로 불려갔을 때, 이미 순찰관들이 도착해서 현장을 보존하고 있었다. 방 안으로 들어가면서 우리가 들었던 사실은 이러했다. 아파트 바닥에 한 젊은 남성의 사체가 있었고, 일을 마치고 귀가한 그의 룸메이트가 이를 발견했다는 것이다. 죽은 자는 바닥에 엎드린 상태였다. 몸은 식어 굳어 있었고 아무런 반응도 보이지 않았다. 그가 사망한 것은 분명했지만, 최소한의 사실들로 미루어볼 때 네 가지 가설 가운데 무엇이 가장 합리적인 설명일까? 이것은 자연사일까? 아니면 사고사, 자살, 타살(살인)일까?

주어진 최소한의 사실을 고려할 때, 네 가지 가설 가운데 어느 것도 배제할 수가 없다. 추가적인 증거가 없다면 이것을 살인사건으로 취급해야 할지, 아니면 형사사건이 아닌 단순한 다른 무엇이라고 보고해야

1부 형사가 되는 법을 배우라

사망한 남성이 엎드린 채 발견됨
흥건한 피

자연사
사고사
자살
타살

할지 결정을 내리기가 어렵다.

각본을 조금 바꿔서, 도움이 될지도 모르는 한 가지 새로운 증거를 추가해보자. 우리가 그 방에 들어섰을 때 남성은 흥건하게 고여 있는 피 위에 엎드려 있었고, 피가 그의 복부 쪽(사체의 아랫부분)으로부터 흘러나온 것같이 보였다고 치자. 이제 새로운 최소의 사실들은 다음과 같다. (1) 한 남성이 사망했다. (2) 그는 엎드린 채 발견되었다. (3) 그의 아랫배 앞쪽으로부터 피가 흥건히 흘러나온 듯했다. 이런 새로운 사실들을 감안한다면, 이제 수사는 어느 방향을 향하겠는가? 네 가지 설명 가운데 무엇이 더 혹은 덜 타당한가?

새로운 증거를 감안할 때 "자연사"라는 설명은 결론에서 제외해도 무방할 것이다. 도대체 인체에서 어떻게 자연적으로 하복부 출혈이 발생할 수 있는가? 자연적으로 피를 쏟아낼 구멍이 없는 상태에서 그런 결론을 내리는 것은 근거가 없어 보인다. 자연사라는 설명이 가능할 수는 있어도 합리적이지는 않다.

다른 세 가지 설명은 어떤가? 여전히 사고사일 가능성이 있는가?

사망한 남성이 엎드린 채 발견됨
흥건한 피
등에 꽂힌 칼

자연사
사고사
자살
타살

물론이다. 이 남성이 발을 헛디뎌 무언가의 위로 넘어졌을 수 있다(사체를 뒤집어보기 전까지는 알 수 없는 일이다). 자살 혹은 타살은 어떤가? 이 사건에 대해 우리가 가진 증거가 제한적이라서 남아 있는 세 가지 설명은 모두 타당성이 있다. 좀 더 많은 사실을 알 수 있을 때까지 세 가지 선택 중 무엇이 가장 합리적인지 판단하기는 어렵다.

이 사건에 대한 새로운 관점 하나를 추가해보자. 우리가 그 방에 들어섰을 때 남성은 흥건하게 고여 있는 피 위에 엎드린 채 쓰러져 있었고, 그의 등허리 쪽에는 커다란 칼이 꽂혀 있었다. 이것은 우리에게 새로운 사실을 제시한다. (1) 한 남성이 사망했다. (2) 그는 엎드린 상태에서 (3) 피를 흥건히 흘린 채 발견되었다. (4) 그의 등허리 쪽으로 칼이 한 자루 꽂혀 있었다.

피해자의 등에 꽂힌 칼의 존재는 그가 사고로 죽었다는 결론의 타당성을 지워버린다. 이런 상황을 설명할 수 있는 사고란 상상하기가 쉽지 않고, 따라서 사고사라는 설명은 가능할 수는 있어도 합리적이지는 않다. 자연사의 불합리성을 가장 분명하게 주장하는 것은 물론 칼

사망한 남성이 엎드린 채 발견됨
흥건한 피
등에 꽂힌 칼
여러 개의 칼자국

자연사
사고사
자살
타살

의 존재다. 다른 타당한 설명으로서 자살과 타살이 남아 있지만, 피해자의 상처 부위가 등이라는 점을 감안할 때 자살은 설득력이 떨어진다. 하지만 상처 부위가 (그의 손이 닿는) 등의 아랫부분이기 때문에 아직 그 가능성을 배제해서는 안 된다.

그런데 우리의 각본에 새로운 사실 하나가 더 추가되었다고 가정해보자. 전에 발견한 칼자국 말고 피해자의 등 위쪽에서 세 개의 칼자국이 추가로 발견된 것이다. 이제 사실 목록은 다음과 같다. (1) 한 남성이 사망했다. (2) 그는 엎드린 상태에서 (3) 피를 흥건하게 흘린 채 발견되었다. (4) 그의 등에는 여러 개의 칼자국이 나 있었다. 이제 합리적인 설명의 수는 점점 줄어든다.

이런 상황이라면 자연사, 사고사, 자살은 배제될 수 있다. 여전히 이것이 "가능한" 가설이라고 주장하는 사람도 있겠지만, 그럼에도 그것이 "합리적인" 설명이라고 보는 사람은 없을 것이다. 이런 증거들을 감안할 때 가장 합리적인 결론은 이 남성이 살해되었다는 것이다. 책임감 있는 형사로서 당신과 내게 주어진 유일한 선택은 살인사건의 수사를 시작하는 것이다.

보다 더 분별하기 어려운 차이

우리는 방금 현장에서 일어난 일에 대한 가장 합리적인 설명을 찾기 위해 "귀추법"을 사용했다. 사실 이것은 간단했다. 하지만 각본이 그보다 더욱 모호했다면 어떨까? 두 가지 가설들이 비슷한 정도로 합리적이라면? 가장 합리적인 설명과 근소한 차이만 보이며 경쟁하는 다른 설명을 분별하는 데 도움이 될 만한 법칙이나 원리는 없을까? 이것은 내가 지난 수년 동안 미제 살인사건의 유력 용의자들을 수사하면서 줄곧 생각했던 질문이다. 특정 사건(혹은 살인사건의 용의자)을 두고 치열하게 경쟁하는 두 가지 혹은 그 이상의 설명을 놓고 고심할 때, 나는 다음과 같은 요인들을 평가한다. (이것은 나만의 고유한 용어이며, 귀추법을 다루는 다른 철학자 및 사상가의 언어를 반영하지 않았다는 점을 유념해달라.)

(1) 진실은 실현 가능해야 한다
실행 가능성이 있는 설명

특정한 살인 용의자와 관련된 증거를 생각하기 전에, 그가 범행을 저지를 수 있었는지부터 확인해야 한다. 유력한 용의자들의 알리바이를 수사한 결과, 확증된 알리바이에 근거해 범행을 저지를 수 없었던 이는 배제한다.

　　　　　　　　　　　　　　　1부　형사가 되는 법을 배우라

(2) 진실은 보통 복잡하지 않다

단순함을 제시하는 설명

나는 여러 명의 용의자를 고려해야 할 때, 증거를 가장 간단히 설명해 줄 수 있는 한 사람을 찾는다. 증거의 대부분 혹은 전부를 뒷받침하는 사람이 있다면(서너 명의 유력 용의자들이 필요한 이론 대신), 그가 살인범일 확률이 가장 높다.

(3) 진실은 모든 것을 망라해야 한다

심도 있는 설명

나는 사건에 관한 모든 증거를 남김없이 뒷받침해주는 용의자를 주목한다. 한두 가지 혹은 세 가지 증거만 설명할 수 있는 용의자들도 있는데, 보통은 대부분의 (혹은 모든) 증거를 설명하는 용의자가 살인범이다.

(4) 진실은 논리적이어야 한다

일관성 있는 설명

진실은 이성적이다. 따라서 살인자의 정체에 관한 진실은 납득이 가야 한다. 당신과 내게는 불충분한 것으로 비친다고 해도, 용의자가 살인을 저지르는 데는 분명한 이유가 있다. 배심원들도 마찬가지로 그릇된 동기를 이해한 후에야 진짜 살인자가 누군지 알 수 있게 될 것이다. 반대로 범행동기가 불충분한 다른 후보들에게서는 논리적 일관성이 보이지 않는다.

(5) 진실은 우월하다

더 나은 설명

마지막으로 용의자들 가운데 하나가 어떤 증거에 대해 다른 이들보다 탁월하게 나은 설명을 제시할 때, 나는 그를 유일한 용의자로 인지한다. 본질적으로 이 용의자는 다른 후보자들에 비해 훨씬 나은 선택이 된다. 그와 연결된 증거의 고리가 질적으로 더 확연하기 때문이다. 이처럼 "보다 우월한 설명"이라는 특성이 발견되면, 범인이 누군지 알게 된 것이다.

이상의 다섯 가지 기준에 합치하는 용의자가 있을 때, 나는 가장 합리적인 결론에 도달했다고 확신한다. 즉 살인범을 찾아냈음을 안다.

고대의 살해 현장을 수사하다

이제 지난 2천 년 동안 논란의 중심에 선 주제였던 사망사건의 현장에 이 추론 방식을 적용해보기로 하자. 나사렛 예수에게는 무슨 일이 일어났던 것일까? 우리는 그의 빈 무덤을 어떻게 설명할 수 있을까? 제자들이 그의 시신을 훔친 것일까? 그는 십자가에서 상처를 입고 후에 회생한 것일까? 아니면 실제로 죽었으며 또한 죽은 자 가운데서 부활한 것일까? 우리는 형사로서의 "귀추법"을 사용해서 이 질문에 접근을 시도해볼 수 있다.

예수의 운명에 관한 문제는 앞에서 살펴본 사체가 발견된 현장 수사와 비교될 수 있다. 우리는 가장 먼저 현장의 특징(사실과 증거)을 알아보는 것으로 수사를 시작했다. 그다음에 그때까지 관찰된 사실들에 대한 몇 가지 가설을 떠올렸다. 죽음 이후 부활했다고 주장되는 예수에 대해서도 동일한 접근을 시도해보자.

개리 하버마스 박사[2]와 마이클 리코나 교수[3]는 부활과 관련된 "최소한의 사실들"(혹은 증거들)을 찾아내기 위해 오랜 시간을 투자했다. 신약성서에는 이 중요한 사건과 관련된 여러 가지 주장이 등장하지만, 회의론자들과 경계심이 많은 수사관들은 그 모든 것을 흔쾌히 받아들이지는 않는다. 하버마스와 리코나는 역사학자들 가운데서도 가장 존경받고 성공한 이들을 살펴보았고, 그 분야의 연구자 대부분이 받아들이는 많은 사실을 추려냈다. 그들은 그 목록을 (본문비평을 기준으로 해서) 강력한 지지를 받는 사실들과 (회의론자로부터 보수적인 기독교인에 이르기까지) 사실상 모든 학자가 인정하는 사실들에 제한했다. 훗날 하버마스와 리코나는 자신들의 발견을 담아 『예수의 부활 사건』(*The Case for the Resurrection of Jesus*)[4]이라는 제목으로 책을 펴냈다.

아직 회의론자였을 무렵에 나는 처음으로 부활에 대해 조사하면서 신약성서가 주장하는 내용을 목록으로 정리했었다. 불신자였던 내가 발견한 바에 따르면, 하버마스와 리코나가 제시한 최소한의 사실들 가운데 다음의 네 가지는 기독교의 지지자와 반대자 모두가 인정하는 것이다.

---

2   자세한 정보를 위해 www.garyhabermas.com을 참조하라.

3   자세한 정보를 위해 www.risenjesus.com을 참조하라.

4   Gary Habermas and Michael Licona, *The Case for the Resurrection of Jesus* (Grand Rapids, MI: Kregel, 2004), 47.

(1) 예수는 십자가에서 죽었고 돌무덤 안에 놓였다.

(2) 예수의 무덤은 비어 있었고, 그의 시신을 꺼내 보인 사람은 아무도 없었다.

(3) 예수의 제자들은 죽은 자 가운데서 부활한 예수를 보았다고 믿었다.

(4) 이들은 부활을 목격했다고 주장한 후 변화된 삶을 살았다.

최소한의 사실 접근

개리 하버마스(리버티 침례교 신학대학 석좌교수)는 부활의 이야기 가운데 (기독교인들로부터 비신자들에 이르는) 대다수의 학자와 전문가들이 수용하는 측면을 찾아내어, 부활 사건 검토에 관한 최소 사실 접근법을 대중화했다. 이와 같이 수용된 "최소 사실들"의 목록은 귀추법 과정의 기초로 쓰일 수 있다.

독자들은 이와 같은 "최소한의 증거들" 중 예수가 정말로 죽은 자들 가운데서 부활했다고 주장하게 만드는 것은 없다는 것을 즉시 알아챌 것이다. (곧 살펴보겠지만) 이 사실들에 대해서는 여러 가지 설명이 있을 수 있다. 이것은 (믿는 자와 믿지 않는 자 모두를 포함한) 대다수의 학자들이 기꺼이 수용하는 증거들의 목록이며, (믿는 자와 믿지 않는 자 모두를 포함하여) 우리가 반드시 설명해야 하는 사실이다. 부활과 관련된 이와 같은 주장의 골자를 검토하면서, 나는 그것을 해명하기 위해 역사적으로 제시되어온 설명들을 간추려보았다 (물론 귀추법을 사용했다). 나는 그 설명 모두가 (전통적·기독교적 설명을 포함해서) 제각기 불충분하고 문제를 갖고 있음을 알게 되었다. 가능한 설명을 검토하면서 각각에 관련된 어려움을 나열해보도록 하자.

1부 형사가 되는 법을 배우라

제자들이 예수의 죽음을 오해했다는 주장

일부 회의론자들은 제자들이 예수의 십자가상의 죽음을 오해했을 가능성을 지적했다. 그것은 예수가 태형(과 십자가 처형)을 이겨내고 회복된 후 제자들에게 나타났을 뿐이라는 주장이다.

문제점:

이런 제안은 빈 무덤과 부활에 관한 목격자 증언, 그리고 사도들의 삶에 나타난 변화를 설명하는 듯 보이지만, 제자들이 십자가에서 예수를 내렸을 때 목격하고 경험한 바에 대해서는 만족스런 설명을 제시하지 못한다. 내 경험에 따르면 사람은 사랑하는 사람의 사체를 처음 발견했을 때, 재빨리 생명의 징후부터 확인한다. 다친 사람이 여전히 숨을 쉬고 있는가? 이 확인은 너무나 단순하고 효과적이어서 모든 사람, 심지어 생물학에 전혀 문외한인 사람도 본능적으로 실행할 수 있다. 내 경험에 따르면 사망한 사람의 몸에는 체온 손실, 사후 경직, 사반이라는 세 가지 현상이 두드러지게 나타난다. 죽은 사람의 몸은 온기를 잃다가 결국 주변 온도와 똑같아진다. 그들의 몸은 즉각 돌과 같이 차갑게 느껴지기 시작한다(이는 사체를 발견한 사람들이 흔히 사용하는 표현이다). 사람이 죽은 후에는 근육 안에서 화학 반응이 시작되어 몸이 뻣뻣해지고 경직되는데, 우리는 이것을 "사후 경직"이라고 부른다. 죽은 사람의 몸은 뻣뻣해져 사망 당시의 상태 그대로 굳는다. 마지막으로 심장이 멈추면서 중력에 끌려 몸 안에 피가 고이기 시작한다. 그 결과 땅에서 가장 가까운 쪽에 보라색 변형이 선명히 나타나기 시작한다. 본질상 사체는 살아서 숨 쉬는 사람과 다르게 보이고 느껴지며, 또 다르게 반응한다. 잠이 들어서 의식이 없는 사람과는 달리 죽은 사람은 부상에도 절대로 반응하지 않는다. 누가 몸을 만져도 움찔하거나 신음소리를 내지 않는다. 예수를 십자가에서 내리고, 그의 몸을 만지고 무덤으로 옮기며, 또 장사지내기 위하여 닦고 싸매느라 시간을 들인 이들이 모든 사체에 공통으로 나타나는 이런 현상들을 눈치 채지 못했다고 믿는 것이 과연 합리적일까?

여기에 덧붙여 복음서는 군병 한 명이 예수를 (창으로) 찔렀고, 그래서 예수의 몸에서 피와 물이 나왔다고 기록한다. 복음서 저자들이 검시관이나 의사가 아니었다는 사실을 고려할 때 이것은 매우 중요한 관찰이다. 물론 나도 의사는 아니지만 나는 검시관들이 부검하는 것을 수없이 보았고, 범죄 현장에서 그들과 긴 이야기를 나눈 적이 많다. 사람이 (예컨대 폭행이나 교통사고의 결과로) 죽음에 이를 만큼 부상을 당하면 숨을 거두기 전에 일종의 "혈액순환 쇼크" 상태에 들어갈 수 있다(장기와 체조직에 충분한 혈액이 공급되지 못하기 때문이다). 이것은 "심낭 삼출"(심장을 두른 막에 액체가 고이는 것)이나 "흉수"(폐를 두른 막에 액체가 고이는 것)로 이어질 수 있다. 끔찍할 정도로 매질을 당한 후 십자가에 똑바로 못 박힌 예수가 죽기 전에 이런 쇼크로 인한 유출을 겪었을 것이라는 예측은 얼마든지 가능하다. 그리고 창에 찔렸을 때 그 액체는 그의 몸 밖으로 뿜어져 나왔을 것이다. 피가 쏟아질 것을 예상했던 복음서 저자들은 물을 보았을 때 다소 놀랐을 것이다. 이것은 군병이 예수를 찔렀을 때 예수가 이미 죽어 있었다는 사실과 분명히 일치한다.

이런 문제 외에도 살인사건 담당 형사의 관점에서 볼 때, 예수가 사실은 십자가에서 죽은 것이 아니라는 주장에는 또 다른 문제점이 있다.

(1) 1세기에서 2세기 초반에 기록된 다수의 "비우호적인" 로마 자료 (예를 들어 탈루스, 타키투스, 마라 바르 세라피온, 플레곤)와 유대 자료(예를 들어 요세푸스와 바빌로니아 탈무드)는 예수가 십자가 처형을 당해 죽었다는 사실을 기록하고 인정한다.

(2) 만일 죄수가 십자가형을 당하고도 살아남았다면, 로마 군인들은 (그 벌로) 죽임을 당해야 한다. 그들이 정말로 살아 있는 사람을 십자가에서 내릴 만큼 부주의했을까?

(3) 예수가 살아남으려면 매질, 십자가 처형, 창상으로 인한 출혈을 이겨내야 한다. 그러나 십자가에 못 박힌 상태에서는 이것들 가운데 아무것도 할 수 없다.

(4) 부활 이후에 나타났던 예수는 상처의 흔적을 그대로 지니고 있었으며, 매질당하고 십자가형을 겪고 창에 찔린 지 고작 며칠이 지났을 뿐인데도 전혀 상처 입은 사람처럼 행동하지 않았다.

(5) 예수는 부활과 승천 이후에 역사의 기록에서 사라졌고, 이후 단 한 번도 사람들의 눈에 띄지 않았다(그가 부상에서 회복했다면 33세라는 이른 나이를 지나 오래 살았을 것으로 예상된다).

제자들이 부활에 대해 거짓말을 했다는 주장

일부 비기독교인은 제자들이 무덤에서 예수의 시신을 훔친 후 부활한 예수가 나타났다는 이야기를 꾸며냈다고 주장한다.

문제점:

이 제안은 빈 무덤과 부활에 대한 목격자 증언은 설명할 수 있지만, 부활 이후에 일어난 사도들의 삶의 변화는 해명하지 못한다. 나는 수년간 강도사건을 다루면서 여러 가지 음모를 수사하고 (해결할) 기회가 있었는데, 그 경험을 통해 성공적인 음모의 성격에 대해 배웠다. 음모론의 문제는 이 책 7장에서 살펴보겠지만, 그에 앞서 일러두어야 할 말이 있다. 많은 사람이 별다른 소득 없이 오랜 시간에 걸쳐 공모했다고 말하는 어떤 음모론은 믿기가 망설여진다. 더욱이 그 이론은 사도들이 변화되고 용감해진 이유가 부활한 예수의 기적적인 등장 때문이 아니라, 누군가가 어떤 보상도 받지 않고 지속적으로 노력해서 지어낸 정교한 거짓말 때문이라는 주장을 믿으라고 요구하고 있다. 이런 문제 외에도 형사의 관점에서 볼 때, 제자들이 부활에 대해 거짓말을 하고 있다는 주장을 평가하기 위해 고려해야 할 또 다른 문제들이 있다.

(1) 예수의 시신이 없어질 경우 제자들이 예수의 부활을 주장할 것을 알았던 유대 지도자들은 예수의 무덤을 지키고 봉인하기 위해 여러 대책을 강구했다(마 27:62-66).
(2) 사건이 일어난 지역의 현지인들은 그것이 거짓말임을 알았을 것이다(바울이 고전 15:3-8에서 고린도인들에게 예수의 부활 이후 그가 살아 있음을 보았다고 증언하는 이가 5백 명이었다고 이야기한 것을 기억하라).

(3) 제자들에게 그와 같은 거짓말을 만들어낼 동기가 부족했다(이 문제에 대해서는 이 책 14장에서 논의할 것이다).

(4) 부활 이후에 일어난 제자들의 변화는 예수의 등장이 거짓말에 불과하다는 주장과 모순된다. 그들이 스스로 지어낸 거짓말로 인해 용감한 복음 전도자로 변화될 수 있었을까?

제자들이 망상에 빠져 있었다는 주장

일부 회의론자들은 예수가 십자가에서 죽은 후 제자들이 극심한 슬픔과 비탄을 경험한 결과, 살아 있는 예수를 본 것으로 상상했다고 믿는다. 이런 비평가들은 예수의 등장이 간절한 소망에서 비롯된 환각에 지나지 않는다고 주장한다.

문제점:

이와 같은 제안으로는 왜 무덤이 비어 있었는지 설명할 수 없고, 언뜻보기에도 단지 부활의 경험만을 해명하려는 것처럼 보인다. 형사인 나는 맡은 사건의 피해자와 어떤 식으로든 연관되어 있는 목격자들을 자주 만난다. 어떤 살인사건 목격자들은 그 후로 깊은 슬픔에 빠져 큰 영향을 받기도 한다. 슬픔이 피해자에 대한 기억에도 영향을 미치는 것이다. 일례로 피해자가 지닌 성격의 부정적인 측면은 전부 잊어버린 채, 그 사람의 미덕만을 과장하여 기억하는 것이다. 인정하자. 우리 모두는 죽은 이에 대해서 좋은 것만 기억하려는 경향을 보인다. 하지만 이런 상상은 보통의 경우 피해자의 인격의 문제에 제한될 뿐이고, 피해자가 과거에 연루되었던 자세하고 상세한 사건에는 해당되지 않는다. 피해자와 가까웠던 이들이 그 사람의 인격에 대해서는 착각할 수 있다. 하지만 피해자와 관련된 지인들의 집단이 동일한 허구적 사건을 상상했다는 경우는 들어본 적이 없다. 누군가에 대해 애틋한 기억을 갖는 것과, 일어나지도 않은 역사를 상세하게 기억하는 것은 서로 다르다.

형사로서의 경험에 기초하여 부활이 제자들의 망상 혹은 상상이라는 설명과 관련하여, 몇 가지 이유 있는 염려가 고개를 든다.

(1) 개인이 환각을 일으킬 수는 있지만, 큰 무리의 사람이 정확하게 동일한 환각을 일으킨 사례는 없다.

(2) 짧고 순간적인 집단 환각에 빠지는 것은 가능할지 몰라도, 길고 지속적이며 상세한 환각에 빠진다는 것은 역사적인 근거가 없고 직감적으로도 불가능하다.

(3) 전해지는 바에 따르면 부활한 그리스도는 한 번 이상 다른 여러 무리(와 그 무리의 일부)에 의해 목격되었다. 위의 제안은 이처럼 다양한 목격을, 그 본질이 어떻든, 추가적인 집단 환각으로 이해해야 한다는 주장이 된다.

(4) 모든 제자들이 그런 환각에 호의적이었던 것은 아니다. 제자들 가운데는 도마와 같이 예수가 다시 살아날 것을 기대하지 않았던 회의적인 인물도 있었다.

(5) 부활이 단순히 환각에 불과했다면, 예수의 시체는 어디로 간 것일까? 이 각본으로는 시체가 사라진 것을 설명할 수가 없다.

제자들이 사기꾼에게 속았다는 주장

어떤 사기꾼이 제자들을 속여서 예수가 여전히 살아 있다고 믿도록 했고, 제자들은 아무것도 모른 채 그런 거짓말을 퍼뜨렸을 뿐이라고 주장하는 비기독교인도 있다.

문제점:

이 설명은 부활의 목격과 제자들의 변화를 해명하는 듯 보이는 반면에, 시신을 성공적으로 훔쳐내기 위한 추가적 공모자(나중에 속임을 당한 제자들 외의 공모자)를 필요로 한다. 나의 파트너들 가운데 다수는 살인 수사팀에 합류하기 전에 수년 동안 사기죄와 위조범죄를 수사한 경력을 가지고 있다. 이를 통해 나는 유능한 사기꾼들에 대해 배울 수 있었다. 피해자가 사기의 주제와 영역에 대해 무지할수록 사기가 성공할 확률은 높아진다. 피해자가 속아 넘어가고 돈을 잃는 이유는 속임수가 일어나는 영역에 대한 전문지식이 거의 없기 때문이다. 범인은 세련된 언어를 구사하면서 피해자의 전문성을 넘어서는 주장을 펼친다. 그의 말이 그럴듯하게 들리는 가장 큰 이유는 피해자가 무엇이 정말로 그럴듯한 것인지를 도무지 판단할 줄 모르기 때문이다. 사기를 당하는 사람이 사기를 치는 사람보다 그 주제에 대해 아는 것이 많다면, 피해자를 속이려는 가해자의 시도는 실패할 확률이 높다.

이런 이유로 1세기의 어떤 수준 높은 사기꾼이 제자들을 속였다는 주장에는 설득력이 부족하다. 그 이론에는 또 다른 문제점도 있다.

(1) 예수로 분장한 사람은 제자들이 의심하지 않을 정도로 예수의 습관과 말솜씨를 꿰뚫고 있어야 했다. 그러나 제자들은 자신을 속일 법한 누구보다도 그 사기의 주제에 대해 잘 알고 있었다.

(2) 많은 제자가 의구심을 표했고, 그들은 사기꾼이 성공하는 데 필요한 순진함을 전혀 보여주지 않았다. 일례로 도마는 처음부터 대놓고 회의적이었다.

(3) 예수로 분장한 사람은 기적의 능력을 지녀야 했다. 제자들에 의하면 부활한 예수는 많은 이적과 "확실한 증거"를 행하였다(행 1:2-3).

(4) 소망에 가득 찬 제자들이 아니라면, 누가 세계종교 운동을 시작하려고 했겠는가? 그런 이론은 제자들 외에도 예수로 분장하려는 동기를 지닌 누군가의 존재를 필요로 한다.

(5) 이 설명 역시 무덤이 비어 있는 것과 예수의 시신이 사라진 것은 해명하지 못한다.

제자들은 제한적으로 일어난 영적인 목격담의 영향을 받았다

최근에는 한두 명의 제자들이 부활한 그리스도의 환상을 보았고, 다른 이들을 설득해서 그런 영적인 목격담을 사실로 믿게 한 것이라는 이론이 등장했다. 그들은 추가적인 목격이 첫 번째 환상의 강력한 영향력에 의한 반응이었을 것이라고 주장한다.

1부 형사가 되는 법을 배우라

문제점:

그런 설명은 사도들이 변화된 이유를 설명할 수 있을지는 몰라도, 무덤이 왜 비어 있었는지는 설명하지 못하고 성서의 기록과도 모순된다. 설득력 넘치는 한 명의 목격자가 다른 목격자들의 믿음에 영향력을 미치는 것은 이상한 일이 아니다(이에 대해 이 책 4장에서 자세히 설명할 것이다). 내가 맡은 살인사건 가운데서도 한 명의 단호한 목격자가 사실상 현장에 있지도 않았던 다른 사람들을 설득해서 어떤 일이 일어났다고 믿게 만든 경우가 여러 번 있었다. 하지만 무슨 일이 있었는지 설명해보라고 하면, 목격자 가운데 설득을 당한 사람과 설득한 사람은 쉽게 구분된다. 오직 설득에 나선 목격자만이 확신에 차서 사건의 정황을 상세히 이야기할 수 있기 때문이다. 다른 사람들은 사건을 직접 목격하지는 못했기에 정황을 뭉뚱그려 묘사하는 경향을 지닌 반면에, 그들을 설득했던 사람은 대개 매우 종합적인 그림을 제시한다. 이에 덧붙여 목격담을 다시 한번 들려달라고 했을 경우, 특히 압박을 느꼈을 때, 설득된 사람들은 결국 목격담의 출처를 지목한다. 설득력을 갖춘 목격자 한 사람이 다른 목격자들 가운데 일부를 설득해서 자기 눈으로 본 사건이 진짜로 일어났다고 믿게 할 수는 있지만, 그런 시도가 모든 사람을 상대로 성공할 수는 없다. 한 명의 목격자가 무리 안에서 얼마나 강한 카리스마를 지니고 높은 위치에 있는지와 무관하게, 연루된 목격자의 수가 많으면 많을수록 모든 사람이 그에게 영향을 받을 확률은 줄어든다.

이 이론은 앞서 살펴본 대로 제자들이 그리스도의 부활을 상상했다는 주장이 지닌 문제점을 고스란히 가지고 있다. 설득력 넘치는 어떤 목격자가 자신이 처음 목격한 바를 믿도록 다른 이들을 전부 설득했다고 쳐도, 그 이후에 일어난 집단적 환상은 우리가 앞서 논의한 이유들로 인해 여전히 타당성이 없다. 일부 설득자가 다른 제자들로 하여금 부활을 믿도록 했다는 주장에는 다음과 같은 많은 문제점이 뒤따른다.

(1) 이 이론을 갖고서는 서로 다른 별개의 다양한 무리가 예수를 목격했다는 복음서의 기록들을 설명할 수 없다. 그 목격자 증언들은 매우 자세히 기록되어 있다. 모든 제자들이 직접 목격하지 않은 것에 대해 이처럼 구체적인 세부사항을 반복적으로 제공할 수 있었다고 믿는 것은 합리적이지 않다.

(2) 성서는 부활한 예수를 보았다고 증언할 수 있는 사람이 5백 명에 달했다고 말한다(고전 15:3-8). 그 모든 사람이 타인의 영향으로 자신이 직접 예수를 보았다고 상상하게 되는 일이 가능할까? 실제로는 모든 제자가 기록된 사건을 전혀 보지 못했는데도 불구하고 "설득력 넘치는 한 사람"에 의해 설득되었다고 믿는 것은 합리적이지 않다.

(3) 또한 이 설명도 빈 무덤과 사라진 시신을 설명하지 못한다.

제자들의 증언이 나중에 왜곡되었다는 주장

일부 비기독교인들은 예수에 관한 전설이 시간의 흐름에 따라 점점 확대되면서 원래 제자들이 목격했던 것이 부풀려지고 왜곡되었다고 주장한다. 이런 회의론자들에 따르면 예수는 지혜로운 선생이었을 뿐이고, 부활은 전설이자 뒤늦게 등장한 역사적 과장에 불과하다.

문제점:

그런 설명으로는 (누군가 시신을 치웠다고 가정할 때) 빈 무덤은 해명할 수 있지만, 부활과 관련된 사도들의 초기 주장은 설명할 수 없다(이에 대해 이 책 11장과 13장에서 자세히 살펴볼 것이다). 미제사건을 다루는 형사는 다른 형사들보다 "전설"에 관한 문제를 많이 다룰 수밖에 없다. 최초 범행시점으로부터 긴 시간이 지난 후에 목격자는 어떤 식으로든 원래 증언을 과장할 수 있다. 목격자가 실제로 보았던 것(즉 범죄가 발생했을 당시에 보고된 것)과 시간이 흐른 뒤 지금 자신이 기억하고 있는 것을 구분하는 데 도움이 되는 것은 최초 수사관의 기록이다. 최초의 수사 기록이 꼼꼼하게 잘 문서화되어 있다면, 각각의 목격자가 보았던 진실을 분별하기가 훨씬 쉬울 것이다. 내 경험으로 30년 후의 증언보다는 최초의 회상이 보다 더 상세하고 신뢰할 만하다. 목격자가 오늘 하는 이야기와 전에 했던 이야기를 비교해야 할 경우에는 나 역시 다른 미제사건 형사처럼 최초 보고에 의존할 것이다. 부활과 관련한 목격자 증언의 신뢰도를 결정짓는 것은 미제사건의 목격자와 마찬가지로 "최초 수사관들"의 초기 문서이어야 한다.

이런 이유로 예수의 이야기가 나중에 과장되었을 뿐이라는 주장에는 몇 가지 문제가 뒤따른다.

(1) 십자가 처형 이후 제자들의 활동에 대한 가장 오래된 기록을 보면, 그들은 예수가 하나님이심을 증명하는 가장 중요한 증거로서 그의 부활을 언급한다. 목격자들은 기독교 운동이 처음 일어났을 때부터 이 주장을 펼쳐왔다.

(2) 제자들에게서 배운 학생들 역시 제자들의 목격자 증언에서 가장 중요한 요소는 부활이라고 기록한다(이에 대해 이 책 13장에서 자세히 살펴볼 것이다).

(3) 가장 오래된 것으로 알려진 기독교 "신조" 혹은 구전된 기록은 (바울이 고전 15장에서 묘사한 것처럼) 부활을 주된 요소로 꼽는다.

(4) 그렇다면 왜 나중에 예수의 무덤과 시신이 발견되어 후대의 전설이 거짓인 것이 밝히 드러나고 증명되지 못했는지 설명할 수가 없다.

제자들은 예수의 부활을 정확하게 증언했다

물론 기독교인들은 예수가 죽은 자 가운데서 실제로 부활했고, 복음서는 그 사건에 대한 정확한 목격자 증언이라고 주장한다.

문제점:

이 설명은 빈 무덤, 부활의 목격담, 사도들의 변화를 해명한다. 하지만 그간 회의론자들과 비신자들이 검토하고 거론해온 문제점들을 무시한 채, 이 설명만을 그대로 수용하는 것은 순진한 처사일 것이다. 예수가 죽은 자들로부터 실제로 부활했다는 주장에는 다음과 같은 우려와 반대가 뒤따라온다.

> (1) 이 설명은 초자연적인 것에 대한 믿음, 곧 죽은 자들로부터 부활할 초자연적인 힘이 애초부터 예수에게 있었다는 사실을 믿는 믿음을 요구한다.

귀추법과 부활

나는 증거를 부활에 대한 네 가지 소박한 주장에 국한시켰고, 부활을 설명하는 가능성들은 ("자연적인" 것과 "초자연적인" 것을 포함하여) 모든 것에 개방시켰다. 가장 적은 숫자의 문제와 결함을 가진 것은 (비록 기적적이고 초자연적인 설명이기는 해도) 마지막 설명이다. 초자연적인 것에 대한 기존의 편견을 버리고 수사에 착수한다면 (1) 아무런 어려움도 없이 모든 증거를 해명하는 것은 마지막 설명이다. 마지막 설명은 주어진 증거를 가장 (2) 단순하고 (3) 총체적으로 해명해줄 뿐만 아니라, (4) 논리적으로도 일관성이 있다(하나님의 존재를 받아들이기만 한다면 말이다). 또한 이것은 (5) 다른 설명보다 우월하다(다른 설명에 나타난 문제를 전혀 가지고 있지 않다).

우리가 부활의 문제에 선입견 없이 접근하고 (1장에서 묘사했던 "추정" 없이) 사체 현장을 감정했던 그대로 평가한다면, 우리는 가능한 설명들을 판별해낼 수 있고 또 불합리한 설명을 제거할 수 있다. 그리고 주어진 증거들로부터 합리적으로 (복음서에 기록되었듯이) 예수가 부활했다는 결론을 도출할 수 있다. 부활은 합리적인 사건이다.

출장 가방과 체크리스트를 위한
두 번째 조언

이제 위급상황에서 호출을 받았을 때 가방에 또 하나의 도구, 즉 기독교의 주장들을 검토하고 논의하는 데 도움이 될 "합리적" 태도를 갖추도록 하자. 나 역시도 오늘날의 다른 비기독교인과 마찬가지로 "믿음"을 "이성"의 반의어라고만 생각했었다. 이런 이분법적인 정의 안에서 나는 무신론자를 합리적인 "자유사상가"로, 반면에 믿는 자는 리더의 비합리적인 가르침을 맹목적으로 따르는 단순하고 생각 없는 꼭두각시로 취급했다. 하지만 곰곰이 생각해보니 "믿음"의 반대는 "믿지 않는 것"이지 "이성"이 아니었다. 회의론자로서 성서를 읽어 내려가면서 나는 믿음의 성서적인 정의가 증언에 근거한 정확하고 합리적인 추론임을 깨닫게 되었다. 나는 기독교 문화에서 성장하지 않아서 그런지 내가 생각하기에도 이상하리만큼 객관적 증거를 높이 평가하는 경향을 갖고 있다. 아마도 이런 이유 때문에 믿음에 대한 그런 정의가 내게 쉽게 와 닿았을 것이다. 이제 나는 왜 합리적인 사람들이 증거를 검토한 후에 기독교를 사실로 결론짓는지 이해할 수 있다. 부활과 관련된 증거들을 어떻게 해석해야 할지 몰라서 의구심을 갖는 많은 친구들은 나와 의견을 달리할 수도 있겠지만, 나는 그 친구들이 적어도 내가 이성적인 과정을 통해 결론에 도달했다는 것을 알아줬으면 한다.

전국을 돌며 강연을 할 때마다 나는 헌신적이고 열성적이지만 "증거에 근거한" 믿음을 받아들이는 것을 꺼려하는 기독교인들을 만나곤 한다. 기독교계에서 증거를 뒷받침할 것을 요구하는 믿음은 연약하고 열등한 것으로 비치기 때문이다. 많은 사람이 우리가 하나님께 올려드릴 수 있는 가장 진실하고 진정성 있고 가치 있는 형태의 믿음은 바로 "맹목적인 믿음"(의심하지 않고 그저 믿는 것)이라고 생각한다. 하지만 정작 예수는 증거를 높이 샀던 것 같다. 요한복음 14:11에서 그는 자신을 지켜보던 이들을 향해 이렇게 말한다. 곧 그가 자신의 정체성에 대해 증언하는 말을 믿지 못하겠으면 자신이 "행하는 일"(의 증거)을 살펴보라는 것이다. 심지어 예수는 부활 이후에도 40일이나 더 제자들과 함께 머물면서 그들에게 자신이 부활했으며 또 자신이 증언해온 바로 그 존재임을 보여주는 "확실한 많은 증거"를 제공했다(행 1:2-3). 예수는 증거의 역할과 가치는 물론 증거에 근거하여 믿음을 성장시켜가는 중요성을 잘 알고 있었다. 지금은 우리 모두가 기독교인으로서 이와 같은 합리적 신앙을 키워가야 할 때다.

3장 원칙 #3

"정황적으로" 생각하라

"도저히 안 되겠어." 나는 붉은색 바인더의 표지를 덮으며 말했다. 살인사건 자료를 보관하는 방의 긴 선반 위로 수십 개의 "붉은색 파일"이 놓여 있었다. 나는 그 옆의 바인더 하나를 제자리로 다시 밀어 넣으며 파트너를 물끄러미 쳐다보았다. "이제 폴라의 가족에게 이야기하는 일만 남았네."

우리 경찰서는 미제사건 파일과 종결사건 파일을 형사과와 벽을 나눈 보관실에 함께 보관한다. 해결된 살인사건은 검은색 바인더에, 미제사건은 붉은색 바인더에 들어 있다. 우리의 목표는 그 방을 검은색 바인더로 채우는 것이다. 하지만 폴라 사건은 일 년이 지나도록 붉은색 파일을 벗어나지 못했고, 나는 상심했다.

폴라 로빈슨(Paula Robinson)은 1988년 봄에 살해되었다. 그녀는 고등학교 2학년이었고 이 사건은 말 그대로 추리소설과 같았다. 범죄현장은 그녀가 죽기 직전에 무슨 일이 일어났는지에 대해 많은 것을 말해주었지만, 누구의 책임인지에 대해서는 말이 없었다. 우리가 아는 것은 그녀가 용의자를 자기 부모님 집으로 자진해서 맞아들였다는 것과 둘이 같이 샌드위치를 먹었고, 그가 뒤뜰에서 담배를 피웠다는 것이었다. 또한 살인자는 그녀의 침실에 함께 있었고 거기서 성폭행을 시도했으며 결국 끔찍한 분노로 그녀를 살해했다는 것이었다. 범죄 현장은 우리 부서 역사상 최악의 현장 가운데 하나였다.

살인이 일어나기까지의 사건들에 대해서는 아는 바가 몇 가지 있었지만, 범인의 인상착의와 신분에 대한 정보는 턱없이 부족했다. 이웃들은 사건 이후 한 젊은 남자가 집을 떠나는 것을 보았고, 덕분에 우리는 그의 대략적인 키와 몸무게를 짐작할 수 있었다. 하지만 그는 야구 모자를 쓰고 있어 머리카락이 보이지 않았고, 현장을 너무 빨리 벗어났기 때문에 그의 인상착의에 대한 자세한 내용을 파악하기가 어려웠다. 다행히 현장에서 그의 머리카락 몇 올이 발견되었다. 그것은 우리에게 가장 큰 실마리가 되었다.

그 머리카락은 DNA의 부분적인 흔적을 제공해주었는데, 이는 주전체의 데이터베이스에 집어넣기에는 충분치 않았지만, 유력한 용의자를 식별하기 위해 무언가와 비교할 수는 있을 정도였다. 이 사건을 저질렀다고 생각되는 모든 사람의 목록을 만든 다음, 밖에 나가 그들의 DNA를 채취하면 될 것이었다. 얼마나 쉬운가. 우리는 일 년에 걸쳐서 우리가 생각하기에 범행을 저질렀을 것 같은 후보자들을 모조리 찾아내어 그들의 위치를 추적했으며, 미국 전체를 뒤져 그들의 DNA 표본을 수집했다. 총 34명의 남성이 용의선상에 올랐다. 그들 모두는 순순히 수집에 응했다. 단 한 장의 수색영장도 필요하지 않았다. 왜 그랬을까? 그들 가운데 어느 누구도 폴라 로빈슨을 살해하지 않았기 때문이

1부 형사가 되는 법을 배우라

다. 그들은 두려울 것이 없었다. 결국 용의자는 바닥이 났다. 사건이 일어나고 거의 25년이 지나도록 더 이상의 실마리도, 다른 선택의 여지도 남아 있지 않았다. 우리는 사건을 다시 한번 유예해야만 했다.

나는 마지막으로 폴라의 어머니를 만나기 위해 길을 나섰다. 그녀는 우리가 이 사건을 다시 살펴보기로 했을 때(그녀도 우리에게 DNA의 부분적인 표식이 있다는 사실을 알게 되었다), 희망에 부풀어 있었다. 우리는 이런 종류의 사건이 얼마나 어려운지 알기에 지나친 기대를 갖지 말라고 했지만, 그녀는 가능성만으로도 흥분되는 것을 어찌할 수 없었을 것이다.

"어떤 때는요, 저희가 생각하는 용의자가 하나 있고 그 사람이 증거와 잘 들어맞아 사건을 쉽게 정리할 때가 있는데, 지금은 그게 잘 안 되네요." 나는 애써 설명했다. "사건을 기소하기 위해 꼭 DNA가 '일치'해야만 하는 건 아니지만, 지금 상황에서는 저희에게 있는 DNA가 그동안 생각해온 모든 용의자들을 용의선상에서 탈락시켰어요. 정말 죄송해요." 폴라 어머니는 앉은 채로 그냥 울기만 했다.

미제 살인사건을 맡아 일해온 지난 여러 해 동안 나는 한 번도 DNA의 도움을 받아 사건을 해결해본 적이 없다. 대부분의 미제사건 팀들은 최신의 기술력을 활용하고 새로운 과학을 이전 사건에 적용하는 등, DNA를 이용해서 실적을 올리고 있는데도 말이다. 하지만 내게는 그런 행운이 없었다. 내가 발전된 과학을 통해서 얻은 경험이라고는 폴라 사건과 같은 결과, 그러니까 과중한 업무량에 비해 진전이 없는 결과뿐이었다. 대신 포렌식(과학적) 증거는 거의 없지만 우리가 "정황적" 증거라고 부르는 것으로 가득했던 사건들을 평가하는 데는, 나는 제법 성공을 거두었다. 폴라 사건도 그랬으면 하고 바랄 뿐이다.

직접 증거와 정황 증거

대체로 증거는 두 가지 넓은 범주 가운데 하나에 속한다. 직접 증거는
그 자체만으로도 증명될 수 있는 증거다. 캘리포니아에서 배심원들에
게 주어진 한 가지 사례로 법원 밖에서 비가 내리는 것을 본 목격자가
있다고 하자. 배심원들은 다음과 같은 교육을 받는다. "법원으로 들어
오기 전에 자신이 밖에서 비가 내리는 것을 보았다고 증언하는 어떤
목격자가 있다면, 그 증언은 밖에 비가 내리고 있다는 직접 증거가 됩
니다." 이 증언은 (그것이 신뢰할 만하다고 가정할 때) 그 자체로 비가 내
리고 있다는 사실을 증명하기에 충분하다. 반면에 정황 증거("간접 증
거"라고도 한다)는 혼자서는 아무것도 증명할 수 없지만, 현재 다뤄지는
질문과 관련된 무언가를 증명해서 우리의 시선을 올바른 방향으로 이
끌어주는 역할을 한다. 우리는 일어난 일을 파악하기 위해 그런 관련된
증거를 (다른 추가적인 정황 증거와 함께) 고려해볼 수 있다. 캘리포니아
에서 배심원들이 받는 교육은 다음과 같다. "예를 들어 빗물에 흠건히
젖은 우비를 입고 법정 안으로 들어오는 사람들을 보았다고 증언하는
목격자가 있다면, 이 증언은 지금 밖에 비가 내리고 있다는 결론을 뒷

---

1   캘리포니아 사법위원회, 『캘리포니아 사법위원회 형사재판 배심원 지침서』(2006), CalCrim,
    223항.

반침해줄 수도 있기에 정황 증거가 됩니다."[2] 일관성 있는 정황 증거가 많을수록, 결론은 보다 더 큰 타당성을 띤다. 법원 밖으로 나갔던 많은 사람이 곧바로 무언가를 피해 들어오고, 그들의 옷에 작은 물방울 자국들이 남아 있다거나, 아니면 더 많은 사람이 빗물이 뚝뚝 떨어지는 우산을 든 채 법원 안으로 들어오는 모습을 보았다면, 우리는 밖에 비가 내리고 있다는 주장을 펼치기 위한 몇 가지 추가적 증거를 갖게 되는 셈이다. 정황 증거가 쌓이면 쌓일수록 결론의 타당성도 강해진다.

대다수 사람은 주어진 상황 속에서 어떤 일이 일어났는지 확신하기 위해서는 직접 증거가 있어야 한다고 생각한다. 그렇다면 용의자와 범죄 현장을 이어주는 직접 증거가 전혀 없는 사건은 어떻게 처리해야 할까? 우리에게 있는 증거 전체가 오로지 정황적인 것뿐일 때도 진실은 합리적 의심을 넘어 증명될 수 있는가? 물론이다! 배심원은 어떤 사건에서든지 직접 증거와 정황 증거 사이에 질적인 차이를 두지 말라는 교육을 받는다. 판사는 배심원에게 다음과 같이 부탁한다. "여러분은 범인의 의도, 정신 상태, 범행 등 유죄선고에 필요한 기소요건들을 증명하거나 반증하기 위해 직접 증거와 정황 증거 모두를 수용할 수 있습니다. 둘 중 하나에 보다 더 큰 신뢰성이나 무게가 있는 것은 아닙니다."[3] 배심원은 매일매일 오직 정황 증거만 있는 사건의 용의자에 대하여 평결을 내리는데, 나는 이 점을 매우 기쁘게 생각한다. 내가 기소에 성공한 미제사건에는 정황 증거밖에 없었기 때문이다. 이제부터 무언

---

2 같은 곳.

3 같은 곳.

가의 진실을 결정하는 데 정황 증거가 갖는 힘과 역할을 보여주는 한 가지 사례를 제시하려고 한다.

살인, 정황 증거, 그리고 확신

직접 증거와 정황 증거의 힘을 입증하기 위해 가상의 살인사건을 예로 들어보자. 당신이 배심원으로 앉아 있는 법정에서 다음과 같은 사건이 제시되고 있다. 먼저 범죄의 요소들이 나열된다. 화창한 어느 날 오후, 평소 조용하기만 하던 주거 지역에서 고요함을 깨는 비명소리가 모퉁이에 위치한 한 집에서 울려 퍼졌다. 비명소리는 아주 짧았고 때마침 잔디에 물을 주고 있던 옆집 여자가 그 소리를 들을 수 있었다. 목격자는 모퉁이 집에 난 커다란 전망 창을 통해 어떤 남자가 거실에서 자신의 이웃을 폭행하고 있는 장면을 목격했다. 그 남자는 야구 방망이로 피해자를 잔인하게 두들겨 패고 있었다. 이어 용의자는 앞문을 열고 나와 피 묻은 방망이를 손에 든 채 도망쳤다. 그가 피해자의 집 바로 앞에 주차되어 있던 자동차로 가는 동안, 그녀는 범인의 얼굴을 자세히 볼

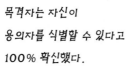

목격자는 자신이
용의자를 식별할 수 있다고
100% 확신했다.

1부 형사가 되는 법을 배우라

수 있었다.

만일 지금 증인석에 앉은 그 목격자가 이 사건의 피고인이 자신이 실제로 보았던 바로 그 살인자라고 증언한다면, 그녀는 우리에게 직접 증거를 제공하는 셈이다. 증인의 발언을 신뢰한다면, 이 직접 증거 하나만으로도 우리는 피고가 살인을 저질렀다는 사실을 충분히 증명할 수 있다. 하지만 상황이 이와 달랐다면 어떨까? 이 사건의 용의자가 살인을 저지를 당시에 마스크를 쓰고 있었다면? 만일 그랬다면 목격자는 그 살인자를 (얼굴 생김새로) 직접 식별할 수 없었을 것이고, 그녀가 제공하는 정보는 턱없이 부족할 것이다. 살인자의 대략적인 체구와 입고 있던 옷 정도는 이야기해줄 수 있겠지만 그 이상은 아니다. 이 정도 수준의 정보만으로 피고인이 진짜 살인자임을 증명하기란 불가능하다.

형사들은 유력한 용의자(그의 이름은 론 제이콥슨[Ron Jacobsen]이었다) 한 명을 찾아냈고, 살인이 일어난 시점에 그가 무슨 일을 하고 있었는지에 대한 정보를 수집하기 시작했다. 형사들이 론을 심문했을 때, 그는 주저하며 자신의 알리바이에 대해 대답을 회피했다. 그가 마침내 털어놓은 이야기도 수사해보니 거짓말이었다. 당신은 그의 거짓말에 근거하여 론이 살인을 저질렀다고 생각하겠는가?

론은 목격자가 제공한 대강의 체격 조건과도 맞아 떨어졌고 자신의 알리바이에 대해서도 거짓말을 했다. 론을 살인자로 지목하는 두 가지 정황 증거에도 불구하고 또 다른 추가 증거가 없다면 우리 가운데 어느 누구도 그를 살인자로 결론짓지는 않을 것이다. 형사들은 다른 어떤 증거를 발견했을까? 론을 심문하는 동안 형사들은 그가 피해자와 떠들썩한 연인 관계로 지내다가 최근 헤어졌다는 사실을 알게 되었다. 그는 최근들어 두 사람 사이에 다툼이 있었다는 사실을 인정했고, 형사들이 그녀에게 초점을 맞출 때면 극도로 불안해하기도 했다. 또한 계속해서 자신과 그녀의 관계를 축소하려고 시도했다. 당신은 이제 론에 대한 평결을 내릴 준비가 되었는가? 그는 대강의 인상착의와 일치했고, 거짓으로 알리바이를 댔으며, 심문 중에는 의심스러울 만큼 긴장하면서 질문을 회피했다. 이는 론에게는 불리한 내용들이지만, 우리가 지금까지 본 것에 대해서는 그와 다른 합리적인 설명이 있을 수도 있다. 이 세 가지 정황 증거는 론이 범행에 관여했다는 결론으로 우리를 이끌어가기는 하지만, 그의 유죄를 확증하기에는 충분치 않다.

만일 범죄 현장을 맨 처음 조사한 수사관들이 발견한 바에 따라, 사건의 용의자가 피해자의 집에 들어가 피해자가 집으로 돌아올 것을 기다린 것처럼 보였다면 어떨까? 무단침입의 흔적은 없었고, 형사들은 피해자의 집 열쇠를

정황 증거의 충분성

"피고가 유죄임을 밝히기 위해 꼭 필요한 어떤 사실이 있고 그 사실이 증명되었다는 결론을 내리기 위해 정황 증거에 의존해야 할 때, 그런 결론에 꼭 필요한 각각의 사실이 합리적 의심을 넘어 검증되었다는 것을 확신해야 합니다. 또한 피고에게 유죄 판결을 내리기 위해 정황 증거에 의존하기 전, 그 정황 증거가 지지하는 유일하고 합리적 결론이 피고의 유죄뿐이라는 사실을 확신할 수 있어야 합니다. 만일 정황 증거로부터 두 가지 혹은 그 이상의 합리적인 결론이 도출될 수 있고 그것들 중 하나는 무죄를, 다른 하나는 유죄를 가리킨다면, 여러분은 그중 무죄를 가리키는 결론을 수용해야 합니다. 정황 증거를 고려할 때는 오로지 합리적 결론만을 수용해야 하고 합리적이지 못한 다른 모든 것을 거절해야 합니다"(『캘리포니아 사법위원회 형사 재판 배심원 지침서』[2006], 224항).

가진 사람이 단 둘인데 그중 하나가 론이었다는 사실, 즉 그가 언제든지 집 안으로 들어갈 수 있었다는 사실을 알게 되었다. 이제 론은 확실히 "요주의 인물"이 되어버린 것 같다. 론은 대강의 인상착의와도 일치하고, 수사관에게 거짓말도 했으며, 긴장하고 얼버무리는 태도에 더하여 피해자의 집으로 들어갈 방법도 가지고 있었다. 하나하나 새로운 사실이 드러날 때마다 사건의 정황은 더욱 견고해진다.

만일 론의 친구 하나가 그의 집에서 자살을 암시하는 메모를 발견했고, 그가 그것을 들고 수사관들을 찾아왔다는 사실을 당신이 알게 된다면 어떨까? 그 메모는 살인이 일어나던 날 기록되었고, 이것은 론의 극단적인 심리 상태와 살인이 있었던 바로 그날 오후에 그가 자살을 시도하려 했었다는 사실을 보여준다. 물론 그는 자살 충동을 극복했고, 스스로 목숨을 끊지는 않았다. 살인사건 직후에 론이 그런 충동을 느꼈다는 사실은 그에게 불리한 쪽으로 사건을 몰아가는 반면에, 그가 살인범이라는 결론을 내리게 할 만큼 결정적일까? 물론 형사들에게는 좀 더 깊이 파고들어야겠다는 동기부여가 되었을 것이다. 이 모든 의심스런 증거들을 감안해서 판사는 수색영장을 허가했고, 형사들은 론의 집을 뒤졌다. 그리고 그곳에서 중요한 정황 증거를 다수 확보했다.

먼저 형사들은 론의 침대 밑에 숨겨져 있던 야구 방망이를 찾아냈다. 그 방망이는 운동장비로 사용되었다고는 생각될 수 없는 모양으로 찌그러진 상태였고, 범죄 연구소에서 화학 검사를 받아보니 혈흔은 없었지만 최근 표백제로 닦아낸 것 같은 잔여물이 발견되었다. 수사관들은 청바지 한 벌도 발견했는데, 바지의 앞부분에는 화학물로 부분 세

탁을 한 흔적이 있었다. 방망이와 마찬가지로 바지에도 혈흔은 없었지만 그것들로부터 무언가를 제거하고자 가정용 세제가 사용된 것으로 밝혀졌다. 마지막으로 수사관들은 론의 집에서 부츠 한 켤레를 찾아냈다. 목격자는 초동 수사를 진행한 경찰관들에게 용의자가 신고 있었던 부츠를 설명하면서, 그 부츠 옆에 독특한 줄무늬가 있었다고 말한 바 있었다. 론의 집에서 발견된 부츠에도 줄무늬가 있었고 그 지역 상점들을 조사한 결과 그 특이한 브랜드의 부츠는 그 지역에서 상대적으로 귀한 축에 속했다. 그것은 오직 두 군데 상점에서만 취급하는 부츠로, 지난 5년 동안 그 도시 전체에서 딱 열 켤레만 팔렸다고 했다. 론이 그 열 켤레 가운데 한 켤레를 가지고 있었던 것이다.

여러 정황 증거가 론을 범인으로 지목하고 있었다. 그는 피해자의 집에 들어갈 수 있었고, 살인 당일의 행적에 대해 거짓말을 했으며, 심문 당시 의심스러운 행동을 보였고, 살인이 있은 후 자살 충동을 느꼈으며, 살인 도구로 의심되는 야구 방망이와 수상하게 부분적으로만 세탁된 바지, 그리고 용의자의 인상착의와 일치하는 보기

정황 증거의 축적성

본질상 정황 증거는 여러 가지 방법으로 해석될 수 있다. 그렇기에 배심원들은 단 한 가지 증거로부터 무언가를 추론하지 않도록 조심해야 한다. 하지만 보통 정황 증거는 하나의 강력한 더미로 축적되고, 각각의 추가적 증거는 앞에서 나타난 다른 증거들과 합세해서 한 가지 추론을 강하게 지지하는데, 그전까지는 이전의 증거들을 확증해주는 역할을 한다.

서로를 확증해주는 증거들이 점점 많아지고 다른 대안적 설명들이 타당하지 못하다고 여겨질 때, 정황 증거로부터 도출된 한 가지 설명은 더욱 타당성을 얻어간다.

1부 형사가 되는 법을 배우라

드문 부츠를 갖고 있었다. 이 시점에서 우리 가운데 다수는 배심원으로서 론이 범인이라는 결론을 타당하다고 느낄 것이다.

하지만 이것으로 끝난 것이 아니다. 범행 현장에 있던 목격자는 용의자가 도주차량으로 달려가는 장면을 목격했고, 형사들에게 자신이 본 차량을 묘사했다. 목격자는 용의자가 70년대 초반 생산된 겨자색 폭스바겐 "카르만 기아"(Karmann Ghia)를 몰았다고 확신했다. 수색영장을 받아 론의 집을 뒤진 형사들은 (독자들이 추측하는 대로) 그의 차고에 주차되어 있는 1972년형 노란색 "카르만 기아"를 발견했다. 차량 등록 기록을 조사해보니 현재 운행 중인 것으로 등록된 카르만 기아는 주 전체를 통틀어 한 대뿐이었다.

론이 범인일까? 범행에 대해 우리가 알고 있는 모든 사실을 감안할 때 유일하게 합리적인 결론은 론이 그 살인을 저지른 범인이 맞다는

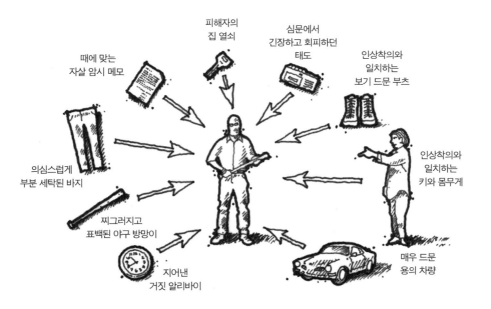

때에 맞는
자살 암시 메모

피해자의
집 열쇠

심문에서
긴장하고 회피하던
태도

인상착의와
일치하는
보기 드문 부츠

의심스럽게
부분 세탁된 바지

찌그러지고
표백된 야구 방망이

지어낸
거짓 알리바이

매우 드문
용의 차량

인상착의와
일치하는
키와 몸무게

것이다. 론이 단지 너무도 운이 없어서 이 모든 우연을 겪어야 했고 또 사실은 범인이 아닌데 그렇게 내몰린 것일까? 물론 모든 가능성은 열려 있다. 하지만 그런 추측이 합리적인가? 그렇지 않다. 모든 증거는 론을 지목하고 있으며, 그 모든 증거를 종합해볼 때 론의 유죄야말로 유일하게 합리적인 결론이다. 각각의 증거에 대해서는 다른 설명이 있을 수도 있겠지만, 전체로 봤을 때 다른 설명은 합리적이지 못하다. 배심원으로서의 당신에게 요구되는 것은 무엇이 가능한지가 아니라 무엇이 합리적인지에 기초한 평결임을 기억하라.

여기서 론을 유죄로 여기는 우리의 판단은 전적으로 정황적이다. 그를 범죄와 직접 연결시키는 법의학적 증거나 증언은 단 한 가지도 없다. 미제사건의 살인자를 법정으로 불러내기 위해 매년 내가 확보하는 증거는 바로 이런 종류의 것이다. 론의 유죄를 증명하는 증거들은 강력했고 압도적으로 충분하다. 당신이 배심원으로서 정황 증거의 본질과 힘을 이해했다면 당신은 이번 사건에서 유죄 판결을 내릴 수 있을 것이다.

우주론적인 정황 사건

하나님의 존재에 관한 질문은 우리가 살펴본 살인사건의 수사와 비교될 수 있다. 우리는 정황 증거를 수집한 다음에 이렇게 질문했다. "이 증거들이 론의 범행을 증명하는 것 외에 다른 방식으로 해석된다면, 그것은 어느 정도 합리적인가?" 증거가 누적되어갈수록 론의 무죄 확률은 감소했다. 이와 비슷하게 우리는 우리가 살아가는 세상(과 우주)에 담긴 증거들을 바라보면서 이렇게 질문할 수 있다. "이 증거들이 하나님의 존재를 확신하는 것 외에 다른 방식으로 해석된다면, 그것은 어느 정도 합리적인가?" 우리는 설명을 요청하는 특성(증거)으로 가득한 우주 속에서 살고 있다. 그중 몇 가지를 생각해보자.

시작이 있는 우주

절대 다수의 과학자들은 우주가 머나먼 과거의 어느 순간을 기점으로 해서 무로부터 존재하기 시작했다는 사실을 인정한다. 많은 사람은 이것을 "빅뱅 이론"(보통 우주론의 표준 모델로 지칭된다)이라고 부른다. 우주가 "존재하기 시작"했다면, 무엇이 우주를 "시작"하게 한 것일까? 무엇이 최초의 도미노를 넘어뜨려서 이 길고 긴 인과관계의 도미노 게임을 시작하게 만든 것일까? 첫 번째 도미노가 넘어진 것이 또 다른 도미노가 이것을 넘어뜨렸기 때문이라고 한다면, 우리는 그런 연속적인 사건들을 얼마나 더 거슬러 올라가야 하는 것일까? 과학자들은 무한한 영원까지 거슬러 올라가는 끝없는 도미노 게임이 터무니없는 것임을 잘 알고 있다. 그래서 우리 모두는 그 도미노 게임이 스스로의 힘으로 이루어지도록 시작점을 제공한 "원인 없는 제일 원인"을 찾는 것이다. "원인 없는 제일 원인"은 반드시 공간, 시간, 물질의 바깥에 존재해야 한다(그것 자체를 존재하도록 야기한 것은 내부의 어느 곳에서도 관찰되지 않기 때문이다). 우주를 존재하게 할 만큼 강력하면서 원인이 없는 것

"인과적" 증거

우주론적 논쟁에 따르면 (1) 존재하기 시작한 것은 그것이 무엇이든지 원인을 갖는다. (2) 우주는 존재하기 시작했다. (3) 따라서 우주에게는 원인이 있어야 한다. (4) 그 원인은 영원하고 원인이 없는 것이어야 한다. (5) 하나님은 그런 비원인적인 제일 원인에 대한 가장 합리적인 설명이다.

은 무엇일까? 원인을 지닌 우주가 과거 어느 때는 존재하지 않았다면, 지금은 왜 존재하는 것일까? 고트프리트 라이프니츠(Gottfried Leibniz)의 유명한 말처럼 "어째서 아무것도 없지 않고 무언가가 있는 것일까?"[4] 우리는 보통 하나님을 공간, 시간, 물질의 바깥에 거하는 영원하고 전능한 존재라고 생각한다. 유한한 우주 곧 시작점이 있는 우주라는 증거는 그와

같은 하나님의 존재를 정황적으로 시사해준다. 우리 우주가 존재하기 위해서는 믿을 수 없을 만큼 강력하고, 공간, 시간, 물질의 바깥에 거하는 비원인적 제일 원인이 필요하다. 영원하고 전능한 존재가 정말로 있다면, 라이프니츠의 유명한 질문은 대답을 찾을 수 있다. 그런 본성을 지닌 존재가 자신의 능력을 드러내는 우주를 자유롭게 창조하기로 선택했을 것이고, 그곳에서 자신이 사랑하는 피조물들에게 자신의 본성을 이해시킬 수 있었을 것이다. 우주의 인과적 증거는 하나님의 존재에 대한 중요한 정황 증거다.

---

4 Gottfried Leibniz, *Philosophical Writings*, trans. and ed. G. H. R. Parkinson (London: Dent, 1973), 199.

설계의 모습을 지닌 우주

과학은 우주가 생명을 지닌 존재를 부양하기 위해 놀라울 만큼 "미세 조정"되어 있다는 사실을 우리에게 이해시켜준다. 우주 안의 많은 힘들은 정확하고 세밀하게 눈금이 맞추어진 채 함께 작동해서 생명의 존재를 가능케 한다. 바로 전자 질량, 원자 질량, 양성자 질량, 강한 핵력과 약한 핵력, 빛의 속도, 우주 상수, 중력, 우주 자체의 질량, 그리고 다른 많은 힘들이 우주와 우리 세계를 통제하기 위해 미세하게 조율되어 있고, 각각 정확하게 눈금이 매겨져 있는 것처럼 보인다. 심지어 원자의 내부에서도 양성자, 중성자, 전자 사이의 정밀한 관계는 세밀하게 조정되고 계산되어 있는 것처럼 보인다. 스티븐 호킹(Stephen Hawking)에 따르면 "만일 양자-중성자의 질량 차가 전자 질량의 두 배 정도가 아니었다면, 우리는 원소를 구성하고 화학과 생물학의 기초가 되는 약 2백 쌍 정도의 안정적인 핵산을 확보할 수 없었을 것이다."[5] 우리 우주 안에 있는 힘은 그것이 작든 크든 생명을 가능케 하기 위해 세밀하게 조율되어 있는 것으로 보인다.

이렇게 조율된 우주적인 힘과 원자력 외에도 어떤 행성이 생명을 부양할 수 있기 위해서는 특정한 환경이 필수적이다. 예컨대 지구의 크기가 조금만 변한다고 해도, 지구라는 행성 위에서의 생명 활동은 불가능해진다. 지구의 크기가 지금보다 작다면, 지구 행성은 내부의 열

---

5   Stephen Hawking, *Black Holes and Baby Universes and Other Essays* (New York: Bantam, 1993), Google eBook, chapter 7. 『블랙홀과 아기우주』(까치 역간).

(1) 우주의 물리 상수와 물리 법칙들은 서로 독특하고 특수한 방식으로 연결(미세 조정)되어 지구 위에 생명이 존재하는 것을 가능케 하는 것처럼 보인다. (2) 미세 조정된 이런 법칙과 상수들 사이의 관계는 설계된 것으로 보인다(이들이 자연적이고 유도되지 않은 방법으로 존재하게 되었다는 주장은 있을 법하지 않으며, 그런 확률은 거의 불가능하다). (3) 설계는 지성을 가진 설계자를 요청한다. 놀랍도록 거대하고 복잡한 설계는 놀랍도록 지성적이고 강력한 힘을 지닌 설계자를 요청한다. (4) 하나님은 그런 거대하고 우주적인 설계자(미세 조정자)에 대한 가장 합리적인 설명이다.

을 잃고 내부의 핵은 활동을 멈춘다. 반대로 크기가 너무 클 때는 물이 지나치게 많아지고 대기 역시 지나치게 두터워진다. 결과적으로 생명이 가능하려면 행성의 특성들이 "지금 있는 그대로"여야 한다는 뜻이다. 액체로 있는 물의 현존, 항성과의 적절한 거리, 지각의 존재, 적절하게 균형을 이룬 자기장, 대기 속의 산소와 질소의 알맞은 비율, 커다란 달의 존재, 특수하게 정해진 크기와 종류의 태양 등 모든 것이 꼭 필요한 것들이다. 지구 위에 생명이 출현하는 길은 매우 좁고 어려워 보이지만, 우주와 우리 세계를 통제하는 힘들은 마음속에 정한 목표가 있는 것처럼 보인다. 그것은 바로 탄소에 기초한 생명이 출현할 수 있는 우주의 생성이다.

그것들이 단지 무작위적인 힘이라면 생명을 부양하기 위해 어떻게 이렇게까지 의도적으로 조정되고 조직화될 수 있었을까? 이것은 단순히 우연일까? 우연이라는 것도 가능한 일이기는 하지만, 과연 그것이 합리적인 결론일까? 하지만 하나님이 존재하신다면, 그분에게는 우주를 세밀하게 조율할 능력과 그럴 만한 이유가 있을 것이다. 일례로 성서는 하나님이 "천지를 지으셨다"라고 말하고(시 115:15), 그분이 지구를 염두에 두고 우주를 설계하고 창조한 존재라고 묘사한다. 세밀하게 조율된 우주는 의도적이고 초자연적이며 강력하고 창조적인 존재를 가리키는 중요한 정황 증거가 된다.

복잡한 생명을 가진 우주

과학자들은 생물학의 체계 안에서도 사람들이 "설계의 모습"이라고 부르는 것을 관찰하는 중이다. 리처드 도킨스(Richard Dawkins, 유명한 강경 무신론자이자 옥스퍼드 대학교 뉴 칼리지의 명예교수) 역시 생물학적인 체계가 설계된 것처럼 보이기도 한다고 시인한 바 있다.[6] (물론 그는 그런 모습을 맹목적이고 자연발생적인 과정으로 설명할 수 있다고 주장한다.) 하지만 많은 생물학적인 세포 "기계들"은 "명확하게 설정된 복잡성"의 특징을 보이며, 인간(지적 행위자)이 설계한 체계 및 구조들과 빼어난 유사성을 지닌다. 이런 특성은 많은 사람들로 하여금 유도되지 않은 힘(unguided forces)이 그와 같은 구조를 창조할 수는 없다는 합리적인 믿음을 갖도록 인도한다. 윌리엄 뎀스키(William Dembski, 잘 알려진 수학자, 통계학자, 신학자, 지적 설계론의 주창자)의 주장에 따르면 "명확하게

---

6   Richard Dawkins, *The God Delusion* (Boston: Houghton Mifflin, 2006), 188. 『만들어진 신』(김영사 역간).

"설계"의 증거

목적론적 논쟁:

(1) 어떤 구조 혹은 체계는 (a) 그것의 출현이 그 어떤 자연법칙으로도 설명되지 않고, (b) 우연의 결과로 나타났다는 가능성이 아주 희박함에도 불구하고 존재하며, (c) 독립적으로 존재하면서 식별이 가능한 다른 어떤 양식과 일치한다면, 가장 합리적인 설명은 그것이 어떤 지적 행위자의 설계적인 노력으로부터 왔다는 것이다.

(2) (예를 들어 DNA 코드 안에 담긴 정보와 같은) 생물학적 체계들은 (a) 그것의 출현이 그 어떤 자연법칙으로도 설명될 수 없고, (b) 우연의 결과로 일어났다는 가능성은 아주 희박함에도 불구하고 존재하고 있으며, (c) 독립적으로 존재하고 식별 가능한 다른 "명확하게 설정된 복잡성"의 양식과 일치하는 특징을 갖고 있다.

(3) 따라서 생물학적인 체계들에 대한 가장 합리적인 설명은 그것들이 지적 행위자의 설계적인 노력으로부터 왔다는 것이다.

(4) 하나님은 이와 같이 믿기 어려울 만큼 지혜롭고 전능한 지적 행위자에 대한 가장 합리적인 설명이 된다.

설정된 복잡성"(즉 지적 행위자의 개입)은 다음과 같은 "설명 필터"를 통해 확인할 수 있다. (1) 한 사물이나 사건의 출현이 어떤 자연법칙으로도 설명되지 않고, (2) 그것이 우연의 결과로 일어났다는 가능성은 희박함에도 불구하고 실제로 존재하며, (3) 독립적으로 존재하면서 식별 가능한 다른 양식과 일치한다면, 가장 합리적인 추론은 그것이 지적 설계자의 작품이라는 것이다.[7]

지적 설계자의 관여를 제시하는 가장 중요한 증거는 아마도 DNA의 존재와 생물학적 체계의 형성을 유도하는 DNA의 역할(guiding role)일 것이다. 과학이 제시하는 바

---

7   설계 추론에 대한 자세한 정보를 위해 William A. Dembski, *The Design Inference: Eliminating Chance through Small Probabilities* (Cambridge: Cambridge University Press, 1998)를 참조하라.

에 따르면 DNA는 사실상 디지털 코드이며, 명확하게 설정된 "정보"다. DNA가 보여주는 특징들은, 뎀스키의 설명의 필터를 통해 본다면, 지적 설계자의 창조적 활동에 의해 가장 잘 설명된다. 스티븐 C. 마이어는 『세포 속의 시그니처』에서 이렇게 주장했다. "지능(intelligence)은 복잡하고 기능적으로 통합된 정보처리 체계에 대해 '우리가 알고 있는 유일한 원인'이다."[8] 달리 말하면 과학적·지적 연구의 역사에서 우리는 정보가 지적 원천(intelligent source)이 아닌 다른 무엇을 통해 온 사례를 찾을 수가 없다. DNA가 설정된 정보의 형태로 세포 형성과 생물 구조의 복잡한 과정을 이끌어가는 유도자라면, "지적 설계(intelligent design)야말로 정보의 원천이 DNA 안에 존재한다는 사실에 대한 최선의 설명인 동시에, 세포의 그와 같은 특징에 대해서도 최선 즉 인과적으로 가장 적절한 설명이 될 것이다."[9]

생물학적 체계가 (명확하게 설정된 복잡성의 형태로서) 설계의 특징을 보인다면, 어떤 설계자가 그 과정에 관여했다는 결론은 타당성을 갖는다. 이렇게 생물학적인 체계 안에서 목격되는 정보, 복잡성, 특수성은 어떤 설계자를 통해 설명될 수 있을까? 만일 하나님이 존재한다면, 그분은 분명 이와 같은 일을 성취할 만한 특성과 능력을 가지신 분일 것이다. 생물학적인 체계 안에 존재하는 명확하게 설정된 정보는 하나님의 존재를 가리키는 또 다른 정황 증거가 된다.

---

8   Stephen C. Meyer, *Signature in the Cell: DNA and thr Evidence for Intelligent Design* (New York: HarperOne, 2009), 346. 『세포 속의 시그니처』(겨울나무 역간).

9   같은 곳.

객관적 도덕성을 지닌 우주

우리 모두는 "도덕적 의무"에 대해 각자 어느 정도의 책임감을 느끼고 있다. 우리에게는 도덕적인 "당위성"의 직관이 있고, 그에 따라 문화, 시간, 장소와 관계없이 어떤 것은 옳고 어떤 것은 옳지 않다고 인식한다. 우리는 단순히 "재미"를 위해 거짓말을 하거나 무언가를 훔치고 누군가를 죽이는 것이 결코 도덕적으로 "옳지" 않다는 사실을 안다. 이런 도덕법은 초월적이고 객관적인 것이며, 그것의 진위 여부는 주관적 견해에 달린 문제가 아니다. 당신이나 내가 도덕법에 대해 어떻게 느끼든지 관계없이 그것의 도덕적 지위의 진리성은 행위 자체에 있으며, 그 행위에 대한 우리의 주관적 견해에 있지 않다. 우리는 도덕적 진리를 발명하는 것이 아니라 다만 발견한다. 그래서 우리는 역사와 문화를 가로질러 어떤 행위에 대해서도 그것의 도덕적인 "옳고 그름"을 의미 있게 판단할 수 있는 것이다. 우리는 문화 자체가 도덕법의 원천이 될 수 없고, 우리 모두를 초월하는 "법 위의 법"이 존재하는 것을 안다. 그렇다면 이런 초월적이고 객관적인 도덕적 진리는 어디서 오는 것일까?

모든 도덕법은 도덕의 입법자로부터 온다. 초월적 도덕법이 다만 하나라도 실제로 존재한다면(단순히 "재미"를 위해 누군가를 죽이는 것이 결코

> **"도덕"의 증거**
> **도덕적 논증:**
> (1) 객관적이고 초월적인 도덕법이 있다. (2) 모든 도덕법에는 도덕의 입법자가 있다.
> (3) 따라서 객관적이고 초월적인 도덕의 입법자가 존재한다.
> (4) 하나님은 이런 초월적인 도덕 입법자에 대한 가장 합리적인 설명이다.

1부 형사가 되는 법을 배우라

도덕적으로 "옳지" 않다는 법처럼), 초월적인 도덕의 "근원"이 존재해야 하는 것이다.

다원주의적 진화론은 두 가지 이유에서 객관적인 도덕적 책임을 설명하는 데 큰 어려움을 겪는다. 먼저, 만일 우리가 살고 있는 세상이 우리의 뇌 속에서 벌어지는 화학 과정들 사이의 "인과적" 관계에 의해 통제되는 순전히 자연적이고 육체적인 세상이라면, "자유의지"는 환상에 그치고 참된 도덕적 선택이라는 개념은 황당한 것이 된다. 살인자의 뇌 속에서 일어난 일련의 화학반응과 관련하여 그에게 생물학적 사건의 인과적 사슬을 벗어날 자유가 없다고 하면, 어떻게 형사는 그에게 책임을 물을 수 있겠는가?

여기에 더하여 다원주의적 진화론이 정말로 객관적인 도덕성을 만들어 낼 수 없음을 보여주는 사실이 또 있다. 도덕적 진리가 단지 인간이 자신의 생존을 유리하게 만들기 위해 창조한 행동주의적 관념에 불과하다면, 도덕성은 우리가 지금 고려하고 있는 객관적 진리 주장(예컨대 단순히 "재미"를 위해 누군가를 죽이는 것이 도덕적으로 "옳은가")보다는 그것의 주체(인간) 안에 다시 한번 깊은 뿌리를 내리는 셈이다. 도덕성이 인류의 오랜 관습에 지나지 않는다면, 우리는 넓은 우주의 어딘가에 지각을 갖춘 생명체가 존재한다고 이야기하는 공상과학 작가들이 틀렸기를 소망해야 할 것이다. "법 위의 법"이 존재하지 않는 한, 영화 "스타트렉"에 나오는 행성들의 연방과 같은 기관도 비도덕적 행위를 멈출 수 없을 것이다. 그러므로 객관적 도덕성은 어느 한 종의 진화론적 발달보다 더 큰 무엇에 뿌리를 내리고 있어야 한다.

만일 하나님이 존재한다면, 그분은 분명 모든 종, 문화, 장소, 시간

속의 순간들을 초월한다. 그렇기에 초월적인 도덕적 진리의 존재는 그 진리의 초월적 근원인 하나님의 존재에 의해 가장 잘 설명된다. 이것은 우리에게 다시 한번 중요한 정황 증거가 된다.

하나님의 존재에 대한 누적된 정황 증거들은 우리가 앞서 살펴본 살인사건 수사와 관련된 정황 증거와 매우 흡사하다. 우리가 더 많은 증거를 모을수록, 론이 살인자일 것이라는 추론을 통해 우리가 갖고 있는 모든 증거를 설명할 수 있다는 사실이 보다 더 분명해진다. 론은 믿기 어려울 만큼 운이 없든지, 아니면 확실한 유죄였다. 어느 시점에서 우리는 이 문제에서 증거들이 론의 유죄를 유일하게 합리적인 추론으로 만든다는 사실을 알게 되었고, 거기까지 도달하는 데는 단 하나의 직접 증거도 필요하지 않았다. 이와 비슷한 방식으로 우주 안에 존재하는 정황 증거들은 하나님의 존재와 일치하며, 우리가 살펴본 모든 증거의 설명을 위해 요청되는 비원인적 제일 원인, 미세 조정자, 설계자, 도

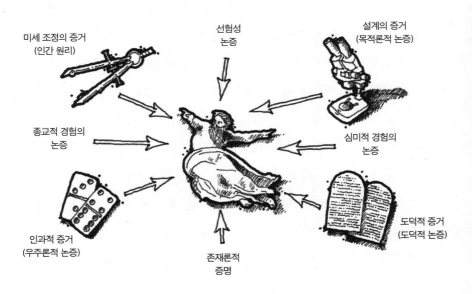

미세 조정의 증거
(인간 원리)

선험성
논증

설계의 증거
(목적론적 논증)

종교적 경험의
논증

심미적 경험의
논증

인과적 증거
(우주론적 논증)

존재론적
증명

도덕적 증거
(도덕적 논증)

덕의 입법자로서의 그분의 개입과 일치한다. 살인사건에서와 마찬가지로 증거가 쌓이면 쌓일수록 우리의 결론도 보다 더 타당해진다. 우리는 하나님의 존재에 대해 네 가지 정황 증거만을 묘사했다. 물론 그런 증거 영역에 관하여 더 많은 것이 말해질 수도 있다. 그 내용은 책의 말미에 기록된 "전문가의 증언"에 있다. 이 증거에 덧붙여 수사관과 철학자들은 많은 추가적인 논쟁을 제공했다(존재론적 증명, 선험성 논증, 종교적 혹은 심미적 경험의 논증 등이 여기에 속한다.) 하나님의 존재를 가리키는 누적된 정황 증거들은 믿기 어려울 만큼의 우연이거나 아니면 문제의 진실성을 강력하게 시사한다. 어느 시점에서 하나님의 존재는 주어진 증거들을 감안할 때 유일하게 타당한 추론이 되었으며, 우리가 맡았던 살인사건에서처럼 거기에 이르기까지 우리에게는 단 하나의 직접(혹은 과학적) 증거도 필요하지 않았다.

론에 대한 사건 정황이 구성되어갈수록 그가 유죄일 가능성 역시 커져갔다. 마찬가지로 하나님에 대한 사건 정황이 구성되어갈수록 그분이 존재할 가능성 역시 커져간다. 론의 유죄를 증명하는 증거들은 그의 유죄를 합리적으로 결론지어도 될 만큼 설득력이 있었고, 하나님의 존재를 증명하는 증거들 역시 그분의 존재를 합리적으로 결론지어도 될 만큼 설득력이 있다.

 출장 가방과 체크리스트를 위한
세 번째 조언

기독교의 주장을 수사하고 그것과 소통하기 위해 필요한 도구를 수집

하는 동시에 다른 원리 하나를 수사를 위한 체크리스트에 추가할 때가
되었다. 정황 증거는 지난 수년 동안 불공정한 비방을 받아왔다. 법적
인 관점에서 그런 형태의 증거가 열등하지 않다는 사실을 인식하는 것
이 중요하다. 사실 직접 증거보다 정황 증거를 훨씬 더 신뢰해야 할 때
가 있다. 예를 들어 목격자도 자신이 본 것에 대해 거짓말하거나 착각
할 수 있다. 우리는 그들을 신뢰하기에 앞서, 먼저 평가를 해야 한다(이
것은 다음 장에서 다루어질 것이다). 반면에 정황 증거는 거짓말을 할 수
가 없다. 그것은 있는 그대로다. 결론을 내리기 위해 각자의 추론 능력
을 사용해서 주어진 정황 증거를 평가하고, 그것으로부터 결론을 이끌
어내는 능력은 당신과 나에게 있다. 이런 증거의 본질에 대해 알기 전
에, 내가 믿는 자가 될 수 없었다는 사실은 우연이 아니다. 당시 나는
기독교의 주장을 평가하면서 역사적 사건들을 연구하는 사람이 누구
라고 해도 절대로 제공할 수 없는 직접적 형태의 증거(직접 증거)를 요
구하고 있었다.

나는 정황 증거에 대한 거절(혹은 평가절하)이 나를 방해해서 역사에
대한 그 무엇도 전혀 이해하지 못하도록 만드는 것을 알아채지 못했다
(역사는 특정한 사건에 대해 심문할 목격자가 없는 시점이기 때문이다). 내가
계속해서 정황 증거를 거절(혹은 평가절하)했더라면, 나는 단 한 명의 미
제사건 살인범도 기소하지 못했을 것이다. 우리 모두는 진실을 판단함
에 있어 정황 증거가 갖는 힘과 본질을 존중할 필요가 있는데, 그럴 때
비로소 우리는 기독교의 주장에서 정황 증거가 갖는 역할에 대해 마음
을 열 수 있기 때문이다. 나는 증거의 본질과 관련해서 그리스도인들이
내세우는 부정확한 주장들을 들을 때면 불안한 마음이 든다. 회의론자

들과 더불어 증거에 관해 논쟁할 때, 기독교 세계관과 관련된 어떤 특정한 사실이 단지 "직접" 증거가 아니라는 이유에서 증거가 될 수 없다는 주장을 우리가 받아들일 필요는 없다. 어떤 특정한 사실에 대해 우리가 주장하는 바를 한 방에 증명해 보일 만큼의 개별적 힘은 없다고 해도, 우리가 증거를 수집해가는 과정에서 그것이 덜 유효한 것은 아니다. 만일 우리가 정황 증거는 증거가 될 수 없다고 생각한다면, 기독교 세계관을 위한 대사(大使)로서 우리는 스스로 해를 입히는 셈이다. 정황 증거는 적절하게 이해될 때 아주 강력하다. 하나님의 존재, 예수의 부활, 기독교 세계관에 대한 유효한 믿음을 변호할 때, 우리는 정황 증거의 본질, 역할, 힘에 대해 시간을 들여 설명할 필요가 있다. 이것은 시간 낭비가 아니다. 우리의 친구와 가족 및 동료의 대부분은 그것에 대해 깊이 생각하지 못하는 까닭이다. 우리는 정황 증거들이 우리의 견해를 지지해주는 증거력의 깊이와 양을 이해하도록 도와야 한다. 독자들이 기억해야 할 것은, 정황 증거는 그것이 누적될 때 보다 더욱 강력해진다는 사실이다. 보다 더 많은 수의 증거들이 하나의 특정한 설명을 가리킬수록, 그 설명은 보다 더 타당해진다(그것이 우연으로 치부될 가능성은 더 줄어든다). 정황 증거는 기독교의 주장을 깊고 풍부하고 탄탄하게 지원해줄 수 있다. 그 증거가 지닌 힘을 설명할 수 있도록, 그 증거를 발견하고 그것에 통달하는 일에 당신의 시간을 투자하라.

4장 원칙 #4

목격자를 검증하라

"스트릭랜드 씨, 어떻게 당신은 이 사람이 강도를 저지른 사람이라고 확신하실 수 있나요?" 피고 측 변호인은 자리에서 일어나 증인을 심문하는 도중에 피고석 바로 옆자리에 앉은 한 남성을 가리키며 물었다. 그의 질문은 더욱 비난조를 띠어갔다. "그 강도 사건은 해가 지고도 한참이 지나 어두워진 후에 일어난 걸로 알고 있는데요."

"맞아요, 범행이 발생한 시간은 밤 열시 반경이었어요." 제리 스트릭랜드(Jerry Strickland)는 공격에 대한 준비를 하고 있는 듯했다. 그는 변호인의 어조를 정확하게 이해했고 자세를 고쳐 앉았다. 그는 긴장했는지 팔을 긁었다. 나는 스트릭랜드가 똑똑한 사람인 것을 알았지만, 이런 압력 속에서도 잘 견딜 수 있을지 궁금했다. 이 사건을 맡았을 당시에 강도 살인사건 팀에서 일해본 경험이 있던 나는 이 사건의 운명이 스트릭랜드 씨의 용의자 식별에 달려 있음을 알고 있었다.

"오늘 증인은 안경을 쓰고 계시는데, 사건이 일어난 날 밤에는 안경을 쓰지 않고 계셨다고 하더군요. 맞습니까?" 변호인은 팔짱을 낀 채

스트릭랜드 씨 쪽을 향해 걸어왔고, 잠깐 배심원들을 바라보는 사이에 턱을 약간 들어올리기도 했다.

"처음에는 안경을 쓰고 있었는데, 펀치를 얻어맞고 난 후 안경이 날아가 버렸습니다." 스트릭랜드는 안경을 올려 쓰며 말했다. "그다음에는 무슨 일이 일어났는지 잘 모르겠습니다." 지방 검사의 직접 심문에도 줄곧 냉정을 유지했던 제리의 증언은 이제 반대 심문의 압력에 못 이겨 자신감을 잃는 듯했다.

"사건이 벌어졌을 때 걸린 시간은 얼마나 되나요?" 변호인이 물었다.

"불과 몇 초 정도였습니다." 스트릭랜드가 대답했다.

"정리를 한번 해보죠. 증인은 지금 저의 의뢰인을 여러 해 동안 감옥에 보내려고 하시는데, 정작 증인이 범인을 본 것은 몇 초에 불과했고, 시간은 늦은 밤중이었으며, 주변은 어두웠고, 안경의 도움도 받지 못한 상태였다는 거죠?" 이제 변호인은 배심원을 향해 있었다. 그의 질문은 수사학적이었다. 자신의 주장을 펼치고 난 그가 배심원을 바라본 것은 자신이 의도한 결과가 나왔는지를 판단하기 위해서였다.

"어떻게 대답해야 할지를 모르겠네요." 머뭇머뭇 말을 더듬는 스트릭랜드는 의자 속으로 가라앉는 듯 보였다.

담당 검사는 에너지가 넘치는 유능한 지방 검사였고, 이 사건에서 피해자의 증언이 갖는 가치를 잘 이해하고 있었다. 그녀는 변호사가 자리로 돌아가기를 기다리며, 자신이 재차 행할 직접 심문을 준비했다. "스트릭랜드 씨, 증인은 조금 전에 바로 이 사람에게 강도를 당했다고 증언했습니다. 제가 질문을 하나 하지요. 범인이 증인을 치기 전에 목격한 바에 따르면, 그러니까 증인이 본 범인의 키, 얼굴의 형태와 생김새, 체형, 체격 구조를 감안할 때, 증인은 용의자 식별에 대해 어느 정도 확신할 수 있으신가요? 1에서 100으로 보자면, 여기 피고석에 앉아 있는 이 사람이 강도 사건의 범인이라고 얼마나 확신하나요?"

제리 스트릭랜드는 자세를 똑바로 하고 몸을 앞으로 약간 숙였다. 잠깐 멈칫 하는 듯하더니 그는 대답했다. "이 사람이 저를 턴 강도라고 저는 100% 확신합니다. 제 마음에는 의심의 여지가 전혀 없습니다."

배심원들은 30분도 채 못 되어 피고인에게 유죄를 선고하는 평결을 가지고 돌아왔다. 이것은 스트릭랜드의 목격자 증언에 상당 부분 의존한 평결이었다. 변호사는 피해자가 용의자를 정확하게 묘사해낼 수 없는 잠재적인 한계를 최선을 다해 설명했지만, 배심원들은 제리 스트릭랜드가 신뢰할 만한 목격자라고 확신했다. 그들은 그의 증언을 믿었고, 그다음은 쉬웠다. 목격자를 신뢰하고 나면 결국은 그가 제시하는 증언에 동의할 수밖에 없다.

목격자를 신뢰해가는 과정

그렇다면 우리는 어떻게 목격자가 말하는 이야기를 신뢰하게 되는 걸까? 그 사람이 우리가 신뢰할 수 있는 사람임을 확신하려면, 우리는 그를 어떤 식으로 평가해야 할까? 법정 사건에서 배심원들은 매일같이 증인을 평가하도록 요구받는다. 오늘 당신이 캘리포니아 주 배심원으로 앉아 있다면, 판사는 이제 막 당신 앞에서 증언을 하게 될 증인을 어떤 식으로 평가해야 할지에 대해 몇 가지를 조언할 것이다. 판사는 당신이 여러 가지 요인을 고려해야 하며, 다음과 같은 질문을 당신 자신에게 물어야 한다고 당부할 것이다.

1. 증인은 자신이 증언하고 있는 것을 얼마나 잘 보았거나 들었거나 인지할 수 있었는가?

2. 증인은 일어난 일을 얼마나 잘 기억하고 묘사할 수 있는가?

3. 증언하는 동안 증인의 행위는 어떠했는가?

4. 증인은 질문들을 이해했고 그 질문에 똑바로 대답했는가?

5. 증인의 증언은 편견이나 편향, 사건에 연루된 특정 인물과의 관계, 사건 종결에 따른 개인적 이익과 같은 요인의 영향을 받았는가?

6. 이 사건과 증언에 대한 증인의 태도는 어떠했는가?

7. 증인은 자신의 증언과 일치 혹은 불일치하는 발언을 과거에 한 적이 있는가?

8. 사건과 관련된 다른 모든 증거를 고려할 때, 증인의 증언은 얼마나 타당한가?

9. (증인이 증언한 사실을 입증 혹은 부정하는 다른 증거가 있는가?)

10. (증인이 혹시 자신이 부정직함을 인정했는가?)

11. (증인의 정직성은 어떠한가?)

12. (증인은 중범죄를 저질러 유죄 선고를 받은 적이 있는가?)

13. (증인은 그의 신뢰도에 반영이 될 만한 다른 행위에 연루된 적이 있는가?)

14. (증인은 그의 증언을 대가로 면제나 관대한 처벌을 약속 받았는가?)[1]

---

1   캘리포니아 사법위원회, 『캘리포니아 사법위원회 형사재판 배심원 지침서』(2006), CalCrim

이상은 법정에서 증언하는 목격자를 평가할 때 배심원들에게 권유되는 질문들이다. 증인이 증언을 하는 재판 가운데는 때로는 생사의 문제가 걸려 있는 것도 있다. 피고인이 사형 선고를 받을 수도 있는 재판이 그렇다. 목격자를 평가하는 데는 최종적으로 네 가지 중요한 영역이 있다.

그들은 현장에 있었는가?

우리가 가장 먼저 알아내야 할 것은 증인이 정말로 바로 그곳에 있었는지, 그래서 무언가를 볼 수 있었는지의 여부다. 이 문제를 포착하려면 "증인은 자신이 증언하고 있는 것을 얼마나 잘 보았거나 들었거나 인지할 수 있었는가"를 질문해야 한다. 이 문제를 검토하는 것을 우습게 생각하는 독자도 있겠지만, 나의 개인적인 경험으로 볼 때 정작 현장 근처에도 있지 않았던 사람들이 사건의 목격자 혹은 가담자로 나서는 일이 실제로 있었다. 1970년대 초 나의 아버지가 살인사건 담당 형사로 근무했을 당시에 내가 수사를 도왔던 사건이 하나 있었는데, 나는 그 사건을 다시 맡게 되었다. 그때 나는 어린아이였고 그 사건은 물론이고 그 사건이 미제로 남게 되었을 때 아버지가 받았던 스트레스를 지금까지도 기억한다. 사건은 그 지역에서 꽤나 유명했고 언론의 엄청난 관심을 받았다. 30년이 흘러 그 미제사건을 재수사하게 되

105항.

었을 때, 나는 당시의 수사관들이 스스로 살인자라고 자청하고 나섰던 한 남자의 속임수에 넘어갔다는 사실을 발견했다. 그는 여러 날 동안 형사들과 마주 앉아 자신이 피해자를 살해한 살인자라고 믿게 할 만큼 상세한 정보를 제공했다. 실제로 그는 그 범죄와는 아무런 관계도 없는 인물이었고, 다만 세간의 관심과 자신의 자백이 불러올 일그러진 유명세를 추구했던 것뿐이었다. 결국 그는 사기꾼으로 드러났지만, 그가 그 사건에 끼어든 것은 수사관들의 시선을 딴 데로 돌려서 진짜 살인자를 잡을 수 있는 시간을 허비하도록 했다. 이런 일은 세간의 이목이 집중되는 15분간의 유명세를 제공하는 사건에서 종종 나타난다. 이런 이유로 우리는 증인이 정말로 자신이 보았다고 주장하는 것을 볼 수 있기 위해 바로 그 현장에 있었는지를 꼭 확인해야 한다.

목격자가 과거에 정직했고 정확했는가?

증인을 평가하면서 우리 대부분이 갖는 염려는 신뢰의 문제다. 범죄 당시에 증인이 현장에 있었다고 해도, 일어난 일에 대해 거짓말을 한다면 아무 소용이 없다. 배심원 지침은 이 문제를 "증인은 자신의 증언과 일치 혹은 불일치하는 발언을 과거에 한 적이 있는가?"의 질문에 포함시킨다. 최근 전국적으로 알려져 방송이 된 여러 법정 사건들에서 우리는 거짓말쟁이로 들통나 신뢰를 잃은 증인들을 보아왔다. 2003년에 마이클 잭슨(Michael Jackson)이 아동 성희롱 사건으로 고소되었을 때, 피해자의 어머니는 증인 자격으로 증인석에 섰다. 피고 측은 그녀가

1부 형사가 되는 법을 배우라

1998년에 절도사건에서 거짓말을 한 적이 있다는 사실을 들춰냈다. 배심원들이 이것을 알게 되었을 때, 많은 수의 배심원이(전부는 아니라고 해도) 2003년의 사건에서 그녀가 제시했던 증언에도 신빙성을 두지 않았다. 증인이 과거에 거짓말을 했었다는 사실이 밝혀질 때, 현재의 사건에 대한 그의 증언은 문제가 될 수 있다. 하지만 판사가 배심원들에게 다음과 같은 지침을 제공한다는 사실을 기억할 필요가 있다.

어떤 증인이 사건에서 매우 중요한 무언가에 대해 의도적인 거짓말을 했다고 판단될 경우, 여러분은 그 증인이 이야기하는 것은 무엇이든지 믿지 않을 것을 고심해봐야 합니다. 하지만 증인이 어떤 사실에 대해서는 거짓말을 했지만 다른 것에 대해서는 진실을 말했다고 생각된다면, 여러분이 생각하기에 진실만을 받아들이고 나머지는 무시할 수 있습니다.[2]

---

2   같은 곳.

증인이 사건과 무관한 무언가에 대해 거짓말을 할 만한 그럴듯한 이유가 있을 수 있지만(예컨대 수치를 모면하고 사랑하는 사람의 사생활을 보호하기 위해), 현재 다루고 있는 사건에 대해서만큼은 보았던 그대로의 진실을 말하고 있다고 인정해보자. 우리 모두는 한두 번쯤은 거짓말을 해본 적이 있다. 배심원들은 증인이 (이해할 수 있는 이유로) 말하자면 가끔씩 거짓말을 하는 사람인지, 아니면 신뢰할 수 없는 습관적인 거짓말쟁이인지를 판단해야 한다. 마이클 잭슨 사건의 경우 배심원들은 그 증인이 두 번째 경우에 속한다고 판단했다.

목격자의 증언은 입증될 수 있는가?

증인의 발언이 다른 증거나 증언을 통해 입증될 수 있는지 묻는 것은 공정한 처사다. 이 문제의 관심사는 "사건의 다른 모든 증거를 고려할 때, 증인의 증언은 얼마나 타당한가?" 그리고 "증인이 증언한 사실을 입증하거나 부정하는 다른 증거가 있는가?" 하는 질문에 포함되어 있다. 어떤 증인이 피고를 가리켜 은행 출납구에서 돈을 훔친 강도라고 증언을 했고 당신이 바로 그 창구에서 피고의 지문을 찾아냈다면, 당신에게는 증인의 증언을 입증하기 시작하는 보강 증거가 생기는 셈이다. 추가 증인의 직접 증거 역시 어떤 진술을 입증할 수 있고, 정황 증거는 (과학 수사든 다른 형태든) 증인이 제시하는 바의 입증을 도울 수 있다.

1부 형사가 되는 법을 배우라

목격자에게 숨은 동기가 있는가?

마지막으로 배심원은 증인에게 거짓말을 해야 할 동기가 있는지를 평가해야 한다. 배심원 지침이 "증인의 증언은 편견이나 편향, 사건에 연루된 특정 인물과의 관계, 사건의 종결에 따른 개인적 이익 등과 같은 요인의 영향을 받았는가?" 하는 질문을 포함하는 것은 그 때문이다. 나는 서로를 폭행한 남편과 아내가 연루된 배우자 학대 사건을 여럿 수사해 보았다. 이 경우에 문제의 진실에 다가가기란 매우 어려웠다. 양쪽 모두가 상대에게 대단히 분노하고 있는 상태에서 그들은 전 배우자를 곤경에 빠뜨리기 위해서라면 무엇이든 말하고 행동할 태세였기 때문이다. 그들 모두에게는 배우자의 폭력 행동에 대해 거짓말을 하거나 과장할 동기가 있었고, 배심원은 온갖 분노로 윤색된 이야기 속에서 진실을 분별하는 데 어려움을 겪었다.

이상의 네 가지 중요한 영역이 우리가 증인을 신뢰하기 전에 생각해 봐야 할 문제다. 증인이 (1) 현장에 있었고, (2) 과거에 정확했고 정직했으며, (3) 추가적인 증거에 의해 입증이 되고, (4) 거짓말을 할 동기가 없다면, 우리는 그가 말하는 것을 신뢰할 수 있다.

그렇다면 증인들은 왜 서로 일치하지 못할까?

하지만 형사로서의 내 경험이 가르쳐준 사실이 있다면, 증인들이 범죄 현장에서 자신이 본 것을 묘사할 때 그 진술들이 종종 서로 상반되고 모순된다는 것이다. 그들은 서로 의견을 달리하고, 명백한 무언가를 못 본 채 놓치거나, 똑같은 사건을 서로 모순되는 방식으로 묘사한다. 어떤 사건에 연루된 증인들이 많을수록 의견의 불일치도 많아진다.

우리 동네의 어느 식당 주차장에서 발생했던 살인사건이 생각난다. 비가 내리는 늦은 밤이었고, 살인사건 팀은 진작 퇴근을 한 후였다. 순찰관들이 현장에 도착했을 때, 용의자는 벌써 현장을 빠져나가고 없었다. 순찰관들은 세 명의 목격자를 찾아냈고, 그들과 짧게 인터뷰했다. 순찰관들은 이 살인사건의 수사를 위해 우리 팀의 도움이 필요하다는 사실을 곧바로 알아챘다. 우리 팀 경사에게 무전 통신이 왔고, 그는 우리 네 사람 모두를 잠에서 깨워 사건 수사를 부탁했다. 내가 옷을 갈아입고 운전을 해서 범죄 현장에 도착하기까지 거의 한 시간이 걸렸다. 현장에 도착했을 때 나는 순찰관들이 비를 피하기 위해 목격자들을 한 곳에 모아 순찰차 뒷좌석에 앉아 있도록 배려한 것을 발견했다. 순찰관들의 이런 단순한 친절은 사건을 곤경에 빠뜨렸다.

나는 여러 해 전에 목격자들을 서

의견 불일치는
실격 사유가 될 수 없다.

배심원은 목격자의 진술 가운데 일부가 단순히 다른 추가 증거나 추가 증언과 일치하지 않는다는 이유로 증인을 자동적으로 실격시키지 않도록 교육을 받는다. "단순히 어떤 모순이나 충돌이 있다고 해서 목격자의 증언을 자동으로 거절하지는 마십시오. 대신 그 차이의 중요성을 생각하십시오. 사람들은 실제로 무엇을 잊기도 하고 자신이 기억하는 바에 대해 착오를 범하기도 합니다. 어떤 두 사람이 동일한 사건을 목격했다고 해도, 그 둘은 서로 다르게 보고 들을 수 있습니다"(『캘리포니아 사법위원회 형사재판 배심원 지침서』[2006], 105항).

1부 형사가 되는 법을 배우라

로 분리시키는 일이 중요하다는 사실을 배웠다. 목격자가 다른 목격자로부터 빨리 분리될수록, 그들이 본 것에 대해 다른 영향을 받지 않은 순수한 설명을 제공할 확률이 높아지기 때문이다. 물론 그들의 설명은 동일한 사건을 목격한 다른 사람의 것과 궁극적으로 다를 수 있지만, 이것은 목격자의 과거 경험, 견해, 세계관에서 비롯되는 자연스런 결과다. 나는 불일치를 상대할 수 있을 뿐만 아니라 더 나아가 그것을 기대한다. 하지만 (심문을 받기 전에) 목격자들이 함께 앉아 서로의 메모와 관찰을 비교하면, 그들은 사건에 대해 조화를 이루는 일치된 진술을 들려줄 것이다. 모든 이들이 똑같은 이야기를 제공할 것이다. 이것이 보다 깔끔할 수는 있겠지만, 그들은 자신의 진술을 다른 목격자들의 것과 맞추기 위해 어떤 세부사항을 제거할 수 있다. 바로 이것이 내가 결코 치르고 싶지 않은 대가다. 나는 중요한 세부사항이 결여된 채 조화된 진술보다, 엉망진창이고 일견 모순되는 진술을 훨씬 선호한다. 나는 세 가지 모든 이야기를 통해 내가 문제의 진실에 다가서게 될 것을 알기 때문이다. 또한 겉으로 보이는 그런 모순은 목격자들과 범행 당시 그들이 가지고 있었던 (시각적·개인적) 견해와 관련된 무언가를 알게 될 때, 보통은 쉽게 설명된다.

예를 하나 들어보자. 여러 해 전에 나는 한 남성 용의자가 작은 식료품점으로 들어가 계산대로 접근한 다음 직원을 조용히 협박한 강도 사건을 맡아 수사한 적이 있다. 용의자는 자신의 허리춤에서 권총을 꺼내 계산대 위에 올려놓았다. 그는 직원을 향해 총구를 겨누고 자신의 오른손가락으로는 계산대 위에 놓인 권총 방아쇠를 쥐고 있었다. 용의자는 직원에게 조용히 현금 계산기에 있는 돈을 꺼내 봉투에 담을 것

실비아 라모스 *Sylvia Ramos*
- 38세 여성
- 자녀를 둔 기혼 여성
- 인테리어 디자이너
- 퇴근하는 길에 우유를
- 사기 위해 상점에 들름

폴 메에르 *Paul Meher*
- 23세 남성
- 미혼, 자녀 없음
- 견습 배관공
- 쉬는 날 크 직원을
- 방문하러 옴

이 둘이 묘사한 용의자

십대의 어린 소년	24-25세의 남성
달콤한 목소리를 가졌고	위협적인 눈빛
매우 예의 바름	9mm 구경의 루거 P95를 소지
총을 소지하지 않음	상점에서 아무것도 구입하지 않았음
상점에서 무언가를 구입	티셔츠를 입고 있었던 것 같음
IZOD 폴로 셔츠 착용	90년대 황갈색 닛산 차량으로 도주
차량은 없었음	

을 명령했다. 직원은 현금 계산기에 들어 있던 모든 돈을 꺼내 그에게 건넸다. 그 후 강도는 유유히 상점을 빠져나갔다. 이 강도 사건의 목격자는 모두 두 명이었는데, 그 둘은 적절하게 서로 떨어져서 따로 인터뷰를 진행했다. 수사를 맡은 내게 범행 기록이 넘어왔고, 경찰관이 작성한 사건 요약을 읽은 나는 그 둘이 동일한 강도를 묘사하고 있는 건지 의아스러웠다.

처음에 이 두 진술은 서로 다른 두 개의 범행을 저지른 서로 다른 두 인물을 묘사하는 것처럼 보였다. 이들은 용의자에 대해 서로 다른 것들을 이야기하는 것처럼 보였지만, 그럼에도 불구하고 목격자들과 대화를 나눌수록 두 사람 모두 믿을 만한 목격자임을 알 수 있었다. 실비아 라모스는 퇴근 후 서둘러 집으로 돌아가는 길이었고, 우유와 몇 가지 간소한 물건을 구입하기 위해 상점에 들른 것이었다. 용의자가 침착하게 범행을 저지르는 동안 그녀는 바로 뒤에서 자신의 차례를 기다

　　　　　　　　　　　　　　　　1부 형사가 되는 법을 배우라

리고 있었다. 그녀는 용의자의 목소리는 들을 수 있었지만, 무슨 말이 오가는지는 정확히 알아들을 수 없었고 총도 보지 못했다. 그녀는 용의자를 예의 바른 십대 청년으로 묘사했다. 직원이 강도에게 봉투를 건네던 모습을 보면서 그녀는 그가 범행을 저지르기 전에 무언가를 구입했다고 생각했다. 실비아는 어렵지 않게 그가 입고 있던 푸른색 웃옷이 전형적인 IZOD 폴로 셔츠인 것을 알아챘는데, 이것은 그녀가 디자이너로서 처음 일을 시작했을 때 같은 사무실에 근무하던 상당수 남자 직원들이 즐겨 입던 스타일이었기 때문이다. 사실 그 옷은 최근에 그녀가 자신의 남편을 위해 구매했던 스타일이기도 했다. 실비아는 강도가 천천히 상점을 걸어 나간 다음 주차장을 지나 그 지역을 벗어나는 것을 지켜보았다. 그녀는 "도주" 차량이 없었다고 확신했다.

폴 메헤르는 사건이 일어났을 당시 바로 그 직원을 방문한 상태였다. 직원은 폴의 오랜 고등학교 친구였고 범행 당시 이 둘은 함께 계산대 안쪽에 서 있었다. 폴은 용의자의 옷에 대해서는 기억하는 것이 별로 없었지만 그가 티셔츠를 입고 있었다고 믿었다. 하지만 강도가 자신의 친구에게 총을 겨눴다는 사실만은 확신했고, 심지어 그 권총이 루거 P95라는 것까지도 알아챘는데, 이것은 그의 아버지가 똑같은 권총을 갖고 있기 때문이었다. 폴은 범행이 벌어진 대부분의 시간 동안 총에 집중하면서도 용의자가 자신의 친구를 쏘아본 것과 그의 얼굴에서 위협적인 표정이 나타난 것을 감지했다. 강도는 느리고 신중하게 자신의 말을 이어갔는데, 폴은 그것을 위협적으로 해석한 것이다. 폴은 그 사람을 자신보다 조금 더 나이가 많은 24세에서 25세 정도의 인물로 묘사했다. 그는 용의자가 범행 이전이나 이후에도 상품을 구매

할 시도를 하지 않았다고 믿었다. 또한 상점 전면의 유리를 통해 밖을 볼 수 있는 곳에 자리하고 있었기 때문에 강도가 주차장 맨 끝까지 걸어간 후 황갈색의 1990년대산 닛산 포도어 차량으로 도주하는 것까지 볼 수 있었다.

두 명의 목격자를 인터뷰하고 난 다음에 나는 왜 이들이 몇 가지 중요한 내용에서 의견을 달리했는지 이해할 수 있었다. 목격자들이 어떤 사건을 관찰하는 방식에는 많은 영향력이 작용한다. 먼저 목격자가 어떤 위치에서 범행을 목격했는지가 상당히 중요하다. 또한 목격자의 개인적 경험과 관심 역시 고려되어야 하는데, 이에 따라 어떤 목격자는 사건의 한쪽 측면에, 다른 목격자는 사건의 다른 쪽 측면에 집중하기 때문이다. 실비아는 폴보다 나이가 많아 용의자의 나이를 짐작하는 데는 어려움을 겪었지만, 디자인에 대한 관심이나 남편과의 경험 덕분에 강도가 입고 있던 셔츠의 종류를 정확히 식별할 수 있었다. 폴은 권총에 대한 개인적인 경험이 있었고 그가 앉아 있던 위치는 사건이 일어난 정황을 살피는 데 있어 완전히 다른 시각을 제공해주었다. 사건을 맡은 형사로서 나의 임무는 각각의 목격자들을 잘 이해하여 그들이 제시한 내용으로부터 최선의 것을 이끌어내고, 정말로 일어난 일에 대한 결론을 내리는 것이다. 내가 다뤄온 모든 사건이 그랬다. 목격자들이 모든 세부사항에 동의하는 경우는 드물었다. 사실 두 사람의 이야기에서 세부적 사항이 모두 완벽하게 일치했다면, 나는 이들이 관찰한 바가 오염되었거나 내 눈을 속이기 위해 서로 협력하고 있다고 믿었을 것이다. 나는 진실하고 신뢰할 만한 목격자들이라면, 수사 도중 그들이 서로 의견을 달리할 것이라고 예상한다.

마지막 목격자와의 인터뷰

다른 문제로 넘어가기 전에 덧붙여야 할 중요한 사실이 하나 더 있다. 나는 인터뷰를 해야 할 목격자가 많았던 살인사건을 여럿 맡아 보았다. 현장에 있는 동안, 나는 다른 목격자의 의견과 섞이지 않은 독립적인 이야기를 듣기 위해 목격자들을 각각 한쪽 구석으로 불러낸다. 한번은 이전까지 확인되지 않았던 또 한 명의 목격자가 내게 이야기할 기회를 기다리며 인터뷰 소리가 들릴 만한 거리를 두고 조용히 서 있었던 적이 있었다. 이때까지 어떤 경찰관이나 형사도 이 사람이 무언가를 보았다는 사실을 모르고 있었는데, 나는 그녀가 말하고 싶어 했던 것을 듣게 되어 기쁘면서도, 다른 한편으로 그녀가 격리되어 있지 않았다는 사실을 분명히 의식했다. 그녀는 다른 사람들이 설명한 내용을 이미 알고 있었다. 인터뷰하는 동안 그녀는 다른 목격자들이 완전히 놓친 중요한 정보를 우리에게 제공해주었다. 나는 그녀가 인내심을 가지고 우리에게 자신을 소개할 수 있을 때까지 기다려준 것에

목격자의 초기 인식

고대교회의 교부와 지도자들은 복음서가 사도들이 쓴 "목격자 증언"이라는 사실을 인정했고, 그 이유에서 복음서를 구별했다. 고대 기독교의 저자인 테르툴리아누스(Tertullian)는 기원후 212년에 이렇게 기록했다. "사도적 교회의 동일한 권위가 다른 복음서들에게도 증거를 제공할 것인데(여기서 내가 의미하는 것은 요한복음과 마태복음이다), 우리가 이들을 동일한 방식으로 소유하게 되었고 또 사용하고 있기 때문이다. 마가가 기록한 복음서에서 마가는 베드로의 통역사 역할을 했고, 따라서 그것은 베드로의 것으로 증명될 수도 있다"(「마르키온에 반대하여」).

감사했다.

하지만 나는 그녀의 진술에서 흥미로운 사실 하나를 발견했다. 그녀는 우리가 진행해온 다른 인터뷰들을 가까이서 들었을 뿐만 아니라 다른 사람들이 이야기한 내용을 이미 알고 있었기에, 처음 목격자들이 제공했던 세부사항을 자꾸만 건너뛰려고 했다는 사실이다. 그녀는 "공백을 메우는 일"에는 너무도 탁월했던 반면, 다른 사람들이 이미 묘사한 내용, 곧 수사에 꼭 필요한 세부적 내용들을 다루는 것에는 서툴렀다. 내가 처음부터 목격했던 모든 내용을 말해달라고 반복해서 부탁하지 않았더라면, 그녀는 분명 첫 목격자 진술들과 비교할 때 모순으로 보일 만큼 불완전한 이야기를 들려주었을 것이다. 목격자 진술을 수집해 본 지난 수년간의 경험으로 미루어보면, 이미 제공된 내용을 알고 있는 목격자들은 단지 앞에서 "놓친 세부사항"만을 제공하려고 할 확률이 높다. 이런 목격자 역시 사건에 중요하고 또 이전에는 몰랐던 무언가를 제공할 수 있겠지만, 그럼에도 그는 여러 면에서 충분히 구체적이지 않은 이야기를 제공할 것이다.

복음서 저자는 목격자다

회의론자로 자라오면서 나는 성서의 이야기를 단 한 번도 목격담으로 생각해본 적이 없었다. 대신 종교적 신화와 유사한 어떤 것, 모종의 주장을 펼치기 위한 이야기들의 모음집 정도로 간주해왔다. 하지만 복음서를 (그리고 그것에 뒤따르는 서신들을) 읽게 되었을 때, 성서 저자들은 자신을 목격자(witness, 증인)로, 자신의 글을 증언으로 보고 있다는 사실이 분명해졌다. 베드로는 자신을 "그리스도의 고난의 증인"(벧전 5:1), "그의 크신 위엄을 친히 본 자"(벧후 1:16-17)들 가운데 하나로 소개했다. 사도 요한도 자신이 목격자로서 예수의 삶과 죽음을 묘사하고 있다고 주장했다. 그는 자신을 "이 일들을 증언하고 이 일들을 기록한 제자"(요 21:24)로 소개했고, 또한 자신이 "우리가 들은 바요 눈으로 본 바요 자세히 보고 우리의 손으로 만진 바"(요일 1:1)를 기록하고 있다고 말했다. 사도들은 자신을 목격자의 무리로 보았고, 이렇게 공유된 관찰이 자신이 사실로 주장하는 것에 대한 강력한 증언이 된다고 이해했다. 유다가 그 무리를 떠났을 때 그들은 서둘러 그의 자리를 메웠는데, 이를 위한 조건은 그 증인들이 가졌던 신분의 높은 가치를 보여준다. 그들이 찾고자 했던 사람은 "요한의 세례로부터 우리 가운데서 올려져 가신 날까지 주 예수께서 우리 가운데 출입하실 때에 항상 우리와 함께 다니던 사람 중" 하나였다(행 1:21-22). 그들은 유다의 자리를 다른 한 사람의 목격자로 대체했던 것이다.

사도행전을 읽어 내려가면서 나는 사도들이 자신을 반복해서 목격자로 소개한다는 사실과 자신의 증언을 모든 설교와 가르침의 기초로 삼았다는 사실을 깨달았다. 베드로는 오순절 날 행한 첫 설교에서 제자들이 "다 이 일(부활의 사실)에 증인이로다"(행 2:32)라고 말했고, 그 주장을 훗날 솔로몬의 행각에서도 반복했다(행 3:15). 그 후 베드로와 요한이 예수의 부활을 증언했다는 이유로 체포되었을 때, 그들은 공회원들을 향해 "우리는 보고 들은 것을 말하지 아니할 수 없다"(행 4:20)고 진술했을 뿐만 아니라, 지체하지 않고 거리로 나가 또 다시 "주 예수의 부활을 증언"하기도 했다(행 4:33). 사도들은 여러 번 자신을 "유대인의 땅과 예루살렘에서 그(예수)가 행하신 모든 일에 대한 증인"(행 10:39)으로 분명히 소개했을 뿐만 아니라, 그 신분을 그들이 가르친 모든 것의 기초로 삼았다. 심지어 바울도 목격자로서의 신분을 사용했다. 교회 공동체들이 소아시아에서 꽃을 피우기 시작했을 때 바울은 그중 많은 교회에 편지하며, 자신이 사도이자 목격자로서 증언하는 자라고 소개했다. 바울은 예수가 "야고보에게 보이셨으며 그 후 모든 사도에게와 맨 나중에 만삭되지 못하여 난 자 같은 내게도 보이셨느니라"(고전 15:7-8)라고 말했다.

사도들은 증인으로서의 목격담을 기록하기 시작했고, 초기 기독교인들은 그 목격자 증언에 커다란 권위를 부여하고 존중했다. 교부들(성장 가도에 있던 기독교 공동체의 초기 지도자)이 근래 등장한 신약성서의 "정경"을 검토하면서 어떤 기록을 정경으로 분류해야 할지를 결정짓기 위해 가장 우선적으로 생각했던 기준은 "사도적 권위"의 문제였다. 본문이 사도적 증인(마태, 요한, 베드로, 바울, 야고보, 유다 등)에 의해 쓰였는가, 아니면 적어도 그 증인과 의미 있는 관계를 맺고 있던 사람(예를 들어 마가와 누가)에 의

성서 속의 헌신적인 증인들

신약성서의 기록은 "증인", "증언", "증언하다" 혹은 "증거하다"로 번역되는 단어들을 반복적으로 사용한다. 이것들은 그리스어 *marturia* 혹은 *martureo*의 형태에서 번역된 단어다. 순교자를 의미하는 현대어 martyr의 어원도 이 그리스어에 기초한다. 이 용어들은 결국 (사도적 증인들과 같이) 예수에 대한 증언에 너무나도 헌신해서 그것을 철회하느니 차라리 죽음을 택했던 이들을 묘사하기에 이른 것이다.

해 쓰였는가? 일차 목격자들의 이야기만이 숙고의 대상이었으며, 그때 복음서는 언제나 "목격자 증언"으로 이해되어 왔다.

물론 문제는 우리가 그 증언들을 신뢰할 수 있는지 여부다. 이것이 이 책을 구성하는 2부의 주제가 될 것이다. 우리는 복음서를 목격자 증언으로 다루면서 수사할 것이고, 그에 따라 형사소송에서 판사들이 배심원들로 하여금 증인에게 묻도록 하는 것과 동일한 질문들을 던질 것이다. 우리는 (1) 사도적 증인들이 그들 자신이 기록했던 사건의 현장에 실제로 있었는지를 질문할 것이다. (2) 그들이 정확하고 정직한지도 물을 것이다. (3) 그들의 증언이 다른 방식으로 증명될 수 있는지도 질문할 것이다. 마지막으로 (4) 그들에게 다른 어떤 숨은 동기가 있었는지 역시 수사할 것이다. 배심원들이 볼 때 어느 증인이 신뢰할 만하다면, 그들은 증인이 증언하는 내용과 씨름해야 할 뿐만 아니라, 그 증언을 사건의 진실과 관련하여 앞으로 내리게 될 결론을 위한 기초로 삼아야 한다. 만일 복음서의 저자들이 신뢰할 만하다면, 우리는 그들의 진술을 우리가 예수의 생애와 하나님의 존재에 대해 앞으로 내리게 될 결론을 위한 토대로 받아들일 수 있다.

경험에서 오는 기대치

복음서의 신뢰도를 검토하기 전에 내게는 믿을 만한 목격자 진술이 어떤 모습을 띠는지에 대한 합리적인 기대치가 있었는데, 그것은 형사로서의 경험이 가져다준 것이었다. 어떤 범죄를 한 명 이상의 목격자들이 목격했다고 할 때, 그들의 진술에서 내가 기대하는 특징은 다음과 같다.

그들의 진술은 관점의 영향을 받을 것이다

각각의 목격자는 자신만의 공간적·정서적 관점에 의존하여 사건을 묘사할 것이다. 모든 사람이 동일한 위치에 있지는 않으며, 따라서 같은 사건이라도 동일한 순서나 동일한 세부사항들을 관찰하지는 않을 것이다. 나는 처음에는 서로 모순되는 것처럼 보이는 진술들을 함께 맞춰 나가야 할 것이다. 각각의 진술은 목격자의 개인적 경험과 세계관의 영향을 받을 것이다.

그들의 진술은 개인적일 것이다

각각의 목격자는 자신만의 표현과 용어를 사용해서 자신만의 언어로 사건을 묘사할 것이다. 결과적으로는 동일한 사건이지만 그것은 다양한 정도의 열정과 서로 다른 세부사항들로 묘사될 수 있는데, 이는 단순히 개인적인 기호와 관심에 따른 결과다.

그들의 진술에는 완벽하게 동의를 이루는 부분이 있을 수 있다

목격자 진술 가운데 일부는 서로 완벽하게 일치할 수 있다. 특별히 목격자들이 극적인 사건 혹은 순서가 중요한 범죄 사건의 어떤 측면을 묘사할 경우에 그렇다. 나중의 목격자가 다른 목격자가 앞서 제시한 증언을 알고 있어서 "그다음은 저 사람이 이야기한 대로예요"라고 말하며 이를 긍정하는 경우도 있다.

1부 형사가 되는 법을 배우라

나중의 증언들은 공백을 메우려고 할 수 있다

마지막으로 위에서 묘사했던 것처럼 나는 앞선 진술을 알고 있는 나중의 목격자들이 앞서 언급되지 않은 부분만을 메우려고 할 것임을 예상한다.

놀랍게도 복음서는 진실하고 믿을 만한 목격자 증언에 대한 나의 기대치를 충족시킨다. 사복음서 모두는 (적어도 예비적·피상적으로는) 각각 다른 관점에서 기록되었고, 특정한 목격자에게만 해당하는 세부 사항들을 포함한다. 결과적으로 복음서들에는 다양한 (겉으로 보기에는 "모순적인") 기억이 있고, 이는 일어난 일에 대한 온전한 "그림"을 얻기 위해 한 장소에서 조합될 수 있다. 사복음서 모두는 각각의 목격자의 특정 언어를 사용하기 때문에 굉장히 개인적이다. 예컨대 마가는 형용사의 선택에서 훨씬 더 열정적이고 적극적이다. 복음서 가운데 일부(마가, 마태, 누가)는 서로 동일한(혹은 거의 동일한) 묘사를 여럿 포함한다. 이것은 이야기 속에 나오는 특별히 중요한 어떤 사실에 대한 일반적인 동의 때문일 수도 있고, 아니면 (보다 더 확률이 높은 것은) 나중의 목격자들이 "그다음은 저 사람이 이야기한 대로예요"

> **다양한 관점과 성서 무오성**
>
> 성서 무오성에 대한 전통적인 정의는 성서가 정확하며 어떤 오류로부터도 자유롭다고 주장한다. 그렇다고 해서 성서 본문에 어떤 개인적 관점 혹은 특수성이 담겨 있지 않다는 뜻은 아니다. 오히려 그런 독특한 특징들 때문에 우리는 성서의 기록이 정말로 목격자 진술, 즉 실제 사람들이 각각 자신의 인간적인 재능(그리고 한계)을 가지고 기록한 진술임을 이해할 수 있게 된다. 우리는 그런 특징들 때문에 성서 기록의 정확성과 신뢰도 둘 다를 확신할 수 있다.

라고 말했기 때문일 수도 있다. 그리고 마지막 목격담(요한복음)은 분명 이전의 목격자들이 제시하지 않은 세부사항을 메우려고 노력한다. 요한은 이전의 목격자들이 이미 기록해놓은 내용을 알고 있었고, 그래서 같은 내용을 반복할 필요를 느끼지 못했다. 2부에서 다루겠지만, 복음서를 보다 엄밀히 검토해보기도 전에 이미 나는 목격자들이 형사로서의 내 경험에서 오는 기대치에 부합한다는 사실을 깨달았다.

신뢰할 수 있는 성서

이런 모든 문제는 결국 그 기록의 신뢰도로 압축된다. 회심하기 전에 나는 기독교인들이 성서의 "무오성"과 "무류성"(無謬性)에 대해 이야기하는 것을 들어보았고, 적어도 이 용어들은 저자들이 기록했던 원문에 전형적으로 적용되는 개념이었다. 나는 여러 해가 지나 신학교에 다니면서 그 개념을 보다 깊이 검토했지만, 내가 복음서의 기록들을 처음 읽어가면서 보다 큰 관심을 두었던 것은 신적 성명(divine communiqués)의 "무오성"이라기보다는 목격자 증언으로서의 "신뢰도"였다. 나는 형사로서의 경험을 통해 최고의 목격자 증언에는 일견 불일치하는 몇 가지 의견이 포함될 수도 있고, 이것이 그 목격담의 신뢰도를 자동적으로 무효화시키지 않는다는 사실을 알고 있다.

만일 하나님의 의도가 예수의 생애에 대한 정확하고 신뢰할 만한 기록, 곧 우리가 신뢰할 수 있는 동시에 다른 형태의 목격자 증언들과도 일치하는 기록을 우리에게 제공하는 것이었다면, 그것은 사복음서를 통해 확실하게 성취된 셈이다. 물론 사복음서의 기록은 어수선하다. 사복음서는 익숙한 이야기를 자주 반복하며, 그러는 중에 특이한 점과 개인적인 관점들로 넘쳐난다. 그 안에는 비평가가 모순이라고 주장할 만한 곳들이 있고, 특정 저자는 자신에게 중요한 무언가에 집중하면서 다른 저자에게 중요한 세부사항을 간과하기도 한다. 하지만 이런 것은 진실하고 신뢰할 만한 목격자 증언에서 우리가 충분히 기대하고 있는 것들이다. 지난 수년간 보아온 것에 기초할 때 적어도 내게는 그렇다.

물론 초기 문서에는 겉으로 보이는 "모순"과 기이한 특징이 있고, 최초의 기독교인들은 그 사실을 잘 알고 있었다. 우리에게 남아 있는 가장 오래된 복음서 사본은 그런 종류의 "목격자적 가변성"을 보여주며, 독특함이나 기이함이 원본에서는 그보다 덜할 것이라고 생각할 이유가 없다. 최초의 기독교인들은 한 개의 기록만 남기고 모두 없애 버리거나, 서로 "모순"되는 세부사항을 변개하거나, 아니면 단순히 복음서 간의 "조화"를 꾀할 수도 있었다. 하지만 복음서의 다양한 기록은 (지금의 형태와 같이) 그대로 보존되었는데, 이는 이 기록이 사실이었기 때문이다. 복음서는 우리가 실제의 목격자 증언에서 기대하는 모든 특징을 잘 보여준다. 초기 교회가 네 가지 목격자적 관점을 제거하고 한 가지로 잘 정돈된 설명만 제시하여 우리를 제한했더라면, 우리는 그 결과 중요한 세부사항 가운데 일부를 놓치고 말았을 것이다. 내가 실비아와 폴의 증언에서 겉으로 보이는 모순을 정돈하려고 시도했다면, 나는 범인의 총과 셔츠에 대한 분명한 묘사를 간과했을 것이다. 대신 나는 실비아와 폴의 말을 있는 그대로 받아들였고, 그들 각각의 개인적인 관점에 대해 배웠으며, 그 두 가지 물품에 대한 수색영장을 받아냈다. 나는 셔츠와 권총 모두를 찾아냈고, 그것을 증거로 삼아 범인을 최종적으로 기소할 수 있었다.

모든 기억이 똑같이 창조되는 것은 아니다

실비아와 폴의 개인적인 관점은 동일한 강도 사건을 각각 독특한 방식으로 바라보도록 했지만, 그럼에도 불구하고 그들은 모두 믿을 만한 목격자였다. 하지만 여러 해가 경과한 후 법정에서 증언하라는 요청을 받았다면 어땠을까? 시간의 경과는 사건에 대한 그들의 기억에 영향을 미쳤을까? 우리 모두는 과거에 겪은 사건의 세부사항을 잊어버린 경험이 있을 것이다. 우리는 특정한 기억을 두고 씨름하는 것이 얼마나 어려운지를 안다. 실비아와 폴이 그 강도사건에 대해 중요한 세부사항을 잊거나 혼동한다는 것은 가능할뿐더러 사실상 합리적이지 않을까?

목격자의 식별에 전적으로 의존했던 과거 사건이 최근 새로운 DNA 증거가 나오면서 뒤집히는 사례가 나타났다. 이런 사례를 통해 시간이 경과한 목격자 증언은 "신뢰할 수 없다"는 보고가 많이 등장했다. 실제로 뉴저지 대법원은 최근 그런 사건을 가리켜 "목격자의 식별 능력은 신뢰도가 매우 부족하다"라고 언급하기도 했다. 그 결과 법원은 형사사건에서 피고가 목격자 증거에 도전하는 것을 더 수월하게 만들기 위해 새로운 규칙을 만들었다.[3] 이렇게 일부 "목격자 식별"의 증거가

---

3 Benjamin Weiser, "In New Jersey, Rules Are Changed on Witness IDs," *New York*

DNA 증거에 의해 뒤집힌 사례들 앞에서, 우리는 과거에 일어난 어떤 사건에 대한 목격자 증언을 어떻게 신뢰할 수 있을까?

미제사건을 담당하는 형사로서 내가 경험을 통해 배운 것은 모든 기억이 동일하게 만들어지지 않는다는 사실이다. 독자들이 내게 5년 전 발렌타인데이에 무엇을 했는지 묻는다면, 나는 세부적인 내용을 기억할 수도, 기억하지 못할 수도 있다. 아내와 저녁을 먹으러 나갔거나 짧게 휴가를 다녀왔을 수도 있다. 기억력을 총동원해서 얼마간 정확하게 그날을 회고할 수는 있겠지만, 다른 발렌타인데이의 기억과 혼동할 가능성이 크다. 기억을 더듬어야 할 아내와 함께 보낸 발렌타인데이가 33번이나 되기 때문이다(우리는 1979년에 데이트를 시작했다). 내게 이 날은 중요하므로 2월의 다른 날들에 비해서는 기억 속에서 좀 더 도드라질 수도 있겠지만, 그날의 구체적인 시간대를 순서대로 물어온다면 나는 5년 전 발렌타인데이 때의 특정한 기억들을 나열하는 데 어려움을 겪을 것이다.

하지만 1988년 발렌타인데이의 세부적 내용에 대한 나의 기억을 묻는다면 나는 정확한 내용을 제공할 수 있다. 그날 수지(Susie)와 내가 결혼했기 때문이다. 그날 있었던 일은 내 기억 속에서 정확히 "도드라진다." 나는 이날의 세부사항을 훨씬 더 정확히 기억할 수 있는데, 이 사건은 내 삶과 경험에서 필적할 상대가 없는 사건이기 때문이다. 내게는 처음이자 마지막인 결혼식이었고, 그 사건을 둘러싼 흥분과 중요성

Times, August 24, 2011, accessed April 18, 2012, www.nytimes.com/2011/08/25/nyregion/in-new-jersey-rules-changed- on-witness-ids.html.

은 무엇과도 견줄 수 없는 것이었다. 발렌타인데이는 2월의 다른 날들에 비해 분명 도드라지지만 그 해의 발렌타인데이는 특별히 더욱 그랬다. 이런 모든 기억이 똑같이 중요하거나 똑같이 기억 속에 남는 것은 아니다.

이처럼 어떤 목격자가 처음이고 강력하며 특별한 무언가와 맞닥뜨릴 때, 자신이 목격한 사건을 기억하고 그것의 구체적인 내용을 정확히 상기해낼 확률은 높아진다. 그날 주류 판매점에서의 사건이 있기 전에 실비아와 폴은 단 한 번도 강도사건을 목격한 적이 없었다. 그들에게 이것은 처음 경험하는 특별한 사건이었다. 따라서 그들의 마음과 기억 속에서 그 사건이 도드라졌던 것이다. 그렇다고 그들의 증언을 아무런 검증 없이 받아들여도 좋다는 의미는 아니다. 이번 장에서 묘사한 네 가지 기준은 실비아와 폴에게도 적용되어야 한다. 우리는 (1) 그들이 사건을 목격할 수 있기 위해 현장에 있었는지, (2) 그들이 과거에 정직하고 정확했는지를 판단해야 한다. 또한 (3) 그들의 증언이 다른 추가적인 증거로 입증되는지를 판단하고, (4) 그들이 거짓말하고 있지 않다는 사실을 확신하기 위해 그들의 동기를 시험해야 한다. 이런 기준이 충족될 때, 우리는 그들의 증언을 믿을 만한 것으로 신뢰할 수 있는 타당한 이유를 얻게 된다.

비교 대상이 없는 신약성서의 사건들

내가 결혼식 날을 기억하는 이유는 그날이 내게 최초이고 특별할 뿐만 아니라 개인적으로도 중요했기 때문이다. 이제 독자가 사도들의 입장이 되어 예수가 베푼 기적과 부활을 목격했다고 해보자. 목격자들 가운데 어느 누구도 예수와 같은 사람을 이전에 만나본 사람은 없었다. 예수는 중요한 교훈을 가르치는 것 이상을 행했다. 그는 독특하고 강력한 기적을 직접 베풀어 목격자들을 놀라게 했다. 사도들은 자신의 생애에서 단 한 명의 예수만을 경험했다. 그들이 목격한 인물, 곧 죽은 자들 가운데서 부활한 인물은 단 한 사람이었다. 부활을 목격하는 경험은 처음이고 강력했으며 특별했다.

복음서의 목격자들은 강력하고 기억에 남을 만한 사건을 목격했고, 우리에게 독특하고 개인적이고 믿을 만한 기록을 남겼다. 우리는 시간을 들여 각각의 증인이 위치했던 관점과 그들 자신의 인격을 이해하고, 그들의 기록이 우리가 앞서 묘사했던 네 가지 기준에 비추어 신뢰할 만한지(이것은 2부에서 자세히 다루게 된다)를 결정할 것이다.

 출장 가방과 체크리스트를 위한
네 번째 조언

위의 사실은 우리가 출장 가방에 챙겨 넣어야 할 가장 중요한 원칙 가운데 하나일 것이다. 목격자를 상대해본 경험에 기초하여 목격자 증언에서 겉으로 보이는 모순에 익숙해진 사람이 아니라면, 그 진술들이 단순히 모든 세부사항에서 동일하지 않다거나 혹은 서로 다른 사실을 강조하기 위해 일부 사실을 무시한다는 이유로 그들이 거짓말(혹은 착각)을 하고 있다고 추측하기 쉽다. 하지만 우리는 적어도 "겉으로 보이는"

모순에도 불구하고 목격자 증언이 믿을 만할 수 있다는 사실을 기억해야 한다. 어떤 면에서 다르게 비치는 두 가지 진술에 대해 불평할 수도 있겠지만, 그들의 진술에 단 한 가지 특이점이나 차이점도 없다면 오히려 이는 더욱 의심스러운 일이다. 만일 복음서들이 그런 경우에 속했다면, 나는 그것들이 정교하게 공모한 작품이라고 주장했을 것이다. 복음서의 기록을 검토할 때 우리는 일반 목격자에게 하는 것과 마찬가지로 복음서 저자의 말을 믿어줄 필요가 있다. 목격자는 사람이며, 그래서 인간적인 목격담을 만들어낸다. 그것은 독특하고 개인적이긴 하지만 그럼에도 불구하고 신뢰할 만하다.

기독교인으로서 나는 성서가 "하나님의 말씀"임을 인정하지만, 동시에 그것이 "목격자" 즉 사람의 관찰과 기억을 통해 우리에게 전달되고 있음을 인정한다. 성서가 우리에게 무언가 중요한 것을 전달한다는 사실을 나누기에 앞서, 보통 나는 "왜" 성서가 우리에게 중요한 무언가를 전달하는지에 대한 주장을 펼친다. 복음서 저자들이 자신을 목격자로 인식했다는 사실을 아는 것은 중요하다. 그들은 도덕적인 허구를 기록하지 않았다. 그들은 자신이 두 눈으로 본 것, 두 귀로 들은 것, 두 손으로 만진 것을 기록했다. 우리는 성서에 대한 "신뢰도"의 중요성을 인식하고, 우리의 회의적인 친구들이 개인적이고 믿을 만한 목격자 증언의 본질을 인식하도록 도와야 한다. 우리 가운데 다수는 이제껏 살면서 우리를 둘러싼 세상에 대해 우리가 지금까지 생각해온 방식을 영원히 바꿔버린 무언가를 보거나 들어본 경험이 있을 것이다. 정확하게 그것이 복음서 저자들에게 일어났던 일이다. 그들의 목격은 그들 자신을 영원히 변화시켰고, 그들의 증언은 지금 우리가 사는 세상을 변화시킬 수 있다.

5장 원칙 #5

모든 단어에 집중하라

인터뷰로 꽉 찬 하루가 지났는데도 불구하고 눈에 띄는 용의자를 찾는 것은 요원해 보였다. 우리는 여전히 경주의 시작점, 그러니까 1981년에 우리 도시에 사는 아름다운 한 젊은 여성을 살해한 용의자에게로 우리를 데려다줄 길을 찾아 헤매는 중이었다. 우리는 수년 전에 그 범죄와 관련된 혐의가 있었던 모든 이의 위치를 추적해서 그들과 인터뷰를 성사시키는 데 성공했다. 그런데 인터뷰가 시작되고 여덟 시간이 지나도록 여전히 그 살인사건의 가장 유력한 후보가 누구인지 마음을 정하지 못한 것이다. 그때 스캇 테일러가 던진 한마디가 내 귀를 사로잡았다.

스캇은 살인사건이 일어나기 약 1년 전에 피해자와 연인 관계에 있었다. 1981년에 형사들은 스캇을 포함해서 피해자와 연인 관계였거나 면식이 있던 여러 남성을 인터뷰했다. 하지만 당시 수사관들은 그들 중 하나를 주요 용의자로 지목하는 데는 실패했다. 그런데 바로 오늘 스캇이 어떤 발언을 했고, 그것은 특이했다. 결코 대단한 것은 아니었다. 사실 나의 파트너는 그것을 전혀 눈치 채지도 못했다.

우리는 각각의 용의자에게 피해자가 살해된 것에 대한 "느낌"을 물었다. 매번 질문을 던질 때마다 우리는 동일한 방식으로 질문하기 위해 주의를 기울였다. 유력한 용의자와 피해자 사이의 관계를 이해하려고 할 때, 그들이 보이는 반응은 중요했다. 한 사람은 "누군가 그녀를 살해했다니 충격적이었어요"라고 반응했다. 다른 사람은 "비극적이네요. 형사님들이 범인을 꼭 잡아 주셨으면 좋겠어요"라고 말했다. 세 번째 사람은 "물론 저희 두 사람 사이에는 문제가 있었지만, 그 소식을 들었을 때 저는 큰 충격에 빠졌어요"라고 했다. 그런데 스캇의 대답은 매우 달랐다.

"스캇, 뭣 좀 물어볼게요. 그녀가 죽었다는 소식을 들었을 때 느낌이 어땠나요? 어떤 감정이 느껴졌나요?" 그의 반응을 판단할 수 있기를 바라며 나는 아무렇지도 않은 듯이 물었다.

스캇은 어떤 말을 해야 할지 생각하는 듯 잠시 침묵했다. 그는 어깨를 살짝 들어 올리며 이렇게 이야기했다. "음, 그녀의 죽음을 두 눈으로 보게 되다니 유감이었어요. 우리가 항상 행복했던 것은 아니지만, 누군가의 죽음을 보게 된다는 것이 좋을 리는 없잖아요."

하고 많은 반응 가운데 스캇이 고른 대답이 내게는 낯설고 조금은 강렬하게 다가왔다. 스캇이 즐겨 쓰는 비유적인 표현일 수도 있지만 (다른 무언가에 대해서도 비슷한 반응을 보이는지를 확인하기 위해서는 좀 더 자세한 인터뷰가 필요했다), 우리의 질문에 대한 그의 첫 대답이 "그녀의 죽음을 두 눈으로 보게 되어 유감"이었다는 사실은 흥미로웠다. 우리는 범인이 피해자의 시신 옆을 지켰고, 그녀가 진짜로 죽었는지를 확인하기 위해 시신을 쿡쿡 찔러보기까지 했다는 것을 알고 있었다. 따라서 현장을 벗어나기 전에 범인이 "그녀의 죽음을 두 눈으로 보았다"라는 표현에는 설득력이 있었다. 스캇은 무심코 자신이 이 범행과 관련되어 있다는 사실을 털어놓은 것일까?

수사는 한 해가 더 지나서야 마무리되었다. 우리는 피해자와 스캇의 관계에 대해 더 많은 것을 알게 되었고, 결국 그가 결별 이후 그녀가 다른

> ### "포렌식" 진술분석(Forensic Statement Analysis)
>
> 용의자나 목격자 혹은 피해자가 제공하는 (서면과 구술 모두의) 단어들에 대한 주의 깊은 연구와 분석을 수행하는 것이다. "포렌식" 수사가 행하는 진술분석의 목적은 그렇게 진술하는 사람의 진실성 혹은 속임수를 판단하기 위함이다.

남자와 만나는 것이 싫어 살해했다고 결론을 내렸다. 우리는 많은 양의 정황 증거를 수집했는데, 그 증거들은 우리의 결론을 힘껏 지지해주었다. "그녀의 죽음을 두 눈으로 보았다"라는 스캇의 진술은 우리의 시선을 그에게 향하도록 했고, 결국 그의 유죄를 증명하기 위해 (우리가 발견한 다른 모든 것과 더불어) 법정에서 사용되었다. 그 진술은 그 자체만으로 우리가 이러한 결론을 내리는 데 충분한가? 물론 아니다. 하지만 그 진술은 스캇의 연루를 시사했고, 그가 살인 이후 느낀 감정을 진실하게 반영했다.

스캇의 사례를 통해 나는 용의자가 사용하는 모든 단어에 세심한 주의를 기울이는 것의 가치를 배웠다. 모든 사람은 자신이 사용하는 단어를 선택한다. 습관적으로 튀어나오는 단어도 있다. 우리가 실제로 어떻게 느끼는지 혹은 실제로 어떤 일이 일어났는지에 대한 진실을 의

식적으로나 무의식적으로 반영하는 단어도 있다. 나는 모든 단어에 집중하는 법을 배웠다.

포렌식 진술분석 기술

수사관 초년 시절에 내가 속했던 부서는 나의 기술을 연마시키기 위해 나를 여러 가지 수업, 세미나, 훈련에 파견했다. 그것들 가운데 하나는 포렌식(과학적 범죄수사) 진술분석(FSA)이었다. 거기서 나는 어떤 사건에서 용의자가 제공하는 모든 단어를 듣고 해석하는 능력을 쌓았다. 나는 즉각 포렌식 기술을 적용하기 시작했다. 용의자에게 자신이 살인 사건 당일에 무엇을 했는지, 즉 아침에 눈을 떴을 때부터 잠자리에 들었을 때까지의 활동을 적도록 하는 것은 나의 일상이 되었다. 나는 모든 용의자에게 펜과 빈 노트를 한 장씩 건넸다. 그들의 진술에서 말이 바뀐 부분은 무엇이든 삭제했고, 결과적으로 그들이 처음에 무엇을 기록했고 처음 선택한 단어들 중 불편하게 여긴 부분은 어디였는지를 알아낼 수 있었다. 이어서 다음과 같은 몇 가지 중요한 질문을 던져 진술을 검토했다. 용의자는 피해자를 묘사하기 위해 어떤 종류의 단어를 사용했는가? 용의자는 현재로부터 과거로 옮겨가 자신이 범죄 현장에 있었다거나 연루되었다는 사실을 실수로 흘리지는 않았는가? 용의자가 무엇을 숨기거나 혹은 무엇이 일어난 경위를 둘러싸고 거짓말을 하기 위해 사건을 요약 혹은 확대 묘사하는가? 용의자는 피해자와 친분이 있는 것처럼 혹은 피해자에게 무관심한 것처럼 보이기 위해 피해자를 더 혹은 덜 인식하는가? 본질적으로 나는 용의자가 범행과 관련되었음을 말해주는 단서를 찾으며 그가 사용하는 모든 단어를 살폈다.

예를 들어보자. 어떤 용의자에게 그 전날 그의 아내(지금 살인사건의 피해자)와 무슨 일을 했었는지를 질문했다고 하자. 일어난 일을 묘사하면서 그는 다음과 같이 반응했다.

"지난 31년 동안 제 아름다운 아내였던 에이미와 함께 저녁을 먹고 영화를 봤습니다."

이 한 문장을 통해서도 나는 이들의 관계에 대해 무언가를 배울 수 있다. 용의자는 우리에게 아내의 이름을 이야기해주었고 그녀(혹은 둘의 관계)를 자랑스럽게 여긴 나머지 자신들이 얼마나 오랫동안 함께 했는지도 언급을 했다. 용의자는 얼마든지 다른 방식으로 아내를 묘사할 수 있었지만 굳이 "제 아름다운 아내"라는 소유격 표현을 사용했다. 예컨대 그가 다음과 같이 말했다고 해보자.

"제 아내와 함께 저녁을 먹고 영화를 봤습니다."

여전히 소유격 표현("제 아내")을 사용하고는 있지만 그녀를 아름답다고 묘사하지도 않고, 그녀의 이름과 결혼 기간에 대한 정보도 감추고 있다. 어쩌면 그는 사적인 사람으로서 개인 정보를 공개하는 것을 불편하게 생각했을 수 있다. 아내를 자랑스럽게 여기지 않았다든가, 그녀에게서 거리를 두고 싶었을 수도 있다. 따라서 보다 더 자세히 알기 위해 우리는 그와 시간을 좀 더 보내야 한다. 이번에는 그가 우리의 질문에 다음과 같이 대답했다고 해보자.

"아내와 함께 저녁을 먹고 영화를 봤습니다."

용의자는 소유격 언어를 내려놓았고 자신의 아내를 "아내"로만 묘사했다. 음, 왜 그랬을까? 이것은 그가 관계를 맺은 모든 사람들을 묘사할 때 좋든 나쁘든 늘 사용하는 비유적 표현일 수 있다. 어쩌면 무슨 이유로든지 간에 아내에게서 거리를 두려고 했는지도 모른다. 이것은 다시 한번 좀 더 살펴봐야 할 문제다. 마지막으로 그가 다음과 같이 말했다고 하자.

"늙은 여편네를 데리고 가서 저녁을 먹고 영화를 봤습니다."

여기서 용의자는 단순히 그의 지역이나 문화, 어쩌면 그의 가족에게 일상적인 비유법을 사

포렌식 진술분석(FSA)은 무엇을 성취하려는 것일까?

포렌식 기법에 따른 진술분석은 목격자와 용의자가 제공한 단어들을 신중히 검토해서 다음과 같은 내용을 판단하려는 목적을 갖는다.

(1) 저자(혹은 진술자)는 우리가 믿어주었으면 하고 그 자신이 바라고 있는 것보다 더 많이 사건에 연루되어 있는가?

(2) 저자(혹은 진술자)와 피해자는 어떤 문제가 있는 관계에 있었는가?

(3) 저자(혹은 진술자)와 피해자 사이에는 어떤 숨겨진 어려움이 있는가?

(4) 저자(혹은 진술자)는 범행 시간 당시에 자신이 행하였다고 주장하는 그 일을 실제로 하고 있었는가?

(5) 저자(혹은 진술자)는 수사 중인 범행에서 용의자로 고려되어야 하는가?

1부 형사가 되는 법을 배우라

용했을 수 있다. 하지만 아내에 대한 그의 감정에 있어 중요한 무언가를 드러낸 것일 수도 있다. 그는 소유격 언어를 사용하지 않았고 아내에 대한 정보를 거의 제공하지 않았으며 아내를 실제보다 돋보이도록 묘사하지도 않았다. 그가 다른 사람을 묘사할 때도 비슷한 언어를 사용하는지, 아니면 이런 종류의 단어를 아내에게만 사용하는지는 그의 진술 속 다른 부분도 살펴봐야 알 수 있다. 어쨌든 그가 사용한 단어는 우리에게 중요한 무언가를 말해준다.

이런 식으로 단어를 조사하는 것은 분명 "자연과학"이라기보다는 "해석의 기술"에 가깝지만, 우리는 단어의 중요성을 이해하면 할수록 그것들의 의미를 보다 잘 분별할 수 있다. 우리 모두는 사용하는 단어를 스스로 선택하고 있으며, 우리가 선택할 수 있는 단어는 무궁무진하다는 사실을 기억하라. 우리 자신을 내어주는 것은 결국 우리가 쓰는 말이다.

포렌식 기법으로 관찰하는 복음서

내가 처음으로 성서를 펼치기 전, 여러 해 동안 나는 용의자와 목격자 진술을 인터뷰하고 연구하는 경험을 쌓아왔다. 나는 포렌식 기법으로 그런 진술을 대하듯이 복음서에 접근했다. 모든 작은 특이점들이 내게는 뚜렷이 부각되었다. 모든 단어가 중요했다. 사소한 내용조차도 내 관심을 끌었고, 그래서 나는 그 부분을 더 깊이 파고들었다. 예를 들어 요한이 예수의 어머니(마리아)의 이름을 한 번도 제대로 언급하지 않는다는 사실은 나의 호기심을 자극했다. 요한복음에서 요한은 마리아를 반복해서 "예수의 어머니" 혹은 "예수의 모친"으로 부르면서도 (다른 복음서의 저자들처럼) 한 번도 그녀의 이름을 직접 부르지는 않는다. 왜 그럴까?

이에 대한 대답은 십자가 처형 당시 예수께서 요한에게 마리아를 의탁하는 장면을 기록한 요한복음 19장에서 찾을 수 있을 것이다. 예수는 요한에게 이제 마리아가 "네 어머니"라고, 마리아에게는 이제 요한이 "어머니의 아들"이라고 말씀했다. 요한은 이때부터 마리아를 자기 집으로 모신 후 (자기 어머니인 것처럼) 돌보았다. 시간이 흘러 요한복음을 기록하면서 요한은 이제는 자신의 어머니인 마리아를 공식적인 이름으로 부르기가 불편했을 것이다. 확신하건대 요한은 이때쯤 마리아를 "나의 어머니"라고 불렀을 것이다. 요한이 복음서에서 입양된 자신의 모친의 이름을 제대로 언급하기를 꺼려했다는 사실은 내게는 전혀 놀랍지 않았다.

복음서들을 읽으면 읽을수록 나는 복음서 저자들의 행간을 읽기 위해 포렌식 접근 방식을 취하는 데 더욱 큰 흥미를 느끼기 시작했다. 나의 관심은 마가복음에서 절정에 도달했다.

나의 기독교인 친구 가운데 하나가 마가복음은 실제로는 사도 베드로의 목격자 증언이라고 내게 이야기해주었다. 초기 교회는 이 주장에 동의하는 듯 보인다. 고대 히에라볼리(터키 서부에 위치)의 감독이었던 파피아스(Papias, 70-163년경)는 마가가 베드로가 불러주는 것을 받아 로마에서 자신의 복음서를 기록했다고 주장했다. 그는 이렇게 말했다. "베드로의 통역사였던 마가는 베드로가 기억하는 그리스도의 말씀이나 행위를 꼭 순서대로는 아니라고 해도 모두 정확하게 받아 기록했다."[1] 나중에 루그두눔(Lugdunum, 현재 프랑스의 리옹)의 종신 주교가 된 이레나이우스(Irenaeus, 115-202년경)도 같은 주장을 반복했는데, 그는 이그나티우스(Ignatius)와 폴리카르포스(Polycarp)의 제자였고, 이 둘은 사도 요한의 제자였다. 이레나이우스는 이렇게 말했다. "베드로의 제자이자 통역사였던 마가는 베드로가 설교한 것을 기록하여 우리에게 물려주었다."[2] 로마로부터 온 유명한 초기 교회의 변증가인 순교자 유스티누스(Justin Martyr, 103-165년경) 역시 베드로의 최초 "회고록"에 대해 언급했고, 이것이 마가복음의 특이점이라고 묘사했다.[3] 또한 북아프리카 교회의 역사적 지도자였던 알렉산드리아의 클레멘스(Clement of Alexandria, 150-215년경)도 이렇게 기록했다. 베드로의 가르침을 들은 자들이 "하늘의 복음을 기록된 가르침 없이 단 한 번 듣고 마는 것으로 만족하지 않고, 베드로의 제자이자 현존하는 복음서 저자인 마가에게 온갖 종류의 간청으로 애원하여 자신들에게 구전으로 전승된 가르침을 글로 남겨줄 것을 부탁했다."[4] 이런 초기 교회 지도자와 사도들의

---

1   Eusebius, "Church History," *Nicene and Post-Nicene Fathers*, eds. Philip Schaff and Henry Wallace (New York: Cosimo, 2007), 172에서 인용된 파피아스.

2   *The Ante-Nicene Fathers: Translations of the Writings of the Fathers down to A.D. 325*, eds. Alexander Roberts and James Donaldson, vol. 1, The Apostolic Fathers — Justin Martyr — Irenaeus (Buffalo: Christian Literature, 1885), 414에서 인용된 이레나이우스.

3   Justin Martyr, *Dialogue with Trypho* (Wyatt North, 2012), Kindle edition, Kindle locations 2349-2351.

4   Eusebius, "Ecclesiastical History," *The Fathers of the Church: Eusebius Pamphili, Ecclesiastical History Books 1-5*, trans. Roy J. Deferrari (Washington, DC: Catholic University of America, 1953), 110에서 인용된 알렉산드리아의 클레멘스.

제자들은 (지리적으로 다양한 지역에서) "사건과 가장 근접"해 있었다. 그들은 반복해서 그리고 일관되게 마가복음이 베드로의 목격자 증언을 기록한 것이라고 주장했다. 하지만 마가복음에 대한 포렌식 진술분석은 이런 주장을 지지하는가?

마가복음을 포렌식 기법으로 연구해가는 동안 나는 베드로와 관련된 몇 가지 흥미로운 변칙들을 발견했다. 그 특성들은 베드로를 실제로 마가가 얻은 정보의 출처로 가정한다면 지극히 타당하게 보인다. 그 가운데 일부를 독자들과 나눠보도록 하자.

마가는 베드로를 중요한 인물로 언급했다

베드로는 마가복음에서 자주 등장한다. 일례로 마가는 자신의 짧은 기록 안에서 베드로를 26번 언급하는데, 이는 마태가 훨씬 더 긴 그의 복음서에서 베드로를 고작 3번 더 언급하는 것과 대조된다.

마가는 베드로를 상당히 친숙한 인물로 인식했다

마가는 베드로를 묘사하면서 "시몬 베드로"라는 표현을 사용하지 않은 유일한 저자다(그는 "시몬" 혹은 "베드로"를 사용했다). 이것은 사소해 보일 수도 있지만 그러나 중요하다. 시몬은 마가가 복음서를 기록할 당시에 팔레스타인에서 가장 흔한 남자 이름이었다.[5] 그런데도 마가는 사도 시몬을 독자들이 알고 있을 법한 다른 수백 명의 시몬들로부터 구분하

---

5 Tal Ilan, *Lexicon of Jewish Names in Late Antiquity: Palestine 330 Bce - 200 Ce* (Philadelphia: Coronet Books, 2002), 91.

1부 형사가 되는 법을 배우라

려고 애쓰지 않았다. (이와 비교할 때 요한은 공식적으로 "시몬 베드로"라고 17번 불렀다.) 마가는 가장 간략하고 친숙한 형태로 베드로의 이름을 부른 것이다.

마가는 베드로를 한 쌍의 "북엔드"로 사용했다

다른 복음서의 기록들과는 달리 마가의 본문에서 베드로는 첫 번째로 등장한 제자(막 1:16)인 동시에 본문이 언급하는 마지막 제자다(막 16:7). 학자들은 이런 종류의 북엔드를 "포위 구조"라고 칭하는데,[6] 어떤 특정한 목격자에게 역사적 공로가 돌아가는 고대의 다른 본문들에서도 이것을 발견한 바 있다. 어쨌든 베드로는 마가복음에서 처음과 마지막으로 명명된 제자로서 중요하다.

마가는 베드로에게 깊은 존경심을 표현한다

마가는 다른 복음서 저자들보다 베드로를 더 존경하는 것으로 보인다. 그는 가급적 가장 친절한 방식으로 반복해서 베드로를 묘사하며, 심지어 베드로가 바보 같은 행동을 할 때도 그렇게 한다. 예를 들어 마태복음은 예수께서 물 위를 걸으실 때 베드로는 물 위를 걷지 못하고 실패한 사건을 묘사한다(마 14:22-33). 마태의 기록을 보면 베드로는 바다에 빠지기 시작했고, 예수는 그를 의심하는 자 곧 "믿음이 적은 자"로 칭했다. 흥미롭게도 마가는 베드로와 관련된 부분 전부를 생략한다(막 6:45-

---

6 Richard Bauckham, *Jesus and the Eyewitnesses: The Gospels as Eyewitness Testomony* (Grand Rapids, MI: Eerdmans, 20080, Kindle edition, Kindle location 1938. 『예수와 그 목격자들』(새물결플러스 역간).

52). 이것은 그를 존경했기 때문일 것이다. 이와 비슷하게 누가복음은 종일토록 고기를 잡는 데 실패한 "고기 잡는 기적" 사건을 기록한다. 여기서 베드로는 그물을 던지라는 예수의 지혜를 처음에는 의심했지만, 자신의 그물로 거둘 수 있는 것보다 더 많은 고기를 잡은 후 "주여, 나를 떠나소서. 나는 죄인이로소이다"라고 고백했다(눅 5:1-11). 이와 평행을 이루는 마가복음에서 이 사건은 완벽하게 생략된다(막 1:16-20). 다른 복음서들이 베드로를 일부 당황스런 진술 혹은 질문의 출처로서 직접 언급할 때도 마가복음은 베드로의 이름을 누락시키고, 그런 질문이나 진술을 "제자들" 혹은 비슷하게 이름을 알 수 없는 무리 중 하나의 것으로 대체한다. 베드로가 성급한 진술을 하는 것(마 16:21-23에서 예수가 절대로 죽지 않을 것이라고 한 것과 같은 것) 역시 가장 잘 다듬어지고 덜 당황스런 형태는 마가의 기록에서 발견된다(막 8:31-33). 마가는 계속 또 계속해서 베드로에게 보다 더 친절한 형태의 이야기를 제공한다.

마가는 베드로에게 귀속시키는 것이 최선인 세부적인 내용을 포함시켰다
마가는 겉으로 볼 때 중요하지 않은 세부적인 내용을 자신의 복음서에 포함시킨 유일한 사람이다. 이것은 본문을 구성하는 일에 베드로가 관여했음을 암시해준다. 유일하게 마가만이 예수께서 한적한 곳에서 기도하고 있었을 때, 그를 찾으러 간 자들이 "시몬과 그와 함께한 자들"이었다고 언급한다(막 1:35-37). 예수의 관심을 마른 무화과나무에게로 처음 돌렸던 자가 베드로라고 언급하는 복음서도 유일하게 마가복음이다(마 21:18-19과 막 11:20-21을 비교하라). 성전이 무너질 시기를 예수께 질문한 특정 제자들(베드로를 포함)을 식별하는 것도 유일하게 마가다(마 24:1-3과 막 13:1-4을 비교하라). 마태(4:13-16)가 예수께서 갈릴리로 돌아와 "가버나움에서 사시니"라고 서술하는 반면에, 마가는 예수께서 다시 가버나움으로 들어가셨고 사람들은 그가 "집에 계시다"는 소문을 들었다고 말한다(참조. 막 2:1). 마가는 예수가 그곳에서 태어나지도 자라지도 않았는데, 그렇게 이야기하는 것이다. 왜 마가는 예수가 아주 짧은 시간 동안만 가버나움에 머물렀고 그곳에 머문 시간보다 훨씬 더 오랜 시간을 주변 지역들을 여행하는 데 사용한 것을 알았음에도 불구하고 가버나움을 "집"이라고 칭했던 것일까? 가버나움이 베드로의 고향인 것(막 1:21, 29-31)과 베드로의 어머니가 그곳에 살고 있었음을 우리에게 알려주는 사람도 마가뿐이다. 베드로가 가버나움을 "집"으로 부른 것은 충분히 이해할 만하다.

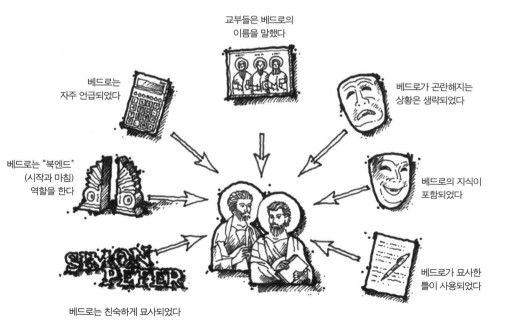

교부들은 베드로의
이름을 말했다

베드로는
자주 언급되었다

베드로가 곤란해지는
상황은 생략되었다

베드로는 "북엔드"
(시작과 마침)
역할을 한다

베드로의 지식이
포함되었다

SIMON
PETER

베드로가 묘사한
틀이 사용되었다

베드로는 친숙하게 묘사되었다

마가는 베드로가 묘사한 틀을 사용했다

많은 학자들은 베드로의 설교 스타일(예를 들어 행 1:21-22; 행 10:37-41)에서 예수의 사적인 삶의 세부적인 내용이 지속적으로 생략된다는 사실을 발견했다. 베드로는 예수에 대해 이야기할 때면 그분의 공적인 삶, 죽음, 부활, 승천에 자신의 설명을 제한했다. 마가 역시 그런 틀에 따라 누가복음과 마태복음에서 발견되는 예수의 탄생과 사적인 삶의 세부적인 이야기들을 생략한다.

마가는 베드로를 묘사하는 특별 칭호들을 사용했고, 자신의 이야기 속에서 베드로에게 우선순위를 부여했다. 그는 많은 경우 베드로와 관련된 정보를 포함시킨 유일한 저자이고, 자신의 복음서를 구성하면서 베드로의 설교 틀을 따랐다. 이런 정황적 사실들은 베드로를 마가의 정보 출처로 이해했던 초기 교부들의 주장을 지지하고 있다.

우리는 모든 단어에 집중함으로써 마가복음이 목격자 증언이라는 주장을 펼칠 수 있는 타당한 정황적 근거를 다질 수 있었다. 고대 교회의 증언과 결합될 때, 이 사실에 대한 증거는 더욱 강해진다.

출장 가방과 체크리스트를 위한
다섯 번째 조언

자신의 "출장 가방"에 장비를 챙기고 자신만의 "체크리스트"를 작성해 갈 때, 우리는 지금까지 서술한 원칙을 기억해야 한다. 목격자들이 사용하는 단어에 세심한 주의를 기울인다면, 우리는 그들의 진술의 신뢰성 및 타당성에 관련된 많은 것을 배울 수 있다. 최근에 복음서의 진위

1부 형사가 되는 법을 배우라

여부 및 원저자와 관련된 초기 교부들의 주장에 의문을 품는 것이 마치 유행인 것처럼 번졌다. 복음서들의 기원이 사도들과 그 동료들에게 있다고 서술한 것이 의도된 실수였을까? 그것은 복음서를 권위 있는 책으로 만들기 위한 일종의 음모였을까? "포렌식" 기법으로 본 언어의 내재적인 증거는 복음서들에 대한 초기 교회의 주장을 증명하는 데 유익하다. 저자들이 사용했던 특정한 단어들은 독자들이 이전에 가능하다고 생각했던 것 이상을 가르쳐 줄 수 있다. 21세기에 큰 인기를 누린 것이 1-2세기의 사람들이 확신했던 것에 의심을 던지는 것이라면, 우리는 그와 대조적으로 단어들 자체를 깊이 숙고해야 한다. 그때 초기 교회 지도자들의 주장들 가운데 상당 부분은 증명될 수 있다. 우리는 그와 같은 주의 깊은 분석을 실행할 때, (나를 포함해서) 다른 사람들을 성급하게 신뢰하지 않도록 최선을 다해야 한다. 우리 각자에게는 이 "어려운 임무"를 오롯이 "감당해야" 할 의무가 있다.

우리 가운데 다수는 기독교인으로서 "하나님의 말씀"을 포렌식 방식으로 조목조목 따지고 들어야 할 용의자나 목격자 진술로 취급하는 것에서 꺼림칙한 느낌을 받을 수 있다. 그것이 마치 성서의 거룩한 본성에 결례를 범하는 것 같다는 생각이 드는 것이다. 심지어 어떤 형제자매는 말씀을 너무나 사랑하고 존경한 나머지 성서의 페이지에 무언가를 적지도 않는다. 나는 이런 종류의 경외심을 이해하며, 그런 종류의 분석을 그 분야의 전문가들에게 떠넘겨버리는 것이 훨씬 쉽다는 것도 잘 알고 있다. 하지만 독자들은 주의 깊은 분석과 연구를 통해 우리의 믿음이 얼마나 부요하고 깊어질 수 있는지 놀라게 될 것이다. 우리 가운데는 자신이 성서의 언어를 조사할 만큼의 훈련과 경험이 없다고 생각하는 이들도 있다. 하지만 당신의 아들이 자신에게 중요한 무언가를 설명하는 장문의 편지를 보내왔다고 잠시 생각해 보라. 관심 있는 독자로서 당신은 아들이 선택한 단어들을 직관적으로 평가하고 있는 자신을 발견할 것이다. 당신은 종국에는 "행간을 읽으며" 단순히 기록된 내용 이상을 이해하고자 할 것이다. 우리가 성서에 대해 관심 있는 독자가 될 수 있다면, 우리에게는 성서가 특정 단어들을 사용한 이유를 질문하고, 성서 본문에 대해 보다 더 풍요로운 이해로 나아갈 수 있는 충분한 "전문성"이 있다. 그런 언어를 분류하도록 도와줄 그 분야의 믿을 만한 전문가들도 많다. 우리에게 필요한 것은 성서 본문에 접근하는 데 있어 단순히 "기대치를 높이는 것"이다. 물론 이것은 어려운 일이다. 하지만 그리스도를 위한 대사(大使)로서, 믿음의 대변자로서, 그것은 우리에게 주어진 의무다.

6장 원칙 #6

현장 수집품과 증거물을 구분하라

"신사 숙녀 여러분, 검사 측이 확보한 가장 중요한 포렌식 증거는 피고가 이번 살인사건과 무관하다는 사실을 증명합니다." 영사기가 법정에 설치된 스크린에 담배꽁초 사진을 쏘아 올리는 동안 피고 측 변호인은 잠시 침묵했다. 배심원들은 조용히 앉아 사진에 시선을 고정시켰다. 몇몇 배심원들은 메모를 하고 있었다.

증거 수집 목록에서 그 담배꽁초를 처음 본 순간부터 나는 그것이 이 사건에서 문제가 될 것을 알았다. 이 사건의 피해자는 1990년에 자신의 앞마당에서 살해되었다. 살인은 이른 아침 해가 뜨기 훨씬 전에 일어났다. 현장에 출동한 경찰들은 범죄학자를 위해 정확하게 테이프를 쳐 현장을 보존했다. 이들은 일부러 테이프를 넓게 쳐서 가능한 범죄 현장의 범위를 "과대평가"했는데, 이는 어떤 증거도 놓치지 않기 위해서였다. 현장을 최대한 넓게 보존하는 것은 언제나 지혜로운 처사이지만, 이는 종종 증거물을 과도하게 수집하게 하기도 한다. 물품 중에는 범행과 관련이 있어서 증거로 채택될 만한 것이 있는가 하면, 범행과 상관없는 주변 물품으로서 우연히 수집된 것들도 있기 마련이다. 결국 그것이 무엇인지를 판단하는 것은 배심원들의 몫이다.

"검사 측은 이 담배꽁초가 사건에 중요하다는 사실을 알고도 DNA 검사를 실시하지 않았습니다. 이것을 증거로 수집해놓고도 말입니다. 만일 증거가 아니라고 생각했다면, 그렇게 할 이유가 있었을까요?" 피고 측 변호인은 자신의 손을 연단 위로 올려 놓고 배심원들의 시선이 다시금 자신에게 향하기를 기다리며 잠시 숨을 가다듬었다. "여러분이 아시는 것처럼 저희 팀은 적절한 검사를 실시했고, 이 담배꽁초에 DNA가 남아 있다는 사실을 확인했습니다. 신원 확인은 불가능했지만 저희 의뢰인의 DNA는 아니었습니다. 그 DNA는 진짜 살인자의 것입니다. 경찰은 이 DNA를 검사하지 않았고, 그래서 진짜 범인을 찾을 기회를 놓쳐버린 것입니다."

우리가 담배꽁초의 DNA를 검사하지 않은 것은 사실이다. 피고 측에서 찾아낸 부분적인 DNA가 피고의 것이 아니고 신원 미상이었다는 것 역시 사실이다. 하지만 그 담배꽁초가 이 사건의 증거라는 주장은 사실이 아니다. 그렇다. 우리는 그것을 수집하기는 했지만, 그것은 어디까지나 그것이 범죄 현장에 쳐진 테이프 안쪽에 있었기 때문이다. 하지만 노란색 테이프가 잡아낸 것은 증거만이 아니라 단순한 "현장 수집품"도 포함하고 있었다.

그 담배꽁초는 살인사건이 일어난 위치에서 15m 정도 떨어진 이웃집 마당에서 발견되었다. 테이프가 쳐진 구역에서도 가장 바깥쪽이었다. 경찰들이 직경을 15cm만 적게 잡았더라도, 그 꽁초는 우리가 맡은 사건의 일부가 되지 못했을 것이다. 피고 측은 사건의 용의자가 피해자의 집 대문으로부터 15m나 떨어진 위치에 숨어 있었고, 피해자가 집을 나서기를 기다리며 그곳에서 담배를 피운 것이 분명하다고 주장했다. 피고 측은 배심원들이 그 담배꽁초를 살인자의 정체를 밝혀줄 증거로 채택하기를 원했다.

그러나 이는 어리석은 생각이다. 담배꽁초가 발견된 위치는 도로와 현관에서도 훤히 보이는 지점이었다. 만일 용의자가 그곳에 서 있었다면, 그는 그 길을 지나가는 사람들에게(그리고 정문을 나서던 피해자에게) 곧바로 발각되었을 것이다. 범인이 어둠을 이용해 그의 존재를 감추고자 했다면, 담배의 은은한 불빛과 연기의 향이 그의 정체를 십중팔구 드러냈을 것이다. 보다 더 중요한 것으로서 나는 피해자의 가족으로부터 피해자의 딸과 그 친구들이 서로 어울려 진입로에서 차를 고칠 때 이곳에서 담배를 즐겨 피웠다는 사실을 들어 알고 있었다. 우리가 이 사건에서 담배꽁초를 검사하지 않은 이유는 처음부터 그것을 증거로 여기지 않았기 때문이다. 그것은 단순한 현장 수집품에 불과했다.

우리가 맡았던 다른 모든 사건처럼 이 사건의 수사 역시 정황 증거에 의존했다. 우리에게는 직접 증거가 없었고 피고 측은 그것을 잘 알고 있었다. 피고는 매우 신중했고, 자신의 자취를 전혀 남기지 않은 채 현장을 떠났다. 30개가 넘는 다른 정황 증거가 피고를 살인자로 지목했고, 그와 반대되는 증거는 현장에서 수집된 유일한 물리적 증거로서 사건과 무관한 담배꽁초였던 것이다. 이제 배심원들은 피고를 둘러싼 정황적 사건에 앞서 담배꽁초를 둘러싼 정황적 사건을 먼저 판단해야 했다.

그리고 배심원들은 정확하게 판단했다. 이들은 3시간도 못 되어 법정으로 돌아왔다. 그들은 증거와 현장 수집품을 구별할 수 있었고, 담배꽁초는 단순히 범죄 현장에서 수집된 물품으로 적절히 분리되었다. 그들은 피고에게 살인죄를 선고했다.

성서 본문 속의 현장 수집품

범죄 현장에서와 마찬가지로 역사 속 장면도 우리에게 주어진 증거를 사용해서 재구성할 수 있다. 하지만 우리는 증거와 단순한 현장 수집품을 세심하게 구별할 필요가 있다. 목격자 증언은 일차적으로 증거로 보는 것이 적절하지만, 차후에 덧붙여진 내용(본문에 들어 있으면 안 되는데도 불구하고 포함되어 있는 내용)이라면 무엇이든지 단순한 현장 수집품일 수 있다는 가능성을 염두에 두고 주의 깊게 살펴야 한다. 복음서는 스스로를 목격자 증언으로 주장함에도 불구하고, 증언하는 진술들과 더불어 단순한 현장 수집품 역시 몇몇 본문에 포함되어 있다는 사실에 놀랄 독자도 있을 것이다. 필사자들 역시 수년에 걸쳐 본문을 옮겨 적으면서, 맨 처음 기록할 당시에는 없던 내용을 일부 덧붙인 것으로 보인다. 예를 하나 들어보자.

우리들 대부분은 요한복음에서 음행 중에 잡힌 한 여인이 예수 앞에 끌려 나온 이야기를 알고 있다(요 8:1-11). 여인을 예수께 데려온 유대 남자들은 그 여자를 돌로 쳐 죽이기를 원했지만, 예수께서는 여자를 정죄하지 않고 오히려 그들에게 "너희 중에 죄 없는 자가 먼저 돌로 치라"고 말씀하셨다. 예수께서는 이들이 떠나자 그 여자에게 "나도 너를

1부 형사가 되는 법을 배우라

정죄하지 아니하노니 가서 다시는 죄를 범하지 말라"라고 말씀하셨다. 이 이야기는 성서를 통틀어 내가 가장 좋아하는 분문들 중 하나다. 그런데 이 이야기가 현장 수집품이라니 애석할 뿐이다.

이 이야기는 전적으로 사실일 수도 있지만, 수세기에 걸쳐 발견된 요한복음의 가장 오래된 사본들에는 포함되어 있지 않다. 요한복음 7장의 마지막 구절과 8장의 첫 열한 구절은 우리가 갖고 있는 가장 오랜 사본들에서 빠져 있다. 이 이야기가 처음 등장한 것은 요한복음의 후대 사본이 발견된 이후인데, 그때는 이미 예수께서 이 땅에 계신지 수세기가 지난 이후였다. 고대 성서 사본 가운데 일부는 이 이야기를 요한복음의 다른 위치에 기록하기도 했다. 또 다른 고대 성서 사본은 이것을 누가복음에 신기도 했다. 본문은 상당 부분 예수의 성품 및 가르침과 일치하는 듯 보이지만, 대부분의 학자들은 이것이 요한의 원래 진술이었다고 믿지 않는다. 이 이야기는 성서 속의 현장 수집품이라고 할 수 있는데, 현대의 거의 모든 성서 번역본들이 그 사실을 인정한다(보통은 책의 여백에 명시되거나 신뢰할 수 있는 본문과 분리되도록 괄호 안에 표기되어 있다).

성서 본문 속에 놓인 단순한 현장 수집품의 존재는 우리에게 우려를 안겨줄까? 성서의 기록 과정에서 후대에 추가된 내용들은 신약성서의 믿을 만한 사본이 될 자격을 박탈당해야 할까? 이처럼 성서 속에는 후대에 추가된 내용도 실려 있는데, 그럼에도 불구하고 우리는 성서가 "무오"하다거나 "무류"한 책이라고 불러도 될까? 이 본문이 성서 속에 있는 유일한 현장 수집품은 아니다. 성서 속에는 학자들과 성서 전문가들이 현장 수집품으로 분류하는 많은 추가된 구절들이 있다. 그것들의 존재가 우리에게 경고가 되어야 할지를 판단하기 위해 몇 가지 예를 더 살펴보도록 하자.

누가복음 22:43-44

"천사가 하늘로부터 예수께 나타나 힘을 더하더라. 예수께서 힘쓰고 애써 더욱 간절히 기도하시니 땀이 땅에 떨어지는 핏방울같이 되더라."

이 두 구절은 누가복음의 초기 사본들에는 등장하지 않고, 그런 이유로 일부 현대 성서번역(RSV처럼)에서는 생략되어 있다. KJV는 이 구절들을 나중에 추가된 구절로 분류하지 않는데, 다른 번역들(예컨대 NIV, NASB, NKJV)은 이 부분을 각주나 특별 괄호를 사용해 표시하고 있다.

요한복음 5:4

"이는 천사가 가끔 못에 내려와 물을 움직이게 하는데, 움직인 후에 먼저 들어가는 자는 어떤 병에 걸렸든지 낫게 됨이러라."

이 구절도 (3절 마지막의 몇 단어와 함께) 가장 오래된 사본들에서는 등장하지 않는다. 몇몇 현대 번역본은 이 구절을 아예 삭제했고(예를 들어 NIV와 RSV, NRSV), 다른 번역본은 각주로 표시했다(예를 들어 NKJV와 ESV).

요한1서 5:7

"증언하는 이가 셋이니 아버지와 말씀과 성령이라. 이 셋은 하나이니라"(KJV).

이 구절의 후반부("아버지와 말씀과 성령이라. 이 셋은 하나이니라")는 16세기까지는 어느 성서 사본에서도 등장하지 않는다(16세기 당시에도 오직 두 개의 사본에서만 등장했다). 그것은 NASB와 NIV 같은 현대 번역에서는 생략되었고, NKJV에서는 각주로 표시되었다.

사도행전 15:34

"그럼에도 불구하고 실라는 그곳에 머물기를 기뻐하였더라"(KJV).

가장 이른 시기의 믿을 만한 사본들은 이 구절을 포함시키지 않았다. NIV와 RSV 및 NRSV 같은 현대 번역은 이 구절을 삭제했고, NASB와 NKJV 및 ESV는 괄호나 각주로 표시했다.

회의론자들은 성서 본문이 목격자 증언으로서 신뢰할 만하지 못하다는 사실을 제시하기 위해 이런 본문들을 지적해왔다. 이 구절들이 허구라면 또한 얼마나 더 많은 구절이 거짓일까? 내가 무신론자였을 때 이것은 성서에 대한 나의 주된 불평 가운데 하나였고, 나는 많은 기독교인이 이런 첨가된 구절이 존재한다는 사실조차 모르고 있음을 발견했다. 나는 이 본문들이 원래의 성서 본문에는 없었다는 사실을 보여주는 것만으로도 많은 기독교인 친구들의 신앙을 흔들어놓을 수 있었다.

증거물과 현장 수집품을 구분하라

시간이 더 흐른 후에 나는 이런 후대의 기록들을 어떻게 평가해야 하는지를 제대로 배웠다. 결국 모든 범죄 현장에는 그곳만의 독특한 질문과 어려움이 있다는 사실을 알게 된 것이다. 모든 현장에서는 우리를 진실로 인도해줄 중요한 증거들과 더불어 얼마간의 불확실성을 안겨줄 현장 수집품들 곧 사건과 무관한 수집품도 수거된다. 나는 현장 수집품이 전혀 없는 어떤 범죄 현장도 만나본 적이 없다. 그처럼 사건과 무관한 수집품과 마주칠 때, 형사로서 우리는 사건을 평가하고 무엇이 범행에 속하고 또 속하지 않는지 판단할 수 있었다. 맞다. 언제나 현장에는 대답을 요청하는 많은 질문이 있다. 결국 우리의 우려는 현장 수집품과 증거물을 구분할 때 해소되었다.

물론 어떤 경우에 그 구분은 굉장히 어렵다. 나는 수년에 걸쳐 범죄 현장에서 무엇이 중요하고 중요하지 않은지를 평가하는 데 도움을 줄 만한 여러 가지 전략을 개발했다. 이 원칙들은 성서의 기록에도 존재하는 본문 속 현장 수집품을 평가하는 데 사용될 수 있다.

나중에 추가된 물품을 찾아내라

보통 초동 수사를 맡은 경찰관들은 검시관을 위해 현장을 즉시 테이프로 둘러 통제한다. 그 후 도착한 검시관은 모든 것을 사진에 담고 철저하게 현장을 기록한다. 여러 해가 지나 원래 사진에는 없는 어떤 새로운 증거물이 발견되었다고 할 때, 우리는 이를 그 사건에 나중에 추가된 것으로 분류할 타당한 이유를 갖게 된다. 어떤 것이 나중에 추가되었다고 확인하는 순간, 우리는 진짜 증거를 평가하면서 그 추가된 것을 단순히 무시하는 경향이 있다.

성격 차이를 인식하라

그러나 나중에 추가된 어떤 물건이 처음부터 현장에 있었다면? 우리는 그 물건이 그 사건에 중요한지를 어떻게 판단할 수 있을까? 예컨대 현장에 도착하는 순간부터 우리가 사

증거물과 현장 수집품 🔍

판사는 배심원에게 실제로 사건에 속하는 일부로서 제시된 것을 제외한 모든 것을 무시하도록 지시하면서, 사건과 무관한 현장 수집품들과 증거물 사이의 차이를 이해하도록 돕는다.

"여러분은 이 사건에서 무엇이 사실인지 판단해야 합니다. 이 법정에서 (혹은 배심원에게 관람이 허용된 기간 동안) 제시된 증거만을 사용해야 합니다. '증거'는 증인들이 선서한 증언, 증거로 채택된 증거물, 그리고 제가 여러분에게 증거로 생각하도록 말씀드리는 것들입니다.…"

"휴정 중에 보거나 듣는 일체의 것은 심지어 소송 당사자나 증인의 행동과 말이라고 해도 무시해야 합니다"(『캘리포니아 사법위원회 형사재판 배심원 지침서』[2006], 104항).

건과 무관하다고 인식하는 물건이 있다. 나는 구급요원들이 경찰보다 현장에 먼저 도착했던 사건을 여러 번 수사했다. 구급요원들은 초동조사를 맡은 수사관이 도착하기 전, 죽어가는 피해자를 살리기 위해 최선의 노력을 한다. 경찰이 그곳에 도착할 즈음이면 범죄 현장은 구급요원 팀의 의료품으로 엉망이 된다. 붕대 포장, 관, 주사기, 그리고 딱 보기에도 다양한 의료 기기가 현장의 일부로 자리를 잡고 있고, 내가 현장에 도착하기 전에 검시관들은 그것들을 사진으로 남긴다. 그 물건들은 사건의 일부가 되지만 곧바로 손쉽게 현장 수집품으로 인식된다. 여기에는 의심의 여지가 없다. 그것들은 구조 노력의 증거이지 범행에 대한 증거가 아니다.

설명을 찾아라

현장에 있는 많은 물건은 사건과는 무관한 원인에 의해 해명되기도 하는데, 그때 그것의 존재는 설명되고 그 후 증거 목록에서 제외된다. 한 번은 피해자의 집 밖에서 신발 자국이 발견된 적이 있었다. 처음에 우리는 그것이 살인자의 것이라고 생각했지만, 알고 보니 피해자를 만나러 왔다가 현장을 처음 발견한 집주인의 것과 일치했다. 신발 자국의 존재에 대한 설명을 발견한 이후, 우리는 그것을 현장 수집품으로 분류했다.

그것을 증거에 포함시킬 경우 어떤 일이 일어날지 생각하라

어떤 물건이 증거인지 아니면 단순히 현장에서 나온 수집품인지를 판단하기가 불가능한 경우도 있다. 이때 나는 그 물건을 증거에 포함시킬 경우에 성립될 가설 사건을 상상해 보는데, 이것은 그것을 증거로 채택하는 것이 이 사건의 결과에 어떤 변화를 가져오는지를 알아보기 위해서다. 한번은 범죄 현장에 누워 있는 피해자 바로 옆에서 연필 한 자루가 발견된 적이 있었다. 우리는 이것이 범행의 일부인지 아니면 그것이 피해자 혹은 용의자의 것인지 확신할 수 없었다. 포렌식 검사를 거쳤지만 DNA나 지문을 얻을 수 없었다. 그러나 만일의 경우를 대비해서 나는 그것을 증거로 생각하기로 했다. 그런데 곧바로 그 연필이 사건에 아무런 영향도 미치지 못한다는 사실을 깨달았다. 나중의 증거들이 모아져서 특정 용의자를 지목할 때도, 그 연필의 존재는 그런 주장을 개선하지도 약화시키지도 못했다. 증거에 포함시킨다고 해도 결과에 아무런 영향을 미치지 못하기 때문에, 어떤 물품을 편안하게 무시할 수 있는 경우도 있다.

당신이 아는 것에 의존하라

범죄 현장에서 나오는 물품 가운데 겉으로 보기에는 다른 많은 확실한 증거들과 모순이 되어 우리에게 어려움을 주는 것도 있다. 우리가 어떤 살인사건을 수사하고 있으며, 우리에게 벤 로저스(Ben Rogers)라는 인물을 살인자로 지목하는 42가지 증거가 있다고 가정해보자. 이 증거들 가운데 다수는 범죄 현장에서 나왔는데, 그중에는 피해자에게 남아 있던 범인의 DNA, 현장에 남겨진 그의 소지품 몇 가지, 살인 무기에 남아 있던 그의 지문이 포함된다. 덧붙여 범인이 피 묻은 채로 피해자의 집에서 뛰쳐나오는 모습을 목격한 증인도 있다고 해보자. 그런데 그 와중에 피해자와 함께 일하는 스코티 니콜스(Scotty Nichols)라는 사람의 명찰을 발견하게 된다. 그 명찰은 피해자의 사체에서 2m가 채 안 되는 곳의 침실용 탁자 위에 놓여 있었다. 이 명찰에 대해 우리가 스코티를 심문했을 때, 그는 살인사건 바로 전날에 자신의 명찰을 잃어버렸다고 대답했으며, 범죄 당일에 대해서는 증명이 가능한 알리바이를 제공했다. 그는 자신의 명찰이 왜 그 피해자의 집에 있었는지를 전혀 알지 못했다. 우리는 그 명찰을 어떻게 생각해야 할까? 이런 경우 우리는 그 명찰의 존재가 현장의 다른 증거로부터 우리가 알게 된 사실에 어떤 영향을 미치는지 질문해야 한다. 하나의 특정한 방향을 가리키는 압도적 증거가 있을 때, 우리는 현장에서 발견된 일부 물품이 야기하는 모호함에 불편을 느낄 필요가 없다.

이제 우리는 성서가 제시하는 증거를 신뢰할 수 있을까?

우리는 이상의 원칙들을 적용해서 신약성서를 검토하고, 의심이 가는 본문이 증거인지 혹은 현장 수집품인지 판단하기 위해 평가해보기로 하자. 다행히 우리에게는 도움이 되어줄 최초 범죄 현장의 "사진들"이 있다. 우리에게는 수백 장의 초기 및 고대 사본이 있고, 이것은 무엇이 추가되기 이전의 본문이 어떤 모습이었는지에 대한 스냅 사진을 제공해준다. 이런 방식으로 나중에 추가된 부분이 모습을 드러낼 때, 우리는 그것을 현장에서 나온 수집품으로 무시하고, 나머지를 증거로 채택해서 거기에 집중할 수 있다.

성서의 일부 본문은 추가된 부분이 가장 오래된 사본에서는 누락되어 있다는 사실이 발견되기 전에도 이미 의구심을 불러일으켰다. 그 본문들은 다른 "특징들"을 갖고 있으며(범죄 현장에 널려 있는 구급용품들과 같이), 따라서 "쉽게 눈에 띈다." 예를 들어 본문비평가들이 음행을 하다 잡힌 여인의 이야기를 검토했을 때, 그들은 이 이야기에 사용된 그리스어 단어가 요한의 언어보다는 누가의 것에 훨씬 더 가깝다는 사실을 눈치 챘다. 이 본문은 요한복음과는 이질적인 것처럼 보였고, 이는 5세기 이전만 해도 그 이야기가 복음서에서 빠져 있었다는 사실이 알려지기 전이었다.

이어서 우리는 (집주인의 신발 자국과 같이) 그런 구절이 추가된 이유를 해명해 줄 타당한 설명을 찾아보아야 한다. 앞에서 신약성서로부터 제시한 네 가지 사례를 살펴보면서, 이 구절들에 타당한 설명을 생각해 보자. 본문에 추가된 각각의 내용은 필사자가 무엇을 더 분명히 말하려고 하거나, 어떤 사실을 강조하고 싶다거나, 필사자는 알고 있었지만 사도는 생략했던 어떤 세부사항을 추가하려고 했던 노력으로 보인다. 누가복음 22:43-44에서 예수가 겪은 고통은 그의 땀에 섞여 있던 피에 대한 특이한 묘사로 인해 보다 더 강조된다. 이것은 단순히 예수가 받은 고통을 더욱 분명히 드러내 보이려는 노력이거나, 아니면 필사자가 그 기록을 보다 더 탄탄하게 하기 위해 당시의 문체를 빌려온 것일 수 있다. 요한복음 5:4에서 베데스다라는 연못과 관련한 세부 내용은 적법하지만, 다른 추가 설명이 없이 물의 움직임만을 언급하는 요한복음 5:7을 설명하기 위해 첨부된 것일 수도 있다. 요한1서 5:7에서 필사자는 삼위일체를 가장 밀접하게 묘사하는 구절을 가지고 그 교리를 반박 불가한 것으로 만들고 싶은 강한 유혹에 굴복했을 수 있다. 하나님의 삼위일체적인 본성을 정황적으로 가리키는 구절들은 많았지만, 나중에 이루어진 그런 삽입이야말로 (그것이 사실이라면) 모든 의심을 제거할 것이다. 사도행전 15:34에서 필사자는 실라가 안디옥에 남게 된 사실을 덧붙였다. 필사자는 (그 지역의 토박이였고 그 결과) 이런 사실을 알고 있었을 수 있다. 결과적으로 그는 기록을 읽게 될 그 지역의 사람들이 이미 알고 있는 세부사항을 본문에 덧붙인 것일 수 있다.

하지만 현장 수집품으로 분류하는 것이 그보다 어려운 성서 본문들도 있다. 어떤 본문은 고대 사본에는 등장하지만 같은 시기에 쓰인 다른 사본에는 등장하지 않는다. 이 경우에 우리는 가설적으로나마 그 본문을 믿을 만한 증거로 채택한 다음, 그것이 보다 큰 사건에 미치는 영향을 가늠해 볼 수 있다(앞서 예로 들었던 살인사건 속의 연필처럼). 예를 들어 우리가 음행 중에 잡힌 여인의 이야기를 성서 속 이야기들 가운데 신뢰할 만한 것으로 포함시킨다고 할 때,

1부 형사가 되는 법을 배우라

이것은 우리가 성서의 중심적 주장으로 알고 있는 사실에 변화를 가져오는가? 아니다. 그렇지 않다. 이 이야기는 예수의 인격과 가르침에 대해 우리가 알고 있는 것과 일치한다. 우리는 다른 본문으로부터 예수에 대해 알고 있는 것에 근거해서, 그가 이렇게 행동하는 것을 상상할 수 있다. 음행 중 잡힌 여인의 이야기는 증거로 포함된다고 해도, 성서의 가르침에 대한 우리의 최종적 이해에 어떤 변화도 불러일으키지 못한다. 수세기에 걸쳐 성서에 추가된 절대 다수의 본문의 경우, 그것들이 가져온 변화는 너무도 미미해서 본래 이야기의 내용에 거의 영향을 미치지 않았고, 사실상 기독교의 중요한 교리적 주장에도 전혀 영향력을 행사하지 않았다.

마지막으로 우리는 어느 정도의 모호함은 편안하게 받아들이는 법을 배워야 한다. 사건과 무관한 물품이 전혀 없는 현장은 없고, 성서 본문의 "범죄 현장"도 그와 다르지 않다. 성서의 몇몇 본문은 (스코티 니콜스의 명찰처럼) "부적합"해서 이해하기 어렵다고 느껴진다. 이럴 때 우리는 성서 이야기의 믿을 만한 증언이 설명이 어려운 현장 수집품을 수용해도 좋을 만큼 충분한지를 물어야 한다. (현장 수집품을 제거한) 성서 본문이 강력하고 분명한 사건을 구성한다고 생각된다면(이것은 이 책 2부에서 자세히 논의될 것이다), 우리는 몇 가지 대답하기 어려운 질문이 야기하는 가벼운 불편쯤은 얼마든지 수용할 수 있다.

퍼즐 맞추기

증거와 현장 수집품 사이의 관계를 생각하는 일에 도움이 될 만한 예를 하나 들어보자. 내일 당신이 거실에 있는 서랍을 열어 모든 내용물을 탁자 위로 쏟아낸다고 생각해보자. 거기에는 열쇠, 클립, 건전지, 동전을 포함하여 있는 줄도 몰랐던 온갖 잡동사니가 들어 있다. 퍼즐 조각도 여럿 있다. 퍼즐 조각이 궁금해진 당신은 퍼즐을 완성할 수 있을지 알아보기 위해 서랍의 내용물을 더 뒤지기 시작했다. 퍼즐을 맞추려면 그 퍼즐에 해당하는 조각과 그렇지 않은 물건을 따로 구분해야 한다. 본질적으로 명백하게 퍼즐조각이 될 수 없는 물건이 있다. 건전지나 동전은 구급용품처럼 퍼즐에는 맞지 않을 것이다. 따라서 당신은 그것을 옆으로 밀어놓고 퍼즐을 맞추기 시작한다. 하지만 서랍에는 다른 조각과는 어울리지 않는 두 개의 다른 조각도 들어 있었다. 그림을 맞춰가면서 당신은 그 두 개의 조각이 이 특정한 퍼즐과는 맞지 않는다는 사실을 알게 되었다. 그것은 다른 퍼즐 판의 조각이었다.

이제 몇 가지 질문을 던져보자. 서랍 안에 퍼즐 조각이 아닌 다른 물품이 들어 있다고 해서 그 퍼즐 조각들의 신뢰성이 무효가 되는가? 아니다. 퍼즐 조각이 아닌 물건은 빠르고 쉽게 파악되어 옆으로 제쳐 놓을 수 있다. 서랍 속에 퍼즐 조각이 아닌 물건이 들어 있다고 해서 최종적으로 맞춰진 그림이 달라지는가? 아니다. 그 추가적인 "현장 수집품"은 퍼즐의 그림과는 전혀 무관하다. 그렇다면 다른 퍼즐 조각들과 어울리지 않던 두 개의 또 다른 퍼즐 조각은 어떠한가? 서랍 속에 그것이 들어 있다고 해서 지금 맞추어진 퍼즐 조각을 더 이상 신뢰할

수 없게 만드는가? 아니다. 절대 다수의 퍼즐 조각이 (어울리지 않는 두 개의 조각에도 불구하고) 서로 잘 맞고 일관성 있는 관계를 보여준다. 우리가 그 두 개의 조각을 퍼즐의 일부로 받아들이고 억지로 맞추려 했다면 어떨까? 이것은 최종 그림에 커다란 변화를 가져왔을까? 아니다. 우리가 그 두 개의 조각을 보다 큰 그림의 일부로 받아들이고 퍼즐에 욱여넣을 길을 찾았다고 해도 전체 그림은 여전히 분명했을 것이다.

범죄 현장은 잡동사니로 가득한 서랍장과 같다. 현장에는 수사 중인 범죄에 관한 증거 조각도 있고, 범죄와 아무 상관도 없는 현장 수집품도 있다. 현장 수집품과 증거를 성공적으로 분리할 때, 우리는 현장에서 어떤 일이 일어났는지 올바로 판단할 수 있다. 사건과 무관한 물건들이 존재한다는 것은 그 자체로 극복하기 어려운 장애물은 아니다. 성서 본문 역시 잡동사니로 가득한 서랍장과 비슷하다. 본문에는 예수의 생애에 대한 증거도 있고, 분리되어야 할 현장 수집품 곧 난외의 본문들도 있다. 우리가 "성서적 증거"와 "현장 수집품 본문"을 분리해낼 수 있을 때, 우리는 2천 년 전에 어떤 일이 일어났는지를 판단할 수 있다. 본문 속의 현장 수집품의 존재 자체가 극복하기 어려운 장애물은 아니다.

출장 가방과 체크리스트를 위한
여섯 번째 조언

독자가 증거 원칙을 위한 자신만의 체크리스트를 만들 때, "현장 수집품"에 대한 이런 접근법은 반드시 포함되어야 한다. 무신론자 시절에 나는 "필사자들이 성서를 변경했다는 것" 한 가지만으로도 본문의 증거 가치가 완전히 무효화된다고 생각했었다. 그러나 지금은 그것이 사실이 아님을 안다. 모든 범죄 현장에는 현장 수집품이 있다. 믿을 만한 증거와 더불어 사건과 무관한 물건이 하나 발견되었다고 해서 진실에 대한 어떤 설명도 거절했더라면, 나는 단 한 사람도 기소하지 못했을 것이다. 모든 고대 문서의 본문에도 현장 수집품이 있다. 성서가 이런저런 현장 수집품을 포함하고 있다고 해서 그것 때문에 성서 전체를 거절한다면, 우리는 플라톤(Plato), 헤로도토스(Herodotus), 에우리피데스(Euripides), 아리스토텔레스(Aristotle) 호메로스(Homer)의 고대 기록 역시 거절해야 할 것이다. 이들의 사본은 성서와 비교할 때 그 숫자와 신뢰도에서 훨씬 더 모자라기 때문이다. 어떤 사람들이 성서에 요구하는 것과 동일한 수준의 완벽함을 다른 고대 역사의 기록에도 요구한다면, 우리는 사실상 고대에 대해 우리가 안다고 생각하는 모든 것을

1부 형사가 되는 법을 배우라

거절해야 할지도 모른다. 중요한 것은 우리가 우리를 도와 현장에 있는 수집품을 발견하고 그것을 원문과 분리하도록 하는 방법론이 실제로 존재한다는 사실에 유념하는 것이다. 이런 "본문비평"의 기술은 사본들을 서로 비교하여 무엇이 원래 있었거나 없었는지를 판단하는 데 도움을 준다. 그와 동일한 과정이 이전에 (회의론자였던) 나에게 신뢰할 수 없는 본문을 보여주었다면, 이제 (믿는 자인) 나에게는 신뢰할 수 있는 본문을 보여주고 있다. "본문비평"은 본문 속의 현장 수집품을 제거해가면서 우리를 도와 원문의 본질을 판단할 수 있게 해준다. 이는 우리가 가진 것에 대해 우리 자신에게 "보다 작은" 확신이 아니라 "보다 큰" 확신을 틀림없이 건네줄 것이다.

내 기독교인 친구들 가운데는 성서 본문 속에 현장 수집품이 "단 하나라도" 포함되어 있다는 사실을 인정하지 않으려는 이들이 많다. 이유는 그들이 언제나 성서를 "무오"하거나(오류가 없거나) "무류"한(탁월해서 오류를 범하는 것이 불가능한) 책으로 변호해왔기 때문이다. 하지만 본문 속에 있는 현장 수집품의 존재는 원문에 대한 이야기가 전혀 아니며, 무엇보다도 우리가 성서 무오와 무류에 대하여 논의하는 그 대상역시 본래 "자필 원본"(autograph)이다. 기독교는 하나님께서 자기 백성을 위해 진리를 전달하실 때 사람을 사용하셨다는 사실을 안다. 구약시대에 하나님은 이스라엘이라는 나라에 말씀하시기 위해 예언자들을 사용하셨다. 신약에서 하나님은 사도적 증인을 사용하여 자기 아들을 증언하도록 하셨다. 기독교는 목격자들이 제공한 최초 문서의 무오성을 인정하는데, (우리가 앞서 묘사한 대로) 그 문서들이 특이한 점과 개인적인 견해로 가득 차 있음에도 불구하고 그렇게 인정한다. 인간은 그 목격담의 전달 과정과도 연관되어 있다. 저자와 마찬가지로 필사자도 개인적인 견해와 인간적인 특징을 갖고 있었고, 이는 그들이 사본을 옮겨 적는 방식에 영향을 미쳤을 것이다. 그들이 본문의 극히 작은 일부를 때때로 변개했다고 해도, 우리에게는 그런 변경을 식별해내고 그것을 믿을 만한 기록들로부터 제거할 수 있을 만큼 비교가 가능한 많은 과거의 문서가 있다. 본문 속에 있는 현장 수집품은 성서에 포함된 증거 기록의 현실성을 있는 그대로 증언한다. 현실 속의 다른 증거 수집품과 마찬가지로 믿을 만한 증거에는 현장 수집품이 동반된다. 다른 범죄 현장에서처럼 그 수집품은 진실을 판단하고 변호하는 우리의 역량을 방해하지 않는다.

7장 원칙 #7

음모론에 저항하라

"찰리(Charlie), 네 룸메이트는 어젯밤에 네가 입고 있었던 녹색 격자무늬 셔츠를 어디서 찾을 수 있는지 벌써 다 털어놨어." 찰리는 머리를 숙이고 두 손을 허벅지 위에 올린 채 앉아 있었다. 그의 몸짓 언어(body language)는 내 질문을 계속해서 거부하고 있었다. 하지만 위의 마지막 문장이 그날 오후에 처음으로 그에게서 작은 반응을 이끌어냈다. 마침내 찰리는 고개를 들었고, 내 눈을 쳐다보았다. 나는 이렇게 말했다. "나는 너의 셔츠에서 피해자의 피를 찾아낼 거고, 그건 너도 알고 나도 아는 사실이지." 찰리는 가만히 앉아 있었다. 그는 내가 그의 룸메이트에 대해 말한 거짓말을 믿는 것처럼 보였다.

18시간 전에 찰리와 그의 룸메이트 빅(Vic)은 여자 친구의 집에서 나와 자신의 집으로 귀가 중이던 데니스 왓킨스(Dennis Watkins)를 털려고 했다. 이 단순한 길거리 강도 사건은 데니스가 자신이 찰리보다 크다는 사실을 알고 칼을 들고 뒤엉켜 씨름했을 때 살인사건으로 급변했다. 찰리는 데니스를 딱 한 번 칼로 찔렀는데 가슴에 난 상처는 치명리 하비 오스월드(Lee Harvey Oswald)가 케네디 대통령을 암살했을 때, 그는 단독으로 행동하지 않았다.

미국 정부는 9/11 테러에 관여되어 있다.

1969년 아폴로(Apollo) 우주선의 달 착륙은 조작되었다.

UFO 한 대가 뉴멕시코 주의 로스웰(Roswell)에 추락했다.

적이었다. 강도 사건이 일어난 것은 늦은 밤이었고, 우리 동네의 한 패스트푸드점 뒤편에 있는 골목에서 벌어졌다. 목격자도 없었고 사건 당시 거리를 지나던 사람도 하나 없었는데, 우연히 골목 반대편 은행의 CCTV에 찰리가 찍힌 것이다. 카메라는 거리가 너무 멀어 범인의 얼굴을 식별하지는 못했지만, 두 명의 범인 중 하나가 입고 있던 특이한 녹색 격자무늬의 셔츠와 그들의 대강의 체격 및 키를 잡아내 주었다. 몇 시간 후 (얼마간의 노력을 통해) 우리는 찰리와 빅을 잡아들였다. 하지만 이들의 관련성을 증명할 증거가 거의 없었다. 지방 검사와 함께 소송을 제기하려면, 우리에겐 "변절"이라는 요소가 필요했다.

우리는 체포와 동시에 이 둘을 떨어뜨려 놓았다. 빅은 복도 끝의 두 번째 취조실에 있었다. 나는 아직 그를 심문하지 않았고, 빅과 우리가 대화를 나누었다는 말은 거짓이었다. 빅은 그 격자무늬 셔츠가 어디에 있는지 내게 털어놓지 않았다. 찰리가 영상에서 본 유력한 용의자의 체격과 더 잘 맞았기 때문에, 그 셔츠를 입었던 용의자로서 그를 찔러본 것이었다. 찰리의 반응을 보니 내가 옳았다는 사실을 알 수 있었다. 그는 의자에 앉아 안절부절했고 다시 바닥으로 눈길을 돌렸다. 나는 계속해서 침묵을 지키다가 마지막 발언이 그의 귓가에 울려 퍼지도록 했다.

마침내 찰리는 눈을 들었다.

"빅이 거짓말을 하는 거예요. 그 셔츠는 빅이 저에게 생일 선물로 준 거지만, 정작 걔가 더 많이 입는다고요." 찰리는 우리 둘 사이의 거리를 확보하려는 듯 다시 팔짱을 끼더니 뒤로 몸을 기울였다.

내게 필요한 것은 그게 전부였다. 또 다른 조그마한 정보면 충분했다. 나는 찰리를 남겨 두고 밖으로 나와 빅이 있는 방으로 들어갔다. 우리 둘 사이에 놓인 탁자 앞으로 의자 하나를 끌고 가서 앉은 다음에 나를 소개하고 본론으로 들어갔다.

"빅, 내가 지금 찰리하고 얘기를 끝내고 왔어. 살인은 큰 죄야. 그 친구 말로는 네가 그 사람을 찔렀다더군. 그리고 녹색 격자무늬 셔츠 이야기도 들었어. 네가 그 셔츠를 생일 선물로 줘 놓고 오히려 더 많이 입었다면서? 찰리가 그 셔츠를 어디서 찾을 수 있는지도 다 털어놨어. 우리는 그 셔츠에서 피해자의 피를 찾을 거고, 찰리는 너에게 불리한 증언을 할 거야."

15분이 채 지나지 않아 빅은 범행 일체를 털어놓았고, 우리가 비디오에서 본 것을 확증해주었다. 강도를 저지르기 위해 사전에 모의한 것 전부와 자신이 범행에서 보조 역할에 머문 것 역시 확인해주었다. 또한 그는 찰리가 데니스를 찔렀다는 것과 나이프의 위치도 알려주었다. 빅은 내가 찰리에 대해 말한 모든 것을 믿었다. 내가 가진 진실한 정보는 내 거짓말이 그럴듯하게 들리도록 해줄 만큼뿐이었다. 이 둘의 조합은 강력해서 빅은 자신이 "배신"당했다고 믿었다. 이제 그는 호의를 갚고 싶어 했다.

음모가 성공하기 위해 지켜져야 하는 규칙들

나는 형사로서 여러 음모와 "다수의 용의자"가 연루된 범죄를 수사해 본 경험이 있다. 성공적인 음모는 많은 영화와 소설에서 다루어지는 인기 주제이지만, 내가 배운 바로는 (현실에서) 음모는 성공하기가 매우 어렵다. 성공적인 음모에는 여러 가지 공통적 특징이 있다.

적은 수의 공모자: 공모자의 수가 적을수록 음모가 성공할 가능성은 높아진다.

이것은 쉽게 이해된다. 오랜 기간 동안 지속적으로 거짓말을 한다는 것은 어렵고, 거짓말을 지속해야 하는 사람의 수가 적을수록 성공하기가 쉽다.

철저하고 즉각적인 소통이 핵심이다.

공모자가 자신의 범행 파트너가 이미 진실을 털어놓았는지 판단할 수 없다면, 형벌을 피하기 위해 무언가를 이야기할 가능성은 높아진다. 적절하고 즉각적인 소통이 없다면 공모자들은 거짓말과 진실을 분리할 수가 없다. 그들은 서로를 적대시하도록 하는 수사관에게 쉽게 속는다.

짧은 기간 한 번 말하기도 어려운 거짓말을 오랜 시간을 두고 계속해서 반복하기란 더욱 어렵다.

그래서 음모의 기간은 짧을수록 좋다. 이상적인 음모는 두 명의 공모자만 있고 공모자 가운데 한 명이 범행 직후 다른 한 사람을 죽여버리는 경우다. 이것은 깨뜨리기가 무척이나 어려운 음모가 될 것이다!

중요한 연결고리

모든 공모자가 의미 있고 깊은 관계로 연결되어 있을 때, 그중 하나를 설득해서 다른 사람을 "포기하도록" 만들기는 훨씬 어렵다. 예컨대 모든 공모자가 가족일 경우 그런 과제는 거의 불가능하다. 모든 공모자 사이의 관계적 결속이 클수록 음모가 성공할 확률도 커진다.

압력이 거의 없어야 한다

용의자는 실패의 위험을 인식하기 전까지는 진실을 자백하지 않는다. 자백에 대한 압력을 느끼기 전까지 공모자는 계속해서 거짓말을 할 것이다. 압력이 꼭 물리적일 필요는 없다. 용의자가 투옥이나 동료의 비난에 두려움을 느낄 때, 그는 자신의 체면을

음모

피고인이 어떤 범죄의 음모에 가담했다는 사실을 증명하기 위해 캘리포니아 주 검사는 다음과 같은 사실을 증명해야 한다.

(1) "피고는 혐의가 제기된 범죄를…실행하는 것에…(한 명 혹은 그 이상의) 다른 피고들과 동의하려는 의도를 가졌거나 실제로 동의했다.
(2) 그들이 범행 의견에 동의했을 당시에 피고와 (한 명 혹은 그 이상의) 음모 혐의가 있는 당사자들 가운데 한 사람 혹은 그 이상이…혐의가 제기된 범행을 실행하기로 작정했다.
(3) 피고(들 중 하나)…(혹은 그들 모두)는 혐의가 제기된 범행을 완수하기 위해 혐의가 제기된 외적인 행위들(중 적어도 하나)을 실행에 옮겼다"(『캘리포니아 사법위원회 형사재판 배심원 지침서』[2006], 415항).

세우거나 위기를 모면하기 위해 반응을 보이곤 한다. 이것은 공모자의 수가 많을수록 크게 증가한다. 공모자가 느끼는 압력이 클수록 음모는

실패하기 쉽다.

찰리와 빅의 음모는 여러 가지 이유로 지속되기가 어려웠다. 공모자는 두 명에 불과했지만, 그들은 서로 소통할 수 없었다. 상대에게서 분리된 이후 그들은 다른 사람이 경찰에게 무엇이라 말하고 있는지 관찰할 수 없었다. 따라서 우리는 들통나지 않고 그들 각자를 속일 수 있었다. 여기에 덧붙여 찰리와 빅은 룸메이트에 지나지 않았다. 그들과 이야기를 나누면 나눌수록 그들이 형벌을 피하기 위해서라면 상대를 기꺼이 포기할 수 있다는 사실이 더욱 분명해졌다. 찰리와 빅은 주 교도소에 들어가본 경험은 없었지만, 두 사람 모두 카운티 교도소에서 복역한 경험이 있었다. 그들은 다른 죄수들로부터 캘리포니아 교도소의 실상에 관해 들어왔고, 그곳에서 복역해야 한다는 두려움은 협조로 돌아서게 만드는 강한 동기부여가 되었다. 음모는 내가 앞서 언급했던 모든 특징이 나타날 때 가장 성공 가능성이 높다. 이번 사건의 경우 핵심 조건 가운데 몇 가지가 빠져 있었다.

기독교의 음모

무신론자였을 때도 나는 사도들의 목격자 증언의 핵심이 부활과 관련되어 있다는 사실을 알고 있었다. 이것은 대단한 주장이다. 부활은 예수가 행했다고 주장되는 어떤 기적보다도 크며, 사도들이 예수에 대해 말할 때마다 등장하는 증언이기도 했다. 나는 늘 이것이 거짓말이라고 생각해왔다. 그것은 단순히 나의 회의론적인 본성 때문이거나, 아니면 업무상 이제껏 접해온 사람과의 경험 때문일 수도 있다. 나는 자신의 목적에 도움이 된다면 거짓말을 서슴지 않는 사람의 역량을 잘 알고 있었다. 내 생각으로는 사도들도 그와 다르지 않았다. 자신의 명분을 추구하고 종교적 공동체 안에서 자신의 지위를 굳건히 하기 위해, 그 열두 명의 사람이 역사상 가장 정교하고 영향력이 큰 음모를 지어내고 실행하고 유지했다고 나는 믿었다. 하지만 음모의 본질에 대해 알게 되고 몇몇 음모 관련 사건들을 수사하고 해결해나가면서, 나는 음모론이라고 주장되는 "기독교 음모"의 합리적 본질을 의심하기 시작했다.

사도들은 2천 년 후에 찰리와 빅이 직면했던 도전보다 훨씬 더 큰 도전과 마주했다. 기독교의 음모를 성공적으로 성취하기 위해 요구되는 공모자의 수는 믿기 어려울 만큼 컸다. 사도행전은 예수의 승천 이후 다락방에 120명의 증인이 있었다고 말한다(행 1:15). 잠시 동안 이 숫자가 심히 과장된 것이라고 가정하고, 우리의 핵심을 전달하기 위해 훨씬 더 작은 숫자를 예로 들어 이야기해보자. 다시 말해 우리의 논의를 (유다를 대신해 맛디아를 더한) 열두 사도로 제한해보자. 이 숫자도 음모론의 관점에서 볼 때는 엄두를 내기 어려울 만큼 크다. 열두 사도에게서 음모가 성공하기 위한 특성 중 아무것도 나타나지 않았기 때문이다.

사도들이 신속하고 철저한 방식으로 서로 소통할 수 있는 효과적 방법은 거의 없었다. 예루살렘을 떠난 이후 열두 제자는 로마 제국 전체로 뿔뿔이 흩어졌고, 가장 오래된 기록에 따르면 결국 서로 멀리 떨어져서 심문을 받았으며, 마침내 순교했다. 1세기의 소통 방법은 끔찍하리만큼 느렸고, 찰리나 빅과는 달리 사도들은 복도와는 비교가 안 될 정도의 거리를 두고 서로 떨어져 있었다. 로마에 있었던 베드로로부터 예루살렘에 있었던 야고보, 밀라포르에 있던 도마까지 사도들은 서로 필요한 때 소통할 수 없는 지역에서 최종적인 심문을 받았다. 그들은 다른 공모자들이 이미 "거짓말을 포기"하고 예수는 부활하지 않았다고 "자백"해서 자신의 목숨을 부지했는지 아닌지 전혀 알 길이 없었다. 회의론자들은 종종 이 자백들이 편향된 기독교적 기록의 일부라서 그같이 기록된 순교 장소들을 믿을 수 없다고 주장하지만, 그 지역 공동체들과 역사가들이 제공하는 반대기록, 즉 순교의 주장에 반대되는 비기독교적인 기록은 단 하나도 없다.

이에 더하여 사도들은 놀라울 만큼 긴 시간 동안 자신들의 거짓 음모를 보존해야 했다. 사도 요한은 예수의 부활 이후 거의 60년을 생존하며 가장 오래 살았다. 찰리와 빅은 자신들의 음모를 36시간 동안도 지키지 못했는데, 전해지는 바에 따르면 사도들은 자신들의 음모를 수십 년에 걸쳐 그대로 지켰다는 셈이 된다.

베드로
로마에서 십자가에
거꾸로 매달려
처형되었다

도마
밀라포르에서
성난 군중에 의해
죽임을 당했다

야고보
예루살렘에서
칼에 찔려
죽임을 당했다

　　　　　　　　　　　　　　　1부 형사가 되는 법을 배우라

설상가상으로 사도들 중 다수는 예수의 제자로서 함께 시간을 보내기 전까지만 해도 서로 생면부지의 남이었다. 그들 가운데는 친형제도 있었지만 상당수가 예수의 초기 사역을 통해 제자가 되었고, 이들은 다양한 배경과 공동체 및 가족으로부터 온 사람들이었다. 사도적 증인의 무리 가운데는 가족 구성원도 두엇 있기는 했지만 대부분은 서로 아무런 관계가 없었다. 빌립, 바돌로매, 도마, 가나안 사람 시몬, 맛디아는 다른 사도 중 어느 누구와도 가족 관계가 없었다. 그들 사이의 관계적 연결점이 무엇이든, 그들이 함께 보냈던 짧은 시간은 마지막 심문을 받기까지 떨어져 보내야 했던 수십 년에 비한다면 금방 무색해질 것이었다. 개인의 목숨이 위험에 처할 때 우정과 공동체적 결속력은 시험을 받는다.

성공적인 음모는 압력이 없을 때 가능하다. 하지만 사도들은 이탈리아에서 인도까지 산재하며 가장 공격적인 박해를 받았다. 지역 공동체의 기록과 이야기에 따르면 그들 각각은 상상할 수 없는 육체적 고문을 받았고, 결국 순교했다. 고대 작가들의 기록을 보면 베드로는 로마에서 십자가에 거꾸로 매달려 처형을 당했고, 야고보는 예루살렘에서 칼에 맞아 죽었으며, 도마는 밀라포르에서 군중에게 살해되었다. 사도들의 죽음의 목록을 볼 때 순교 이야기는 매번 이전의 것보다 더 섬뜩했다. 이런 압력은 찰리와 빅이 마주했던 주 교도소에 대한 두려움보다 훨씬 더 컸겠지만, 열두 사도 가운데 어느 누구도 부활과 관련한 자신의 주장을 철회하지 않았다. 단 한 사람도 그렇게 하지 않았다는 말이다.

나는 음모가 성공하기 위한 정황 가운데 열두 사도가 처했던 정황

전승으로 전해지는 사도들의 순교 🔍

안드레는 그리스의 파트라스에서 십자가 처형을 당했다.

(나다나엘이라고도 알려진) 바돌로매는 아르메니아에서 가죽이 벗겨지도록 매를 맞았다.

의인 야고보(James the Just)는 예루살렘 성전에서 쫓겨난 후 죽기까지 매를 맞았다.

위대한 야고보(James the Greater)는 예루살렘에서 참수되었다.

요한은 밧모 섬에 유배되어 죽었다.

누가는 그리스에서 교수형을 당했다.

마가는 이집트의 알렉산드리아에서 말에 끌려 다니다가 죽었다.

마태는 에티오피아에서 칼에 맞아 죽었다.

맛디아는 예루살렘에서 돌에 맞은 후 참수당했다.

베드로는 로마에서 십자가에 거꾸로 달렸다.

빌립은 프리지아에서 십자가 처형을 당했다.

도마는 인도에서 창에 찔려 죽었다.

보다 더 열악한 것을 상상할 수가 없다. 우리는 열두 명의 음모자를 가정했지만, 다락방에 있던 120명의 제자들(행 1:15)을 설명하려고 한다면, 음모자는 즉시 열 배로 늘어난다. 나아가 바울이 묘사하는 5백 명의 증인들(고전 15:6)을 설명하려면 거기에 40을 곱해야 한다. 이제 확률은 엄두도 내기 어려울 만큼 악화된다. 그 많은 증인 가운데 어느 누구도 자신의 주장을 철회하지 않았다. 기독교의 "거짓말"을 폭로하기 위해 기독교의 원수들이 내놓은 제안, 곧 부활의 증언을 철회하라는 제안에 굴복했던 사람은 아무도 없었다.

오해하지 말라. 성공적인 음모는 매일같이 일어난다. 하지만 음모를 모의한 자들은 보통 놀라우리만큼 긴밀하게 결속된 소수의 참여자이며, 동시에 외부의 압력이 전혀 없이 매우 짧은 기간 동안 서로 지속적으로 소통할 수 있다. 하지만 제자들의 경우는 그렇지 못했다. 제자들은 역사상 가장 위대한 음모에 연루되어 있었거나, 아니면 그냥 단순히 진실을 이야기했던 목격자들이다. 음모에 대해 배우면 배울수록 내게는 후자가 가장 합리적인 결론으로서 다가왔다.

순교가 언제나 증거인 것은 아니다

음모론에 대한 논의를 마무리하기 전에 순교와 진실 사이의 관계에 대해 있을 수 있는 문제를 다루어보자. 역사는 자신의 종교적 견해에 헌신하고 또 자신이 믿는 바를 위해 기꺼이 순교로 생을 마무리했던 사람들의 사례들로 넘쳐난다. 비행기를 납치해 뉴욕의 쌍둥이 빌딩으로 돌진했던 사람들 역시 자신을 종교적 순교자로 인식했다. 이런 순교도 열두 사도의 순교와 같은 방식으로 그들의 믿음의 진위 여부를 증명하는가? 그렇지 않다. 여기에는 꼭 짚고 넘어가야 할 중요한 차이가 있다. 독자들과 나는 수천 년 전에 무엇을 목격했다는 사람들의 증언을 신뢰해서 오늘날 우리가 믿게 된 바를 위해 목숨을 바칠 수 있다. 우리는 그곳에서 예수를 직접 본 것이 아니라, 단지 순교자들의 증언이 받아들일 만한 타당한 이유가 있다고 믿는 것이다. 그래서 만일 우리가 순교한다면 그것은 그런 신뢰를 보여주는 것에 그칠 뿐 사실을 확증하는 것이 될 수는 없다. 하지만 최초 목격자들이 처했던 입장은 매우 달랐다. 그들은 자신들의 주장이 진실인지 아닌지를 직접 알고 있었다. 그들은 다른 누군가의 증언을 신뢰한 것이 아니라, 직접 자신들의 주장을 펼치고 있었다. 그래서 최초 목격자들의 순교는 그들의 뒤를 이었던 사람들의 순교와는 완전히 다른 범주에 속한다. 최초 목격자들의 주장이 거짓이었다면, 그들은 그 이후 수세기 동안 순교해온 사람들과는 달리 스스로 그것을 알고 있었을 것이다. 독자들과 내가 "잘못해서" 진실이라고 착각한 것을 위해 죽을 수도 있다는 사실은 그럴듯할 수는 있어도, 그들이 스스로 진실이 아님을 "분명히 알고 있었던" 어떤 것을 위해 죽었다는 사실에는 전혀 타당성이 없다.

 출장 가방과 체크리스트를 위한
일곱 번째 조언

음모론에 대한 건강한 회의주의는 우리의 "출장" 가방에 추려 넣어야 할 중요한 도구다. 우리는 사도들에 대한 음모론적인 주장을 전적으로 수용하기 전에 신중할 필요가 있다. 〈하나님은 거기에 계시지 않았다〉(*The God Who Wasn't There*)[1]와 〈시대정신〉(*Zeitgeist, the Movie*)[2] 같은 영화는 기독교가 이전의 신화를 반복하는 이야기에 지나지 않는다는 개념을 대중화시켜왔다. 본질적으로 이 영화들은 일단의 공모자가 기존의 여러 신화로부터 (여기저기에서 조금씩 빌려와) 예수에 대한 허구적 이야기를 꾸며냈으며, 그들이 이런 정교한 거짓말을 죽을 때까지 지속했다고 주장한다. 내 회의주의자 친구들 중에는 기독교의 주장을 여전히 거절할 사람도 있겠지만, 적어도 성공적이고 큰 규모의 음

---

1   브라이언 플레밍(Brian Flemming)이 감독한 영화 *The God Who Wasn't There* (Hollywood: Beyond Belief Media, 2005).

2   피터 조지프(Peter Joseph)가 감독한 영화 *Zeitgeist* (GMP LLC, 2007).

                1부 형사가 되는 법을 배우라

모가 드물다는 사실과 "기독교의 음모"라는 개념이 도무지 합리적이지 않다는 사실을 밝히는 데 내가 도움이 되었기를 바란다.

기독교인으로서 우리는 우리 문화가 음모론에 매료되어 있다는 사실을 인식해야 한다. 우리 친구들과 가족 가운데 다수는 심지어 더욱 단순한 설명이 있을 때조차도 정교한 음모가 존재할 가능성 쪽으로 성급한 결론을 내린다. 그러나 음모가 성공한다는 것이 본질상 얼마나 어려운지를 알게 된 나는 이 세상의 회의론자들이 사도들의 주장을 평가하는 동안 그들을 도와줄 수 있다. 독자도 마찬가지다. 우리 모두는 다른 사람과 소통하기 위해 시간을 들여 음모가 성공하기 위한 요소들을 공부할 필요가 있다. 하지만 우리의 믿음과 설명이 일치하기 위해서는 모든 시사 문제 속에서 음모를 발견하려는 유혹 역시 거절할 필요가 있다. 부활이 음모의 결과라는 주장이 타당하지 못하다면, 여러 명의 공모자와 완벽한 조건을 요구하는 다른 사건이 음모의 결과라는 주장 또한 타당하지 못하다. 우리는 사도들이 음모를 꾸몄다는 주장에 반대하는 주장을 펼치는 동시에, 다른 한편으로 세속적 문제와 관련된 음모론을 비합리적으로 수용하지 않기 위해서도 주의를 기울여야 한다. 비합리적인 음모론적 설명을 이해하고 또 그것을 거절하는 데 일관성 있는 입장을 취한다면, 우리는 부활의 진실을 회의적인 세상과 성공적으로 소통시킬 수 있게 될 것이다.

8장 원칙 #8

"증거물 관리의 연속성"을 존중하라

"월리스 형사님, …은 사실인가요?"

앞으로 듣게 될 이 질문이 내 미제사건 수사에 대한 비평일 것이라는 느낌이 왔다. 우리 주에서 가장 유능하다는 피고 측 변호사는 엿새째 심문을 진행하며, 연단 뒤에 서서 나를 극적인 의심의 눈초리로 바라보고 있었다. 나는 그가 취하려고 하는 접근 방식에 어느 정도 익숙했다. 그의 질문은 묻는다기보다 웅변에 가까웠다. 그는 자신의 주장을 펼치려고 애쓰는 동시에 수사과정 속의 최초의 형사들을 힐난하기 위해 최선을 다해 노력하고 있었다. 피고 측 변호사가 이런 방식으로 질문을 시작했을 때, 곧바로 이어진 다음과 같은 말은 칭찬이 아닐 가능성이 컸다.

"월리스 형사님, 형사님이 1985년에 살인 현장에 있었다고 주장하시는 단추의 현장 사진이 한 장도 없다는데, 이것은 사실인가요?" 그가 몸을 곧추 세우고 바지춤을 정돈하는 동안 양복 자켓 안으로 걸친 멜빵이 보였다. 그는 내가 오랫동안 법정에서 보아온 양복 가운데 단연 돋보이는 양복을 자랑스럽게 걸치고 있었고, 배심원들에게 그것을 보여주고 싶었는지 연단을 배경으로 하여 뽐을 내며 이쪽저쪽 걷기도 했다.

"최초의 범죄 현장을 맡은 수사관들이 찍은 사진이 한 장 있는 걸로 알고 있습니다." 나는 대답했다. 그것은 사실이었지만, 나는 그가 내 대답에 만족하지 않을 것을 알고 있었다. 그가 어느 방향을 가리킬지도 알 수 있었다.

그 단추는 피고를 지목하는 핵심 증거였다. 단추는 살인 당시에 그의 셔츠에서 떨어졌고, 현장에서 발견되었다. 형사들은 나중에 수색영장을 받아 피고의 아파트에서 단추 하나가 떨어진 셔츠를 찾아냈다. 포렌식(과학적 범죄수사) 기법을 통한 비교는 범죄 현장에 있던 단추가 피고의 셔츠와 일치한다는 사실을 밝혀냈다. 하지만 문제가 하나 있었다.

1985년에 CSI(과학수사대) 수사관들은 35mm 카메라를 사용했고 이것은 기술력에서 한계가 있었다. 그들은 보통 각각 12장이나 24장 혹은 36장이 든 필름을 사용했다. 결과적으로 나는 내가 원하는 것보다 적은 수의 사진을 받을 수밖에 없었다. (오늘날 검시관은 수천 장의 사진을 저장할 수 있는 카메라를 이용해서 수백 장의 디지털 사진을 남긴다.) 설상가상으로 1985년 당시만 해도 사진사는 자신이 찍은 사진을 미리 볼 수 있는 방법이 없었다. 사진이 분명하고 초점이 맞게 찍혔는지를 확인하기 위해서는 사진이 인화될 때까지 기다려야 했다. 범죄 현장에서 찍힌 가장 중요한 사진 가운데 하나는 그 단추의 사진이었고, 불행히도 그 사진은 초점이 벗어난 세 장의 사진 중 하나였다. CSI 수사관들은 총 48장의 사진을 찍었는데 그 사진들 중 어느 것도 단추의 모습을 분

1부 형사가 되는 법을 배우라

명하게 담아내지 못했다.

"자자, 월리스 형사님, 형사님도 저도 범죄 현장에서 찍힌 단추 사진이 한 장도 없다는 사실을 잘 알고 있습니다. 형사님은 자꾸만 이 흐릿한 사진을 가리키면서 배심원들이 이 사진 속에 형사님이 가장 중요하게 여기는 증거가 들어 있다고 믿기를 기대하시는군요." 그의 말에도 일리는 있었다. 단추의 선명한 모습이 담긴 범죄현장 사진은 단 한 장도 없었다. 그럼에도 불구하고 우리는 그 단추가 살인 현장의 일부라고 확신했다. 초동수사를 맡은 수사관이 그 단추를 보았다고 보고했고, 뒤에 도착한 형사들도 자신의 수첩에 그것을 기록했다. CSI 수사관들은 단추를 수집했고, 그날 현장에서 나온 물품과 수색영장을 통해 수집된 여러 다른 물품과 함께 그것을 증거품으로 등록했다.

"이 단추가 처음으로 경찰의 공식 조서에 언급된 것은 수색영장이 발부되고 난 '다음', 그러니까 CSI 수사관

증거 조작 🔍

피고 측 변호인은 때때로 어떤 사건에서 경찰이 증거를 심었다고 넌지시 말할 때가 있다. 이런 혐의를 증명하기 위해서는 다음과 같은 내용이 제시되어야 한다.

(1) "그(경찰)는 고의적이고 계획적으로…(어떤 증거를)… 바꾸거나 심거나 배치하거나 만들어내거나 감추거나 옮겼다.
(2) 그(경찰)는 자신이…(그 증거를)…바꾸거나 심거나 배치하거나 만들어내거나 감추거나 옮기는 것을 알고 있었다.
(3) 그(경찰)는…(그 증거를)…바꾸거나 심거나 배치하거나 만들어내거나 감추거나 옮겼을 때, 자신의 행동으로 인하여 소송과정…에서 (그 범행으로 기소된 사람) 혹은 부당하게 만들어진 (증거)가 참되거나 진실한 것으로 뒤바뀔 것을 의도했다."(『캘리포니아 사법위원회 형사재판 배심원 지침서』[2006], 2630항).

들이 작성한 물품대장에서가 아니었나요?"

그가 암시하는 바는 분명했다. 현장에서 발견된 그 단추의 사진이 없다면, 경찰이 수색영장을 통해 그 단추를 피고의 셔츠에서 떼어낸 후, 그것이 살인현장에 먼저 있었다고 주장하지 않았으리라는 법이 없다는 것이다. 그 변호사는 형사들이 증거를 조작해서 자신의 의뢰인에게 누명을 뒤집어 씌우려고 그 단추에 대해 거짓말을 한다고 조심스레 주장하고 있었다.

나는 혹시라도 배심원들이 단추에 관한 그런 교묘한 설명을 수용할까봐 두려웠지만 그것은 기우였다. 피고에게 유죄를 선언하고 난 후, 배심원들은 내게 자신들이 초동수사를 맡은 경찰, CSI 수사관, 그리고 자신의 수첩에 단추를 기록한 형사들의 증언을 믿었다고 말했다. 배심원들은 이런 규모(세 개의 분과에서 나온 일곱 명의 경찰이 연루된 규모)의 음모를 믿는 것이 꺼림직했다고 했다. 그들은 단추의 깨끗한 현장사진이 없음에도 불구하고, 피고에게 유죄를 선고했다.

"관리 연속성"의 수립

형사들이 핵심 증거를 기록하고 추적하는 일의 중요성을 배우는 데는 오랜 시간이 걸리지 않는다. 증거가 부주의하게 취급될 경우, 그것이 배심원들에게 제시되는 동안 많은 질문이 그 사건을 괴롭힐 것이다. 특정한 증거는 정말로 현장에서 발견되었는가? 그것이 실제로 거기에 있었는지 우리는 어떻게 알 수 있는가? 우리는 경찰이 이것을 그곳에 "심지” 않았다는 사실을 어떻게 알 수 있는가? 이런 종류의 질문들을 피하기 위해 우리는 증거에 대한 “관리 연속성”(chain of custody)을 수립하고 존중해야 한다. 모든 범죄 현장에는 중요한 증거들이 있고 증거 물품들은 그 사건이 재판에 부쳐질 때까지 보관되다가, 최종적으로 배심원들에게 전달되어 그들이 그것을 숙고하게 될 것이다. 예컨대 우리가 현장에서 발견한 단추는 범죄현장에서 법정으로 가는 길을 찾아야 했다. 그동안 그 단추는 내가 그것을 꺼내 법정으로 수송할 때까지 우리 경찰서의 물품실에서 여러 해를 보낸 것은 물론, 여러 전문가의 손을 거쳐야 했다.

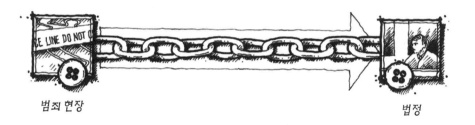

범죄 현장   법정

그림이 묘사하는 과정 속의 각 단계는 범죄현장과 법정 사이를 이어주는 사슬고리가 된다. 그 고리들이 전부 연결되어 있을 뿐 아니라 잘 문서화되어 있다는 사실을 내가 증명할 수 있다면, 배심원들은 내가 법정에서 제시하는 단추가 범죄 현장에서 발견된 단추와 동일한 것임을 신뢰하게 될 것이다. 이상적인 수사라면 현장을 맡은 경찰관은 단추를 발견하고 그 발견을 자신의 수첩에 기록하는 동시에, CSI 수사관에게 물품을 사진으로 남겨줄 것을 요청한다. 그러면 CSI 수사관은 단추를 수집해서 조심스럽게 봉투에 담고, 자신의 그 활동을 보고서로 남기

면서 증거물 등록을 마무리한다. 물품실은 단추를 증거물로 받아들이고, 증거물을 가져온 경찰관의 이름과 함께 그것이 등록된 날짜와 시간을 표시한다. 단추가 전문가의 검토를 위해 물품실을 떠날 때마다 단추의 이동은 기록으로 남는다. 단추가 처음 물품실로 들어온 때부터 마침내 재판을 위해 물품실을 떠날 때까지, 단추의 움직임을 추적하기 위한 보고서들이 기록되고 물품 대장 역시 유지된다. 이 과정이 제대로 실행될 때, 변호인은 그 단추가 (현장에) 심겨진 것이라고 주장할 수 없다.

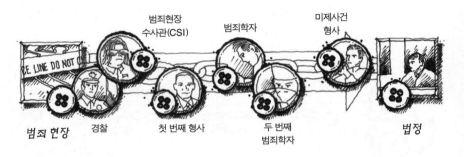

우리 가운데 많은 사람은 과거에 악명 높았던 O. J. 심슨(O. J. Simpson) 사건을 아직도 기억할 것이다. 심슨은 니콜 브라운 심슨(Nicole Brown Simpson)과 론 골드먼(Ron Goldman)을 살해했다는 혐의를 받았고, 그의 변호인 팀은 경찰이 그를 엮기 위해 증거를 조작했다고 주장했다. LAPD 형사였던 마크 펄먼(Mark Fuhrman)은 니콜 브라운 심슨과 론 골드먼이 살해 당한 위치에서 혈흔이 있는 장갑 한 짝을 발견했다고 증언했다. 또한 그는 당일 저녁 O. J. 심슨의 집으로 갔고, 거기서 혈흔이 있는 다른 한 짝의 장갑과 핏방울을 발견했다고 증언했는데, 이것은 나중에 니콜의 것으로 밝혀졌다. 변호인은 펄먼이 살인현장에서 그 물품을 심슨의 저택으로 옮겨놓았다고 주장했다. "관리

1부 형사가 되는 법을 배우라

연속성"이 그 방어 논쟁의 핵심이었다.

신약성서의 "관리 연속성"

신약성서와 복음서에 대해 회의하는 이들은 "관리 연속성"에 기초해서 심슨의 재판에서 제기된 것과 비슷한 이의를 제기한다. 복음서는 스스로를 가리켜 예수 그리스도의 생애와 사역의 목격자 증언이라고 주장한다. 이 목격담들은 최종적으로는 기원후 363년에 열린 라오디케아 공의회를 통해 성서로 확립되면서 "법정 기록"으로 들어왔다. 초기 기독교 지도자들은 바로 이곳에서 처음으로 기독교 성서의 "정경" 곧 신약성서를 구성하는 27권의 책과 서신의 공식 목록을 확인했고 이를 성문화했다. 4세기에 열린 그 회의 이전까지 어떤 공의회에서도 (복음서

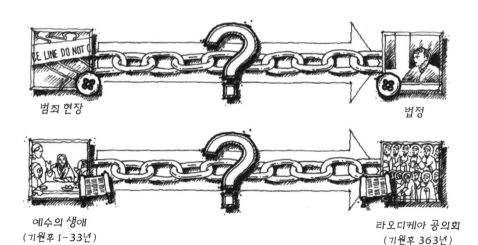

범죄 현장

법정

예수의 생애
(기원후 1-33년)

라오디케아 공의회
(기원후 363년)

를 포함하여) 무슨 책과 서신을 수용할 것인지 공식적으로 인정한 바가 없었다. 이 중요한 교회 공의회 이전까지 어떤 "법정"도 복음서의 증거를 인정한 적이 없었다는 뜻이다. 예수의 생애를 기독교의 "범죄 현장"으로 간주한다면, 그 공의회는 의심할 바 없이 "법정"이고 바로 그곳에서 목격자 증언이라는 증거가 처음으로 공식적으로 인정을 받게 된 것이다.

"범죄 현장"과 "법정" 사이에는 광대한 기간이 존재한다. 그렇지 않은가? 330년이란 기간 사이에는 많은 일이 일어날 수 있다. 내가 맡은 사건들의 증거는 기껏해야 몇 십 년 된 것이고, 나는 그것조차도 추적하고 찾아내기가 어렵다고 생각해왔다. 그런데 이것의 열 배나 되는 기간이 지난 후에 증거를 찾아내야 한다고 생각해보라. 회의론자들은 이처럼 오랜 기간을 감안해서 복음서의 목격자 증거가 "심어졌다고" 주장한다. 피고 측 변호인이 그 단추가 범죄 발생 "이후에" 증거 수집품으

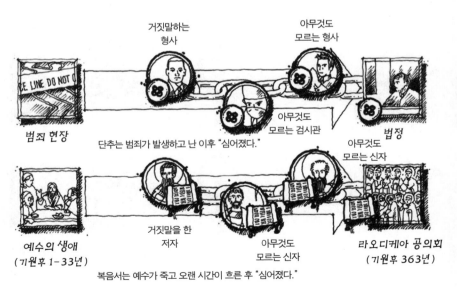

복음서는 예수가 죽고 오랜 시간이 흐른 후 "심어졌다."

로 추가되었다고 주장했던 것처럼, 회의론자들은 복음서가 예수의 생애 훨씬 이후에 쓰였다고 주장한다. 그래서 복음서는 진짜 증거가 될 수 없다는 것이다. 단지 "범죄현장"에 없었던 이들을 속이려고 하는 공모자의 작품일 뿐이라고 한다.

이런 종류의 주장을 반박하는 최선의 방법은 증거물 관리의 연속성을 되짚어 가면서 "범죄 현장"의 시점으로부터 "법정"에서 처음으로 모습을 드러낼 때까지 증거를 취급해온 이들에 대한 설명이 가능한지를 확인하는 것이다.

증거, 역사, 합리적인 기대

증거물의 "관리 연속성"을 추적하는 일은 쉬운 일 같지만, 오래된 사건의 경우 굉장히 어려울 수도 있다. 이것은 미제사건 담당 형사인 내가 종종 직면하는 딜레마다. 과거의 사건을 열었을 때, 내가 제일 먼저 하는 일은 최초의 수사기록 전부를 수집하는 것이다. 이것은 쉬워 보이지만 항상 그렇지만은 않다. 우리 경찰서에는 중요한 사건이었지만 때때로 예상하지 않았고 수사와 무관한 문제가 일어나 그 임무를 어렵게 만들기도 했다. 새로운 저장 기술을 도입해서 마련한 기록-데이터-베이스가 업그레이드되면서 유실되는 경우도 있다. 수첩이나 다른 보고서들의 경우 단순히 상태가 악화되어 사용할 수 없게 되는 경우도 있다. 때로는 사고로 문서가 망가지거나 삭제되는 경우도 있다. 어떤 사건이 과거로 빠져들면 빠져들수록 증거물 관리의 연속성을 추적하는

데 필요한 모든 정보를 손에 넣기는 어려워진다. 그럼에도 불구하고 나는 배심원들에게 어느 정도의 책임감을 제시할 수 있을 만큼의 "관리 연속성"을 수립해왔다. 오랜 시간에 걸쳐 외부로부터 가해지는 힘을 모두 통제할 수는 없고, 따라서 배심원들도 사건의 나이를 감안하여 "기록 관리"에서 동일한 수준의 정확성을 기대할 수 없다는 사실을 이해했다.

복음서의 목격담에 대한 "관리 연속성"을 추적하려고 할 때도 매우 비슷한 일이 벌어진다. 단지 몇 십 년이 아니라 몇 천 년 동안 외부로부터 가해진 힘을 통제하려 한다고 상상해보라. "기독교라는 미제사건" 속의 "최초의 보고서"는 파피루스에 기록되었고, 이것은 기원후 1세기에 손쉽게 구할 수 있는 재료로서는 훌륭했지만, 그럼에도 불구하고 사람의 손을 자주 타도 망가지지 않는 재료로서는 형편없었다. 결과적으로 우리에게는 ("원본"[autographs]이라고 불리는) 최초의 기록이 없다. 최초의 목격담은 교회들에게 분배되고 당시 구하기 쉬웠던 파피루스의 특징에도 불구하고 보존될 수 있도록 반복적으로 필사되었다. 시간을 두고 복음서가 어떻게 정확히 움직였는지를 추적해서 그것의 "관리 연속성"을 수립하는 것은 지금 우리에게는 어려운 작업이다.

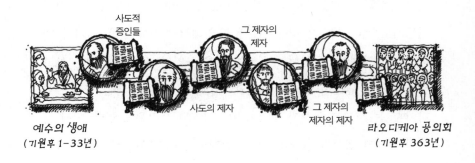

사도적 증인들   그 제자의 제자

예수의 생애
(기원후 1-33년)

사도의 제자

그 제자의 제자의 제자

라오디케아 공의회
(기원후 363년)

1부 형사가 되는 법을 배우라

조금의 성공이라도 거두려면 우리는 가장 먼저 이런 연속성에 연루된 사람들을 찾아내야 한다. 미제 살인사건 수사의 경우에 연속의 "고리들"은 초동수사 경찰관, 범죄현장 담당 수사관, 첫 번째 형사, 검시관, 마지막으로 그 사건을 검사에게로 가져갈 미제사건 형사를 포함한다. 하지만 복음서의 "관리 연속성"에서는 누가 연루되었다고 기대할 수 있을까?

신약의 복음서를 추적하기 위해서는 일단의 제자들을 시작으로 해서 기원후 33년에서 363년에 이르기까지 최초의 목격자들과 그들의 직계 제자들을 일일이 찾아낼 필요가 있다. 복음서의 "관리 연속성"은, 만약 그것이 정말로 존재한다면, 오늘날 우리가 갖고 있는 기록이 "범죄현장"에서 관찰된 내용을 정확히 반영하고 있다는 확신을 안겨줄 것이다. 그 기록의 역사를 고리와 고리를 사용해서 이어가는 접근 방식은 복음서가 역사의 나중 시점에 심어졌다고 주장하는 회의론자들의 이의에 우리가 어떻게 반응해야 할지에 대해서도 도움을 줄 것이다. 우리는 2부에서 이 문제를 훨씬 더 자세히 검토할 뿐만 아니라, 이렇게 중요한 연속성을 구성하는 역사적 고리도 찾아낼 것이다.

 출장 가방과 체크리스트를 위한
여덟 번째 조언

형사로서 내가 "관리 연속성"의 중요성을 배우는 데는 긴 시간이 필요하지 않았고, 결국 나는 이 원칙을 나의 출장 가방에서 꺼내 복음서의 신뢰성을 수사하는 데 사용했다. 기독교인이 되기 전, 나는 다른 고대 문서에 대해서는 내가 성서 기록에 대해 품었던 만큼의 회의를 가져본 적이 없었다. 기억하기로 나는 고등학교 시절부터 고대 역사에 상당한 관심을 가졌다. 나는 아주 멋있고 현자 같았던 슐츠(Schultz) 씨가 교사로 있었던 "우수" 반의 학생이었는데, 슐츠 씨는 특별히 헤로도토스(Herodotus)와 투키디데스(Thucydides)가 쓴 고대 역사를 통해 과거에 생명을 불어넣는 능력을 갖고 있었다. 슐츠 씨는 그 기록이 믿을 만하고 진실한 것처럼 가르쳤고, 나는 추호의 의심도 없이 그것을 받아들였다. 슐츠 씨는 단 한 번도 그 고대 저자들의 최초 사본이 그것들이 묘사한다고 주장하는 사건이 발생한 뒤 대략 5백 년이 지나서야 등장했다는 사실을 언급하지 않았다. 그 긴 기간 동안 이런 역사 기록물에 대한 분명한 "관리 연속성"은 없다. 예를 들어 우리는 헤로도토스가 누구에게 자신의 글을 맡겼는지를 알지 못한다. 그의 기록이 어떻게 보존되었는지, 5백 년 동안 그 기록에 어떤 일이 일어났는지도 모른다. 물론 고대의 역사적 기록물 대다수가 그렇다. 그것의 전달 역사가 5백 년 혹은 그 이상 동안 분명치 않음에도 불구하고 우리가 그 기록들을 역사적 사실로 받아들이고 있다면, 복음서에 대한 증명 가능한 "관리 연속성"이 있다고 할 때 복음서 기록에 대한 우리의 역사적인 견해는 재고되어야 하지 않을까? 2부에서 이 문제를 보다 자세히 다룰 준비를 하는 동안, 우리는 다음과 같은 질문을 마음에 새길 필요가 있다.

1-2세기의 기독교인들이 남긴 모든 문서 가운데 우리 대부분이 관심을 가지는 것은 "정경"으로 분류된 성서 사본이다. 우리 가운데 기독교 역사의 가장 이른 시기에 기록된 비-정경 문서에 익숙한 사람은 거의 없다. 하지만 초기 교회의 많은 지도자가 서신과 문서를 남겼고, 그

것은 "정경"으로 분류되지는 않았지만 신학적인 내용과 역사적인 세부 사항을 풍부하게 담고 있다. 초기 교회의 이런 "비-정경" 문서는 우리에게 최초의 목격자들의 가르침에 대한 많은 이야기를 전해준다. 그 문서는 우리가 처음 3백 년 동안 복음서가 전달되었던 과정을 검토해나갈 때 "관리 연속성"의 일부가 되어줄 것이다. 이와 같은 사도들의 학생과 제자들이 누구였는지를 어느 정도 이해하는 것, 그들의 저술을 어느 정도 숙달하는 일은 우리에게 유용할 것이다. 그들 중 다수(예를 들어 폴리카르포스, 이그나티우스, 클레멘스)는 "초기 교부"로 알려져 있다. 그들은 사도들이 죽고 난 이후에 교회를 이끌었고, 그들의 서신과 저술은 오늘날 온라인이나 책에서 손쉽게 구할 수 있다. 이 교부들의 최초 작품들은 흥미로우며, 우리의 이해를 풍요롭게 만든다. 그 작품들은 우리가 시간과 노력을 투자할 만한 가치가 있고, 특별히 우리가 신약성서의 복음서가 "관리 연속성"과 목격자 증언으로서 지닌 신뢰도를 주장하려고 할 때 그렇다.

9장 원칙 #9

"멈춰야 할 때"를 알라

"저는 설득되지 않았었어요." 탁자 건너편의 다른 배심원들을 바라보면서 8번 배심원이 말했다. 일부 배심원들은 웃음을 터뜨리며 고개를 저었다. 8번 배심원은 고집을 부렸다. "저한테는 중요해요. 확실히 하고 싶었어요."

재판이 끝나고 평결이 내려진 후, 우리는 다 같이 편안한 마음으로 배심원실에 놓인 긴 탁자 주위에 둘러앉았다. 거기 모인 배심원들은 우리에게 질문을 던지고 싶어 안달이었다. 그들은 피곤하면서도 안도하는 모습이었다. 재판은 6주가 소요되었고, 배심원단은 유죄 평결을 내리기까지 한 주를 더 고심하며 성심을 다했다. 배심원들의 심사가 처음 이틀을 넘겼을 때, 나는 긴장했다. 한 명(혹은 그 이상)의 배심원이 평결을 지연하고 있다는 생각이 들었고, 아마도 "불일치 배심"에 도달하지 않을까 생각도 했다. 캘리포니아 주 형사사건 재판에서는 열두 명의 배심원이 모두 결과에 동의해야 한다. 단 한 명이라도 반대할 경우에는 평결을 내릴 수 없고, 검사가 피고에게 유죄를 선고하고 싶다면 사건은 재심 절차를 거쳐야 했다. 심사가 길어질수록 배심원단의 의견이 나뉘었을 가능성도 커졌다. 법원 서기가 우리를 불러 평결이 나왔다는 사실을 이야기해주기 전까지 나는 배심원단에서 평결이 나지 않을 수도 있다는 두려운 마음뿐이었다.

솔직히 말해 나는 결정이 훨씬 더 빨리 나올 것으로 생각했었다. 이 사건은 너무나 강력했다. 우리는 피고를 살인범으로 지목하는 40개에 달하는 증거를 갖고 있었다. 실제로 그는 우리 동네에서 피해자를 살해한 지 열흘 후 매우 유사한 범행을 저지르려던 중에 체포되었다. 심지어 그 두 번째 범행 현장에서 체포되었을 때 그는 이전 피해자의 몸에 났던 상처와 일치하는 칼도 가지고 있었다. 사건은 탄탄하고 분명했다. 나는 배심원단이 결정을 내리는 데 단 하루도 필요치 않으리라 생각했었다. 내가 맡았던 사건에 대한 배심원들의 심사가 끝나고 나면 나는 보통 검사와 함께 그들을 인터뷰하는데, 그들의 관찰에서 배우고 싶은 것이 있기 때문이다. 무엇이 증거로서 강력했는가? 또는 상대적으로 소소했는가? 무엇이 마침내 그들을 "설득"했는가? 하지만 오늘은 배심원단이 결론에 도달하기까지 왜 그렇게 오랜 시간이 걸렸는지가 궁금했다. 그들은 증거를 검토하고 처음으로 투표했을 때, 8번 배심원만 유일하게 결정을 보류했다고 말했다. 다른 모든 배심원은 피고가 유죄임을 확신했지만, 8번 배심원은 그것을 확신하지 못했던 것이다.

"저는 그 '합리적 의심'이라는 것을 진지하게 받아들였어요." 그는 말했다. "저의 직감은 그가 유죄라고 암시했지만, 판사님이 설명하신 '기준'에 도달할 만큼의 증거가 있는지는 확신이 안 서더라고요. 저는 그 증거를 다시 한번 보고 싶었을 뿐이에요."

"마침내 당신을 설득한 것은 무엇이었나요?" 나는 물었다.

"반창고요."

반창고? 정말로? 나는 믿을 수가 없었다. 피고가 살인을 저질렀을 때 그는 손가락을 베었다. 집에 가서 상처에 반창고를 붙인 후에, 그는 형사들의 심문을 받을 때도 그 반창고를 붙이고 있었다. 상처를 들키기 싫었던 그는 반창고를 떼어내서 심문실의 한쪽 구석에 버렸다. 그것을 발견한 형사들은 그 반창고를 수거했는데, 이것은 모든 심문이 끝난 후였다. 우리는 그 반창고가 실제로 피고의 것임을 밝혀내기 위해 나중에 DNA 검사도 실시했다. 하지만 나는 한 번도 그 반창고가 이 사건의 해결을 위한 중요한 단서가 될 것이라고는 생각한 적이 없었다. 사실 검사는 배심원에게 제시할 증거품에 반창고를 포함시키지 않으려고 했다. 하지만 거기에 포함시킨 것이 지금은 매우 다행스런 일이 되었다.

티핑 포인트는 어디인가?

*(tipping point, 작은 변화들이 어느 정도 기간을 두고 쌓여 이제 작은 변화가 하나만 더 일어나도 갑자기 큰 영향을 초래할 수 있는 상태가 된 단계—역자 주)

우리는 사건을 심의하는 사람에게 작고 특정한 증거 조각이 어떤 영향을 미치게 될 것인지 결코 예측할 수가 없다. 당신에게는 개인적으로 별로 중요하지 않았던 것이 다른 누군가에게는 가장 중요한 단서가 될 수도 있다.

나는 지금까지 여러 해 동안 팟캐스트를 제작하고 웹사이트 (PleaseConvinceMe.com)를 운영해왔는데, 사람들은 기독교 세계관의 증거와 관련된 질문과 의심을 내게 이메일로 보내오곤 한다. 회의론자들은 하나님이 존재한다는 사실을 증명할 만한 충분한 증거가 있다고 믿기는 어렵다고 실토한다. 그리고 그 사실을 통고하기 위해 이메일을 쓴다. 기독교인들은 증거가 충분한지 확신할 수 없어서 의심과 씨름하고 있다고 밝히기도 한다. 많은 경우에 그들 모두는 배심원들이 모든 사건에서 마주치는 것과 동일한 질문을 가지고 씨름한다. 정말로 이제 그만해도 좋을 때는 언제지? 무언가를 사실로 결론짓는 것은 언제 타당하지? 증거는 언제 충분하지?

어떤 것이 증거에 근거해서 진실이라는 결론에 도달하기 위해 누구나 넘어야 할 "선"이 있는데, 그것을 법률 용어로 "입증 기준"이라고 부른다. 입증 기준은 고려 중인 사건의 종류에 따라 차이가 있다. 그 가운데 가장 엄격한 것은 "합리적 의심을 넘어서서"(beyond a reasonable doubt)라는 기준을 형사사건 재판에서 요구한다. 하지만 우리는 어떻게 우리가 그 선을 넘어서는지, 나아가 "합리적 의심의 너머"에 와 있는지 알 수 있을까? 법정은 이 중요한 문제에 대해 고심했고, 우리에게 다음과 같이 정의해준다.

"합리적 의심은 단순히 가능한 어떤 의심이 아니다. 인간 만사에 관련된 모든 일이 가능한 혹은 가상의 의심에 대해 열려 있기 때문이다. 합리적 의심은 모든 증거를 전체적으로 비교하고 숙고한 후에, 배심원들이 기소된 사실에 대해 피의자가 유죄라는 확고한 신념을 가진다고 말하지는 못하는 상황에 놓인 것을 뜻한다."[1]

이 정의는 중요하다. 우리가 앞서 논의한 "합리적인" 것과 "가능한" 것의 차이를 인식시켜주기 때문이다. 법정 판결에 따르면 의심에는 "합리적인" 것, "가능한" 것, 그리고 "가상의" 것이 존재한다. 이 정의는 다음과 같은 중요한 사실을 인정한다. 즉 모든 사건에는 배심원들로 하여금 의심을 갖게 만드는 어떤 대답 없는 질문이 존재한다는 것이다. 모든 배심원은 결론에 도달해가는 과정에서 의심을 갖게 된다. 우리는 결코 가능한 불확실성 전부를 제거할 수는 없다. 그렇기에 "모든 의심을 넘어서서"가 기준이 될 수는 없는 것이다. "합리적 의심을 넘어서서"는 단순히 "가능한" 혹은 "가상의" 의심을 "합리적" 의심

점점 높아지는 입증 기준

"일부 믿을 만한 증거"(Some credible evidence): 가장 낮지만 가능한 기준(일부 아동보호 공판에서 사용된다). 이 기준은 어떤 조사나 수사, 혹은 재판을 시작하기에 충분한 증거가 있다면 성립된다.

"우세한 증거"(Preponderance of the evidence): 증거의 그다음 낮은 수준의 기준(대부분의 민사재판에서 사용된다). 이 기준은 어떤 진술이 허위일 가능성보다 진실일 가능성이 클 때(예컨대 진실일 확률이 51%) 성립된다.

"분명하고 확실한 증거"(Clear and convincing evidence): 증거의 중간 수준의 기준(일부 민사소송, 형사소송 절차에서 사용된다). 이 기준은 어떤 진술이 허위일 가능성보다 진실일 가능성이 훨씬 더 클 때 충족된다.

"합리적 의심을 넘어선" 증거(Beyond a reasonable doubt): 법이 요구하는 가장 높은 수준의 증거(보통 형사사건 재판에서만 사용된다). 이 기준은 어떤 진술을 허위로 믿을 만한 이유가 하나도 없을 때 충족된다.

---

1   Ochoa v. Evans, 2009 U.S. Dist. LEXIS 112693 (C.D. Cal. Oct. 1, 2009).

으로부터 구분할 것을 요청한다.

진실을 회피하다

사람들이 진실을 회피하는 이유에는 여러 가지가 있다. 물론 모든 이유가 증거에 기초한 것은 아니다. 배심원은 진실에 대한 어떤 주장을 "합리적", "감정적" 혹은 "의지적"인 이유에서 거절할 수 있다. 배심원은 증거에 기초해서 "합리적인" 의심을 갖기도 한다. 피고 측이 배심원을 설득해서 증거가 대안적인 설명을 보다 더 지지한다고 생각하도록 만들었을 수도 있다. 배심원은 순전히 "감정적"인 이유로 의심하기도 한다. 내가 관여했던 사건 중에도 배심원이 검사나 피고 측 변호인에게 감정적으로 반응한 결과, 사건을 공정하게 평가하기 위해 자신의 부정적 "느낌"을 극복하고자 노력한 사건이 있었다. 때때로 배심원은 "의지적인" 이유로 진실을 부인하기도 한다. 그는 다른 사람이 제시하는 어떤 입장의 수용도 의도적으로 저항하고 거절한다. 양측 변호인단은 배심원단이 다른 사람의 주장에 귀를 기울이는 사람들로 구성되도록 배심원 선정 과정을 통해 이처럼 "의지가 강한" 사람을 식별해내고자 최선을 다한다. 증거에 기초한 결정을 내릴 때, 위의 세 가지 회피 이유를 이해하고 우리의 의심을 합리적이고 이성적인 것에 제한하는 일은 중요하다.

그렇게 한다면 의사결정 과정은 훨씬 더 수월해진다. 사건을 검토할 때 우리는 우리의 의심을 잘 살펴서 증거에 기초한 것(합리적 의심)

과 그렇지 않은 것(감정적 혹은 의지적 의심)을 단순히 분리시키면 된다. 우리에게 여전히 남아 있는 의심이 두 번째 범주에 포함될 경우, 우리는 우리의 결정에 편안함을 느껴도 좋다. 우리의 의심이 합리적인 것이 아니라는 사실이 분명하다면, 대답 없는 질문이 여전히 남아 있더라도 우리는 평결을 내릴 수 있다.

당신은 결코 모든 것을 다 알 수는 없다

일부 사실이 누락되었을 때도 진실은 알려질 수 있다. 이 사실을 기억하는 것은 중요하다. 우리 가운데 누구도 가능한 모든 사실을 "완벽하게" 안 다음에 어떤 결정을 내리는 사람은 없다. 대답할 수 없는 질문은 언제나 있다. 이 사실을 배심원들에게 설명할 때, 나는 (6장에서와 같은) 퍼즐을 예로 든다. 우리가 특정한 피고를 살인범으로 지목하는 사건을

알 카포네

구성해가는 동안 그의 정체를 조금씩 드러내주는 증거 조각이 모이기 시작한다. 퍼즐이 맞춰져가는 것이다. 검사 측 주장에 많은 수의 증거가 포함되어 있다고 해도, 가능한 모든 개별적 증거를 확보한 형사사건은 없다. 어떤 검사도 모든 가능한 질문에 대답할 수는 없다.

위의 퍼즐에서 빠진 조각처럼, 내가 맡았던 모든 미제사건에도 빠진 조각이 있었다. 일부 조각이 빠진 것은 확실하고 확연하다. 하지만 그 조각들의 부재가 이 사진에 대한 확신을 갖지 못하도록 하는 것은 아니다. 우리는 일부 조각이 빠져 있음에도 불구하고 사진을 알아볼 수 있다. 우리에게 "있는" 조각들이 살인자의 정체를 드러냈으며, 따라서 우리는 확신할 수 있었다(유명한 시카고의 폭력배이자 1920년대 범죄조직의 리더였던 알 카포네[Al Capone]의 경우가 그러하다). 추가될 수 있는 조각은, 비록 그것이 우리의 상상과 다르다고 해도, 퍼즐을 통해 지금 우리가 보는 모습을 크게 바꾸어놓지 못할 것이기에 우리는 확신할 수 있다. 퍼즐에 대해 여전히 대답 없는 질문은 존재하지만, 여기 알 카포네의 그림이 있다고 우리는 자신 있게 결론을 내릴 수 있다.

일부 사람은 대답 없는 질문이 여전히 남아 있는데도 불구하고 어떤 결정을 내려야 한다는 것이 시기상조이며 심지어 위험하다고 생각한다. 우리가 아직 모르는 중요한 사실이 남아 있다면 어떻게 하지? 지금 우리 앞에 놓인 증거에 반대되는 새로운 추가 정보가 몇 년 안에 등장한다면? (아직 떠올리지 못한 질문을 포함해서) 모든 질문이 대답될 수 있을 때까지 판단을 유보하는 것이 지혜롭지 않을까? 하지만 배심원들은 앞으로 "알게 될 수도 있는 것"에 대해 초조해하는 것보다 지금 "실제로 아는 것"에 기초해서 행동하는 것이 더 중요하다는 사실을 안다.

미국 법정이 배심원에게 요구하는 것은 (과거로부터 온) 가능한 증거에 기초하여 (미래에) 일어나야 할 일을 결정하기 위해 (현재) 행동하는 것이다. 배심원이 평결을 내리는 것은 그들이 "알고 있는 것"이 모든 질문이 해결되어 "알게 될 수도 있는 것"보다 더 중요하기 때문이다. 오늘 있는 증거는 충분하거나 혹은 충분하지 않다. 배심원은 나중에 찾을 수도 있는 것을 추측하기보다 바로 지금 자신 앞에 놓인 것을 평가해야 한다.

증거의 충분성과 악의 문제

PleaseConvinceMe 팟캐스트의 청취자 가운데 한 사람이 내게 이메일을 보내와 최근 세상에 존재하는 악을 근거로 해서, 능력과 사랑이 온전한 어떤 하나님이 존재한다는 것은 의심스럽다고 말했다. 그것은 유신론에 대한 전형적인 이의제기였다. 하나님이 존재한다면, 왜 하나님은 사람들이 악을 행하도록 허용하는 걸까? 그것은 그런 "하나님"이 사람들의 행동을 멈출 수가 없거나(이 경우에 하나님은 전능하지 않다), 아니면 그들을 제지할 의지가 없기 때문이다(이 경우에 하나님에게는 사랑이 부족하다). 청취자가 이런 질문을 던졌던 것은 내가 어떤 일을 하는지를 알았기 때문이다.

"형사님은 사람이 다른 사람에게 행하는 끔찍한 일을 많이 보실 거예요. 그런데 어떻게 그런 하나님의 존재를 믿으실 수 있죠?"

악의 문제에는 사람의 감정이 복잡하게 얽혀 있다. 그래서 그것은 다루기가 매우 어려운 문제일 수 있다. 이럴 때 나는 사람들에게 "합리적 의심"(이성적으로 뿌리내린 의심)과 "가능한 의심"(감정적으로 뿌리내린 의심)의 차이를 보여주려고 노력한다. 이렇게 설명해 보자.

우리는 하나님의 존재를 믿게 해주는 여러 타당한 이유가 존재한다는 사실을 인정하는 것에서 시작해야 한다(그중 일부는 이 책 3장에서 논의되었다). 이 퍼즐 조각들은 우리가 악의 문제를 논의하기 이전에 이미 맞춰진 상태다. 물론 악의 존재와 관련하여 대답이 없는 질문도 있지만, 설령 그 조각이 없다고 해도 퍼즐이 충분히 완성되어가는 단계에 있음을 인정하면서 우리는 문제를 검토하기 시작해

에피쿠로스 (Epicurus)와 악의 문제

고대 그리스의 철학자인 에피쿠로스는 최초로 "악의 문제"를 하나님의 존재와 관련시켜 제시한 인물로 알려져 있다.

"하나님은 악을 없애려고 하지만 그렇게 할 수 없거나, 없앨 수 있지만 그것을 원치 않는다. 악을 없애려고 하지만 그렇게 할 수 없다면, 그는 무능하다. 없앨 수 있음에도 그것을 원치 않는다면, 그는 악하다. 하나님이 악을 없앨 수 있고 또 정말로 그것을 원한다면, 왜 세상에는 악이 존재하는가?"(기원후 313년경 락탄티우스[Lactantius]의 저술 「하나님의 진노에 대하여」[On The Wrath of God])

야 한다. 그다음에는 악의 존재가 정말로 잃어버린 퍼즐 조각인지 스스로에게 물어야 한다. 오히려 악의 존재는 실상 우리가 이 퍼즐을 좀 더 확신할 수 있도록 돕는 추가적인 조각은 아닐까?

사람들이 세상에 악이 존재한다고 불평할 때, 그들은 단순히 의견만 개진하고 있는 것이 아니다. 오히려 그들은 정말로 객관적인 악이 존재한다는 사실을 말하고 있다. 그 사람들은 악한 행위가 마치 우리

모두에 의해 인식되어야 하는 것처럼 불평한다. 인간 행위에 대한 우리의 개인적인 호불호 혹은 의견과는 무관하게 말이다. 만일 악이 의견의 문제라면, 우리는 단순히 우리의 생각을 바꾸는 것만으로도 악을 제거할 수 있을 것이다. 하지만 악한 행위에 대하여 불평하는 사람들은 처음부터 참되고 객관적인 "옳음"과 "그름"이 존재한다는 전제를 받아들이고 있다. 당신이 누구든, 어디서 살든, 역사의 어느 시점에서 살든 상관없이 어떤 것은 도덕적으로 고결하고 어떤 것은 도덕적으로 혐오스럽다는 사실을 인정하는 것이다. 이런 종류의 도덕적인 악은 우리 모두를 초월한다. 그렇지 않다면 왜 처음부터 불평을 하겠는가? 악이 단순히 의견의 문제라면, 내게 이메일을 보낸 청취자는 그저 자신의 생각을 바꾸면 될 일이었다.

독자도 알다시피 진정한 악이 존재하기 위해서는 (이메일을 보내온 청취자가 타당하게 불평할 만한 무언가가 있기 위해) 옳고 그름의 참된 지표가 필요하다. 어떤 행위가 객관적으로 "악"하다고 말하기 위해서는 그것을 평가할 수 있는 객관적인 "선"의 기준이 있어야 한다. 그러나 하나님이 아니라면 무엇이 그 기준이 될 수 있을까? 그 기준이 진화 과정을 통해 등장할 수 있을까? 문화적 집단들의 더딘 발전을 통해 등장할 수 있을까? 그렇다면 도덕은 단순히 의견의 문제이고(비록 다수의 의견이라고 해도), 거기에는 불평할 만한 객관적인 악이 없다. 역사상 가장 극악무도한 정권조차도 자신의 행위가 도덕적으로 고결하다고 인식했다는 사실을 기억하라. 진정한 악이 존재하기 위해서는 악의 존재를 주장할 수 있고 모든 그룹을 초월하는 참된 선의 근원이 있어야만 한다. 다시 말해 참된 악의 존재는 참된 미덕의 기준으로서의 하나님의 존재를 요청한다. 악의 존재는 사실상 하나님의 존재에 대한 또 다른 증거이자, 하나님의 형상을 드러내주는 또 다른 퍼즐 조각이다.

악한 행위라는 실제적인 문제로 되돌아가 보자. 하나님이 정말로 우리를 사랑하고 또 충분한 능력을 갖고 있다면, 하나님은 왜 사람들이 서로 죽이도록 내버려두는 것일까? 이 질문에는 감정적인 힘이 담겨 있고, 우리는 그것에 대한 합리적인 설명이 있는지 스스로 질문해야 한다. 우리는 그 점을 증거에 근거해서 생각하고 있는가, 아니면 감정적으로 반응하고 있는가? 우리는 악의 존재에 대한 합리적인 설명이 없다는 이유에서 하나님의 존재를 거절하고 있는가, 아니면 제시될 수 있는 어떤 설명도 절대 받아들이고 싶지 않기에 하나님의 존재를 의지적으로 거절하고 있는가?

자신이 만든 피조물을 사랑하고 악을 멈출 수 있을 만큼 충분한 힘이 있음에도 불구하고 왜 하나님이 인간들의 비도덕적인 행위를 허용하는지에 대해 나는 몇 가지 그럴듯한 이유를 말할 수 있다. 독자들도 다음과 같이 질문해보라. 사랑이 가능한 세상을 창조하는 하나님과 사랑이 불가능한 세상을 창조하는 하나님 중 어느 쪽이 더 사랑의 하나님인가? 사랑이 많은 하나님께서 사랑이 가능하고 또 "자기 형상대로" 만들어진 피조물들이 그 사랑을 경험할 수 있는 세상을 창조했다는 주장은 타당하게 들린다. 하지만 사랑이 가능한 세상은 위험한 세상일 수 있다. 사랑은 자유를 요구한다. 참된 사랑은 사람들이 자유롭게 선택할 능력이 있을 때만 가능하다. 진실하고 참된 사랑은 강요될 수 없다. 물론 여기서 생기는 문제는 사랑할 자유를 가진 사람들이 종종 미움을 선택한다는 것이다. 이것은 자유가 치러야 하는 큰 대가다. 사람들이 사랑하고 위대한 친절을 베풀 수 있는 세상은 동시에 사람들이 미워하고 커다란 악을 행할 수도 있는 자유로운 세상이다. 둘 중 하나만 얻기란 불가능하다.

이에 더하여 기독교적인 관점에서 볼 때 우리 모두는 영원한 피조물로서 죽음 이후에도 생존한다. 이것이 사실이라면 하나님이 왜 악을 멈추지 않느냐는 질문은 다소 시기상조다. 기껏해야 우리는 하나님이 왜 "아직"도 악을 멈추지 않았는지를 물을 수 있을 뿐이다. 하지만 하나님께는 이 문제를 다룰 영원한 시간이 있다. 미움을 선택한 뒤 악한 행위를 저지른 자들이 공정한 심판을 받는 맥락을 제공하는 것은 우리의 영원한 생명이다. 하나님께는 악을 완전히 멈출 만한 충분한 능력과 정의에 대한 관심이 있다. 하지만 하나님께서는 영원한 존재로서 이 문제를 영원한 시간표에 따라 해결하기로 선택하실 수 있다. 영원에 비한다면 이 땅의 사멸적 존재는 안개에 불과하다. 그러나 하나님께서는 영원을 선택하는 이들에게는 이 땅도 사랑이 가능한 멋진 곳이 되도록 창조하셨다.

> **신정론** 🔍
>
> "세상에 있는 악의 존재가 하나님의 정의 및 선과 어떻게 조화될 수 있는지를 설명하기 위한 신학 분야"(*Webster's New World College Dictionary*, Wiley Publishing Inc., Cleveland, Ohio, 2010).

하나님이 이 세상에서 악을 허용하는 것에 대한 타당한 이유(자유의지의 보존과 진정한 사랑의 능력과 같은 이유)가 존재한다면, 행동하지 못하는 하나님의 실패라는 어떤 염려는 합리적이지 못하다. 악의 문제에 기초하여 하나님의 존재를 의심하는 것은 감정적 호소력은 가질지 몰라도 이성적인 토대가 부족하다. 왜냐하면 실제로 하나님의 존재에 대한 합리적인 설명들이 존재하기 때문이다. 다시 말해 악의 문제와 관련해서 "가능한 의심"을 상상할 수는 있겠지만, 악의 객관적인 본질에 대한 주의 깊은 숙고는 그런 의심이 "합리적"이지 않다는 사실을 보여준다. 악의 문제는 우리에게 "합리적 의심"으로서 다가오는 것이 아니기에, 우리는 그런 의구심을 넘어설 수 있어야 한다.

 출장 가방과 체크리스트를 위한
아홉 번째 조언

내가 진행했던 모든 수사에서 "증거의 충분성"과 관련된 이 원칙은 내가 내린 결론을 평가하고 또 그것이 합리적인지 판단하는 데 도움을 주었다. 우리의 "출장 가방"에 든 이 중요한 도구는 기독교의 주장을 평가하는 데도 도움을 줄 수 있다. 우리는 우리가 완벽하지 않은 지식과 부족한 정보를 가지고 날마다 무수히 많은 결정을 내린다는 사실을 인식할 필요가 있다. 일상적인 결정 속에서 우리는 어떤 주제에 대해 우리가 알 수 있는 모든 것을 알지 못한다고 해도, 확신을 가지고 행동한다. 예를 들어 자동차가 기계적으로 어떻게 작동하는지 완전히 알지 못하지만, 우리는 자동차를 신뢰하는 법을 배운다. 우리의 배우자와 자녀가 우리가 없을 때 무엇을 생각하고 무슨 일을 하는지 전부 다 알지는 못하지만, 우리는 그들을 신뢰한다. 우리는 스스로 믿는 바를 행하고 우리가 모든 것을 다 알 수는 없다는 사실을 자연스레 받아들인다. 하지만 형사사건은 가장 높은 법적 기준을 요구한다. 배심원에게는 "합

1부 형사가 되는 법을 배우라

리적 의심 너머"의 결정이 요구된다. 그가 내리는 결정은 피고에게는 생사가 걸린 문제일 수 있다. "현세"의 생사가 달린 중요한 사건에 그와 같은 기준이 적절하다면, "영원"의 생사가 달린 사건에 동일한 기준을 적용하는 것은 타당하다고 보인다. 배심원은 대답되지 않은 질문이 여전히 남아 있다고 하더라도 합리적 의심을 넘어서는 평결에 도달할 수 있다. 그가 가진 합리적 증거는 여전히 대답되지 않는 다른 가능한 질문보다 크기 때문이다. 우리의 이견과 의심이 감정적 혹은 의지적인 것이 아니라, 합리적인 것인지 확인하도록 하자. 무신론자였을 때 나는 한 번도 시간을 내어 의심을 "합리적 의심" 대(versus) "감정적 의심"의 범주로 분류해본 적이 없었다. 또한 유신론(혹은 기독교)이 나의 의심에 합리적인 대답을 제공하는지도 살펴본 적이 없었다. 돌이켜보면 나의 의심 가운데 상당수는 감정적이거나 의지적인 반응에 기초한 "가능한 의심"이었을 뿐이다.

하나님에 대하여 내가 믿고 있는 것을 나의 회의주의자 친구들이나 동료들 혹은 가족들과 나누려고 할 때 나는 종종 좌절감을 느낀다. 기독교 세계관에 대하여 합리적이고 증거에 기초한 주장을 펼치고 싶어 하는 우리 중 몇몇은 우리 자신의 그와 같은 노력이 완벽한 낭비처럼 느낄 수도 있다. 아무리 애를 써도, 심지어 우리의 견해에 대하여 매우 설득력 있고 분명하고 합리적인 주장을 펼친다고 해도, 우리의 노력은 청중에게 아무런 영향력도 행사하지 못하는 것처럼 보인다. 그런 때면 좌절감이 느껴질 뿐만 아니라 우리가 가진 증거 자체를 의심하고 싶은 충동마저 느껴진다. 이때 앞에서 언급한 세 가지 회피 이유를 기억하는 것이 중요하다. 우리가 설득하려고 하는 사람들 가운데 다수는 하나님이 존재한다는 사실을 타당한 증거보다는 감정적이거나 의지적인 반응에 근거해서 부인하려고 한다. 물론 모든 무신론자가 비합리적이라거나 감정적이거나 의도적으로 저항한다는 말이 아니다. 무신론자도 자신의 주장을 조리 정연하게 펼치기 위해 많은 공을 들인다. 기독교인으로서 우리는 우리의 친구와 가족이 부인하는 본질적인 이유를 이해할 수 있을 만큼 그들을 알아가려고 노력해야 할 책임이 있다. 그들의 저항이 증거에 기초한 것이라면, 그 사실을 함께 검토하고 어떤 설명이 보다 더 합리적인지를 평가해보아야 한다. 그들의 저항이 다른 이유에서 오는 것이라면, 우리가 나누고 싶어 안달이 난 증거들을 사용하여 그들을 압도하기 전에 그런 저항의 출처를 이해하는 데 도움을 줄 만한 질문을 던져보자. 상대가 처음부터 증거를 그다지 중요하게 여기지 않는다면, 그가 당신의 "조리 정연"한 논증에 반응을 보일 것이라고 기대하지 말라.

1부 형사가 되는 법을 배우라

10장 원칙 #10

공격에 대비하라

내 파트너가 피고 측 변호인과 살인사건 재판과 관련된 농담 하나를 보내왔다. 이 농담은 얼마 동안 우리 경찰서를 돌아다녔다.

어느 피고가 살인죄로 재판을 받고 있었다. 피해자의 시체가 발견되지 않았음에도 불구하고, 그가 유죄임을 지목하는 정황 증거는 압도적이었다. 재판은 여러 주에 걸쳐 진행되었고, 피고와 그의 변호인은 유죄가 선고될 것을 알았다. 절박해진 피고 측 변호인이 한 가지 속임수를 계획했다.

"배심원 여러분, 여러분을 깜짝 놀라게 해드릴 선물이 있습니다." 변호인은 자신의 시계를 내려다보며 이렇게 선언했다. "이제 60초 안에 여러분이 살해되었다고 생각했던 바로 그 사람이 이 법정 안으로 걸어 들어올 것입니다."

그는 몸을 돌려 문을 쳐다보았다. 이 선언에 놀란 배심원단 역시 일제히 몸을 돌려 기대를 갖고 문을 바라보았다. 일 분이 지났다. 아무런 일도 일어나지 않았다.

마침내 피고 측 변호인이 입을 뗴었다. "저의 마지막 진술이 거짓말이었음을 인정해야겠군요. 하지만 여러분 모두가 저와 함께 큰 기대를 갖고 몸을 돌려 저 문을 쳐다보았습니다. 이것은 여러분이 이 사건, 그러니까 처음부터 정말로 누군가가 살해되었기는 한 것인가에 대해 합리적 의심을 품고 있었음을 보여줍니다. 따라서 저는 여러분이 무죄 평결을 내려주시기를 주장하는 바입니다."

변호사의 기발한 행동에, 솔직히 말해 난처해진 배심원단은 사건 심사를 위해 뒤로 물러났다. 얼마 후 그들은 법정으로 돌아왔고, 지체 없이 유죄 평결을 내렸다. 피고 측 변호인은 충격을 받았다.

"어떻게 그렇게 빨리 평결을 내릴 수가 있었습니까?" 그는 배심원단에게 물었다. "여러분에게는 얼마간의 의심이 있었습니다. 저는 여러분 모두가 기대하는 마음으로 저 문을 바라보는 것을 보았습니다."

배심원단 대표가 대답했다. "그렇습니다. 우리가 쳐다본 것은 맞습니다. 그런데 당신의 의뢰인은 쳐다보지 않더군요."

나는 여러 해에 걸쳐 다수의 살인사건 재판에 참여했다. 그중에는 증거로 보자면 압도적인 사건도 있었고, 보다 증명하기 어려운 사건도 있었다. 모든 사건에서 피고를 대변한 것은 명확하고 똑똑하고 헌신적인 피고 측 변호인들이었으며, 그들은 자신의 의뢰인을 위한 변호에 세심하게 공을 들였다. 변호인 가운데 다수는 의뢰인의 유죄를 지목하는 압도적인 증거에도 불구하고 놀라우리만큼 자신감이 넘쳐 보였다.

피고 측 변호인의 탁월한 열정과 자기 확신은 당연하므로, 나는 그것에 놀란 적이 없다. 하지만 변호인이 자신의 의뢰인을 자신감을 가지고 공격적으로 대변하는 데는 여러 가지 동기가 있다. 어떤 변호인은 자신의 의뢰인이 정말로 무고하다고 믿기에 열심히 일한다. 반면에 개인적으로 자신의 의뢰인이 결백하다고 믿는 것은 아니지만 우리의 사법 제도 안에서 공정하고 충분한 변호가 정말로 중요하다고 믿기에 열심히 일할 수도 있다. 자신의 출세를 보장할 것이라는 믿음 때문에 열심히 일할 수도 있다. 한 가지 분명한 것은 피고 측 변호인은 자신이 진실을 수호한다고 믿지 않을 때도 할 수 있는 한 최선의 변호를 한다는 사실이다.

점점 더 거세지는 회의론자들의 공격

나는 1996년에 기독교인이 되었다. 2001년까지 내가 알고 있던 사람 가운데 가장 빈정거림이 심했던 무신론자는 1996년 이전의 나 자신인 짐 월리스였다. 나는 믿는 자가 되기 전에 기독교인들과 나누었던 대화들 중 일부를 기억하는데, 내가 행동했던 방식에 대해 창피함을 느낄 정도다. 내 동료들 가운데 다수는 그때의 나를 떠오르게 만든다. 하지만 이전에 내가 보였던 빈정거림의 수준은 2001년 세계 무역센터 공격 이후 종교에 반하는 발언과 저술을 시작한 무신론자들을 통해 재빨리 빛을 잃게 되었다. 그 끔찍했던 날을 기점으로 유명한 무신론자들이 그 사건을 소위 "종교적 근본주의"(religious fundamentalism)라는 악이 표출된 증거로 여기고 반발하면서, 무신론적 수사법의 새로운 시대가 열린 것이다. 많은 책이 지역 서점의 책장을 뒤덮었다. 샘 해리스(Sam Harris)는 『종교의 종말』(한언 역간)과 『기독교 국가에 보내는 편지』(동녘 역간)를 썼다. 리처드 도킨스(Richard Dawkins)는 『만들어진 신』(김영사 역간)을 썼고, 크리스토퍼 히친스(Christopher Hitchens)는 『신은 위대하지 않다』(알마 역간)를 펴냈다. 무신론자들과 회의론자들의 공격은 점점 더 거세졌고, 이것은 새로운 형태의 직접성, 공격성, 빈정거림의 형태를 띠었다.

많은 기독교인, 특별히 삶의 대부분을 기독교 신자로서 살아온 사람에게 이런 저자들, 그리고 기독교에 대해 부정적인 견해를 표현하는 사람들이 내보인 자신감과 수려하게 표현된 반대는 말 그대로 습격이었다. 문화는 매력적인 무신론자들의 비평을 재빨리 수용하는 듯 보였다. 이 세 작가가 쓴 책의 판매량은 경이적이었다. 누군가가 무신론에 대해 이처럼 사려 깊고 매력적인 변호를 제공할 수 있다는 사실만으로도 이제껏 자신의 믿음을 당연시해온 기독교인들의 자신감은 흔들렸다. 이런 회의론자들이 새로운 무언가를 제공했던 것은 아니다. 오히려 그들은 이전의 논쟁에 새로운 활력, 유머, 냉소, 긴급성을 덧붙여 제시했을 뿐이다. 그들은 내가 수년 동안 상대해왔던 변호인들과 매우 비슷했다.

유능한 피고 측 변호인은 보통은 검사와 형사들이 최선을 다하도록 만들며, 따라서 나는 나의 주장이 견고하고 합리적인지 확인하도록 도와준 셈이 된 그들의 공을 인정하기에 이르렀다. 하지만 문제의 반대편에서 우리와 맞서 소리를 높여 논쟁하는 변호인이 있다고 해서, 그에게 자동적으로 진실이 있다고 믿을 필요는 없다. 결국 거짓으로 드러날 일을 변호할 때도 열심히 그렇게 하는 것이 피고 측 변호인들이다. 수려하게 표현된 변호인의 논쟁 때문에 우리의 입장을 철회해야 할 이유는 없지만, 그러나 우리가 우리 자신이 맡은 사건을 잘 알고 있어야 한다는 사실 만큼은 분명하다. 피고 측 변호인들은 (기독교의 주장에 반대하는 사람들과 마찬가지로) 우리 안에 있는 최선의 것을 이끌어내야 한다.

변호 전략

피고 측 변호인은 매 사건마다 서로 다른 접근법을 사용하지만, 내가 수사했던 미제사건에서 변호사가 승소하기 위해 사용했던 몇 가지 일반적인 전략이 있었다. 우리는 그 변호 전략을 살펴보고, 기독교를 대적하기 위하여 종종 사용되는 접근과 비교하여 그 전략의 유효성을 평가해보도록 하자.

피고 측 변호인은 진실의 본성에 도전한다
모든 진실이 단순히 관점과 주관적 견해의 문제에 불과하다면, 어떤 범죄에 대하여 누군가에게 유죄를 선언하는 것은 사실상 불가능하다. 세대가 바뀜에 따라 우리의 문화는 보다 더 다원주의적으로 되어간다. 우리 젊은이들 가운데 다수는 (대학에서 그리고 영화, 텔레비전, 책을 통해) 객관적 사실이란 존재하지 않거나 혹시 있다 해도 그것은 알 수 없는 것이라고 배워왔다. 결과적으로 상대주의는 우리의 문화적 세계관의 공통 특징이 되어버렸다. 사람들은 진실에 대한 하나의 특정한 설명이 유일하게 옳다는 사실을 받아들이는 데 불편함을 느낀다. 실제로 많은 사람이 진실에 대한 그와 같은 견해는 오만과 편협이라고 믿는다. 설상가상으로 "관용"에 대한 새로운 문화적 정의도 등장을 했다. 관용은 우리가 어떤 중요한 문제에 대해 의견을 달리할 때 서로를 향해 취하는 태도였다. 그것은 특정한 주제에 대한 상대의 견해를 용납할 수는 없을지라도, 그럼에도 불구하고 서로를 존중한다는 일치된 의견이었다. 오늘날 관용은 서로 반대되는 사실을 주장할 때, 각각의 견해에 동일한 가치와 진실이 있음을 인식하고 "수용하는" 행위를 의미한다. 이와 같은 관용의 정의에 따르면 승인과 인정 외의 모든 것은 속이 좁고 편협한 것이 된다. 피고 측 변호인은 진실과 관용에 대하여 이렇게 정의된 개념을 이용한다. 어느 변호사가 배심원을 설득해서 일어난 일에 대한 어떤 설명이 다른 설명보다 낫지 않다고 믿게 만들었다면(모든 진실은 단순히 개인적인 견해와 의견의 문제이기 때문에), 그 배심원은 피고에 대해 자신 있게 유죄를 선언할 수 없을 것이다. 이것이 일부 피고 측 변호인이 검사 측 주장의 본질을 공격하기에 앞서 진실의 본질에 대한 공격과 함께 변론을 시작하는 이유다.

객관적 진실과 관용에 대한 전통적 견해가 침식된 것은 기독교 세계관을 지지하는 사람들에게도 피해를 입혔다. 하나님께로 향하는 길이 오직 하나뿐이라는(혹은 하나님의 신분과 본성에 대한 진실이 오직 하나뿐이라는) 개념은 많은 회의론자와 비신자들에게는 불쾌하고 편협한 생각이다. 진실의 본질과 관련해서 비슷한 오해에 직면하는 검사와 마찬가지로 기독교인도 새로운 문화적 정의에 내재하는 논리적인 문제점을 드러내야만 할 때가 있다. 모든 종교가 근본적으로 동일하다고 주장하는 사람이 있지만, 이것이야말로 사실이 아니다. 세계의 종교들은 하나님의 본성에 대해 서로 상반되는 주장을 한다. 동양 종교들은 비인격적인 신의 존재를 주장하는 반면에, 유대교, 기독교, 이슬람교 같은 유일신 종교는 하나님이 인격적이라고 주장한다. 유대교는 예수를 "랍비"나 영적 스승이 아닌 다른 무엇으로 인정하기를 거부하는 반면에, 기독교는 예수를 하나님 자신이라고 주장한다. 이슬람은 예수가 십자가 위에서 죽었다는 사실을 부인하는 반면에, 기독교는 예수가 십자가 처형을 당했고 그의 신성을 증명하면서 죽은 자 가운데서 부활했다고 말한다. 하나님과 예수에 대한 기독교와 타종교들의 모든 주장은 틀릴 수 있지만, 그것들 모두가 사실일 수는 없다. 그 주장들이 정의상 서로 모순되기 때문이다. "비모순율"(noncontradiction)이라는 논리적 법칙은 모순되는 진술이 동시에 사실일 수는 없다고 말한다. 형사사

"객관적 진실" 🔍

견해 차이의 문제에 그치는 사실(truth)도 많이 있지만, 어느 누구의 개인적인 견해와는 전혀 무관한 사실들도 있다. "도로 위를 달리는 자동차 가운데 경찰차가 가장 멋있다"라는 진술은 내게는 사실일 수 있지만(내가 종종 그 차를 운전한다고 할 때), 당신에게는 전혀 사실이 아닐 수 있다(특별히 일시정지 표지를 지나친 당신의 차를 내가 세웠다고 할 때). 그런 진술은 나의 "주관적인" 의견이고, 그것을 소유한 "주체"에 의존한다. "경찰차는 시속 160km를 달릴 수 있도록 장비가 갖추어져 있다"라는 진술은 내 의견에 의존하지 않는다. 두 번째 진술은 "대상" 자체에 근거하여 사실이거나 거짓이다. 경찰차는 시속 160km를 달릴 수 있도록 장비가 갖춰져 있고, 나의 "주관적" 의견은 이것과 아무런 상관이 없다.

건을 평가하는 배심원들과 마찬가지로 세계 종교의 주장을 평가하는 사람들도 진실에 대한 잘못된 견해에 굴복하기보다는 그 견해들 가운

데 무엇이 증거의 지지를 받고 있는지 판단해야 한다.

덧붙여서 기독교를 수사하는 사람들은 진실과 관용에 관한 최근의 정의를 재고해보아야 한다. 진실이 견해와 관점의 문제라고 주장하는 사람들은 사실상 그것이 견해와 관점의 문제 이상인 것으로 선언하는 것이다. 그들은 객관적인 진실이 존재한다는 것을 부인하는 가운데서도, 우리가 그런 정의를 객관적 진실로 믿기를 원한다. 어떤 진술이 진실이 되기 위한 기준에 도달하지 못할 때, 우리는 그것을 "자기부정"(self-refuting)이라고 부른다. "객관적 진실이 존재하지 않는다"라는 주장은 실제로는 진실에 대한 객관적인 주장이고, 따라서 자기부정이다. 관용에 대한 새로운 정의 역시 사정은 그보다 낫지 않다. 관용이 모든 생각과 견해에 동일한 진실과 가치가 있음을 인정하는 것이라고 주장하는 사람들은 그와 동시에 관용에 대한 전통적인 견해를 부인하는 중이다. 다른 말로 하자면 관용의 새로운 정의는 이전의 정의에 대해 편협하다. 스스로 세운 규칙을 준수하지 못하는 것이다. 진실에 대한 새로운 정의와 마찬가지로 그것 역시 자기부정이다. 우리는 사람들이 그런 주장의 민낯을 이해하도록 돕기만 하면 된다.

피고 측 변호인은 검사 측이 제시하는 최선의 증거에 집중한다

사건의 정황은 다수의 증거에 기초해서 구성되고 그 증거들은 하나의 무리로 평가되지만, 어떤 증거는 다른 증거에 비해 우월하다. 다시 말해 사건에 더 중요하다. 이런 이유로 피고 측 변호인은 검사 측 주장의 핵심, 즉 자신에게 제시된 증거 가운데 매우 중요하고 가장 큰 유죄 가능성을 시사하는 데 주의를 집중시킨다. 변호인이 핵심 증거의 신뢰성

1부 형사가 되는 법을 배우라

을 떨어뜨리거나 제거한다면, 검사 측 주장은 기초부터 흔들리기 시작할 것이다. 사실 내가 맡은 사건에 대해 피고 측이 무슨 생각을 하는지 (무엇을 가장 위협적인 증거로 여기는지) 알고 싶다면 변호인이 무엇을 가장 정력적으로 공격하는지를 보면 된다. 내가 맡은 사건이 얄팍하고 힘이 없다면, 변호인은 자신이 중요하다고 믿는 한 가지 증거만을 공격하는 것으로 안심할 것이다. 내가 맡은 사건이 확실하고 강력하다면, 변호인은 누적된 증거의 효과를 제한하기 위해 훨씬 더 많은 문제들을 공격하려 들 것이다. 피고 측이 무엇을 공격하기로 선택하는지를 보면서, 나는 내가 맡은 사건의 어느 부분이 강력한지를 알 수 있다.

회의론자가 기독교의 주장을 공격할 때도 비슷한 일이 일어난다. 기독교 세계관은 복음서 저자들의 목격자 증언에 기초해서 구성된다. 이런 이유로 많은 회의론자가 복음서의 신뢰성을 공격하고, 그것을 기독교의 주장을 무산시키기 위한 주요 전략으로 삼는다. 복음서에 집중되는 공격은 (역으로) 우리의 주장이 강력함을 드러내준다. 피고 측 변호인과 같이 회의론자도 우리가 가장 가치 있게 여기는 증거를 인식한다. 결과적으로 일부 비평가는 복음서 저자들이 목격자로서 갖는 신뢰도를 약화시키려고 노력하고(이에 대해서는 2부에서 자세히 논의할 것이다), 다른 비평가들은 그 증언들이 평가되기도 전에 그것을 믿을 수 없는 "전문"(傳聞, 소문으로 들은 이야기[hearsay])으로 취급하여 "폐기"하려고 한다. 그들은 복음서의 기록이 형사사건에서 목격자에게 요구되는 사법 기준에 도달하지 못한다고 주장한다. 형사사건에서 목격자의 증언이 증거로 고려되기 위해서는 법정 출석이 필요하다는 것이다. 이것은 내가 미제사건을 담당하는 형사로서 마주하는 문제이기도 하다.

내게도 주요 목격자들이 세상을 떠
나서 이제는 법정 증언을 할 수 없고,
따라서 종결될 수밖에 없는 사건들이
몇 개 있다. 그 목격자들이 어떤 사건
에 대하여 과거에 무슨 말을 한 것을
들었던 사람을 데려오는 것만으로는
충분하지 않다. 내가 그런 "간접" 목
격자들을 법정으로 부른다면, 그들의
증언은 "소문으로 들은 이야기"로 여
겨질 것이다. 원래의 목격자가 증언
의 평가를 위해 법정에 출두해서 반
대 심문을 받을 수 없기 때문에 그것
은 증거로 채택될 수 없다. 형사사건
재판에 대한 적용으로 그것은 타당
한 기준이다. 사회적인 관점에서 우
리는 "결백한 한 사람이 고통 받는 것

보다…죄인 열 명이 달아나는 것이 더 낫다"[1]고 믿는다. 이런 이유에서
우리는 목격자에 대해 엄격한 (때로는 어려운) 법적 기준을 만들어낸
것이다.

하지만 이런 기준을 역사 속의 목격자 증언에 대해 요구한다는 것

---

1   Frederick Schauer, *Thinking Like a Lawyer: A New Introduction to Legal Reasoning*
     (Cambridge, MA: Harvard University, 2009), 221에서 인용된 William Blackstone,
     Commentaries on the Laws of England.

은 말 그대로 무리수다. 대다수의 역사적 사건은—지금은 목격자들이 죽었고 따라서 법정에 출두해서 증언할 수 없다는 사실에도 불구하고—평가되어야 한다. 미국 헌법의 작성과 서명을 목격했던 목격자들은 우리에게는 이미 사라진 존재다. 에이브러햄 링컨(Abraham Lincoln)의 생애를 목격했던 사람들도 마찬가지다. 피고에게 가스실 형을 선고할 수도 있는 사건에서 목격자의 반대 심문을 요구하는 것과, 역사에 대하여 그런 비합리적인 필요성을 고수하는 것은 서로 다른 문제다. 역사적 기록에 대해 그와 같은 기준을 요구한다면, 우리는 역사에 대해 우리가 알고 있다고 생각했던 모든 것을 포기할 준비를 해야 한다. 우리가 신뢰하고 귀를 기울일 만한 목격자가 오로지 살아 있는 사람뿐이라면, 우리는 역사에 대해 아무것도 알 수 없게 된다. 그것이 사실이라면 우리는 두 세대 혹은 세 세대를 넘어서는 그 무엇도 확실히 알 수가 없다. 목격자가 죽으면 역사는 사라진다. 하지만 우리는 목격자가 죽고 오랜 시간이 흘렀음에도 불구하고 다수의 역사적 사건에 대해 강한 확신을 갖는다. 어떤 역사적 기록의 저자들을 평가할 때 우리는 앞서 이 책 4장에서 논의했던 네 가지 기준을 사용해서 그들을 평가하고자 최선을 다해야 한다. (2부에서 우리는 그 기준들을 적용할 것이다.) 우리의 목표는 살아 있는 법정 목격자들의 증언 수준에 도달하는 것이지만, 우리의 기대치는 역사를 검토하는 데 적합하게 조정되어야 한다. 먼 과거에 일어난 사건의 성격을 감안한다면, 그것이 합리적이다.

피고 측 변호인은 작은 것을 표적으로 삼고 큰 그림과는 거리를 둔다
앞서 묘사했듯이 사건의 강력한 정황은 많은 증거를 모음으로써 구성된다. 용의자를 지목하는 증거가 많으면 많을수록 사건은 강해진다. 이런 이유에서 피고 측 변호인은 배심원들의 시선을 보다 큰 증거의 모음으로부터 돌려 개별적인 것에 집중시키려고 한다. 피고 측 변호인이 가장 기피하려는 것은 배심원단이 퍼즐 조각들이 한곳에 모여 어떻게 하나의 퍼즐이 완성되는지를 지켜보게 되는 것이다. 그래서 피고 측 변호인은 배심원단 사이에서 현재 검토 중인 증거가 자신의 의뢰인을 연루시키지 않는 방법으로 설명되기를 바라며, 배심원들이 각각의 퍼즐 조각을 나머지 조각들로부터 분리시켜 별도로 검토하기를 원한다. 각각의 증거 조각을 해석할 수 있는 합리적인 방법이 한 개 이상 존재한다고 할 때, 법은 배심원들에게 피고에 대한 무죄를 선고할 것을 요구한다. 따라서 피고 측 변호인은 보다 큰 증거모음으로부터 배심원단의 시선을 돌려, 그들을 세부사항에 집중하도록 만들기 위해 시간을 들인다. 하나의 퍼즐 조각은 보다 큰 퍼즐을 보지 않은 상태에서 별개로 검토될 때 이해되기가 어렵다. 하나의 작은 퍼즐 조각은 어떤 다른 퍼즐과도 들어맞을 수 있기 때문이다. 그것이 나머지와 어떻게 어울리는지를 보기 전까지는 절대로 알 수가 없다. 피고 측 변호인의 역할은 배심원들이 모든 조각이 어떻게 서로 어울리는지를 볼 수 없게 만드는 것이다.

기독교의 주장에 도전하는 사람들도 그와 비슷한 접근 방법을 취한다. 베드로가 마가복음에 미친 영향에 대한 주장을 예로 들어보자. 회의론자들은 마가의 기록으로부터 예수가 물 위를 걷고 있었을 때 베드로가 배를 떠나 거의 물에 빠져 죽게 된 장면이 누락되어 있음을 발견했다. (앞서 묘사된 것처럼 막 6:45-52과 마 14:22-33을 비교해보라.) 퍼즐의 이 부분만을 따로 떼어 살펴본다면, 베드로가 마가복음에 전혀 영향력을 행사하지 않았다는 주장은 (많은 회의론자의 주장대로) 타당한 것처럼 보인다. 마가가 베드로와 정말로 가까운 사이였다면 어떻게 그와 같은 내용이 누락될 수 있었을까? 회의론자들은 바로 이 성서 본문을 지적하면서 성서의 목격자적 저술과 신뢰도에 반대해왔다. 하지만 이 개별 본문을 마가복음 안에서 베드로와 관련된 다른 모든 구절과 함께 검토한다면 보다 더 합리적인 설명이 주어질 수 있다. 이 모든 본문을 하나의 무리로 묶어서 검토할 때, 우리는 베드로를 향한 지속적 존중과 섬김의 양식을 발견하게 된다. 보다 넓은 문맥을 살펴본다면 마가가 지속적으로 베드로의 평판과 명예를 지켜주고자 했다는 사실이 알려진다. 이 사실이 5장에서 제시된 다른 퍼즐 조각과 함께 결합될 때, 베드로가 마가복음에 영향을 미쳤다는 주장은 탄탄하고 타당한 것이 된다. 형사사건 재판에 관련된 배심원처럼, 우리는 개별적인 퍼즐 조각이 마치 보다 큰 퍼즐의 일부가 아닌 것처럼 그것에만 집중하도록 만드는 사람들의 책략을 거부해야 한다.

피고 측 변호인은 전달자를 공격한다

거의 모든 법정 증거는 사건에 관련된 대리인을 통해 제출된다. 이것의 명백한 예는 목격자 증언이지만, 심지어 과학 수사를 위한 증거도 그것을 처음 발견한 형사 혹은 나중에 그것을 검토한 법의학자와 같은 사람의 참여에 의존한다. 어떤 증거가 자신의 의뢰인에 대하여 증언하는 것이 마음에 들지 않을 때, 피고 측 변호인은 그 증거를 제시하는 사람을 공격하기도 한다. 그 결과 주요 목격자의 반대 심문은 종종 격렬하고 비판적으로 되기도 한다. 피고 측 변호인은 보통은 목격자의 편견을 주장하거나, 그들의 직업적이거나 사적인 생활 속에 잠재되어 있는 공격적인 성향을 강조해서 그들을 비난한다. 변론을 통해 배심원단이 목격자를 싫어하도록 만들 수 있다면, 그 목격자가 제시하는 증거 또한 싫어질 수 있을 것이다.

인신공격은 기독교의 주장을 부인하는 회의론자들의 주요 전략이 되어왔다. 역사 안에는 스스로 기독교인이라고 자처했으나 형편없는 행동을 보인 사람들에 관한 사례로 가득하다. 이 사실에는 의심의 여지가 없다. 실제로 많은 사람이 기독교의 이름으로 거대한 폭력을 행사했고, 그들의 행동은 예수의 가르침에 명백히 반대되는 것이었지만 그들은 기독교 세계관이 자신의 행동에 권위를 부여했다거나 그것을 옹호해준다고 주장했다. 하지만 역사를 공정하게 검토한다면, 그런 사람이 비단 기독교인만은 아니라는 사실이 드러난다. 사실상 모든 세계관이—유신론자로부터 무신론자에 이르기까지—폭력 행위에 대해 똑같이 유죄다. 무신론자가 기독교인에 반대하는 주장을 펼칠 때, 그들은 흔히 십자군 전쟁과 스페인 종교재판을 지목한다. 유신론자가 무신론자에 반대할 때, 그들은

인신공격
(Ad hominem)

Ad hominem("사람에 대하여"라는 의미의 라틴어이며, 인신공격을 뜻한다—역자 주)은 *Argumentum ad hominem*의 줄임말이다. 논리적 오류의 한 형태로서 어떤 주장의 진실을 거부하기 위해 그 주장을 펼치는 사람의 부정적인 성격, 행동, 신념을 꼬집어 폄하하는 것을 묘사한다. Dictionary.com은 인신공격을 "상대방의 논점에 대답하는 대신 그의 인격을 공격하는 것"이라고 묘사한다.

　　　　　　　　1부 형사가 되는 법을 배우라

이오시프 스탈린(Joseph Stalin)과 마오쩌둥(Mao Tse-tung)의 무신론 정권을 지적한다. 어느 무리가 더 폭력적인지 논쟁하기 위해 사망 통계를 들먹이기도 하지만, 그들 모두는 핵심을 놓치고 있다. 그런 폭력 행위의 공통분모는 세계관이 아니다. 그것은 인간 존재다.

무엇이 진실인가 하는 것을 사람들이 어떻게 행동했는지에 기초해서 결정한다면 우리 모두는 커다란 문제에 봉착하게 될 것이다. 모든 세계관에는 변덕스럽고 형편없이 행동해온 지지자에 관한 예가 들어 있기 때문이다. 나는 기독교인으로 자처하는 사람들의 명백한 위선이 앞으로도 뉴스의 헤드라인을 장식하게 될 것임을 안다. 예수는 알곡과 쭉정이의 비유를 통해 그리스도의 참된 제자("알곡") 가운데 가짜 기독교인들("쭉정이")이 함께 살게 될 것을 분명히 예측했다(마 13:24-30). 또한 나는 회의론자들이 증거 자체를 무효화하기 위해 "가짜 기독교인들"을 비난하면서, 그런 사람들과 관련된 사건을 자기에게 유리한 쪽으로 사용하려고 시도할 것도 예측할 수 있다. 기독교와 관련된 담론과 대화는 해가 지나면 지날수록 독설과 비하로 더욱 물들어가는 것처럼 보인다. 공개 토론도 실질적인 논쟁이라기보다 인신공격인 경우가 많다. 하지만 최종적으로 모든 것은 증거로 귀결된다. 검사가 배심원에게 개인적인 공격과 조리 정연한 설명 사이의 차이에 대해 주의를 주는 것은 그 때문이다. 빈정거림과 조롱에 의존하는 전략이 증거와 이성에 의존하는 논쟁을 대체하도록 내버려두어서는 안 된다.

피고 측 변호인은 완벽한 것을 원한다

모든 형사사건의 수사와 기소는 진지한 문제이고, 배심원은 이것을 이해한다. 피고 측 변호인은 검사의 주장이 완벽하지 않다는 사실을 비판함으로써, 배심원의 그런 진지한 태도를 피고 측에 유리하게 이용하곤 한다. 이런 종류의 사건들이 갖는 중요성을 감안할 때, 관계자들은 완벽하고 오점 없는 수사를 위해 가능한 모든 것을 했어야 하지 않을까? 우리가 상상할 수 있는 모든 증거가 발견되어야 하지 않을까? 가능한 모든 목격자들의 위치가 파악되어야 하지 않을까? 변호인은 수사의 불완전함과 한계를 꼬집어 검사 측 주장을 약화시킬 만한 관심과 정확도의 부족을 드러내고 싶어 한다.

회의론자들이 기독교의 주장을 지지해주는 증거―그들의 주장에 따르면 "불완전"하거나 "미완"인 역사적 증거―를 지적할 때도 비슷한 일이 일어난다. 예를 들어 왜 1세기에 기록된 사도들의 문서는 전부 온전하게 보관되지 못했을까? 왜 바울이 고린도교회에 앞서 보낸 편지 (고전 5:9에서 언급된다)나 요한이 디오드레베가 속한 교회에 보낸 편지 (요삼 9절에서 인용된다)는 우리에게 없는 걸까? 성서가 서술하는 사건들을 입증해줄 만한 객관적 자료, 곧 성서적 기록 외의 자료 증거는 왜 부족한 걸까? (이에 대해 이 책 12장에서 자세히 살펴볼 것이다.)

완전함에 대한 기대는 피고 측 변호인이 검사 측 주장을 공격할 때, 그리고 회의론자가 기독교의 주장을 공격할 때 도움이 되기는 하지만, 그런 종류의 기대는 비합리적이다. 나는 "완벽한" 수사를 한 번도 본 적이 없고 직접 진행해본 적은 더욱 없다. 진실에 대한 모든 질문과 조사는 (역사적 수사를 포함해서) 각각 자신만의 독특한 결함을 갖는다. 배심원들은 바로 그런 결함 앞에서 자신들이 지금 가진 것만을 사용하여 판단해야 한다는 것을 알고 있다. 증거는 충분하거나 충분하지 않거나 둘 중 하나다. 진실이 도중에 사라졌다고 믿게 만들 만큼의 충분한 증거와 타당한 이유가 없다면, 배심원은 단순히 과거에 "아마도 그랬으리라 추측되는 것" 혹은 "그럴 가능성도 있는 것"에 머물러서는 안 된다. 배심원은 사건이 단지 완전하지 않다는 이유에서 (검사 측이 제시하는 것 외에) 더 나은 설명이 있을 것이라고 추정해서는 안 된다. 합리적 의심은 증거로 세워져야 한다. 이와 비슷한 방식으로 회의론자 역시 단순히 우리가 어떤 특정한 증거를 "가지고 있지 않다"는 이유에서 현재 우리가 "가지고 있는" 증거가 지지하는 합리적 추론을 거절할 수는 없다. 회의론자도 증거를 통해 자신의 의심을 변호해야 한다.

> **불완전함에도 불구하고 작업을 계속하기** 🔍
>
> 배심원은 "완벽한" 사건의 구성과 같은 것은 존재하지 않는다는 사실을 이해해야 한다. 예를 들어 배심원은 재판에 앞서 사건에 대해 가능한 모든 것을 알 수는 없다는 사실을 전해 듣는다. 판사는 배심원에게 이런 지침을 내린다. "양측 모두에게, 사건에 대한 정보를 갖고 있을 수 있는 목격자를 전부 소환하거나 사건과 관련이 있을 수 있는 물리적 증거 전체를 제시할 의무는 없습니다"(『캘리포니아 사법위원회 형사재판 배심원 지침서』[2006], 300항). 배심원은 누락된 것에 대해 추측을 해서는 안 되며, 오히려 누락되지 않은 것으로부터 도출될 수 있는 합리적인 추론에 집중해야 한다.

피고 측 변호인은 대안적 "가능성"을 제공한다

피고 측 변호인은 배심원이 사건에 대한 검사 측 설명을 받아들이지 않도록 만들려고 최선을 다한다. 배심원단의 시선을 증거 전체로부터 다른 지엽적인 곳으로 돌리게 하기 위해서는 검사 측 주장에 "구멍을

내는 것"만으로는 충분하지 않다. 그래서 피고 측 변호인은 어떤 특정한 사건에서 발생한 일에 대해 완전히 다른 설명을 제시하면서, 자신만의 증거로 사건을 재구성하는 대안적 이론을 내놓기도 한다. 하지만 대체로 그들은 여러 대안적인 "가능성들"을 여는 도발적인 질문을 던짐으로써 대안적인 설명을 암시하는 데 그친다. 그들은 그런 "가능성들"을 지지해주는 증거가 없을 때도 그렇게 한다. 여기서 피고 측 변호인의 목표는 배심원이 피고의 유죄를 요구하지 않게 되는 방식으로 이야기를 써나가는 것이다. 이런 경우에 검사는 배심원이 "가능한" 것과 "합리적인" 것 사이의 차이를 평가하도록 돕고, 더불어 그들의 심리가 증거의 지지를 받지 못하는 가능성보다는 증거가 뒷받침해주는 합리적 추론에 제한되도록 격려해야 한다.

예수의 역사성을 부인하는 사람들은 피고 측 변호인이 취하는 접근 방식과 흡사한 입장을 취하곤 한다. 대안적 가능성을 제시함으로써 예수의 존재를 아예 부인하는 회의론자도 있다. 그런 사람들은 예수와 고대의 다른 "구원자 신화"(savior mythologies) 사이의 유사점을 인용하면서, 예수가 새로운 종교 전통을 시작하기를 원했던 사람들이 만들어낸 또 하나의 허구적 작품이라고 주장했다. 이런 비평가들 가운데 다수는 기독교의 형성 과정에서 허구적인 차용이 일어났다고 주장하면서, 주된 예로 고대의 신 미트라(Mithras)를 지목한다. 그들은 미트라가 최초의 기독교인들보다 거의 4백 년을 앞서 나타난 구원자라고 묘사하며, 다음과 같은 유사점을 지적한다.

미트라는 동정녀에게서 태어났다.

1부 형사가 되는 법을 배우라

미트라는 동굴에서 태어났고, 목자들이 그를 찾아왔다.

미트라에게는 열두 명의 동지 혹은 제자들이 있었다.

미트라는 무덤에 묻혔고, 삼일 후 부활했다.

미트라는 "선한 목자"로 불렸다.

미트라는 양 혹은 사자와 동일시되었다.

이런 유사점들은 굉장히 매력적일 뿐 아니라 예수의 역사성과 관련된 대안적 이론을 뒷받침하는 듯 보이지만, 간단한 수사만으로도 그것들이 증거의 지지를 받지 못하고 있다는 사실은 곧바로 드러난다. 오늘날 우리가 구할 수 있는 "미트라의 경전"은 없다. 미트라의 전설에 관한 우리

의 모든 추측은 미트라의 그림과 조각품, 아니면 기원후 1-3세기 기독교인들이 관찰했던 미트라 숭배자들에 대한 기록에 의존하고 있다. 턱없이 부족한 정보에도 불구하고, 미트라가 동굴에서 동정녀로부터 태어나지 않은 것만은 분명하다. 전해지는 바에 따르면 미트라는 산 옆으로 난 동굴을 버려두고 단단한 바위로부터 출현했다. 미트라에게 열두

명의 동지 혹은 제자들이 있었다는 증거도 없다. 이런 추측은 미트라를 두르고 있는 원 안으로 황도대(Zodiac)의 열두 인물을 배치한 벽화에서 기인한 것으로 보인다. 미트라가 "선한 목자"로 불렸다는 증거도 없다. 미트라가 "태양신"이었고 사자궁(Leo, 바빌론 점성술에서 태양의 집)과 연관이 있다는 것은 사실이지만, 그가 사자와 동일시되었다는 증거는 없다. 미트라가 죽었다는 증거 역시 없고, 그가 삼 일 후에 부활했다는 증거는 더더욱 없다. 회의론자들의 이런 주장은 (피고 측 변호인이 제시하는 "가능성들"과 마찬가지로) 증거의 지지를 받지 못한다. "가능한" 대답이 꼭 "타당한" 논박은 아니라는 사실을 기억하는 것이 중요하다.

피고 측 변호인은 문화적으로 매력적인 태도를 취한다

피고 측 변호인은 "첫인상"의 중요성을 잘 알고 있다. 나는 유명한 피고 측 변호인이 이끌었던 세간의 이목이 집중된 사건을 여럿 경험해 보았다. 그 변호인은 예심에서는 난폭하리만큼 공격적이고 빈정거리며 악의에 불타는 반면에, 배심 재판에서는 매력적이고 사랑스러우며 카리스마가 넘친다. 차이가 뭘까? 배심원의 존재다. 예심에는 배심원이 참석하지 않는다. 피고 측 변호인은 때로는 변호 스타일이 법률 내용만큼이나 중요하다는 사실을 안다. 자신의 주장을 어떻게 전달하는지가 주장 자체만큼 중요할 수 있다. 이런 이유로 피고 측 변호인은 종종 문화에 대한 예리한 관찰자가 된다. 그는 자신이 설득하려고 하는 배심원단에게 자신의 모습과 메시지를 사랑스럽게 만들어줄 효과적인 기교와 언어를 빌려온다. 이때 사실들은 종종 뒷전으로 밀려난다.

우리 가운데 있는 회의론자도 그와 동일한 수완이 넘친다. 자신

1부 형사가 되는 법을 배우라

의 세계관에 대하여 시급한 복음 전
도의 접근 방법을 취하는 것은 기독
교인만이 아니다. 인기 있는 많은 무
신론자 역시 주변 사람을 개종시키
는 일에 동일한 관심을 갖는다. 그들
은 대중이 무엇을 좋아하는지를 예
리하게 파악하고 있다. 그들은 자신
이 소통하고자 하는 문화의 일부가
되어 사람들이 텔레비전과 인터넷을
통해 무엇을 보는지를 이해한다. 그
들은 흥행에 성공한 영화를 챙겨 보
고, 대중적인 인기를 얻은 음악을 구
입한다. 그들은 대중의 언어에 통달
했고, 우리 사회의 예술, 음악, 문학을
형성해간다. 그들은 기독교인이 진보
적 개념과 현대적 문화를 이해하지
못하는 낡고 사고가 뒤처진 "공룡"이
라고 묘사하곤 한다. 그들은 하나님

> ### 프레젠테이션은 증거가 아니다 🔍
>
> 배심원은 또한 변호인의 이야기를 증거로 간주해서는 안 된다는 조언을 듣는다. "변호인이 이야기하는 그 무엇도 증거가 될 수는 없습니다. 변호인은 서두 진술과 최종 변론을 통해 이 사건을 논의하겠지만, 그들의 발언은 증거가 아닙니다. 그들의 질문도 증거가 아닙니다. 증인의 대답만이 증거입니다. 변호인의 질문은 여러분이 증인의 대답을 이해하는 데 도움이 될 경우에만 의미가 있습니다. 변호인 가운데 한 사람이 무언가를 사실로 암시하는 질문을 했다고 해서 그것이 사실이라고 추측하지는 마십시오"(『캘리포니아 사법위원회 형사재판 배심원 지침서』[2006], 104항).

의 것을 위하여 세상의 것을 거부하는(요일 2:15) 많은 기독교인의 선
한 열망을 인식하고 이용한다. 회의론자는 기독교에 반대하는 대안적
이론을 소통시키는 일에서 이점을 갖는데, 이것은 단순히 그들이 자신
의 영향력을 행사하고자 하는 문화와 보다 더 긴밀한 동조 관계에 있
기 때문이다.

기독교인과 비기독교인 사이의 토론이 텔레비전으로 방송될 때, 그 사실은 가장 확연히 드러난다. 유능한 회의론자는 (유능한 피고 측 변호인처럼) 자신 앞에 있는 청중과 호감이 넘치는 연결점을 만들어낸다. 그들은 사랑스럽다. 재미있다. 사람들이 기독교에 대해 갖는 의심과 염려를 잘 이해하고 강조한다. 그들은 자신의 주장을 펼치기 위해 설득력 넘치는 수사법을 사용한다. 나는 우월한 논쟁력과 증거의 통달이 기독교 측 대표에게 있음에도 불구하고 소통의 측면에서는 영향력이 모자라는 토론을 여러 번 보았다. 이미지가 정보보다 중요하고 스타일이 내용보다 중요한 문화 속에서 진실을 가지고 있다는 것만으로는 충분하지 않았다. 대변자들은 대중매체에도 통달해야 한다.

검사가 법정에서 어떤 주장을 펼칠 때 피고 측이 보일 수 있는 반응에는 세 가지가 있다. 그것은 선언(declare)하거나 파괴(destroy)하거나 주의를 분산(distract)시키는 것이다. 하지만 피고 측이 어떤 특정한 사

진실은 알려질 수 없다

그들의 주장은 불완전하다

세부사항이 더 중요하다

전달자들은 악한 사람이었다

객관적 진실이란 존재하지 않는다

그들의 최선의 증거는 채택될 수 없는 것이다

다른 가능성이 있다

우리는 여러분을 즐겁게 해드릴 수 있다

건에서 일어난 일을 설명하기 위해 강력한 대안적 이론을 "선언"하는 경우는 거의 없다. 이것이 어려운 이유는 그 대안의 각본을 입증하기 위한 증거를 가지고 변호해야 하기 때문이다. 검사 측이 변호인의 의뢰인에게 이미 사건을 구성한 것과 같은 방식으로 피고 측도 사건을 재구성한다는 것은 어렵다는 뜻이다. 그래서 대개의 경우 피고 측 변호인은 다른 접근 방법을 취한다. 그것은 증거의 신빙성을 없애 검사 측의 주장을 파괴하는 일에 집중하는 것이다. 개별적 증거로부터 정당한 결점을 찾아낼 수만 있다면, 검사 측의 주장 역시 서서히 약화될 것이다. 하지만 세 번째 전략도 사건의 정황에서 그만큼 유효하다. 이번 장에서 논의한 전략을 사용해서 피고 측 변호인은 배심원들의 시선을 누적된 정황 증거의 효과로부터 다른 곳으로 돌릴 수 있다.

피고 측 변호인은 진실의 본질을 공격하고 검사 측 주장의 기초를 겨냥한다. 그는 큰 그림보다는 작은 것에 초점을 맞추고 검사 측 증인들을 폄하하면서 기대치를 완벽한 수준으로 끌어올리고, 증거도 없는 가능성을 제시한다. 그리고 이 모든 것을 매력적인 방식으로 전달해서 배심원의 시선을 보다 큰 그림으로부터 지엽적인 것으로 돌리려고 애쓴다. 그는 배심원단이 나무를 통해 숲을 보는 것을 원하지 않는다. 누적되는 정황 증거들이 본질적으로 사건과 서로 연결되는 것과 그것이 합리적이라는 것 역시 보이지 않게 되기를 바란다.

기독교의 주장에 반대하는 사람들도 비슷한 접근 방식을 취하곤 한다. 피고 측 변호인과 같이 그들은 기독교에 대한 주장이 보다 큰 관점에서 바라볼 때 본질적으로 서로 연결되어 있음을 무시하며, 사실이 아니거나 증거에 아무런 영향을 미치지 못하는 지엽적인 가능성과 주장에 집중한다.

출장 가방과 체크리스트를 위한
열 번째 조언

피고 측 변호인의 전략이 수사를 위한 우리의 "출장" 가방에 담기에는
부적절한 도구로 보일 수도 있지만, 그것을 "체크리스트"를 위한 "사전
예방" 원칙들로 생각해보라. 그 전략들이 피고 측 변호인에게 부적절
하다면, 기독교의 주장을 제시하려는 우리에게도 마찬가지로 부적절
하다. 상대에게 그들 자신의 합당한 책임을 인식하도록 요구하는 동시
에, 우리 자신에게도 높은 기준을 부여하도록 하자. 잘 알려진 대로 형
사재판에서 "입증의 책임"은 검사 측에 있다. 피고는 유죄로 증명될 때
까지 무죄로 추정된다. 피고에게는 어떤 방어도 먼저 시작할 의무가 없
다. 하지만 어떤 살인사건 재판에서 피고가 배심원단을 설득해서 자신
이 살인을 저지른 것은 단순히 정당방어였다고 믿게 하려면, 이런 의혹
을 제기할 책임은 변호인 팀에게 있다. 회의론자들은 기독교 세계관의
진실(예를 들어 하나님의 존재나 예수의 신성)에 대한 입증 책임이 기독
교인에게 있다고 오랫동안 주장해왔다. 하지만 그런 주장은 증명을 필
요로 하지 않는 "채무이행-면제"의 입장인 자연주의적 주장이다. 회의
론들이 자신들의 저항을 "파괴" 혹은 "주의력 분산"의 전략에 제한한다
면 상관없지만, 만일 대안적 가능성(예를 들어 예수가 미트라의 재현이라
는 가능성)을 "선언"하고자 한다면, 그런 의혹을 제기할 책임 소재는 (기
독교에서 회의론자들에게로) 분명히 이동한다. "가능한 대안이 합리적 논

박인 것은 아니기" 때문이다. 증거가 뒷받침되는 선언을 하는 것이 아니라면, 회의론들이 시도하는 것은 아마도 "파괴" 혹은 "주의력 분산"에 그칠 것이다. 여기서 나는 나의 회의적 친구들이 바로 그 두 가지 접근 방식의 결점을 꿰뚫어볼 수 있게 되기를 바란다. 복음서의 자격을 박탈하려는 "파괴" 전략은 마찬가지로 다른 역사적인 본문의 자격도 박탈한다. 고대의 다른 문서에도 동일한 기준을 적용한다면, 회의론자는 오래된 과거에 대해 무언가를 믿는 일에서 애를 먹을 것이다. 이것에 더하여, 진실을 재정의하고 기독교인을 비난하며 누적되어온 증거에 기초한 기독교의 주장들로부터 주의를 "분산"시키려는 노력은 잠재적으로는 효과적일 수 있겠지만, 자신에게는 증명할 책임이 없다는 식의 자연주의적인 진실 주장에 대해서는 아무런 효과가 없다. 나는 자신의 의뢰인이 정말로 결백하다고 믿기 때문에 열심히 일하는 피고 측 변호인을 여럿 보아왔다. 다른 이유로 열심히 일하는 변호인도 알고 있다. 그리고 내게는 이와 비슷한 입장에 처한 회의주의적 친구들이 있다. 증거에 근거해서 기독교를 거짓으로 믿기 때문에 거절하는 친구들이 있는데, 이들은 대체로 다른 대안적 주장을 "선언"할 (그리고 논쟁할) 준비가되어 있다. 반면에 다른 이유로 (아마도 과거의 개인적인 경험이나 종교적인 제한이 없이 자신의 삶을 누리고 싶은 바람에서) 기독교를 거절하는 이도 있다. 이런 경우 그들은 "파괴" 혹은 "주의력 분산"의 전략에 의존한다. 그렇게 의심하는 친구들을 도와 그들이 가진 다른 견해의 성격을 살펴보도록 하자. 우리 모두는 우리의 세계관과 맞지 않는 전략에 의존하지 않은 채 우리 주장의 시비곡직을 기꺼이 논쟁할 수 있어야 한다.

무신론자로서 자라온 나와는 달리 나의 기독교인 친구들 가운데 다수는 교회 안에서 자라왔거나 미국에서도 기독교 세계관에 대한 저항이 거의 없는 지역에서 살아왔다. 그 결과, 그들은 그들 자신에게 그냥 반대하는 것이 아니라 너무나도 전략적이고 매력적으로 반대하는 사람들을 처음 만났을 때 큰 충격을 받는 것처럼 보였다. 일부 기독교인은 주로 대학에서 학생으로서 혹은 학부모로서 무신론적인 저항과 처음으로 마주치게 된다. 이런 만남의 주제와 관련된 거의 모든 연구에 따르면 대학에서 기독교를 거절하는 젊은 기독교인의 수는 위험에 이른 수준이다. 이 책의 한 부분은 이 문제에 대한 준비를 논의한다. 우리는 성서를 읽거나 기도를 하거나 교회 프로그램과 예배에 참석하는 것에는 기꺼이 시간을 들이지만, 기독교의 유능한 주창자(case maker)가 되는 중요성은 거의 인식을 하지 못한다. 검사의 성공은 사건에 관련된 사실을 숙지하고, 그다음에 변호인 팀의 전략을 어떻게 다루고 반응할지를 습득했을 때 가능하다. 기독교인도 이런 모델로부터 배울 필요가 있다. 우리는 기독교의 주장을 지지해주는 사실과 증거를 숙지하고, 그다음에는 우리를 반대하는 사람들의 전략을 예상해야 한다. 이런 종류의 준비는 예배의 한 형태라고 할 수 있다. 이와 같은 이성적 준비와 연구에 헌신할 때, 우리는 하나님께서 우리를 불러 명하신 그대로 우리의 뜻과 정성을 다하여 하나님을 예배하게 된다(마 22:37).

증거를
검토하라

수사 원칙을
신약성서의 진리 주장에
적용하기

나는 침대에 누워 천장을 쳐다보고 있었다.

"사실일지도 모른다는 생각이 들어." 나는 아내에게 말했다.

"뭐가?" 아내는 물었다.

"기독교." 아내는 점점 더 거세지는 나의 집착이 싫었을 것이다. 나는 몇 주 동안이나 딴 생각을 할 수 없었고, 이미 여러 번에 걸쳐서 아내의 귀에 딱지가 앉도록 이야기를 해오고 있었다. 아내는 내가 과거 어느 때보다 더 이 문제에 대해 진지한 태도를 보인 것을 알았고, 나의 집착과 반복되는 이야기를 인내하며 잘 받아주었다. "복음서를 보면 볼수록 그 내용이 진짜 '목격자 증언'이라는 생각이 들어." 나는 말을 이어갔다. "그리고 저자들은 자기가 기록한 내용을 정말로 믿었던 것 같아."

나는 내가 심오한 그 무엇의 끝자락에 서 있음을 알고 있었다. 나는 예수가 선한 삶에 대하여 가르친 것을 배우려고 복음서를 읽기 시작했는데, 하나님 되시는 그의 신분과 영원한 생명의 본질에 대하여 훨씬 더 많은 것을 가르쳤다는 사실을 발견했다. 그가 가르친 한 부분만을 받아들이고 다른 부분은 거절한다는 것은 이미 예상했던 것처럼 어려웠다. 복음서를 신뢰할 만한 목격자 증언으로 믿을 만한 타당한 이유가 있다면, 나는 이제껏 회의론자로서 내가 거절해왔던 것과도 씨름해야 했다. 예수의 놀라운 말씀들 사이에 쐐기처럼 박혀 있는 모든 기적 사건은 어떤가? 놀라운 것과 기적적인 것을 어떻게 서로 분리해야 할까? 이전에 나는 어떤 이유로 기적의 요인들에 계속해서 저항해온 걸까?

기독교를 향한 내 여정의 첫 걸음은 복음서에 대한 평가였다. 나는 형사사건의 목격자 증언을 검토하듯이 몇 주 동안 시간을 들여 복음서의 기록을 검토했다. 나는 앞에서 묘사했던 도구 가운데 여럿을 사용해서 내 삶을 영원히 뒤바꿔놓을 결정을 내렸다. 이제 독자들과 바로 그 수사의 일부를 함께 나누고 싶다.

11장

그들은 현장에 있었는가?

왜 무덤은 비어 있었다고 추정되는가? 내가 추정이라고 말하는 이유는 무덤이 비어 있었는지 솔직히 알 수 없기 때문이다. 예수의 무덤이 비어 있었다는 최초의 언급은 마가복음에 등장하는데, 이것은 다른 나라에 거주하고 있었던 어떤 사람이 40년이 지나서야 기록한 것이고, 그 기록자도 무덤이 비어 있었다고 전해 들었을 뿐이다. 그가 어떻게 알 수 있었겠는가?[1]

—바트 어만(Bart Ehrman)

신약학자, 종교학 교수, 『예수 왜곡의 역사』 저자

이른바 요한복음은 매우 특별한 어떤 것이다. 이것은 예수 이후 세 번의 세대에 걸쳐 살았던 한 기독교 저자의 고도로 발전된 신학을…반영한다.[2]

---

1   Bart Ehrman, *Jesus Interrupted* (New York: HarperOne, 2010), 177.

2   Geza Vermes, *The Changing Faces of Jesus* (New York: Penguin, 2002), 8.

―게자 베르메스(Geza Vermes)

학자이자 역사가, *The Changing Faces of Jesus* 저자

복음서들의 존재에 대해 추가적인 증거를 제공하는 것으로 보이는 동시에 2세기 후반보다 이른 시기에 제작된 것으로 추정될 수 있는 어떤 그림, 판화, 조각, 고대 유물 같은 예술 작품은 지금까지 발견된 적이 없다.[3]

―찰스 벌링게임 웨이트(Charles Burlingame Waite)

역사가, *History of the Christian Religion to the Year Two Hundred* 저자

복음서가 후대의 기록이라면, 그것은 거짓말이다

비기독교인이었을 때 나는 어만, 베르메스, 웨이트 같은 이들의 회의론적인 주장을 열렬히 수용했다. 실제로 경찰서 내의 기독교인 친구 및 동료들과 논쟁하면서, 나 역시 (표현은 그들보다 분명하지 못했겠지만) 비슷하게 진술한 적이 있었다. 여기에 인용한 회의론자들처럼 나도 복음서를 뒤늦게 쓰인 허구적 작품으로 여기고 거절하려 했다. 나는 복음서가 진짜 목격자들이 모두 죽고 한참 뒤에 쓰인 신화적 이야기라고 생각했다. 그것들은 늦은 시기에 기록되었고 거짓말이었다.

나는 1990년대 초반에 강도 특무부서(Gang Detail)에서 근무했고

---

3 Charles Burlingame Waite, *History of the Christian Religion to the Year Two Hundred* (San Diego: Book Tree, 2011), Kindle edition, Kindle locations 5080-5082.

범죄조직과 관련된 다양한 폭력사건을 수사했다. 그중 하나는 두 라이벌 갱단의 조직원들 사이에 일어났던 칼부림 사건이었다. 양쪽 모두 칼을 지니고 있었다. 양쪽 모두 위중한 상해를 입었으며 더욱이 선뜻 나서서 실제로 일어난 일을 증언해줄 목격자도 없었기에, 둘 중 누가 진짜 피해자인지를 판단하기가 어려웠다. 내가 사건을 맡고 일 년 정도가 지났을 때 한 젊은 여성으로부터 전화가 왔다. 그녀는 자신이 범행 전체를 목격했으며, 어떻게 사건이 일어났는지를 이야기해주고 싶다고 했다. 그녀는 자신이 군인이며, 지난 한 해 동안 다른 곳에 배치되었던 까닭에 이 사건이 여전히 미제사건으로 남은 것을 몰랐다고도 했다. 그러나 약간의 수사를 통해 이 여성 "목격자"가 실제로는 관련된 두 명의 조직원 중 한쪽의 사촌이라는 사실이 밝혀졌다. 긴 심문을 통해 그녀는 결국 칼부림 사건이 있었을 당시에 자신은 다른 주에서 훈련을 받고 있었다고 자백을 했다. 내게 연락을 했던 때의 약 일주일 전까지만 해도 이 사건에 대해 들어본 적도 없었다는 것이다. 경쟁 조직의 조직원에게 혐의를 덮어씌우고 자신의 사촌을 보호하기 위해 거짓말을 한 것이다. 그녀의 이야기는 분명 자신의 목표를 성취하고자 하는 명확한 목적을 갖고서 원래 사건이 있은 뒤 한참이 지나서 꾸며진 허구였다. 애초부터 그녀는 범행 현장에 있을 수 없었고 또 있지도 않았으며, 따라서 그녀는 "목격자"로서의 가치가 없었다.

회의론자로서 나는 복음서가 2세기에 기록되었으며, 따라서 위의 경우와 비슷하게 무가치하다고 믿었다. 그렇게 뒤늦게 기록되었다면 목격자 증언이 아니었다. 그것은 말 그대로 단순한 문제였다. 예수의 생애에 대한 진짜 목격자들은 1세기에 살았을 것(그리고 기록했을 것)이다.

목격자의 신뢰도에 관한 첫 번째 기준은 다음과 같은 질문에 대한 대답을 요청한다. "목격자로 주장되는 이들은, 무엇보다 우선적으로, 현장에 있었는가?" 믿음이 없는 학자처럼 나 역시 복음서는 목격자들이 주장하는 예수의 생애보다 로마 제국의 기독교 공인에 더 가까운 2세기 혹은 3세기에 쓰였다는 주장을 제기하는 것으로 그 대답을 대신했다.

복음서 저자들

예수의 생애
(기원후 1-33년)

라오디케아 공의회
(기원후 350-363년)

복음서를 목격자 증언으로 진지하게 받아들이기 위해, 나는 그것이 그림의 연대표 가운데서 어느 지점에 위치할 것인지를 먼저 결정해야 했다. 저자들이 오른쪽(교회 공의회와 가톨릭교회의 공식적인 수립)에 가까운 곳에서 처음으로 등장한다면, 그들이 그리스도의 고난에 대한 진짜 목격자들이라는 주장(벧전 5:1) 혹은 그들이 실제로 예수를 두 눈으로 보았다는 주장(요일 1:1-3)에 대한 의심에는 타당한 이유가 있는 셈이다. 반면에 저자들이 연대표의 왼쪽에 가깝게 등장한다면, 나는 적어도 그들의 증언을 진지하게 고민해볼 수는 있다. 그들이 예수의 생애와 사역에 가깝게 등장할수록, 나는 그들의 주장을 보다 더 진지하게 고심하게 될 것이다.

천천히 원편의 이른 시기로 물러나다

복음서의 이른 저작설에 대해서는 정황 증거의 여러 조각이 있고, 그 증거들은 설득력 있는 주장을 펼친다. 복음서의 저자들이 위의 연대표의 왼쪽에 서 있다고 믿을 만한 몇몇 타당한 이유가 있다. 이 증거들을 검토하면 할수록 나는 복음서가 우리가 그것을 목격자 증언으로 진지하게 받아들일 수 있을 만큼 역사 속에서 충분히 이른 시점에 기록되었음을 알게 된다. 각각의 개별적 증거가 연대표 위의 어느 지점에 위치하는지 찾아보기 전에, 그 증거 자체를 먼저 살펴보도록 하자.

 신약성서는 성전 파괴를
묘사하지 않는다

우리는 1세기 유대교 역사에서 가장 중요했던 사건, 곧 기원후 70년에 발생한 예루살렘 성전의 파괴에서 시작할 수 있다. 로마는 기원후 66년에 일어난 유대인들의 반란에 맞서 군대를 파견하는 것으로 대응했다. 로마 군대는 결국 기원후 70년에 (티투스[Titus]의 지휘 아래) 예수가 복음서(마 24:1-3)에서 예언한 그대로 성전을 파괴했다.[4] 이는 (만일 기록되었더라면) 특별히 예수의 예언을 입증해주는 사실이 될 것이다. 따라서 우리는 이런 중요한 세부사항이라면 신약성서의 기록에 반드시 포함

---

4 Flavius Josephus, *Complete Works of Flavius Josephus: Wars of the Jews*, *Antiquities of the Jews*, *Against Apion*, *Autobiography*, trans. William Whiston (Boston: MobileReference), Kindle edition, Kindle locations 7243-7249.

되었을 것이라고 생각하게 된다. 하지만 어떤 복음서도 성전의 파괴를 기록하지 않는다. 사실상 신약 문서들은 그것을 전혀 언급하지 않는데, 성전 파괴의 묘사가 자신들의 신학적·역사적 주장을 수립하는 데 도움이 되었을 것으로 생각되는 많은 구절에서도 언급하지 않는다.

 신약성서는 예루살렘의 포위를
묘사하지 않는다

성전이 파괴되기 전부터 예루살렘 성은 공격을 받았다. 티투스는 네 개의 큰 부대로 성을 에워쌓고, 결국 성벽 파쇄기를 사용해서 도시의 "철벽"을 뚫고 성안으로 진입했다. 긴 전투와 접전을 뒤로 하고 로마 군인들은 성벽에 불을 놓았으며, 그 결과 성전은 파괴되었다.[5] 복음서 저자들은 얼마든지 이런 3년 동안의 포위로 인한 현실적인 괴로움을 "고통"의 문제를 광범위하게 논하는 많은 성서 본문에서 강력한 예화로 사용할 수도 있었다. 하지만 그 3년 동안의 포위는 신약성서 문서 가운데 어디서도 언급되지 않는다.

---

5 Barbara Levick, *Vespasian*, Roman Imperial Biographies (New York: Routledge, 1999).

2부 증거를 검토하라

누가는 바울과 베드로의 죽음에 대해
아무것도 말하지 않는다

예루살렘이 포위된 후 성전이 파괴되기 몇 해 전에 기독교 공동체에 중요한 다른 두 가지 사건이 있었다. 사도 바울이 기원후 64년에 로마에서 순교를 당했고, 베드로도 그때로부터 멀지 않은 기원후 65년에 순교한 것이다.[6] 누가는 사도행전에서 바울과 베드로에 대해 광범위하게 기록했을 뿐 아니라 이 두 사람을 주요 인물로 등장시켰는데도 불구하고 그들의 죽음에 대해서는 함구했다. 실제로 사도행전의 마지막 부분에서 바울은 (로마에 가택 연금된 채) 여전히 살아 있다.

 누가는 야고보의 죽음에 대해서도
말하지 않는다

누가는 사도행전에서 기독교 역사에서 중요한 또 다른 인물을 등장시킨다. 야고보(예수의 형제)는 예루살렘 교회의 지도자가 되고, 사도행전 15장에서 그는 중요한 자리에 있는 것으로 묘사된다. 야고보는 기원후 62년 예루살렘에서 순교했다.[7] 누가는 스데반(행 7:54-60)과 요한의 형제 야고보의 죽음(행 12:1-2)을 묘사하는 반면에, 야고보의 처형은 바울과 베드로의 죽음과 마찬가지로 성서의 기록에서 빠져 있다.

---

6 Adam Clarke, *Adam Clarke's Commentary on the Bible* (Grand Rapids, MI: Baker, 1983)의 사도행전 28:31에 대한 주석.

7 Josephus, *Complete Works of Flavius Josephus*, Kindle locations 28589-28592.

누가복음이 사도행전보다 앞서 기록되었다

누가는 사도행전과 누가복음 둘 다를 기록했다. 이 두 개의 본문은 역사 속에서 둘을 하나로 묶어주는 도입부를 포함하고 있다. 사도행전의 도입부에서 누가는 이렇게 기록했다.

데오빌로여, 내가 먼저 쓴 글에는 무릇 예수께서 행하시며 가르치시기를 시작하심부터 그가 택하신 사도들에게 성령으로 명하시고 승천하신 날까지의 일을 기록하였노라(행 1:1-2).

누가복음(누가의 "먼저 쓴 글")이 사도행전보다 앞서 쓰인 것은 분명하다.

바울은 디모데에게 보낸 편지에서 누가복음을 인용한다

바울은 기원후 63-64년경, 즉 그가 디모데에게 첫 번째 편지를 보냈을 당시에 자신이 누가복음을 알고 있었던 것처럼 보일 뿐 아니라, 나아가 모든 사람이 그 책을 알고 있는 것처럼 기록한다. 다음의 본문에 주목하라.

잘 다스리는 장로들을 배나 존경할 자로 알되, 말씀과 가르침에 수고하는 이들에게는 더욱 그리할 것이니라. 성서에 일렀으되 "곡식을 밟아 떠는 소의 입에 망을 씌우지 말라" 하였고, 또 "일꾼이 그 삯을 받는 것이 마땅하다" 하였느니라(딤전 5:17-18).

여기서 바울은 "성서"의 두 본문을 인용하는데 그중 하나는 구약성서이고 다른 하나는 신약성서다. "곡식을 밟아 떠는 소에게 망을 씌우지 말지니라"는 신명기 25:4에서, "일꾼이 그 삯을 받는 것이 마땅하니"는 누가복음 10:7로부터 왔다. 이로써 이 편지가 기록되었을 당시에 사람들이 이미 누가복음을 잘 알고 있었고 또 그것을 성서로서 받아들였다는 사실이 분명해진다. 공정을 기하기 위해 덧붙이자면, (바트 어만과 같은) 많은 비평가들은 바울이 실제로는 디모데전서의 저자가 아니라고 주장해왔을 뿐 아니라, 이 서신이 역사 속에서 훨씬 나중에 쓰였다는 주장을 고수한다. 하지만 대부분의 학자는 초기 교회의 지도자들이 매우 이른 시점에 디모데전서를 잘 알고 있었다는 사실을 인정한다.[8]

바울은 복음서 저자들의 주장을 그대로 따른다

바울이 목회 서신을 기록했다는 사실에 도전하는 현대 비평가도 있지만, 가장 회의적인 학자라 할지라도 바울이 로마, 고린도, 갈라디아에

---

8   Kenneth Berding, *Polycarp of Smyrna's View of the Authorship of 1 and 2 Timothy*, Vigiliae Christianae 54, no. 4 (1999), 349-360.

보낸 서신을 기록했다는 사실에는 동의한다. 이 서신들이 쓰인 년도는 기원후 48년에서 60년 사이다. 로마서는(보통은 기원후 50년으로 추정한다) 중요한 한 가지를 드러내준다. 바울은 예수를 부활한 "하나님의 아들"로 선언하면서 그 편지를 연다. 편지를 써 내려가는 동안에 바울은 복음서의 목격자들이 그들 자신의 기록을 통해 묘사했던 예수에 대한 관점을 그대로 받아들인다. 예수는 부활 이후 고작 17년이 지난 이른 시점에 하나님으로 묘사되고 있다. 그분은 육신을 입은 하나님이시고, 이것은 복음서의 목격자들이 자신들의 기록에서 묘사했던 그대로다. 사실 예수의 생애에 대한 바울의 개요는 복음서의 서술과 일치한다. (기원후 53년에서 57년 사이에 쓰인) 고린도전서 15장에서 바울은 복음서의 메시지를 요약하면서 사도들이 자신에게 목격자 증언을 전해주었음을 확인한다.

> 내가 받은 것을 먼저 너희에게 전하였노니, 이는 성서대로 그리스도께서 우리 죄를 위하여 죽으시고 장사 지낸 바 되셨다가 성서대로 사흘 만에 다시 살아나사 게바에게 보이시고, 후에 열두 제자에게와 그 후에 오백여 형제에게 일시에 보이셨나니, 그중에 지금까지 대다수는 살아 있고 어떤 사람은 잠들었으며, 그 후에 야고보에게 보이셨으며, 그 후에 모든 사도에게와 맨 나중에 만삭되지 못하여 난 자 같은 내게도 보이셨느니라(고전 15:3-8).

(마찬가지로 50년대 중반 쓰인) 갈라디아 교회에 보낸 편지에서 바울은 사도들(베드로와 야고보)과의 교류를 묘사하고, 그들과의 만남이 자

신이 편지를 기록할 때보다 적어도 14년 전에 일어났다고 말한다.

> 그러나 내 어머니의 태로부터 나를 택정하시고 그의 은혜로 나를 부르신
> 이가 그의 아들을 이방에 전하기 위하여 그를 내 속에 나타내시기를 기
> 뻐하셨을 때에, 내가 곧 혈육과 의논하지 아니하고 또 나보다 먼저 사도
> 된 자들을 만나려고 예루살렘으로 가지 아니하고, 아라비아로 갔다가 다
> 시 다메섹으로 돌아갔노라. 그 후 삼 년 만에 내가 게바를 방문하려고 예
> 루살렘에 올라가서 그와 함께 십오 일을 머무는 동안 주의 형제 야고보
> 외에 다른 사도들을 보지 못하였노라(갈 1:15-19).

> 십사 년 후에 내가 바나바와 함께 디도를 데리고 다시 예루살렘에 올라
> 갔나니(갈 2:1).

이것은 바울이 부활하신 그리스도를 보았고 십자가 처형 이후 5년
이내에 목격자들(베드로와 야고보)로부터 복음에 관한 설명을 배웠다는
사실을 의미한다. (대부분의 학자들은 바울의 회심을 기원후 33년에서 36년
으로 추정하며 갈 1:18에 따르면 그는 회심 후 3년 이내에 베드로와 야고보를
방문했다.) 바울이 고린도인들에게 부활의 기록을 확인해줄 수 있는 형
제의 수가 5백여 명이라고 말할 수 있었던 것은 그 설명 때문이다(고전
15:6). 기원후 53-57년, 곧 그의 도전을 받아들였던 독자들이 만일 이런
주장이 허위였더라면 그를 거짓말쟁이로 몰아갈 수도 있었던 당시에
이는 무척 대담한 주장이었다.

바울은 고린도인들에게 보낸 서신에서
누가복음을 인용한다

바울은 고린도교회에 편지했을 때에도 누가복음을 알고 있었던 것으로 보인다. (이는 디모데에게 편지했던 것보다 거의 10년을 앞선 시기다.) 주의 만찬에 대한 바울의 묘사와 누가복음이 서로 얼마나 비슷한지 보라.

내가 너희에게 전한 것은 주께 받은 것이니, 곧 주 예수께서 잡히시던 밤에 떡을 가지사 축사하시고 떼어 이르시되 "이것은 너희를 위하는 내 몸이니 이것을 행하여 나를 기념하라" 하시고 식후에 또한 그와 같이 잔을 가지시고 이르시되 "이 잔은 내 피로 세운 새 언약이니 이것을 행하여 마실 때마다 나를 기념하라" 하셨으니…(고전 11:23-25).

또 떡을 가져 감사 기도 하시고 떼어 그들에게 주시며 이르시되 "이것은 너희를 위하여 주는 내 몸이라. 너희가 이를 행하여 나를 기념하라" 하시고, 저녁 먹은 후에 잔도 그와 같이 하여 이르시되 "이 잔은 내 피로 세우는 새 언약이니 곧 너희를 위하여 붓는 것이라"(눅 22:19-20).

바울은 "이를 행하여 나를 기념하라"는 예수의 말씀을 유일하게 담은 누가복음을 인용하여 제자들에게 말한 것으로 보인다. 바울이 이미 당시에 사람들에게 잘 알려져 있던 만찬의 묘사를 사용하려고 의도했다면, 이 기록은 바울의 편지보다 앞서 오랫동안 사람들의 손을 거쳐 돌아 다녔어야 한다.

누가는 마가(와 마태)를
반복적으로 인용한다

누가는 복음서를 기록하면서, 자신이 예수의 생애와 사역에 대한 목격자가 아님을 선뜻 인정했다. 그 대신에 그는 자신을 당시 현장에 있었던 목격자들의 진술을 수집한 역사가로 묘사했다.

> 우리 중에 이루어진 사실에 대하여 처음부터 목격자와 말씀의 일꾼 된 자들이 전하여 준 그대로 내력을 저술하려고 붓을 든 사람이 많은지라. 그 모든 일을 근원부터 자세히 미루어 살핀 나도 데오빌로 각하에게 차례대로 써 보내는 것이 좋은 줄 알았노니, 이는 각하가 알고 있는 바를 더 확실하게 하려 함이로라(눅 1:1-4).

결과적으로 누가는 종종 마가(마가복음의 350구절이 누가복음 안에 등장한다) 혹은 마태(마태복음의 250구절이 누가의 기록 안에 등장한다)가 이전에 제시한 본문 전체를 반복하거나 인용했다.[9] 이 본문들은 마치 그대로 복사해온 것처럼 누가복음 안으로 삽입되었다. 따라서 누가가 그의 복음서를 저술하기 전에 이미 마가의 기록을 알았고 또 이를 수용했으며, 그것의 사용이 가능했다는 결론은 타당하다.

---

9   F. F. Bruce, *The New Testament Documents: Are They Reliable* (Downers Grove, IL: InterVarsity Press, 1984), Kindle edition, Kindle location 409. 『신약성서는 신뢰할 만한가?』(좋은씨앗 역간).

마가복음은 최초의 "범죄현장 보고"인 듯이 보인다

마가복음은 "범죄현장 보고"와 놀랍도록 닮았다. 범죄 현장에 도착한 최초의 초동수사관은 재빠르게 범행 및 용의자의 인상착의와 관련된 세부사항을 수집한 후, 무전 교환원과 함께 "상황을 정리"해서 근처에 있을지도 모르는 다른 경찰관에게 그 세부사항을 전달한다. 이런 최초의 "범죄현장 보고"는 간략하며, 필수적인 요소에만 집중한다. 추가적인 세부사항을 덧붙이고 사건의 순서를 정리하며 기나긴 보고서를 작성하는 것은 나중 일이다. 이런 최초 방송을 이끌어가는 것은 신속성이다. 사건의 용의자가 아직 그 지역을 빠져나가지 못했을 수도 있기에, 우리는 그런 필수 요소를 재빨리 우리의 파트너에게 알려주어야 한다. 이런 첫 번째 방송에는 일종의 긴박감이 감도는데, 경찰은 악당들이 도망치기 전에 그들을 붙잡으려 하기 때문이다.

마가복음은 예수의 생애와 사역에 대한 주요한 세부사항을 포함하면서도 다른 복음서들에 비해 간략하고 덜 조직적이며 "행동하는" 동사와 형용사로 넘쳐난다. 즉 (종말론적인) 긴박감이 서려 있다. 마가복음이 실제로 예수의 사역에 대한 초창기 기록으로서 긴박감을 갖고 기록되었다면, 그것은 충분히 예측될 수 있는 사실이다. 목격자들은 분명 그와 같은 긴박감을 느꼈고, 예수가 곧 다시 돌아올 것이라고 믿었다. 바울은 "구원이 처음 믿을 때보다 가까웠음이라"(롬 13:11)고 기록했고, 야고보는 "주의 강림이 가까우니라"(약 5:8)고 말했다. 마가의 멘토이자 벗이었던 베드로는 "만물의 마지막이 가까이 왔으니"(벧전 4:7)라는 표현으로 의견을 같이했다. 분명 마가도 자신의 복음서에 베드로의 경험을 기록하는 동안 동일한 긴박감을 느꼈을 것이다. 마가의 기록은 "범죄현장 보고"의 역할을 자처하여 구성요소나 문체는 무시하고 필수요소만을 전달하는 데 충실했다. 파피아스(Papias)는 다음과 같은 진술에서 그런 마가의 노력을 확인해준다.

> 베드로의 통역사인 마가는 그리스도께서 말씀하거나 행하신 것은 무엇이든 기억나는 대로 기록했는데, 그것은 순서를 따른 것이 아니었다. 주님께 직접 듣거나 동행하지 못했던 그는, 내가 앞에서 말한 대로, 나중에 베드로를 따라 다녔고, 베드로는 주님의 말씀에 대해 서로 연결된 기록을 제공하려는 의도 없이 다만 청중의 필요에 맞추어 그들을 가르쳤을 뿐이다. 따라서 기억나는 대로 내용을 기록한 마가는 잘못을 범하지 않았다. 그는 한 가지만은 주의했는데, 이는 자신이 들은 것을 누락하지 않고 그중 하나라도 잘못 진술하지 않으려는 것이었다.[10]

무엇보다도 마가는 기록의 정확성을 중요시했다. 정돈된 "전기"를 기록할 필요가 생기기 전에 예수가 다시 오리라고 믿었기 때문이다. 마가는 꼭 필요한 "범죄현장 보고"의 책임을 안고 있었다. 수년이 지나 목격자들이 나이가 들어감에 따라 정확한 순서를 지켜가며 이야기를 배치하려고 보다 더 의도적인 노력을 기울인 사람들이 나타났다. 파피아

---

10 Eusebius, "Church History," *Nicene and Post-Nicene Fathers*, eds. Philip Schaff and Henry Wallace (New York: Cosimo, 2007), 172-73에서 인용된 파피아스

스는 그것이 마태의 의도라고 지시하는 것처럼 보인다.

따라서 마태는 그 이야기들(*logia*)을 질서 있게 배열하여 히브리어로 적
었으며, 각 사람이 능력껏 최선을 다해 그것들을 해석했다.[11]

누가 역시 자신의 복음서의 서문에서 비슷한 일을 행한 것으로 보
인다.

그 모든 일을 근원부터 자세히 미루어 살핀 나도…차례대로 써 보내는
것이 좋은 줄 알았노니…(눅 1:3).

마태와 누가는 마가와는 상당히 다른 의도를 가지고 기록을 남긴
것 같다. 그들의 기록은 보다 더 탄탄하고 잘 정돈되어 있다. 마가는 최
초의 "범죄현장 보고"를 제공한 것으로 보이는 반면에 마태와 누가는
"최종 보고"에 더 유념했던 것 같다.

마가는 주요 인물을
보호하는 것으로 보인다

우리는 앞에서 이미 "모든 단어에 집중하는 일"이 얼마나 중요한지에

---

11 Richard Bauckham, *Jesus and the Eyewitnesses*, 222에서 번역된 Eusebius,
Ecclesiastical History, 3.39.16.

대해 이야기를 나눴다. 수사관으로 일하는 동안에 나는 다른 누군가를 사건으로 끌어들이지 않기 위해 자신의 단어를 신중하게 선택하는 목격자를 여럿 보아왔다. 범죄조직의 사건을 다룰 때는 특별히 더 그렇다. 어떤 목격자가 정보를 가지고 나설 용기가 있다고 해도, 그와 비슷한 것을 보았을 수도 있는 다른 사람의 신분을 밝히는 것은 주저한다. 그 추가 목격자가 위험에 빠질 수도 있다는 두려움 때문에 목격자는 그를 언급하면서도 그 신분을 구체적으로 밝히지는 않는다. 대부분의 경우 목격자는 자신의 생각에 따라 당시 무방비했고 연약했던 누군가를 보호하기 위하여 애쓰는 것이다.

나는 몇몇 미제사건의 수사를 통해 이것과 정확하게 반대되는 일을 경험했다. 수년 전 다른 수사관과 이야기를 나누었던 목격자들을 다시 한번 인터뷰했을 때, 그들이 이전에는 밝히기를 꺼려했던 사람의 정체를 지금은 기꺼이 밝히려고 한다는 사실을 발견했던 것이다. 지난 수년 동안 그들에 대한 적대감이 커졌기 때문일 수 있다. 특별히 헤어진 연인의 경우가 그러한데, 이제 그들은 서로에 대해 기꺼이 입을 열려고 한다. 두려움이 줄어들었기 때문일 수도 있다. 사건의 용의자가 죽었을 경우에는 더 이상 두려워할 것이 없고, 따라서 앞으로 나와서 자신의 신분을 밝히는 것이 어렵지 않다.

마가복음을 주의 깊게 읽어본 많은 독자는 마가의 기록이 묘사하는 사람들 가운데 신원 미상의 사람이 많다는 사실을 발견하게 된다. 이런 "무명"의 인물이 종종 자신의 이야기 속에서 중요한 역할을 차지함에도 불구하고 마가는 그 이름을 밝히지 않기로 선택한다. 예를 들어 마가가 묘사한 겟세마네 동산의 상황은 이런 내용을 포함한다. "[예수가 체포될 때] 곁에 서 있는 자 중 한 사람이 칼을 빼어 대제사장의 종을 쳐 그 귀를 떨어뜨리니라"(막 14:47). 마가는 그의 묘사에서 공격을 가한 사람과 당한 사람 모두의 이름을 밝히지 않는다. 이것은 요한이 자신의 복음서에서 두 사람의 신분을 드러내는 것과 대조된다(공격을 가한 사람은 베드로, 당한 사람은 말고였다). 이와 비슷하게 마가는 나병 환자 시몬의 집에서 예수께 향유를 부은 여인의 정체를 밝히지 않는다(막 14:3-9). 하지만 요한은 예수의 머리에 향유를 부은 사람을 마리아(마르다의 자매)라고 말한다.[12] 이런 차이에 대해 회의론자들은 여러 설명을 제시하는데(예를 들어 그 이야기가 복음서의 신화를 보다 더 키워가기 위한 노력으로 뒤늦게 윤색되었다는 것이다), 훨씬 더 단순한 이유가 있을 수 있다. 만일 내가 맡았던 범죄조직 사건 속의 목격자들과 같이 (말고를 공격했던) 베드로 및 마리아(그녀가 향유를 부은 것은 예수가 메시아로서 왕의 지위를 갖는다는 선언으로 이해될 수 있었다)의 신원을 보호하려는 것이 마가의 의도였다면, 유대 지도자들이 쉽게 표적으로 삼지 못하도록 그들의 이름을 밝히지 않은 것은 쉽게 이해된다. 사실 마가는 예수가 마리아의 형제인 나사로를 일으킨 사건도 일절 묘사하지 않는다. 이것도 마가가 기독교 운동의 초창기에 나사로의 신원을 보호하고자 한 일이었을 수 있다. 나사로의 부활은 유대 지도자들에게는 가장 큰 염려중 하나였고, 그것 때문에 그들이 예수를 찾아내어 죽이려고 했다는 전제 아래서 그렇게 이해될 수 있다. 마가는 자신의 복음서를 일찍이, 그러니까 마리아, 나사로, 베드로, 말고가 아직 살아 있을 때 기록했으며,

---

12   Bauckham, *Jesus and the Eyewitnesses*, Kindle location 3072.

2부 증거를 검토하라

그 결과 마가가 이들의 이름을 밝히지 않거나 혹은 애초에 이들을 포함한 기록을 생략하려고 했던 것은 적절한 선택이었다.

학자들은 일반적으로 요한복음이 신약성서의 복음서 모음집에 가장 늦게 추가되었다는 사실을 인정한다. 요한복음이 베드로, 말고, 마리아가 이미 죽은 시점에서 기록되었을 것이라는 점은 거의 확실하다. 요한은 내가 겪었던 미제사건 속의 일부 목격자처럼, 주요 인물의 신원을 자유로이 밝힐 수 있었다. 그들이 해를 입을 수 있다는 염려가 더 이상 없었기 때문이다.

복음서 저자들은 연대기 표의 이른 시기에 위치한다

위에서 설명한 열한 가지의 정황 증거를 살펴볼 때, 복음서의 저작 시기에 대해 어떤 타당한 추론이 도출될 수 있을까? 먼저 우리는 신약성서의 기록에서 몇 가지 중요한 역사적 사건, 즉 성전 파괴, 예루살렘 포위, 베드로와 바울과 야고보의 죽음이 의심스럽게 누락된 사실을 설명해야 한다. 이 사실들의 생략은, 만일 사도행전이 (그런 사건을 당연히 묘사해야 하는 성서 본문으로서) 기원후 61-62년 이전에 쓰였다면, 설명될 수 있다. 그 사건들이 기록에서 누락된 것은 아직 발생하지 않았기 때문이다.

사도행전 서문의 내용을 통해 우리는 누가복음이 사도행전보다 앞서 기록된 것을 알 수 있는데, "얼마나" 앞서 있는지를 판단하기 위해서는 남아 있는 정황 증거를 사용해야 한다. 바울이 복음서의 저자들이 제시했던 예수에 대한 묘사를 그대로 인용했다는 사실은 그가 복음서의 주장을 분명히 알고 있었다는 사실과 일치하며, 그가 디모데전서와 고린도전서에서 누가복음을 인용한 사실은 누가의 기록이 일찍이, 그러니까 기원후 53-57년 보다 훨씬 이른 시기에 존재했다는 사실을 합리적으로 확증해준다. 바울은 누가복음을 인용하고 그것을 성서로 지칭할 수 있었는데, 이는 누가복음이 이미 기록되어 당시 사람들의 수중에서 돌아다녔고 또 널리 수용되었기 때문이다. 바울의 편지를 읽던 독자는 그것을 사실로 인식했다.

누가는 "처음부터 목격자와 말씀의 일꾼 된 자들"(눅 1:2)에게서 자료를 수집했다고 말한다. 그 결과 그는 마가복음이나 마태복음의 내용 가운데 5백 구절 이상을 언급하거나 직접 인용했다. 그러므로 그 기록들이 누가의 자료조사 이전부터 존재했다는 것은 타당한 추측이다. 그렇다면 마가복음의 기록 시기는 누가복음보다 많이 앞서 있을 것이고, 기원후 40년대 후반이나 50년대 이른 초반으로 추정이 가능하다. 이것은 우리가 마가복음에서 보았던 일부 특징을 설명해준다. 마가복음서에는 초동 수사관들이 수행하는 "범죄현장 보고"와 흡사한 긴박감이 서려 있고, 마가는 그 기록의 주요 인물들이 자신이 복음서를 기록할 당시에 여전히 살아 있는 것처럼 그들을 보호한다.

복음서의 기록이 예수의 생애와 비교할 때 어디쯤 위치하는지를 알아보기 위해 위에서 설명한 증거를 연대표 위에 배치해보자.

누가가
복음서를
기록하다
(기원후 50-53년)

누가가
사도행전을
기록하다
(기원후 57-60년)

예루살렘
포위
(기원후 67-70년)

예수의 생애
(기원후 1-33년)

마가가
복음서를
기록하다
(기원후 45-50년)

바울이
누가를
인용하다
(기원후 53-57년)

야고보와
베드로와
바울의 죽음
(기원후 61-65년)

성전이
파괴되다
(기원후 70년)

    정황 증거로부터 주어지는 합리적인 추론은 복음서가 역사 속에서 매우 일찍이, 곧 최초의 목격자들과 복음서 저자들이 아직 살아 있어서 자신들이 본 것을 증언할 수 있었던 시점에 기록되었다는 것이다. 마가가 주요 인물의 신원을 밝히지 않기 위해 주의를 기울인 것도, 그리고 바울이 예수의 부활을 목격했다고 증언해줄 수 있는 5백 명의 살아 있는 목격자를 당당히 지목할 수 있었던 것도 그 때문이다. 회의론자들은 복음서가 사도들이 살아 있었던 시점을 훨씬 지나서, 곧 세월이 흐른 후에 그것을 확증했던 공의회에 근접한 어느 시점에 기록되었다고 주장하고 싶겠지만, 증거는 그것과는 꽤나 다른 어떤 것을 제시하고 있다.

    정황 증거는 복음서의 이른 저작설을 지지한다. 역사 속의 복음서 저자들은 그들이 정말로 목격자라고 할 때 우리가 그들이 나타날 것으로 예측하는 바로 그곳에서 나타난다. 물론 복음서의 저작을 이른 시점에 배치하는 것만으로 그것이 믿을 만한 기록이라는 보증이 되는 것은 아니다. 하지만 그 배치는 이른 저작설이 진실을 다툴 수 있는 자격을

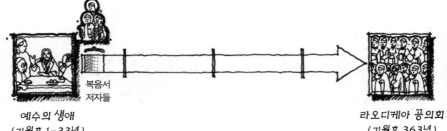

복음서
저자들

예수의 생애
(기원후 1-33년)

라오디케아 공의회
(기원후 363년)

박탈당하지 않도록 하며, 우리가 복음서 저자들의 신뢰도를 판단하는 동안 그 자체만으로도 중요한 정황 증거가 된다.

그렇다면 이른 저작설을 계속해서 부정하는 이유는 뭘까?

복음서의 이른 저작설의 결론을 지지해주는 정황 증거에도 불구하고, 그것에 여전히 회의적인 사람들이 있다. 많은 회의론자들은 복음서를 역사의 늦은 시점, 그러니까 복음서가 목격자들에 의해서는 절대로 기록될 수 없었던 늦은 시점에 배치하는 대안적 설명을 신속히 받아들인다. "귀추법"을 사용하는 과정과 마찬가지로 우리는 그런 대안적인 "가능성들" 가운데 (증거에 기초해서) "합리적인" 것이 있는지 확인하기 위해 그것들을 검토해볼 필요가 있다. 어만, 베르메스, 웨이트 같은 회의론자들이 복음서를 "40년 이후" 혹은 "예수가 죽고 세 번의 세대가 지난 후" 혹은 "2세기 후반"에 기록되었다고 주장하는 이유를 일부 살펴보도록 하자.

2부 증거를 검토하라

12 복음서 저자들은 익명이다

복음서 저자들 가운데 어느 누구도 자신의 기록을 통해 구체적으로 신분을 밝힌 사람이 없다. 이런 이유에서 복음서가 뒤늦게 기록되었다고 주장하는 사람들이 있다. 이런 저자의 신원 누락은 실제로 1세기에는 누구도 복음서를 기록하지 않았고, 오랜 시간이 지나서야 그런 위조를 정당화하기 위해 허위로 지금의 저자의 이름을 언급했다는 증거가 된다는 것이다.

하지만…

복음서가 사본의 본문에서 저자의 신분이 드러나지 않는 유일한 고대 문서인 것은 아니다. 타키투스(Tacitus, 기원후 56-117년, 로마의 원로원 의원이자 역사가)는 아우구스투스 카이사르(Augustus Caesar)로부터 네로(Nero)의 통치에 이르는 로마의 역사를 「연대기」(Annals)라는 제목으로 기술했다. 타키투스는 실제로 이 기간의 상당 부분 동안 생존했지만, 그의 서술 가운데 어디에도 자신을 포함시키거나 자신을 저자로 밝히지 않았다. 복음서와 마찬가지로 「연대기」 역시 "익명으로" 쓰였지만, 역사학자들은 아무런 거리낌 없이 그것을 타키투스의 저작으로 인정한다. 왜 그럴까? 복음서와 마찬가지로 외적인 증거(타키투스가 저자라고 믿었던 초기 작가들의 주장과 같은 증거)가 타키투스의 저작을 지지하기 때문이다. 복음서 역시 역사의 꽤나 이른 시점에서 전통적인 저자들에게서 유래했다고 알려졌다(1세기 후반과 2세기 초반에 살았던 파피아스가 그 예다).

사실 고대의 어느 누구도 복음서가 전통적으로 인정되는 네 명의 저자들이 아닌 다른 어떤 사람에게서 유래했다고 생각하지 않았다. 이 것은 그 자체만으로도 강력한 진술이지만, 특별히 초기 기독교인들이 허위 복음서를 지속적으로 인식하고 밝혀내고 정죄했다는 사실을 감 안할 때는 더욱 그렇다. 그것은 사도적인 목격자의 작품으로 주장하려 고 했던 위조범들의 허위 기록을 가리킨다. 한 일례로 초기 기독교인들 은 「맛디아의 전통」(*The Traditions of Matthias*, 기원후 110-160)을 위작 으로 밝혀냈고, 결국 "교회사의 아버지"인 유세비우스(Eusebius)는 그 것을 다른 위작과 더불어 위작 목록에 포함시켰다(도마복음과 베드로의 복음서도 여기에 포함된다).

만일 복음서가 오늘날 우리가 받아들이는 저자들에게서 유래했다 고 기만적으로 여겨진 것이라면, 2세기 혹은 3세기의 그런 위조범들은 왜 자신들의 작품에 대해 지금 저자들보다 더 나은 "필명"(거짓 저자)을 선택하지 않았는지 궁금해질 것이다. 손쉽게 베드로나 안드레 혹은 야 고보를 고를 수도 있었는데 왜 마가나 누가를 선택했던 것일까? 마가와 누가는 복음서의 기록 가운데 어디서도 목격자로 등장하지 않고, 따라 서 초기 위조자들은 자신들의 거짓말을 확고히 하는 데 정당성을 부여 해줄 더 나은 후보가 분명히 있는데도 왜 굳이 그 둘을 선택한 것일까?

마가복음, 마태복음, 누가복음, 요한복음이 다른 누군가의 이름으로 고대의 어떤 다른 자료집에서 발견된 적도 없다. 우리가 지금 가지고 있는 복음서의 모든 필사본들은 그것이 얼마나 오래되었는지 혹은 어 떤 지리적 장소에서 발견되었는지와 상관없이 네 명의 전통적인 저자

2부 증거를 검토하라

중 하나를 지명한다. 초기 교회의 어떤 지도자도 복음서의 저자가 마가, 마태, 누가, 요한이 아닌 다른 사람이라고 말한 적이 없다. 예를 들어 마가복음이 실상은 마가가 아닌 다른 누군가에 의해 쓰였다고 주장하는 대안적인 고대 전통은 없다.

복음서가 1세기의 전통적인 저자들에 의해 기록되지 않았고 세월이 흐른 후 그 저자들에게서 유래한 것으로 여겨졌을 뿐이라는 주장은 "가능한" 반면에, 증거에 비추어볼 때 "합리적"이지 않다. 회의론자들이 다른 고대 문서에 기꺼이 적용하는 것과 동일한 "선의적 해석"을 적용할 수만 있다면, 복음서는 저작자의 시험을 쉽게 통과할 것이다.

 성전 파괴가
예측되었다

성전 파괴에 대한 묘사가 누락되어 있다는 것은 신약성서의 이른 저작설을 지지하는 정황 증거로 적절하게 해석될 수 있지만, 회의론자들은 정반대되는 주장을 펼치기 위해 그 사실을 사용하곤 한다. 많은 회의론자들은 성전 파괴와 관련된 예수의 예측이 해당 본문을 정당화하고 예수에게 일종의 예언 능력이 있는 것처럼 보이도록 하기 위해 삽입되었다고 주장한다. 만일 그렇다고 한다면 복음서 저자들은 그런 예측을 교묘하게 삽입하기 전에 그 결과를 이미 알고 있었어야 하고, 그에 따라 복음서의 기록 연대는 분명히 성전 파괴 사건 "이후"(기원후 70년 이후)로 추정될 것이다.

하지만…

이런 종류의 회의주의는 분명히 우리가 1장에서 묘사했던 전제에 뿌리를 두고 있다. 철학적 자연주의의 입장(초자연적인 것은 전혀 가능하지 않다는 추정)에서 출발한다면, 우리는 복음서에서 발견되는 초자연적인 요소들을 거짓말로 설명하는 것 외에는 다른 어떤 선택도 할 수가 없다. 자연주의적 견해로는 예언적인 주장이란 불가능하다. 따라서 회의론자는 성전과 관련된 예수의 예측에 대해 다른 설명을 찾아야 한다. 비평가들은 보통 저작 시기를 예언이 성취된 날짜 너머로 옮겨놓는데, 이는 초자연적인 것이 확증되는 것처럼 보이지 않게 하기 위해서다. 하지만 앞서 묘사한 대로 초자연주의를 지지하는 증거에 대한 공정한 검토는 가장 먼저 초자연주의의 가능성을 허용하는 것에서 시작된다. 그런 비평가들의 자연주의적인 편견은 기원후 70년의 성전 파괴에 앞서는 어떤 연대 추정도 용납하지 못하도록 만들 뿐만 아니라, 이른 저작설을 지지하는 모든 정황 증거도 무시하도록 강요한다.

성전 파괴란 사건 자체가 복음서의 기록에 포함되지 않은 이유를 설명하면서 회의론자는 이렇게 주장했다. 복음서 저자들이 자신들의 기록이 보다 더 이른 시기에 쓰인 것처럼 보이도록 하기 위해 예언이 이미 성취된 것을 의도적으로 생략했다는 것이다. 하지만 만일 그렇다면 복음서 저자들은 왜 다른 본문에서는 예언이 성취된 것을 묘사하는 데 있어 전혀 두려움을 느끼지 않았던 걸까? 우리는 어떻게든 예수에게로 귀결되는 구약성서의 메시아 예언이 성취되었다는 내용을 반복적으로 발견한다. 이것에 더하여 예수는 자신의 부활을 여러 번에 걸쳐 예측한 바 있다. 복음서 저자들은 부활의 기록을 통해 그 예언들이 성취된 것을 선뜻 묘사했다. 성취된 예언의 이런 측면은 기꺼이 묘사된 반면에 왜 성전 파괴는 거론하기를 회피한 걸까?

더욱이 누가는 자신이 복음서에 기록된 사건의 목격자가 아니라고 대놓고 인정한다. 시초부터 그는 자신이 주의 깊은 역사가로서 사건들이 실제로 있은 후 상당한 시간이 지난 시점에서 자신의 글을 기록하고 있다고 우리에게 말한다. 그렇다면 왜 예루살렘 포위와 성전 파괴는 포함되지 않았던 걸까? 우리는 이에 대한 대답을 망설일 필요가 없다. 구약의 다른 저자들은 자신들이 묘사하는 사건을 그 사건 이후의 관점으로부터 바라보며 기록을 남겼고, 그 시점을 거침없이 시인했다. 예들 들어 모세, 여호수아, 사무엘은 자신들이 기록하는 시점보다 훨씬 앞서 일어난 사건을 반복적으로 전했다. 그들은 종종 자신이 묘사하고 있는 어떤 상태가 사건의 과거 시점으로부터 "오늘날까지"(그들이 실제로 글을 쓰고 있었던 이후의 시점을 가리킨다) 지속되고 있음을 기록하기도 했다. 특별히 누가가 역사가로서 기록을 남기고 있다는 사실을 감추지 않았다는 점을 감안할 때, 왜 그는 성전 파괴에 대하여 비슷한 접근을 취하지 않았던 걸까?

복음서가 성전 파괴 사건 이후에 기록되었다는 주장은 분명히 "가능"하기는 하지만, 증거에 기초하여 바라볼 때 "합리적"이지는 않다. 사실 복음서의 이른 저작설을 부정하는 주된 동기는 말 그대로 초자연주의에 반대하는 편견일 뿐이다. 이것은 회의론자들을 유인해서 성서의 기록 연대를 예수의 예언이 성취된 시점 이후로 바꾸어놓게 만든다.

복음서의 기록은
기적 사건들로 넘쳐난다

또한 많은 비평가들은 "늦은 저작설"을 주장하기 위해 기적 사건의 존재를 지목해왔다. 그들에 의하면 기적은 분명 허구적 작품이다. 복음서의 기록이 일찍 쓰였다면 예수의 생애를 목격한 사람들은 기적을 허구로 폭로했을 것이다. 그렇지 않은가? 이런 비평적 분석의 상당 부분은 "양식비평"으로 알려진 문학적 분과로부터 온다. 양식비평가는 성서의 이야기 부분들을 문학의 "종류"나 "양식" 혹은 "형식"에 기초해서 분류한다. 보다 큰 이야기 안에서 그 조각들이 분리되고 나면, 양식비평가는 그것들의 출처를 설명하고자 노력한다. 양식비평가는 복음서의 경우에 초자연적 요인들이 정확한 역사로서 신뢰할 수 있는 이야기들과는 다르다고 주장을 해왔다. 이들은 "패러다임"[13]이나 "금언"[14] 혹은 "기적의 이야기"[15] 그리고 "전설"[16]을 특정한 신학적 주장을 펼치거나 예수를 원래보다 더 큰 무엇으로 제시하기 위해 기독교 지역공동체들이 나중에 삽입한 추가적 내용이라고 설명한다.

---

13 Howard I. Marshall, ed., *New Testament Interpretation: Essays on Principles and Methods* (Eugene, OR: Wipf and Stock, 2006), 155.

14 David Alan Black and David S. Dockery, *New Testament Criticism and Interpretation* (Grand Rapids, MI: Zondervan, 1991), 184.

15 Marshall, *New Testament Interpretation*, 156.

16 Black and Dockery, *New Testament Criticism and Interpretation*, 184.

2부 증거를 검토하라

하지만…

지금쯤 독자는 이런 비평의 자극제 역시 자연주의라는 전제(그리고 초
자연주의에 반대하는 편견)임을 눈치 챘을 것이다. 역사적 "양식비평"(20
세기 중반에 가장 인기 있었던 운동)은 기적에 관한 어떤 서술이 실제로
사실일 수 있다는 가능성을 완전히 거절했다. 비평가들이 삭제하거나
의구심을 갖고 다루어야 한다고 생각했던 구절들을 발견하도록 만든
것은 실제로는 그들의 공통적인 문학적 "문체"나 "양식"이 아니라 오히
려 본문에 담긴 기적의 "내용"이었다. 사실 문체의 양식으로 볼 때 그들
은 서로 매우 다른 본문들을 선정하곤 했다. 때때로 비평가들은 그들이
정한 범주들 가운데 있는, 하나로 깔끔하게 맞아 떨어지지 않는(혹은 한
가지 이상의 문학 양식들이 뒤섞인 듯 보이는) 본문들을 찾아냈을 뿐만 아
니라 문학 "양식"과 본문의 구체적인 종류에 대해 서로 의견을 달리하
기도 했다. 하지만 한 가지에 대해서는 의견을 같이했는데, 바로 기적
사건을 포함하는 본문은 본래 이야기에 속한 일부로서 진지하게 받아
들일 수 없다는 것이다.

이런 회의론자들은 (기적에 관한 내용이 들어 있다는 사실을 기초로 해
서) 기독교인이 2세기나 3세기에 복음서를 기록했다는 전제하에 복음
서를 평가하는데, 이때 그 기독교인의 거짓말을 알아챌 만한 1세기의
사람들이 없어서 그들이 두려워할 이유가 없었다는 것이다. 이런 식의
제안은 신약성서 문서들의 "이른 저작설"을 지지하는 모든 증거를 무
시한다. 나아가 복음서의 기록이 진실로서 증명이 될 때까지 계속해서
거짓이라고 추정한다. 이것은 법정에서 목격자 증언이 제시될 때 우리
가 취하는 접근 방법과 정반대되는 것이다. 우리는 그렇지 않다고 밝혀

질 때까지 목격자들이 사실을 말한다고 추정해야 하며, 기적에 관한 내용이 들어 있다고 해서 복음서의 목격자들이 거짓말을 했다고 믿어서는 안 된다.

복음서의 기록 속에 초자연적인 요소가 존재한다는 점을 제외하면, 양식비평가들이 제안하는 "늦은 저작"의 추정을 지지해주는 증거는 없다. 기적의 요소가 역사의 늦은 시점에 삽입되었다는 주장은 "가능"할 수는 있지만, 증거에 기초해서 볼 때 "합리적"이지는 않다. 다시 한번 말하지만 복음서들의 "이른 저작설"을 부인하는 주된 동기는 초자연주의에 반하는 편견일 뿐이다.

2세기 안디옥에 "테오필로스"라는 이름의 주교가 있었다

누가가 자신의 복음서와 사도행전의 서론에서 묘사하는 "데오빌로"는 사실은 안디옥의 주교였던 테오필로스(대략 기원후 169-183년에 그 도시에서 섬겼다)였다고 주장하는 사람도 있었다. 그들은 일부 고대 연구자들이 누가가 원래 그 도시 출신이라고 주장한 것과 안디옥의 테오필로스가 신약성서(이것은 물론 누가복음을 포함했을 것이다)의 정경을 논하는 기독교 변증서를 썼다는 사실을 지목해 그렇게 주장했다. 데오빌로의 그런 신분을 주장하는 회의론자들 역시 누가복음의 서두에서 "우리 중에 이루어진 사실에 대하여…내력을 저술하려고 붓을 든 사람이 많은지라"라고 기록된 사실을 가리킨다. 여기서 누가는 안디옥의 테오필로스로 하여금 무엇보다도 먼저 변증서를 쓰도록 만들었던 2세기 후반

2부 증거를 검토하라

의 여러 종류의 이단적이고 거짓된 복음서들(예를 들어 이집트인의 복음서)을 지칭했던 것이 아닐까? 만일 그렇다고 하면 누가복음의 기록 연대는 그런 이단적 복음서들이 등장한 이후, 곧 안디옥의 테오필로스가 재임했던 기간인 2세기로 추정되어야 한다.

하지만…

누가는 복음서 서론에서 데오빌로에게 "각하"라는 호칭을 썼다. 이것은 권위의 칭호로서 데오빌로가 리더의 자리에 있었음을 보여준다. 데오빌로가 이미 교회의 종신직 리더였다면(주교로서 안디옥 교회를 다스리고 따라서 누가의 칭호가 합당했다면), 그는 정말로 예수의 생애에 대해 아는 것이 너무도 적어 누가가 그에게 "차례대로" 쓴 기록을 보내서 그가 "알고 있는 바를 더 확실하게" 다지도록 해야 했을까? 자신의 서론에서 누가는 데오빌로보다 더 많은 정보를 갖고 있는 위치에 있었던 것으로 보이며, 이는 데오빌로가 교회적 리더십에서 그처럼 중요한 위치에 오를 만큼 이미 박식한 인물이었을 가능성과 완전히 모순된다.

그러나 누가가 그를 지칭한 방식으로 볼 때 데오빌로가 리더의 자리에 있었던 것은 틀림없어 보인다. 누가복음서의 기록 연대를 1세기로 추정하는 다른 정황 증거들과 일치하는 1세기의 합리적인 설명들은 존재하는가? 그렇다. 실제로 존재한다. 누가는 벨릭스(행 24:3)와 베스도(행 26:25)를 가리킬 때도 동일하게 "각하"라는 칭호를 사용했는데, 이 둘 모두는 로마의 관리였다. 따라서 데오빌로 역시 비슷한 종류의 로마의 관리였을 것이다. 하지만 누가가 사도행전에서 데오빌로를 지칭했을 때, 같은 칭호를 사용하지 않았다는 사실은 흥미롭다. 이것

많은 사람이 "데오빌로"의 신원을 밝히려고 무던히 애를 썼다. 확실한 정답을 아는 사람은 없지만, 합리적인 가능성들은 많다.

그는 "하나님의 친구"의 총칭이다

일부 사람들은 "데오빌로"라는 단어가 "하나님의 친구"를 뜻하는 그리스어 단어라는 사실을 주시했다. 이런 이유에서 그들은 누가가 그의 작품을 "하나님의 친구"이고 예수의 주장에 관심을 가졌던 모든 사람을 위해 기록했다고 제안한다.

그는 로마 제국의 관리다

누가는 오로지 로마 관리들을 지칭할 경우에만 "각하"라는 표현을 사용했기에, 데오빌로가 로마에서 비슷한 지위를 갖는 인물이라고 믿는 사람들이 많다. 폴 마이어(Paul Maier)는 그의 소설 『로마의 불꽃』(The Flames of Rome)에서 티투스 플라비우스 사비누스 2세(Titus Flavius Sabinus II)를 누가가 편지했던 인물

은 데오빌로가 로마 정부에서 단기간의 임기(안디옥의 주교와 같은 종신직이 아니라)로 섬겼다는 사실을 반영하고 있을 수 있다. 아마도 데오빌로는 누가가 복음서를 기록했던 시기에 자신의 임기를 시작했던 것 같다. 이와 같은 리더의 자리는 1세기 로마 제국 정부에 분명히 존재했다.

1세기 로마 제국의 관리만이 데오빌로의 신원에 대한 합리적 후보가 되는 것은 아니다. 같은 이름을 가진 1세기의 유대 지도자들도 많이 있었는데, 여기에는 테오필로스 벤 아나누스(Theophilus ben Ananus, 기원후 37-41년 로마가 임명한 예루살렘 성전의 대제사장)도 포함이 된다.[17] 실제로 이 사람이 누가가 지칭했던 데오빌로라고 한다면, 이 사실은 누가가 다른 제

---

17 Josephus, *Antiquities of the Jews* (Unabridged Books, 2011), bk. 17, chap. 5, sec. 3 에서 언급됨.

2부 증거를 검토하라

사장인 사가랴 및 그가 성전에서 행하였던 활동을 서술함으로써 자신의 복음서를 시작한 이유도 함께 설명할 수 있다. 또한 오로지 누가만이 긴 시간을 들여 어떻게 요셉과 마리아가 예수의 정결 예식의 날이 찼을 때, 그리고 이후 열두 살이 되었을 때 예수를 성전으로 데리고 갔는지를 묘사하는 이유도 함께 설명할 수 있다. 또한 누가는 흥미롭게도 예수의 십자가 처형에서 가야바의 역할을 언급하

이라고 주장한다.

그는 유대인 대제사장이다
또 다른 사람들은 1세기에 살았던 두 명의 유대인 대제사장(테오필로스 벤 아나누스[Theophilus ben Ananus] 혹은 맛다디아 벤 테오필로스[Mattathias ben Theophilus])를 찾아내서 누가가 이 두 사람 가운데 하나를 수신인으로 생각했다고 추정할 때에야, 그가 성전 및 사두개인들과 연관된 유대 관습에 집중했던 사실이 가장 잘 설명된다고 주장한다.

지 않는데, 그 이유 또한 설명이 가능해진다(가야바는 테오필로스 벤 아나누스의 매형이었다).

누가가 2세기 후반에 안디옥의 테오필로스에게 이 글을 썼다는 주장은 "가능"하지만, 증거에 기초해서 바라볼 때 "합리적"이지는 않다. "진짜" 데오빌로를 정확하게 알아낼 수 있을 만큼 충분한 정보는 없지만 몇몇 합리적인 1세기의 설명이 있고, 누가복음 1장에서 누가가 데오빌로를 묘사하는 방식은 안디옥의 테오필로스와는 일치하지 않는다.

누가는 요세푸스가 기록한 내용의 상당 부분과 의견을 같이한다

몇몇 회의론자들은 티투스 플라비우스 요세푸스(Titus Flavius Josephus)의 글을 검토했다. 요세푸스는 기원후 37-100년까지 살면서 예루살렘 포위와 성전 파괴를 포함하여 팔레스타인 지역의 삶을 기록한 1세기의 유대 출신 로마 역사가다. 요세푸스는 90년대 초반(기원후 93-94년) 「유대고대사」(Antiquities of the Jews)를 썼다. 비평가들은 누가와 요세푸스 사이의 많은 유사점을 인용하며, 실제로 누가가 요세푸스의 저작을 자신의 저술을 위한 자료로 사용했다고 논쟁한다. 물론 이것은 누가의 저작 연대를 90년대 초반 이후, 어쩌면 2세기 초반까지 뒤로 미룰 수 있다.

하지만…

요세푸스는 누가도 묘사하는 역사적인 세부사항을 언급한다(예를 들어 구레뇨가 명한 호적 조사, 헤롯 아그립바의 죽음, 루사니아 분봉 왕의 신분, 글라우디오의 통치 기간에 있었던 기근). 그러나 이것이 반드시 누가가 요세푸스의 저작을 자신의 자료로 사용했다는 의미는 아니다. 실제로 요세푸스가 누가의 작품을 언급한 것일 수도 있다. 아니면 두 사람 모두 자신들보다 앞서 있었던 다른 누군가의 작품을 언급했을 수도 있다. 또는 각자 독립적으로 역사적 사실을 인용한 경우일 수도 있다. 어쨌든 우리가 여기서 보는 이중 인용은 우리에게 누가의 기록이 역사적으로 정확하다는 자신감을 주고 있다.

만일 누가가 요세푸스의 저작을 자신의 자료로 (마가 혹은 마태의 저작을 사용한 것과 비슷한 방식으로) 사용하고 있었다면, 왜 그는 요세푸스의 말을 그대로 인용하지 않았던 걸까? 자신의 역사를 편찬하기 위해 다른 자료들을 참조하고 있다는 사실은 그가 서두에서 선언하는 내용과 분명히 일치한다. 누가는 거리낌 없이 마가의 글을 그대로 옮겼고, 마태의 기록에서 찾아볼 수 있는 많은 병행 문구들을 삽입했다. 그렇다면 왜 그는 이와 비슷한 방식으로 요세푸스의 말을 그대로 옮기거나 반영하지 않았을까? 그러나 누가는 한 번도 그렇게 하지 않았고, 그의 작품은 요세푸스의 문체와의 유사성을 전혀 보여주지 않는다.

누가가 요세푸스를 차용했다는 주장은 분명히 "가능"하지만, 증거에 기초해서 볼 때 "합리적"이지는 않다. 누가복음의 "이른 저작설", 그러니까 누가복음이 요세푸스의 작품보다 거의 40여 년을 앞서 기록되었다는 주장을 지지하는 서로 관련이 없는 정황 증거들은 많다. 누가가 요세푸스를 참조했다는 주장을 지지하는 것처럼 보이는 모든 "증거"는 거꾸로 요세푸스가 누가를 참조했다는 주장을 옹호하기 위해서도 사용될 수 있다. "이른 저작설"에 대한 수많은 정황 사건은 그런 가능성들 가운데 무엇이 가장 합리적인지 판단하는 데 도움을 준다.

가장 합리적인 결론

이제 저작 연대와 관련해서 어떤 설명이 가장 합리적인지 판단하려고 노력하면서 "귀추법"의 일부를 적용해보기로 하자. 이 책 2장에서 묘

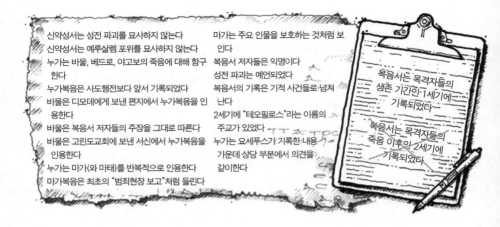

신약성서는 성전 파괴를 묘사하지 않는다
신약성서는 예루살렘 포위를 묘사하지 않는다
누가는 바울, 베드로, 야고보의 죽음에 대해 함구한다
누가복음은 사도행전보다 앞서 기록되었다
바울은 디모데에게 보낸 편지에서 누가복음을 인용한다
바울은 복음서 저자들의 주장을 그대로 따른다
바울은 고린도교회에 보낸 서신에서 누가복음을 인용한다
누가는 마가(와 마태)를 반복적으로 인용한다
마가복음은 최초의 "범죄현장 보고"처럼 들린다

마가는 주요 인물을 보호하는 것처럼 보인다
복음서 저자들은 익명이다
성전 파괴는 예언되었다
복음서의 기록은 기적 사건들로 넘쳐난다
2세기에 "테오필로스"라는 이름의 주교가 있었다
누가는 요세푸스가 기록한 내용 가운데 상당 부분에서 의견을 같이한다

복음서든 목격자들의 생존 기간인 1세기에 기록되었다

복음서는 목격자들의 죽음 이후인 2세기에 기록되었다

사된 사체의 현장처럼 우리는 이제껏 살펴본 모든 증거를 회의론자들이 찾아낸 증거를 포함해서 나열하는 것으로 시작할 수 있다. 그다음에 그와 같은 증거를 해명할 수 있는, 설명 가능한 두 개의 표를 작성한다.

목격자로 주장되는 사람들(복음서의 저자들)의 생애 및 성전 파괴를 구분점으로 사용할 때, 증거는 우리에게 두 가지 가능한 추론을 허용한다. 복음서들은 (1) 성전 파괴 사건 이전(목격자로 주장되는 사람들이 살아 있었던 기간 안)에 쓰였거나, 아니면 (2) 성전이 파괴되고 목격자로 주장되는 사람들이 세상을 떠난 지 오랜 후에 쓰였다. 첫 번째 설명을 받아들인다면 우리는 증거들 간의 어떤 모순이나 마찰 없이 모든 증거를 통합하고 수용할 수 있다. 두 번째 설명은 마지막 다섯 가지 증거를 설명할 수는 있지만, 처음 열한 가지를 설명하는 데는 (아무리 낙관한다고 해도) 커다란 어려움을 갖는다. 그러므로 복음서들이 성전 파괴에 앞서서 (그리고 예수를 보았다고 주장하는 사람들의 생애 동안) 1세기에 기록되었다는 추론이 최선의 설명이다. 이런 설명은 "실현 가능"하고 "복잡하지 않으며" "논리적"이다. 또한 우리가 수집한 모든 증거를 "총망라" 하고 대안적인 설명보다 "우월"하다. 귀추법을 위해 우리가 세웠던 다섯 가지 기준에도 합치한다. 그래서 우리는 가장 합리적인 설명에 도달했다고 자신할 수 있다.

복음서는 첫 번째 시험을 통과했다

배심원들은 우리가 이 책 4장에서 묘사했던 네 가지 범주를 통해 목격자들을 평가하도록 권고를 받는다. 그들은 가장 먼저 목격자들이 범행 시간에 정말로 현장에 있었는지를 확인한다. 복음서 저자들을 평가할 때, 증거에 기초하여 가능한 가장 합리적인 추론은 "이른 저작 연대"다. 이것은 복음서들이 신뢰할 만하다는 의미일까? 물론 아직은 아니다. 생각해야 할 것이 아직도 많다. 하지만 복음서는 첫 번째 시험을 통과했다. 복음서 저자들의 증언은 역사 속에서 충분히 이른 시점에 있었던 것으로 보이고, 이것은 복음서 저자들이 실제로 그 현장에 있음으로써 그들이 목격했다고 주장하는 것을 정말로 보았다는 사실을 확인해준다.

12장

증거는 입증되었는가?

나에게 "신"(god)이라는 단어는 인간의 연약함의 표현과 산물이며, 성서
는 고결하지만 그럼에도 불구하고 꽤나 유치한 원시적 전설들의 모음집
에 불과하다. 어떤 해석도, 그것이 아무리 교묘하다고 해도, (내게) 이런
사실을 바꾸어놓을 수는 없다.[1]

―알버트 아인슈타인(Albert Einstein)
　현대 물리학의 아버지

에덴동산의 이야기를 믿는 지성인이 세상에 있는가? 있다면 (자신의 이
마를 때리며) 이곳을 때려보라. 울리는 소리를 들을 수 있을 것이다. 입주
자를 찾고 있는 빈집이니까.[2]

1　James Randerson, "Childish superstition: Einstein's letter makes view of religion
　relatively clear," *Guardian*, May 12, 2008에서 Gutkind Letter (January 3, 1954)로
　부터 인용된 알버트 아인슈타인. 출처는 다음과 같다. 2012년 4월 25일, www.guardian.
　co.uk/science/2008/may/12/peopleinscience.religion

2　Robert Green Ingersoll, *Lectures of Col. R. G. Ingersoll, Latest* (Valde Books, 2009),

―로버드 그린 잉거솔(Robert Green Ingersoll)

"위대한 불가지론자"로 알려진 19세기 미국의 정치 지도자

나는 하나님이 성서라는 책을 썼다고 생각하는 사람들이 정말로 유치하다고 생각한다.

―빌 마허(Bill Maher)

코미디언이자 텔레비전 진행자, 정치 평론가

증거에는 반드시 어느 정도의 입증 자료가 필요하다

기독교의 성서는 단순히 도덕적인 삶에 관련된 잠언이나 계명들의 모음집이 아니다. 신약성서에 분명 그런 요소들이 포함되어 있다고 해도 그렇다. 오히려 성서는 역사에 관한 주장이다. 다른 목격자 증언과 마찬가지로 성서는 어떤 일이 과거의 특정한 시간에, 특정한 방식으로, 특정한 결과를 일으키며 발생했다는 것을 우리에게 이야기한다. 이와 같은 기록이 사실이라면 그것은, 회의론자들이 받아들이기 힘든 기적의 요소들이 포함되어 있다고 해도, 단순히 "전설" 혹은 "유치한" 이야기가 아니다. 초자연적인 것을 거절하는 사람들이 어떤 기적 사건을 보았다는 주장을 의심하는 것은 당연하다고 할 수 있다. 또한 회의론자들이 기적에 관한 주장이 입증되기를 기대하는 것도 당연한 일이다.

Kindle edition, Kindle location 1319.

목격자가 있다는 것이 내가 사용할 수 있는 유일한 증거인 경우도 있었지만, 내가 맡았던 사건의 대부분에서는 그런 목격자의 증언을 확증해주는 다른 증거가 있었다. 1982년에 사건 하나를 맡았는데, 목격자(에이미 톰슨[Aimee Thompson])한 사람은 그 살인사건이 일어나기 바로 몇 분 전에 피해자 집 앞마당에 서 있던 살인 용의자(대니 헤린[Danny Herrin])를 보았다고 주장했다. 최초 수사 때 에이미는 "여섯 장의 사진 라인업", 그러니까 여섯 명의 남성(에이미는 전혀 모르는 사람들) 사진이 두 줄로 정리된 하나의 사진 폴더에서 대니를 식별해냈다. 대니를 개인적으로 알지 못했지만 사진에서 그의 얼굴을 알아본 것이다. 또한 그가 유명 콘서트의 티셔츠를 입고 있었는데, 셔츠에는 이스케이프(Escape) 음반의 홍보를 위한 투어를 발표하는 음악 밴드 저니(Journey)의 로고가 박혀 있었다고 기억했다. 여기에 덧붙여 자신이 본 남자가 이상한 자세, 마치 몸에 어떤 부상을 입은 사람처럼 아주 약간 몸을 구부린 채 서 있었다고 이야기했다. 나는 대니가 그런 특이한 자세를 취하고 있으며, 그녀의 묘사와 일치한다는 사실을 알고 있었다. 나는 이런 신원 확인에 근거해서 인터뷰를 하기 위해 대니가 살고 있던 도시를 방문했다. 우리가 이야기를 나눴을 때, 대니는 자신이 피해자의 집 근처에 있었다는 사실을 부인했다. 그날 피해자의 집 근처는커녕 같은 도시에 있지도 않았다고 했다. 에이미의 목격을 입증할 과학수사식 현장 증거가 있었다면 좋았겠지만, 불행히도 이 사건은 그렇지 못했다. 하지만 최초의 수사관들은 대니의 차에서 피해자의 집에서 약 400미터 떨어진 주유소에서 사건 당일에 발급된 주유 영수증을 찾아냈다. 여기에 덧붙여 나중에 나는 대니의 여자 형제를 인터뷰했고, 대니가 사건 당일에 피해자를 만나기 위해 그의 집을 방문하겠다고 말했던 사실을 알아냈다.

주유 영수증과 여자 형제의 진술만으로 대니가 피해자를 살해했다는 사실을 증명할 수는 없지만, 이 두 가지 추가적 사실은 목격자인 에이미의 주장을 확증해주었다. 대니의 특이한 자세에 대한 그녀의 관찰과 두 가지 추가적인 지지 사실들에 기초해서 목격자인 그녀의 주장은 보다 더 합리성을 띄게 되었다. 여기서 두 가지 종류의 입증이 효력을 발생한다. 먼저 목격자 에이미의 진술에 대한 "내적" 입증이다. 그녀가 용의자에 대해 묘사한 것은 사실이었으며, 그녀의 주장대로 그녀가 실제 현장에 있지 않았더라면 알 수 없는 것(그의 자세)이 그것이다. 이와 같은 내적 증거에 덧붙여 그녀의 주장을 확증해주는 "외적" 증거도 있었다. 주유 영수증과 여자 형제의 진술은 에이미의 주장에 의존하지 않으면서도 그녀의 주장을 지지했다. 이와 같은 내적 그리고 외적인 증거는 서로 힘을 합쳐서 목격자인 에이미의 중심적인 주장에 "동의"했다.

"안에서부터 밖으로"의 입증

복음서의 주장들을 검토할 때 비슷한 입증이 가능하다. 그 입증에는 "내적"인 것(복음서 기록 안에서 본문의 주장과 일치하는 증거)과 "외적"인 것(복음서 기록에 의존하지 않으면서도 본문의 주장을 확인해주는 증거)이 있다. 신약성서 저자들에 관한 신뢰도를 지지해주는 내적인 증거에 대해서는 이미 상당한 양의 내용이 기록되어 있다. 학자들은 각 저자의 문체가 그와 관련된 신약성서의 주장을 입증하는지를 밝혀내기 위해 (고대) 언어 및 그리스 관용어구의 사용을 연구했다. 요한이 사용한 언어는 1세기 어부의 것과 일치하는가? 누가의 언어는 1세기 의사의 것과 일치하는가? 이와 같은 연구 활동은 학자적 관점에서는 흥미롭지만, 형사로서의 수사적 호기심은 불러일으키지 못했다. 하지만 내적 증거의 두 가지 영역만큼은 수백 명의 목격자를 인터뷰해온 내게도 흥미로웠다.

 복음서 저자들은 목격자에 대한 의도되지 않은 지지를 제공한다

4장에서 논의했던 대로 형사의 가장 중요한 임무 가운데 하나는 여러 명의 목격자가 범죄 현장에서 본 것을 진술할 때 그것을 경청하는 것이다. 현장에서 일어난 일에 대한 완전한 "그림"을 완성하는 것은 나의 몫이다. 어떤 목격자도 혼자서 세부사항 모두를 볼 수는 없다. 그렇기에 한 사람의 목격자로 하여금 다른 목격자가 놓쳤을 수도 있는 "공백을 메우도록" 하면서, 나는 모든 이야기를 한곳으로 엮어야 한다. 이것이 목격자들을 인터뷰에 앞서 서로 떨어뜨려 놓아야 하는 중요한 이유다. 진실하고 믿을 만한 목격담은 결코 완벽하게 유사하거나 일치하지 않는다. 대신에 그들은 같은 퍼즐의 다른 조각을 제공한다. 그들은 실제 일어난 일과 관련된 모든 세부사항을 묘사하면서 우연히 서로를 지지하고 보완하게 된다.

둘 이상의 저자가 동일한 사건을 묘사하는 부분을 서로 비교하면서

복음서의 목격담 속에는 "뜻밖의 우연"인 경우가 많이 들어 있다. 몇 가지를 더 나열해보자.

질문: 마태복음 8:16
사람들은 왜 날이 저물기까지 기다렸다가 치유가 필요한 사람들을 데리고 온 걸까?
답: 마가복음 1:21, 누가복음 4:31
그날이 안식일이었기 때문이다.

질문: 마태복음 14:1-2
헤롯은 왜 자신의 신하들에게 자신이 예수를 죽은 자 가운데서 살아난 세례 요한으로 생각하는지를 이야기한 걸까?
답: 누가복음 8:3, 사도행전 13:1
예수를 따랐던 자들 가운데 다수가 헤롯의 식솔이었기 때문이다.

질문: 누가복음 23:1-4
빌라도는 왜 예수가 자신을 왕이라고 주장했는데도 예수의 죄목을 찾지 못한 걸까?
답: 요한복음 18:33-38
예수가 빌라도에게 자신의 왕국은 이 땅의 것이 아니라고 말했기 때문이다.

복음서들을 처음으로 과학 수사 기법으로 읽었을 때, 나는 곧바로 각각의 저자들이 서로에게 제공하는 의도치 않은 지지에 깊은 감명을 받았다. 저자들의 이야기는 우리가 독립적인 목격자들로부터 기대하는 방식 그대로 "퍼즐로 맞추어"지고 있었다. 한 복음서의 목격자가 어떤 사건을 묘사하면서 세부사항 가운데 하나를 놓쳐 어떤 질문을 야기했을 때, 그 질문에 의도치 않게 답을 제공한 것은 다른 복음서의 저자였다(그런데 후자는 전자가 제공했던 세부사항을 놓치곤 했다). 병행되는 이야기들 사이의 이런 상호 의존은 둘 중 하나의 방법으로 설명될 수 있다. 첫 번째는 저자들이 정확하게 같은 시간과 같은 장소에서 함께 작업을 해서 기발한 거짓말을 만들어냈고, 이는 누구도 알아채기 어려울 만큼 교묘했다는 것이다. 두 번째 가능성은 복음서가 사건을 직접 목격한 서로 다른 목격자들에 의해 쓰였으며, 여기서 계획되지 않은 채 서로를 지지하는 세부사항이 포함되었다는 것이다. 그것은 실제로 일어난 그 무언가를 단순히 묘사하고 있을 뿐이었다.

성서를 생소하게 느꼈던 나는 이런 현상에 먼저 주목했던 다른 누군가가 있었는지 알아보기 시작했고, J. J. 블런트(J. J. Blunt)라는 신학 교수가 1847년에 『구약과 신약의 기록에 나타난 뜻밖의 우연, 그것들의 진실성 논쟁』(*Undesigned Coincidences in the Writings of the Old and New Testament, an Argument of their Veracity*)이라는 제목의 책을 썼다는 사실을 알게 되었다(이 책에는 복음서와 사도행전, 요세푸스 사이에 나타난 뜻밖의 우연을 담은 부록도 포함되어 있었다). 이 책은 성서와 관련된 책들 중에서 내가 처음 구입한 것이었다. 복음서와 사도행전에 관련된 부분에서 블런트는, 내가 복음서를 과학 수사 기법으로 검토했을 때 발견한 것과 동일한, 우연한 병행 본문들을 지목했다. 블런트는 이 현상을 일련의 "뜻밖의 우연"으로 묘사했고, 이처럼 의도되지 않은 목격자적인 지지의 특성이 드러나는 부분을 신약성서에서만 40곳이 넘게 찾아냈다. 그중 우리가 여기서 주장하는 사례를 몇 가지 들어보자.

제자를 부르심

성서를 잘 알지 못하는 사람으로서 나는 마태복음에서 예수가 베드로와 안드레, 야고보, 요한을 부른 사건을 처음 읽었을 때 무언가 이상하다고 느꼈다.

갈릴리 해변에 다니시다가 두 형제 곧 베드로라 하는 시몬과 그의 형제 안드레가 바다에 그물 던지는 것을 보시니 그들은 어부라. 말씀하시되 "나를 따라오라, 내가 너희를 사람을 낚는 어부가 되게 하리라" 하시니, 그들이 곧 그물을 버려두고 예수를 따르니라(마 4:18-22).

이것이 끝인가? 예수는 다가가 단지 "나를 따라오라"고만 말했고, 그들은 "곧" 모든 것을 버렸다고? 어떤 사람이 이렇게 할 수 있을까? 어떻게 그들은 예수가 누구인지 알았고, 그가 가진 무엇에 그와 같이 헌신할 가치가 있다는 것을 알았던 걸까? 마태의 기록이 우리에게 남아 있는 유일한 증언이라면(이것은 고대의 많은 공동체에게 적어도 여러 해 동안 남아 있는 유일한 증언이었다), 그 문제는 신비로 남았을 것이다. 나는 마태의 사건 묘사에 어떤 암시(그물을 깁는 것)가 있다고 믿지만, 누가의 서술을 읽기 전까지는 마태가 야기하는 질문의 답을 찾을 수 없었다.

무리가 몰려와서 하나님의 말씀을 들을 새, 예수는 게네사렛 호숫가에 서서 호숫가에 배 두 척이 있는 것을 보시니 어부들은 배에서 나와서 그물을 씻는지라. 예수께서 한 배에 오르시니 그 배는 시몬의 배라. 육지에서 조금 떼기를 청하시고 앉으사 배에서 무리를 가르치시더니, 말씀을 마치시고 시몬에게 이르시되 "깊은 데로 가서 그물을 내려 고기를 잡으라." 시몬이 대답하여 이르되 "선생님, 우리들이 밤이 새도록 수고하였으되 잡은 것이 없지마는 말씀에 의지하여 내가 그물을 내리리이다" 하고, 그렇게 하니 고기를 잡은 것이 심히 많아 그물이 찢어지는지라. 이에 다른 배에 있는 동무들에게 손짓하여 와서 도와 달라 하니 그들이 와서 두 배에 채우매 잠기게 되었더라. 시몬 베드로가 이를 보고 예수의 무릎 아래에 엎드려 이르되 "주여, 나를 떠나소서, 나는 죄인이로소이다" 하니, 이는 자기 및 자기와 함께 있는 모든 사람이 고기 잡힌 것으로 말미암아 놀라고 세베대의 아들로서 시몬의 동업자인 야고보와 요한도 놀랐음이라. 예수께서 시몬에게 이르시되 "무서워하지 말라. 이제 후로는 네가 사람을 취하리라" 하시니, 그들이 배들을 육지에 대고 모든 것을 버려두고 예수를 따르니라(눅 5:1-11).

결국 제자들은 즉흥적으로 예수에게 "뛰어든 것"이 아니었다. 마태는 제자들이 어떻게 부르심을 받았는지를 설명하는 데 관심이 있었지만, 누가는 좀 더 자세한 세부사항을 제공하는 데 관심이 있었다. 모든 목격자의 증언을 한 군데 모아놓고 생각할 때에야 우리는 온전한 그림을 얻을 수 있다. 제자들은 예수가 설교하는 것과 심히 많은 물고기를 잡는 기적을 보았다. 물고기의 포획은 너무도 인상적이었고, 그 수가 많아 그물이 찢어질 정도였다. 예수가 그들을 불러 자신을 따르라고 한 것은 그들이 바닷가로 돌아오고 난 다음(그리고 야고보와 요한이 찢어진 그물을 깁고 있는 동안)이었다. 이들은 예수께서 가르치신 것과 행하신 기적에 의지해 어부로서의 삶을 떠났던 것이다.

예수가 폭행당하심

다른 예로서 마태가 자신의 복음서 26장에서 제공하는 장면, 곧 예수께서 폭행을 당하시는 사건에 관한 묘사를 살펴보자. 이 장면에서 마태는

가야바 앞에서 심문을 당하는 예수를 묘사하면서, 예수께서 자신을 "사람의 아들"이라고 자칭하여 "신성모독"을 범했을 때, 대제사장과 공회원들이 그를 주먹으로 치고 손바닥으로 때렸다고 서술한다.

> 이에 예수의 얼굴에 침 뱉으며 주먹으로 치고 어떤 사람은 손바닥으로 때리며, 이르되 "그리스도야, 우리에게 선지자 노릇을 하라, 너를 친 자가 누구냐" 하더라(마 26:67-68).

공회원들이 던진 질문은 이상하게 들린다. 예수를 공격한 자들은 바로 앞에 있었다. 그런데 왜 "너를 친 자가 누구냐"라고 물었을까? 예수가 자신을 공격한 이들을 쳐다보면서 손쉽게 그들의 신원을 확인할 수 있었다고 할 때, 이것은 그다지 큰 도전처럼 보이지 않는다. 하지만 누가는 우리에게 더 많은 내용을 들려준다.

> 지키는 사람들이 예수를 희롱하고 때리며 그의 눈을 가리고 물어 이르되 "선지자 노릇 하라, 너를 친 자가 누구냐" 하고 이외에도 많은 말로 욕하더라(눅 22:63-65).

여기서 우리는 다시 한번 본다. 한 복음서의 목격자가 다른 목격자를 무심코 지지하는데, 그것은 바로 J. J. 블런트가 "뜻밖의 우연"이라고 부른 것이다. 마태의 서술은 예수의 눈이 가려져 있었다는 누가의 기록을 읽을 때 비로소 이해가 간다. 잠시 동안 당신이 기독교의 최초 회심자 가운데 한 사람이라고, 즉 마태복음만이 당신에게 유일하게 남아 있는 복음서인 어떤 역사적 시점과 지역에서 회심했다고 상상해보자(예를 들어 우리는 13장에서 마태복음이 초기 기독교 시대에 동아프리카의 새로운 기독교인들을 가르치기 위해 사용되었다는 진술을 듣게 될 것이다). 그때 이런 본문은 의아스러울 수 있다. 본문은 질문을 제기할 텐데, 그 질문은 다른 목격담에 접근하지 않고서는 결코 답을 찾을 수가 없다. 미제사건을 담당하는 형사로서 나는 비슷한 일을 수없이 경험했다. 범행 당시 어떤 목격자 한 사람이 야기한 질문이 수년이 지나 다른 추가적 목격자를 찾기 전까지는 종종 대답을 찾을 수 없는 것이다. 이것은 진실하고 믿을 만한 목격담의 공통된 특징이다.

> ### "의도하지 않은 지지"의 많은 사례 🔍
>
> 복음서의 목격담 가운데는 "뜻밖의 우연"을 보여주는 예가 많다. 몇 가지를 더 나열해보자.
>
> **질문: 마태복음 26:71**
> 여종은 어떻게 베드로를 알아봤을까?
> **답: 요한복음 18:16**
> 다른 제자가 베드로를 안으로 데리고 들어왔을 때, 그는 이 여종과 이야기를 나누었다
>
> **질문: 마가복음 14:43**
> 마가는 왜 아리마대 사람 요셉이 "당돌하게" 행동했다고 말했을까?
> **답: 요한복음 19:38**
> 이전의 요셉은 숨은 제자로서 유대인을 두려워했다

오천 명을 먹이심

"의도하지 않은 지지"의 가장 좋은 예는 네 복음서 모두에 기록된 "오천 명을 먹이신" 기적 사건에서 찾아볼 수 있다. 마가가 기록한 이 기적에 관한 묘사를 읽을 때, 다른 복음서가 제공하는 조언 없이 생각한다면 한 가지 질문이 생긴다. 마가는 이 사건이 있기 바로 전에 예수께서 제

자들을 근처 마을과 동네로 보내어 회개를 전파하도록 했다고 기록한다. 그들이 돌아왔을 때 큰 무리의 사람들이 제자들을 둘러쌌다.

사도들이 예수께 모여 자기들이 행한 것과 가르친 것을 낱낱이 고하니, 이르시되 "너희는 따로 한적한 곳에 가서 잠깐 쉬어라" 하시니(이는 오고 가는 사람이 많아 음식 먹을 겨를도 없음이라), 이에 배를 타고 따로 한적한 곳에 갈 새 그들이 가는 것을 보고 많은 사람이 그들인 줄 안지라. 모든 고을로부터 도보로 그곳에 달려와 그들보다 먼저 갔더라. 예수께서 나오사 큰 무리를 보시고 그 목자 없는 양 같음으로 인하여 불쌍히 여기사 이에 여러 가지로 가르치시더라. 때가 저물어 가매 제자들이 예수께 나아와 여짜오되 "이 곳은 빈들이요 날도 저물어가니 무리를 보내어 두루 촌과 마을로 가서 무엇을 사 먹게 하옵소서." 대답하여 이르시되 "너희가 먹을 것을 주라" 하시니, 여짜오되 "우리가 가서 이백 데나리온의 떡을 사다 먹이리이까?" 이르시되 "너희에게 떡 몇 개나 있는지 가서 보라" 하시니, 알아보고 이르되 "떡 다섯 개와 물고기 두 마리가 있더이다" 하거늘, 제자들에게 명하사 그 모든 사람으로 떼를 지어 푸른 잔디 위에 앉게 하시니 떼로 백 명씩 또는 오십 명씩 앉은지라. 예수께서 떡 다섯 개와 물고기 두 마리를 가지사 하늘을 우러러 축사하시고 떡을 떼어 제자들에게 주어 사람들에게 나누어 주게 하시고 또 물고기 두 마리도 모든 사람에게 나누시매, 다 배불리 먹고 남은 떡 조각과 물고기를 열두 바구니에 차게 거두었으며 떡을 먹은 남자는 오천 명이었더라(막 6:30-44).

마가에 따르면 이미 많은 사람이 그 지역을 오가고 있었는데, 이는 예수와 그의 제자들이 그들의 이목을 집중시키기 전이었다. 그와 같은 무리의 사람들이 도대체 왜 그 지역에 있었던 것일까? 이에 관해 마가는 말해주지 않는다. 마가의 기록이 제기하는 질문은 요한의 증언을 듣기 전까지는 대답되지 않는다.

> 그 후에 예수께서 디베랴의 갈릴리 바다 건너편으로 가시매 큰 무리가 따르니, 이는 병자들에게 행하시는 표적을 보았음이러라. 예수께서 산에 오르사 제자들과 함께 거기 앉으시니, 마침 유대인의 명절인 유월절이 가까운지라. 예수께서 눈을 들어 큰 무리가 자기에게로 오는 것을 보시고 빌립에게 이르시되 "우리가 어디서 떡을 사서 이 사람들을 먹이겠느냐" 하시니, 이렇게 말씀하심은 친히 어떻게 하실지를 아시고 빌립을 시험하고자 하심이라. 빌립이 대답하되 "각 사람으로 조금씩 받게 할지라도 이백 데나리온의 떡이 부족하리이다." 제자 중 하나 곧 시몬 베드로의 형제 안드레가 예수께 여짜오되 "여기 한 아이가 있어 보리떡 다섯 개와 물고기 두 마리를 가지고 있나이다. 그러나 그것이 이 많은 사람에게 얼마나 되겠사옵나이까?" 예수께서 이르시되 "이 사람들로 앉게 하라" 하시니 그 곳에 잔디가 많은지라. 사람들이 앉으니 수가 오천 명쯤 되더라. 예수께서 떡을 가져 축사하신 후에 앉아 있는 자들에게 나눠 주시고, 물고기도 그렇게 그들의 원대로 주시니라. 그들이 배부른 후에 예수께서 제자들에게 이르시되 남은 조각을 거두고 버리는 것이 없게 하라 하시므로, 이에 거두니 보리떡 다섯 개로 먹고 남은 조각이 열두 바구니에 찼더라(요 6:1-13).

요한은 마가복음에서 생기는 의문에 대답해준다. 큰 무리는 두 가지 상황의 결과였다. 먼저 요한만이 그 사람들이 예수께서 치유 기적을 행하여 오셨음을 알고, 그래서 그를 찾고 있었다는 사실을 우리에게 말해준다. 또한 요한만이 유월절 곧 유대인의 거룩한 명절로서 수천 명의 사람들이 그것을 축하하고자 예루살렘으로 향하는 도중에 이 지역을 지나게 되는 때가 가까웠음을 말한다. 마가도 그 무리에 관해 언급은 하지만, 요한만이 그들이 애초부터 왜 그곳에 있게 되었는지를 설명해준다. 요한은 마가가 야기하는 질문에 우연히 대답하는 동시에, 자신도 대답이 필요한 질문을 야기한다. 요한의 기록은 빌립과 안드레를 구체적으로 언급한다. 이것이 내 눈에 특이하게 보였던 것은 대명사와 고유명사의 사용이 포렌식 진술 분석에서 중요한 초점이 되기 때문이다. 안드레와 빌립은 복음서에서 중요한 인물이 아니다. 복음서 저자들은 이들을 거의 언급하지 않는다. 특별히 베드로, 요한, 야고보와 비교할 때 그렇다. 따라서 여기서 그들이 등장한다는 사실은 몇 가지 질문을 불러일으킨다. 예수는 왜 빌립에게 그들이 빵을 어디서 사야 할지를 물으셨던 걸까? 그 질문에 대한 답변 장면에서 안드레는 왜 등장한 걸까? 이것에 덧붙여 요한은 보다 더 간략한 마가의 기록에서는 찾아볼 수 없는 한 가지 세부사항을 언급한다. 요한은 제자들이 무리에게 "보리떡"을 나눠 주었다고 말한다. 또한 그 지역에 "잔디가 많았다"는 마가의 주장도 반복한다. 요한이 제기하는 질문과 잔디 및 보리의 역할을 이해하기 위해 마지막으로 누가의 기록을 검토해보자.

사도들이 돌아와 자기들이 행한 모든 것을 예수께 여쭈니 데리고 따로 벳새다라는 고을로 떠나 가셨으나 무리가 알고 따라왔거늘, 예수께서 그들을 영접하사 하나님 나라의 일을 이야기하시며 병 고칠 자들은 고치시더라. 날이 저물어 가매 열두 사도가 나아와 여짜오되 "무리를 보내어 두루 마을과 촌으로 가서 유하며 먹을 것을 얻게 하소서. 우리가 있는 여기는 빈들이니이다." 예수께서 이르시되 "너희가 먹을 것을 주라" 하시니, 여짜오되 "우리에게 떡 다섯 개와 물고기 두 마리밖에 없으니 이 모든 사람을 위하여 먹을 것을 사지 아니하고서는 할 수 없사옵나이다" 하니(이는 남자가 한 오천 명 됨이러라). 제자들에게 이르시되 "떼를 지어 한 오십 명씩 앉히라" 하시니 제자들이 이렇게 하여 다 앉힌 후, 예수께서 떡 다섯 개와 물고기 두 마리를 가지사 하늘을 우러러 축사하시고 떼어 제자들에게 주어 무리에게 나누어 주게 하시니 먹고 다 배불렀더라. 그 남은 조각을 열두 바구니에 거두니라(눅 9:10-17).

누가만이 유일하게 이 사건이 예수께서 벳새다라는 고을로 떠났을 때 일어났다는 사실을 우리에게 전해준다. 이 사실을 드러냄으로써 요한의 증언에서 빌립과 안드레가 왜 중요했는지를 둘러싼 수수께끼가 풀린다. 그 둘은 (요 1:44에 따르면) 벳새다 출신이었다. 우리는 (벳새다에서 그 기적이 일어났다고 말하는) 누가로부터가 아니라 (이 기적과는 아무 관계도 없이 그것을 언급하는) 요한으로부터 그와 같은 세부사항을 듣는다. 예수는 빌립이 그 지역 출신인 것을 알았기 때문에 그에게 빵을 구할 출처를 물으셨던 것이다. 빌립과 안드레는 예수의 질문에 대답할 특별한 자격이 있었고, 따라서 그 둘은 당연히 최선을 다해 질문에 대답하려고 했다.

잔디와 보리는 어떨까? 왜 이런 세부사항이 이 이야기에 포함된 것일까? 잔디와 보리는 목격자들이 실제로 보고 경험했던 것과 일치하는가? 이미 알려져 있는 것처럼 유월절은 벳새다 지역에서 비가 가장 많이 내리는 다섯 달이 지나가는 시기(4월)에 기념되는 명절이다. 여기에 덧붙여 유월절은 보리가 수확되는 끝 무렵이기도 하다.[3] 이처럼 의미 없어 보일 수도 있는 세부사항이 바로 내가 목격자로부터 듣고자 기대하는 내용이다. 목격자는 보다 큰 이야기에서는 그다지 중요하지 않은 세부사항을 포함하여 자신이 본 것을 그대로 나열해주기 때문이다.

---

3   더 자세한 정보를 위해 Oded Borowski, *Agriculture in Iron Age Israel: The Evidence from Archaeology and the Bible* (Boston: American Schools of Oriental Research, May 1987), 7을 참조하라.

복음서 저자들은
이름을 정확하게 표기한다

목격자와 인터뷰할 때 나는 용의자와 범행이 일어난 환경에 대한 그들을 묘사를 주의 깊게 듣는다. 목격자의 현장 관찰은, 만일 그것이 사실이라면, 범행 시점과 장소에 대한 참된 본질을 틀림없이 반영한다. 에이미는 1982년에 자신이 목격한 용의자에 대해 이야기할 때, 1981년에 발표된 음반(이스케이프)을 홍보하는 저니 콘서트의 셔츠를 묘사했다. 그 셔츠에 대한 묘사는 살인 시점과 일치했다. 만일 에이미가 예를 들어 1990년까지는 구할 수 없었던 어떤 셔츠를 묘사했다면, 나는 그녀의 진술을 의도하지 않은 오류나 의도적인 거짓말로 생각했을 것이다.

우리는 복음서의 이야기에서도 비슷한 것을 발견할 수 있다. 복음서 저자들은 다양한 지리적 위치에서 글을 쓴 것으로 알려져 있다. 마가는 아마도 로마에서, 마태는 유대에서, 누가는 안디옥이나 로마에서, 그리고 요한은 에베소에서 썼을 것이다.[4] 회의론자들은 복음서 기록이 예수의 생애와 사역에 대한 직접적인 지식을 갖지 못했던 사람이 쓴 것이며, 그래서 저자는 자신이 묘사하는 지역의 지리적 특성에 전혀 익숙하지 않은 사람이라고 주장한다. 결국 복음서는 여러 세대가 지난 후에 지어낸 이야기에 불과하다는 것이다. 그러나 복음서 저자 모두는 자신의 증언을 기록하면서 여러 명의 인물을 묘사했고, 종종 구체적인 이름

---

4   복음서가 기록된 장소에 대한 더 자세한 정보를 위해 Eusebius, *The History of the Church* (Neeland Media LLC, 2009), chap. VIII을 참조하라.

복음서 저자들은 1세기 팔레스타인 유대인들의 대중적인 이름들을 정확하게 언급하는 것 이상의 작업을 했다. 그들은 그 당시 살았던 사람들의 것과 비슷한 문체를 사용해서 글을 썼던 것이다. 1세기의 성서 외에 파피루스와 도자기 조각도 고대 중동에서 대중적이었던 그리스어 형태의 견본을 제공해준다. 복음서 저자들이 사용했던 그리스어는 역사의 그 시점에 그 지역에 살던 토착민의 "흔한" 그리스어와 매우 유사하다. (보다 자세한 내용에 대해서는 F. F. 브루스의 『신약성서는 신뢰할 만한가?』를 참조하라.)

으로 개개인의 신분을 확인했다. 그 이름들은 복음서 저자들이 실제로 1세기 팔레스타인의 삶에 익숙했는지를 판단하는 데 중요한 실마리를 제공한다.

리처드 보컴(Richard Bauckham)[5]은 탈 일란(Tal Ilan)[6]의 작업을 검토했고, 일란의 자료를 사용해서 성서에 사용된 이름을 조사했다. 일란은 기원전 330년에서 기원후 200년 사이에 팔레스타인 유대인이 사용했던 것으로 기록된 이름 전부를 어휘집으로 엮어냈다. 그녀는 요세푸스의 글, 신약성서 본문, 유대 광야와 마사다에서 나온 문서, 그리고 당시 초대 랍비들의 저술 전부를 검토했다. 심지어 예루살렘 납골당(장례 무덤)의 명문(銘文)까지 검토했다. 일란은 신약성서 본문도 그녀의 연구에 포함시켰다. 그녀는 (복음서의 이야기를 망라하는 긴 기간 동안) 팔레스타인에서 가장 대중적이었던 남성의 이름이 시몬과 요셉이었다는 것을 발견했

5 　보다 더 자세한 정보를 위해 Richard Bauckham, *Jesus and the Eyewitnesses*, Kindle location 1113을 참조하라.

6 　더 자세한 정보를 위해 Tal Ilan, *Lexicon of Jewish Names in Late Antiquity: Palestine 330 BCE-200 CE* (Philadelphia: Coronet Books, 2002)을 참조하라.

다. 가장 대중적이었던 여성의 이름은 마리아와 살로메였다. 독자들은 복음서의 이야기에서 이 이름을 들었을 것이다. 보컴은 일란이 발견한 모든 이름을 검토했고, 그때 신약성서에서 이름들이 등장하는 빈도가 일란이 모든 문서를 검토해서 발견한 것과 거의 동일한 비율을 보인다는 사실을 발견했다.

당시 팔레스타인 문헌에 인용된 대중적인 이름

남성 이름의 **15.6%**가 시몬 혹은 요셉이었다
남성 이름의 **41.5%**가 가장 대중적인
아홉 개의 이름 가운데 하나였다
남성 이름의 **7.9%**는 다른 누구와도
중복되지 않는 이름이었다
여성 이름의 **28.6%**는 마리아 혹은 살로메였다
여성 이름의 **49.7%**는 가장 대중적인
아홉 개의 이름 가운데 하나였다
여성 이름의 **9.6%**는 다른 누구에게도
없는 것이었다.

신약성서 저자들이 인용한 대중적인 이름

남성 이름의 **18.2%**가 시몬 혹은 요셉이었다
남성 이름의 **40.3%**는 가장 대중적인
아홉 개의 이름 가운데 하나였다
남성 이름의 **3.9%**는 다른 누구와도
중복되지 않는 이름이었다
여성 이름의 **38.9%**는 마리아 혹은 살로메였다
여성 이름의 **61.1%**는 가장 대중적인
아홉 개의 이름 가운데 하나였다
여성 이름의 **2.5%**는 다른 누구에게도
없는 것이었다[7]

복음서에서 찾을 수 있는 가장 대중적인 이름은 우연히도 1세기의 팔레스타인에서 찾을 수 있는 가장 대중적인 이름이다. 이는 고대 팔레스타인에 살았던 유대인의 대중적인 이름과 이집트에 살았던 유대인의 대중적 이름을 비교할 때 더욱 명확해진다.

---

7   Richard Bauckham, *Jesus and the Eyewitnesses*, Kindle location 1189.

가장 많이 사용된 팔레스타인 유대 남성의 이름	가장 많이 사용된 이집트 유대 남성의 이름
시몬(Simon)	엘르아살
요셉(Joseph)	사바타이오스(Sabbataius)
엘르아살(Eleazar)	요셉
유다(Judah)	도시테오스(Dositheus)
요하난(Yohanan)	파포스(Pappus)
여호수아(Joshua)	프톨레마이오스(Ptolemaius)

만일 복음서 저자들이 자신의 기록에서 사용했던 이름이 단순히 추측에서 나온 것이었다면, 그것은 놀라울 만큼의 정확성을 가지고 행한 일이 된다. 팔레스타인에서 대중적이었던 유대식 이름은 이집트, 시리아, 로마에서 대중적이었던 것과 달랐다. 복음서 저자들이 사용했던 이름은 저자들이 참된 목격자로서의 친숙성을 근거로 자신들의 글을 썼다는 주장과 일치한다.

어떤 이름이 매우 흔할 때, 사람들은 이름에 추가 정보를 덧붙여 구별한다. 내 이름은 짐 월리스(Jim Wallace)인데, 사람들은 나를 「소조너스」(Sojourners)라는 잡지의 창간인 겸 편집인인 짐 월리스(Jim Wallis)와 혼동하곤 한다. 그래서 나는 나 자신을 묘사할 때 "PleaseConvinceMe.com의 월리스"라는 추가적인 설명어를 덧붙이곤 한다. 다시 말해 저는 "소조너스의" 짐 월리스가 아니라, "PleaseConvinceMe.com의" 짐 월리스입니다. 이런 추가적인 설명어가 발견될 경우에 우리는 이처럼 변경된 이름이 역사 속의 그 지역 혹은 시점에 분명히 흔했을 것이라고 생각할 수 있다. 우리는 이것을 복음서의 이야기를 통해 발견할 수 있다. 복음서 저자들은 우리에게 시몬 "베드로", "열혈당원" 시몬, "무두장이" 시몬, "나병 환자" 시몬, 그리고

"구레네 사람" 시몬을 소개한다. 시몬이라는 이름은 1세기의 팔레스타인에서 너무 흔했고, 그래서 복음서 저자들은 이 시몬과 저 시몬을 구별하기 위해 설명어를 덧붙여야만 했다. 이는 복음서 저자들이 1세기의 팔레스타인 땅에서 정말로 실존했고 또 그 지역에서 흔했던 이름에 익숙했다면, 그리고 그런 대중적 이름을 가진 사람들을 잘 묘사해야 할 필요가 있었다면, 충분히 예상할 수 있는 것이다.

예수(히브리어로 여호수아)는 1세기의 팔레스타인에서 대중적인 이름 가운데 하나였고, 남성 이름 가운데서 여섯 번째를 차지했다. 그래서 예수라는 이름 역시 명확성을 위해 추가적인 설명어를 요구할 때가 있었다. 복음서 저자들은 흥미롭게도 (자신들이 서술자의 입장을 취할 때는) 예수에 대한 추가적인 설명어를 사용하지 않지만, 자신들이 서술하는 이야기 속에서 다른 사람이 예수를 말할 때는 추가적인 설명어를 사용한다. 예를 들어 마태는 예수께서 행하거나 말씀하신 내용을 묘사할 때, 예수를 반복적으로 "예수"로만 지칭한다. 하지만 그는 예수의 이름을 사용하

> **지역의 확증** 🔍
>
> 복음서 저자들은 분명 자신이 기록했던 지역에 상당히 친숙했다. 정경 외에 팔레스타인 바깥에서 기록된 위작은 예루살렘(이스라엘에 있다고 모든 사람이 알고 있었던 유명한 도시) 말고는 다른 어떤 도시도 언급하지 않는 반면에, 오로지 복음서 저자들만은 중요성이 덜한 1세기의 마을과 부락들의 구체적 이름을 포현하는 것이다. 복음서 저자들은 애논, 아리마대, 벳바게, 가이사랴 빌립보, 가나, 고라신, 달마누다, 엠마오, 에브라임, 마가단, 나인, 살렘, 수가와 같은 이름들을 언급하거나 묘사한다. 이 부락들 가운데 일부는 그 지역에 익숙한 사람이 아니면 있는지도 모를 만큼 알려지지 않은 무명의 장소였다.

는 다른 사람의 말을 인용할 경우에는, 그들이 예수를 "갈릴리 나사렛에서 온 예수", "갈릴리 사람 예수", "그리스도라 불린 예수", "십자가에 못 박힌 예수"로 식별했던 표현을 그대로 옮겨 적었다. 그 차이는 무엇일까? 마태는 역사의 서술자로서 여러 장의 내용을 기록하는 동안 예수를 (부가된 서술어가 없이) 그 이름으로만 지칭했다. 독자들은 마태가 그의 기록 초반에 소개한 예수라는 인물에 이미 익숙했을 것이다. 하지만 마태는 1세기의 맥락에서 사람들이 예수를 이렇게 식별했을 것이라는 우리의 예상대로 정확하게 기록하고 있다. 마태는 자신이 직접 말할 때는 "예수"라고만 표현하면서 오로지 "사실만을 기록하는 목격자"의 입장을 취하는 듯이 보이지만, 다른 사람들이 예수를 지칭한 것은 자신이 들었던 그대로 정확하게 기록했다.

복음서 저자들이 세부사항을 묘사하는 방식(의도하지 않았지만 서로 지지해주는 방식)과 저자들이 사람을 지칭할 때 취하는 접근 방식(1세기 팔레스타인의 것으로 예상할 수 있는 이름과 설명어)은 그들의 증언을 "내적으로" 입증한다. 복음서 이야기는 "안에서부터 밖으로" 진실된 것으로 드러난다. 복음서의 단어들 자체는 우리가 목격자로부터 예상하는 것과 일치한다.

"밖으로부터 안으로"의 입증

복음서의 기록들이 사실이라면, 우리는 그것들이 "외적으로"도 입증될 것이라고 기대한다. 예를 들어 에이미의 증언은 두 개의 추가적인 증거(주유 영수증의 발견과 대니의 여자 형제의 증언)를 통해 입증되었다. 복음서들은 외부 목격자들, 곧 기독교인인 것도 아니고 복음서 저자들의 증언을 반드시 믿은 것도 아니었지만 그들 자신이 알고 있던 사실을 전했던 목격자들의 증언에 의해 "밖으로부터 안으로"도 입증된다. 이와 같은 비기독교인 목격자들은 점점 더 커져가는 기독교 운동에 적대적이었고, 복음서의 주장에도 비판적이었다. 그럼에도 불구하고 그 목격자들은 복음서 저자들이 전해주는 많은 세부사항을 인정한다.

미제사건을 담당하는 형사로서 나는 그와 같은 상황을 여러 번 만난 적이 있다. 한번은 자신의 아파트에서 살해당한 어떤 피해자의 사건을 맡은 적이 있었다. 이 살인사건의 주요 용의자는 처음에는 자신이 피해자의 집에 있었다는 사실 자체를 부인했다. 다시 한번 그를 인터뷰했을 때, 나는 우리가 바로 그 집에서, 그것도 피해자가 살해된 바로 그 방에서 그의 DNA를 발견했다는 사실을 말했다. 그러자 그는 이야기를 바꿔 피해자가 자신에게 전화를 걸어 피해자의 집으로 건너와 방에서 차고로 박스를 옮기는 일을 도와달라고 한 일이 기억난다고 말했다. 그는 자신이 사건 당일에 피해자의 집으로 건너가서 박스를 옮기는 일을 돕느라 아주 잠깐 그 방에 머물렀다는 것이다. 그러면서도 그는 자신이 살인과는 아무 관계가 없음을 주장했다. 범행에 연루된 사실을 계속해서 부인했지만, 그의 새로운 진술은 "어쩔 수 없이 인정"하는 두 가지 사항을 포함했다. 용의자는 이제 자신이 피해자가 살해당한 바로 그날 살인이 일어난 그 방에 있었다는 사실을 인정했다. 여전히 자신이 범행을 저질렀다는 사실은 부인했지만, 결국 다른 정황 증거와 함께 자신에게 불리한 사건을 구성해갈 중요한 사실들을 "어쩔 수 없이 인정"한 것이다.

성서 밖의 목격자가
복음서를 입증한다

기독교에 적대적이었던 고대의 관찰자와 저자들은 예수를 예수 자신이 주장하는 존재로 인정하지는 않으면서도, 위의 사례와 비슷한 방식으로 기독교인 목격자의 주장을 입증해주는 몇 가지 주요한 사실을 "어쩔 수 없이 인정"했다. 이런 "어쩔 수 없는 인정"에 속한 몇 가지를 살펴보고, 그것이 제공하는 예수의 그림을 재구성해보자.

요세푸스(기원후 37-100년경)가 묘사하는 예수

요세푸스는 「유대고대사」에서 세 번의 독립된 인용을 통해 기독교인들을 묘사한다. 그 본문들 중 한 곳에서 그는 세례 요한의 죽음을, 다른 곳에서는 야고보(예수의 형제)의 처형을 언급하며, 세 번째 본문에서는 예수를 "현자"(wise man)로 묘사한다. 요세푸스의 글에 대해서는 논란이 있는데, 이는 초기 기독교인들이 예수에 대한 그의 언급을 "보다 더 강조하기" 위해 그가 남긴 작품의 복사본에서 일부 내용을 수정한 것으로 보이기 때문이다. 따라서 예수와 관련된 요세푸스의 본문을 검토할 때, 우리는 학자들이 그런 수정을 모면했다고 믿는 본문에 의존해야 한다. 고대 언어학자이자 예루살렘 히브리 대학교(Hebrew University of Jerusalem)의 특임 교수인 슐로모 파인스(Shlomo Pines)는 1971년 아가피우스(Agapius)라는 이름의 히에라볼리 멜키 전례교(典禮敎, 451

년에 칼케돈 공의회가 채택한 신앙의 정의를 승인한 이집트 및 시리아의 기독교―역자 주)의 주교가 쓴 문서를 발표했다. 그것은 오랫동안 사용되지 않아 사라졌던 10세기의 아랍어로 쓰인 문서였다. 이 아랍어를 구사했던 아가피우스도 요세푸스를 인용했는데, 고대로부터 다른 저자들이 사용해온 그리스어가 아니라 아랍어를 사용해서 그렇게 했다. 요세푸스의 기록에 관한 다른 고대 버전에서 볼 수 있는 기독교에 대한 공공연한 언급은 아가피우스의 인용에서는 누락되어 있고, 그 결과 학자들은 아가피우스 버전이 요세푸스의 원래 본문을 가장 잘 반영하고 있다고 믿는다.

> 이때 예수라고 부르는 현자가 있었다. 그의 행위는 선했고 사람들은 그를 고결한 이로 알았다. 유대인들과 다른 나라들로부터 온 많은 사람들이 나아와 그의 제자가 되었다. 빌라도는 그에게 십자가 처형과 사형을 선고했다. 이미 그의 제자가 된 사람들은 그를 따르는 제자도를 버리지 않았다. 그들은 예수가 십자가 처형을 당하고 나서 3일 후에 자신들에게 나타났으며, 그가 살아 있었다고 전했다. 그들이 전한 바에 따르면 그는 아마도 예언자들이 기적을 행할 것이라고 말했던 그 메시아였다.[8]

예수의 기적, 생애, 부활, 그리고 "그리스도"로서의 신분 등의 성격에 대해 이보다 더 상세한 요세푸스의 글에 대한 다른 고대 인용문이

---

8 Shlomo Pines, *An Arabic Version of the Testimonium Flavianum and Its Implications* (Israel Academy of Sciences and Humanities: Jerusalem, 1971), Kindle edition, Kindle locations 9-10, 16.

많지만, 이 간략하고 보수적인 요세푸스의 본문만으로도 예수에 대한 여러 주요 사실은 "어쩔 수 없이" 인정된다. 이 본문으로부터 우리는 예수가 실존했고, 전해지는 바에 따르면 경탄을 불러일으킬 만한 능력을 보인 현명하고 고결한 선생이었으며, 빌라도 치하에서 정죄와 십자가 처형을 당했고, 그에게는 십자가의 죽음 이후에 자신들에게 나타났다고 전하는 제자들이 있었으며, 그래서 사람들이 그를 메시아로 믿었다고 결론을 내릴 수 있다.

탈루스(Thallus, 기원후 5-60년 경)가 묘사하는 예수

탈루스는 사마리아인 역사가로서 예수의 십자가 처형 이후 겨우 20년 후인 1세기 중반에 지중해 지역의 역사에 대한 광범위한 (세 권의) 기록을 남긴 인물이다. 많은 고대 역사가의 저술처럼 그의 작품 대부분이 지금은 유실되고 없다. 하지만 다른 역사가인 섹스투스 율리우스 아프리카누스(Sextus Julius Africanus)가 기원후 221년 「세계의 역사」(History of the World)라는 제목의 원고를 썼는데, 거기서 탈루스의 원래 기록에서 중요한 본문 하나를 인용했다. 탈루스는 사람들이 확증하는 예수의 십자가 처형 과정을 시간 순서대로 기록했으며, 예수가 사망할 당시에 목격된 어둠에 대해 설명했다. 아프리카누스는 탈루스의 설명을 간략히 묘사한다.

가장 무시무시한 어둠이 온 세상을 짓눌렀다. 지진이 일어나 바위가 갈라졌고, 유대는 물론 다른 지역의 많은 장소가 무너져 내렸다. 탈루스는 「역사」 제3권에서 그 어둠을, 내가 보기에는 아무런 근거도 없이, 일식이라

고 불렀다.[9]

탈루스가 직접 쓴 완전한 기록과 설명이 없다는 사실이 애석하지만, 그는 어둠을 이처럼 설명하면서 복음서의 일부를 입증해주는 중요한 세부사항을 "어쩔 수 없이 인정"했다. 탈루스는 십자가 처형의 순간에 있었던 어둠이 초자연적으로 야기되었다는 사실은 부인했지만, 예수가 정말로 십자가 처형을 당했고, 그가 십자가에서 죽었을 때 어둠이 땅을 덮쳤다는 사실은 의도하지 않았지만 입증했다.

타키투스(기원후 56-약 117년)가 묘사하는 예수

코르넬리우스 타키투스(Cornelius Tacitus)는 역사적인 문서의 분석과 검토로 유명하며, 고대 역사가들 가운데 가장 신뢰를 받는 인물이다. 그는 베스파시아누스 황제 치하에서 원로원 의원을 지냈고 또한 아시아의 총독이기도 했다. 기원후 116년에, 그는 「연대기」(*Annals*)에서 로마 대화재에 대한 네로 황제의 반응 및 그것을 기독교인들의 탓으로 돌린 네로의 주장을 이렇게 묘사했다.

결과적으로 네로는 그런 기록을 없애기 위해 죄를 다른 사람에게 돌렸다. 그들은 대중이 혐오스럽다는 이유로 증오하는 계층, 곧 그리스도인이라고 부르는 한 부류였다. 네로는 그들에게 가장 격렬한 고문을 가했다.

---

9 *Ante-Nicene Christian Library: Translations of the Writings of the Fathers Down to A.D. 325*, eds. Alexander Roberts and James Donaldson, vol. 9, Irenaeus, Vol. II Hippolytus, Vol. II Fragments of Third Century (Edinburgh: T & T Clark, 1870), 188.

그리스도인들이라는 이름의 출처는 그리스도(Christus)였다. 그리스도
는 티베리우스(Tiberius)의 통치 기간 동안 우리의 행정장관들 중 하나
인 본디오 빌라도의 손에 의해 극심한 형벌을 겪었고, 그래서 잠시 동안
이 유해한 미신은 제지되었지만 다시 터져 나왔는데, 이번에는 그 악의
처음 근원지인 유대 땅뿐만 아니라 심지어 로마에까지 퍼졌다. 로마는 세
상의 모든 지역으로부터 온 온갖 이교적이고 수치스런 것이 중심적인 자
리를 찾고 인기를 누리는 곳이다[10](「연대기」, 15:44).

타키투스는 네로의 행동과 그리스도인들이 로마에 살았다는 사실
을 묘사하는 가운데, 예수의 생애와 관련된 몇 가지 주요 사실을 "어쩔
수 없이 인정"한다. 타키투스는 예수가 유대 땅에 살았고 본디오 빌라
도에게 십자가 처형을 당했으며, 그에게는 그를 믿는 믿음 때문에 박해
를 당한 제자들이 있었음을 입증한다.

마라 바르 세라피온(기원후 70년―사망 년도 미상)이 묘사하는 예수
기원후 70년이 지나고 나서 얼마 후에 마라 바르 세라피온(Mara Bar-
Serapion)이라는 이름의 한 시리아 철학자는 자기 아들을 격려하는 글
에서 예수의 생애와 박해를 어떤 신념을 위해 박해를 받았던 다른 철
학자들과 비교했다. 마라 바르 세라피온이 예수를 이와 같은 영향력을
가진 실제 인물로 묘사했다는 사실은 중요하다.

---

10 Cornelius Tacitus, *Works of Cornelius Tacitus. Agricola*, *The Annals*, *A Dialogue
    concerning Oratory*, *Germania and The Histories* (Boston: MobileReference, 2009),
    Kindle edition, Kindle locations 6393-6397.

2부 증거를 검토하라

소크라테스를 죽여서 아테네인들이 얻은 이득이 무엇인가? 그렇게 저지른 범죄 때문에 기근과 전염병의 심판이 그들에게 임했다. 피타고라스를 불태워 죽임으로써 사모스인들은 무슨 이득을 얻었는가? 그들의 땅은 곧 모래로 뒤덮였다. 자신들의 지혜로운 왕을 처형했을 때 유대인들은 어떤 이득을 얻었는가? 그 일이 있은 직후 그들의 왕국은 멸망했다. 하나님은 이 세 명의 지혜로운 사람들을 대신하여 정의의 복수를 행하셨다. 아테네인들은 굶어 죽었고 사모스인들은 바닷물에 압도되었으며, 자신의 땅에서 파멸되어 쫓겨난 유대인은 사방으로 흩어져 살게 되었다. 하지만 소크라테스가 영원히 죽은 것은 아니다. 그는 플라톤의 가르침을 통해 계속해서 살아 있다. 피타고라스도 영원히 죽은 것이 아니다. 그는 헤라의 조각상을 통해 계속해서 살아 있다. 지혜의 왕 역시 영원히 죽은 것이 아니다. 그는 그가 전했던 가르침을 통해 계속해서 살아 있다.[11]

마라 바르 세라피온은 예수를 탁월한 자리에 위치시키지는 않았지만(그는 예수를 소크라테스나 피타고라스 같은 다른 역사적인 스승들과 나란히 나열했을 뿐이다), 그럼에도 몇 가지 주요 사실은 인정한다. 적어도 우리는 예수가 자신의 신념을 위해 죽은 지혜롭고 영향력 있는 인물이었다는 결론은 내릴 수 있다. 또한 유대인들이 예수의 죽음에서 중심적인 역할을 수행했고, 예수의 제자들은 예수의 신념을 반영하는 삶을 살았다는 결론도 내릴 수 있다.

---

11   Bruce, *New Testament Documents*, Kindle location 1684-1688(『신약성서는 신뢰할 만한가?』)에서 인용된 "Letter from Mara Bar-Serapion to His Son."

플레곤(Phlegon, 기원후 80-140년)이 묘사하는 예수

섹스투스 율리우스 아프리카누스는 탈루스를 인용했던 것과 비슷한 방식으로 기원후 140년 경에 역사책을 집필한 플레곤이라는 이름의 역사가에 대해 기록했다. 플레곤은 자신의 역사 기록에서 십자가 처형을 둘러싼 어둠을 언급했다.

플레곤은 티베리우스 카이사르(Tiberius Caesar) 시기에 보름달이 떴던 날 제6시부터 제9시까지 개기일식이 있었다고 기록한다.[12]

알렉산드리아 태생으로 초기 교회의 신학자이자 학자였던 오리게네스(Origen)도 켈수스(Celsus)라는 이름을 가진 그리스 작가의 비평에 대답하기 위해 쓴 자신의 책에서 플레곤을 여러 번 인용했다.

고대 유대인의 확증

유대인의 탈무드(고대 랍비들의 저술과 토론)의 기록 연대는 5세기로 추정되지만, 1세기와 2세기의 초기 "타나임" 시대(모세에서 시작된 구전 전통의 마지막 세대-역자 주)에서 유래하는 고대 가르침도 포함하고 있다고 간주된다. 탈무드의 많은 글이 예수를 언급한다.

"예수는 마술을 행하였고 이스라엘을 미혹했다"(b. sanhedrin 43a; cf. t. shabbat 11.15; b. shabbat 104b).

"랍비 히스다(Hisda, 309년 사망)는 랍비 예레미야 바르 아바(Jeremiah bar abba)가 이렇게 말했던 것을 전했다. '화가 네게 미치지 못하며 재앙이 네 장막에 가까이 오지 못하리니'(시 91:10)라고 쓰인 뜻은 무엇인가?…'화(evil, 악)가 내게 미치지 못하여'는 악한 꿈과 악한 생각이 너를 유혹하지 않으리라는 [뜻이고] '재앙이 네 장막에 가까

---

12 *Ante-Nicene Christian Library*, eds. Roberts and Donaldson, vol. 9, 188에서 인용

플레곤은 그의 연대기에서, 내 생각으로는 열세 번째 혹은 열네 번째 책에서, 예수에게 미래 사건을 아는 능력이 있다고 했을 뿐만 아니라(비록 베드로를 가리키는 어떤 것들이 마치 예수를 가리키는 것처럼 혼동하기는 했어도), 실제 결과가 예수의 예측에 상응했다는 사실도 증언했다. 이와 같이 예지의 능력을 인정함으로써 플레곤 역시 자신의 의도와는 관계없이 우리 교계의 교부들이 가르친 교리들에 신적 능력이 결여되어 있지 않다는 생각을 표현한 셈이 되었다.

예수는 티베리우스 카이사르가 통치했던 기간에 십자가형을 당한 것으로 보이는데, 티베리우스 카이사르 시기에 일어났던 일식과 이것에 뒤따라 일어난 큰 지진에 대해서도 플레곤은, 내 생각에는, 그의 연대기 열세 번째 혹은 열네 번째 책에서 기록했다.

플레곤은 그런 지진과 어둠을 지어낸 이야기라고 상상하기도 했다.

이 오지 못하리니'는 네게 나사렛 예수처럼 자신의 식량을 태울 아들이나 제자가 없으리라는 [뜻이다]"(b. sanhedrin 103a; cf. b. berakhot 17b).

"가르침에 따르면 그들이 예수를 매단 것은 유월절 전날이다. 한 전령이 앞서 사십 일간 이렇게 선포하며 다녔다. '그는 마술을 행하였으며 이스라엘을 딴 길로 호도했기 때문에 돌에 맞아 죽을 것이다. 그에게 유리한 사실을 알고 있는 사람은 누구든지 나와 그를 위해 간청하라.' 그러나 그에게 유리한 사실은 전혀 발견되지 않았고, 그들은 유월절 전날 그를 매달았다"(b. sanhedrin 43a).

이름을 분명히 밝히면서 예수를 언급하는 그 본문만으로도 우리는 예수에게 마술적인 힘이 있었고, 예수가 유대인들을 전통적인 믿음 밖으로 이끌어냈으며, 그래서 유월절 하루 전날에 처형당했다는 결론을 내릴 수 있다.

그러나 우리는 그 사건들이 우리의 구세주가 고통 당하시던 바로 그때 일어났다는 이야기를 들려주는 플레곤의 증언을 제시하면서, 앞의 서술에서 우리의 능력이 닿는 대로 그것들에 대해 변호한 바 있다.[13]

플레곤은 예수의 제자가 아니었으며 복음서 저자들의 여러 주장을 부인했지만, 그의 진술은 예수에게 미래를 정확히 예측할 능력이 있었다는 것과 예수가 티베리우스 카이사르의 통치 기간 중에 십자가형을 당했다는 사실을 "어쩔 수 없이 인정"하고 있다.

1세기 후반에서 2세기 초반의 이런 저술가들은 기독교에 우호적인 친구가 아니었다. 실제로 그들은 이제 막 시작된 기독교 운동에 대체로 무관심했다. 그럼에도 불구하고 그들 모두는 "스스로 의도하지는 않았지만" 예수의 생애를 입증하는 중요한 세부사항을 제공한다. 기독교의 모든 문서가 소실되었다고 해도, 우리는 이런 작가들로부터 예수에 대한 어느 정도의 묘사를 재구성할 수 있을 것이다.

예수에 대한 고대의 묘사 및 ("의도되지 않은") 성서 밖의 묘사들은 예수가 실제로 역사적인 인물이었고, 기적을 행하는 고결하고 지혜로운 남성이었으며, 미래를 정확하게 예측했고, 제자들을 가르쳤다는 사

---

13 Origen, "Origen Against Celsus," *The Ante-Nicene Fathers*, eds. Alexander Roberts and James Donaldson, vol. 4, *Tertullian, Part Fourth; Minucius Felix; Commodian; Origen, Parts First and Second* (Buffalo: Christian Literature, 1885), 437, 445, 455. 오리게네스가 인용한 플레곤에 대한 더 자세한 정보를 원한다면 www.newadvent. org/fathers/04162.htm 혹은 William Hansen, *Phlegon of Tralles' Book of Marvels*, University of Exeter Press: Exeter Studies in History (Exeter, UK: University of Exeter Press, 1997)을 참조하라.

실을 포함한다. 예수의 가르침은 유대인과 그리스인 모두로부터 거대
한 무리의 제자들을 이끌어냈다. 사람들은 그를 "그리스도"로 알아보았
고, 메시아로 믿었으며, 그는 유대인의 "지혜로운 왕"으로 널리 알려졌
다. 나중에 그의 제자들은 그리스도인이라고 불리게 되었다. 예수를 헌
신적으로 따르는 사람들은 유대 지도자들에게 위협적이었고, 그래서
유대인들은 로마 당국에 그들의 혐의를 제시하게 된다. 그래서 본디오
빌라도는 티베리우스 카이사르의 통치 기간 중에 예수에게 십자가형
을 선고했다. 예수가 십자가에 매달렸을 때, 땅 위에 큰 어둠이 내려앉
았고 지진이 일어나 십자가를 둘러싼 광범위한 지역을 흔들었다. 처형
이후 예수에 대한 "유해한 미신"이 팔레스타인 지역에서 시작하여 로
마까지 퍼져나갔다.

예수에 대한 이런 묘사는 불완전하기는 해도 복음서 저자들의 묘사
와 놀라울 만큼 흡사하다. 그러므로 초기의 외적인 비기독교 자료는 신

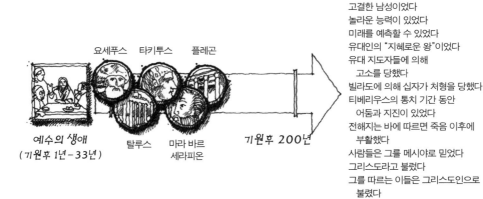

요세푸스 타키투스 플레곤

예수의 생애
(기원후 1년-33년)

탈루스 마라 바르
세라피온

기원후 200년

유대 땅에 살았다
고결한 남성이었다
놀라운 능력이 있었다
미래를 예측할 수 있었다
유대인의 "지혜로운 왕"이었다
유대 지도자들에 의해
    고소를 당했다
빌라도에 의해 십자가 처형을 당했다
티베리우스의 통치 기간 동안
    어둠과 지진이 있었다
전해지는 바에 따르면 죽음 이후에
    부활했다
사람들은 그를 메시야로 믿었다
그리스도라고 불렸다
그를 따르는 이들은 그리스도인으로
    불렸다
"미신"이 퍼져나갔다

약성서 저자들의 증언을 입증해준다고 할 수 있다.

고고학은 계속해서 복음서를 입증한다

기독교는 역사적인 주장들을 펼친다. 따라서 고고학은 그 주장들이 실제로 사실인지 살펴보기 위해 우리가 사용할 수 있는 도구가 된다. 지난 2백 년 동안 수행된 고고학의 노력은 회의론자들이 기독교의 사례들 가운데 "약점"을 지닌 영역으로 지적해온 몇 가지 세부사항을 오히려 사실로 확증해주었다. 지금은 성서의 많은 본문이 고대의 비기독교 목격자들과 고고학적인 증거 둘 다를 통해 입증되고 있다. 몇 가지 예를 들어보자.

입증된 구레뇨

누가는 구레뇨라는 이름의 수리아 총독이 호구조사를 실시함으로써 요셉과 마리아가 베들레헴으로 돌아갔다고 기록했다(눅 2:1-3). 요세푸스는 이 총독의 존재를 확증하지만, 그의 통치 기간이 기원후 5년에서 기원후 6년이라고 기록했다.[14] 하지만 마태는 예수가 헤롯 대왕의 통치 기간 중에 태어났다고 기록하며, 따라서 요세푸스가 보는 시점은 너무 늦다(헤롯은 요세푸스가 기록한 구레뇨의 통치 기간보다 9년이나 앞서 죽

---

14 Josephus, *Antiquities of the Jews* (Unabridged Books, 2011), bk. 17, chap. 18, sec. 2, v. 1.

었다). 여러 해 동안 회의론자들은 이런 불일치점을 지적하며 통치자들의 연대 순에 익숙하지 않은 누군가가 역사의 뒤늦은 시점에 누가복음을 기록했다는 증거로 사용했다. 하지만 19세기의 고고학적인 발견이 이런 명백한 모순을 해결해주는 추가적인 정보를 제공했다. 바로 구레뇨(혹은 동명이인의 인물)가 기원전 11년부터 헤롯이 죽기까지 시리아와 길리기아의 총독이었다는 사실이다. 구레뇨의 이름은 당시의 동전[15]과 비시디아 안디옥에 세워진 동상의 기초[16]에서 발견되었다. 고고학은 이제 누가가 기록한 호구조사 당시 구레뇨가 총독으로 재직했음을 입증해준다.

> **다른 중요한 고고학적인 확증들** 🔍
>
> **에라스도**: 로마서 16:23에서 바울은 "이 성의 재무관 에라스도와…도 너희에게 문안하느니라"라고 말한다. 1929년에 고린도에서 에라스도의 존재를 확증해주는 노면의 돌조각이 발견되었다.
>
> **이고니온**: 사도행전 13:51에서 누가는 브루기아에 있는 이 도시를 언급했다. 고대 저자들(키케로[Cicero] 같은) 가운데 일부는 이고니온이 브루기아가 아니라 루가오니아에 위치했다고 기록했지만, 1910년에 이고니온을 브루기아에 있는 도시로 확증해주는 기념비가 발견되었다.

---

15 John McRay, *Archaeology and the New Testament* (Grand Rapids, MI: Baker Academic, 2009), Kindle edition, Kindle locations 6332–6334 에서 인용된 미간행 원고(*The Year of the Nativity: Was Jesus Born in 12 B.C.? A New Examination of Quirinius [Luke 2:2] and Related Problems of New Testament Chronology*)로부터의 Jerry Vardaman.

16 Sir William Ramsay, *The Bearing of Recent Discovery on the Trustworthiness of the New Testament* (Primedia eLaunch, 2011), Kindle edition, Kindle locations 3446–3448.

누가는 로마의 지배 아래 1세기 팔레스타인에 존재했던 정권을 정확하게 묘사한다. 다음과 같은 그의 서술은 실제로 그가 자신이 주장하는 때와 장소에서 글을 쓰고 있었다는 사실을 보여준다.

누가는 사도행전 22:28에서 로마의 시민권을 얻을 수 있는 두 가지 경로를 정확하게 묘사한다.

누가는 사도행전 24:1-9에서 혐의가 있는 범죄자들이 재판에 회부되는 절차를 정확하게 묘사한다.

누가는 사도행전 25:6-12에서 바울이 자신의 로마 시민권을 거론하여 사건을 가이사에게 상소하는 방식을 정확하게 묘사한다.

누가는 사도행전 28:17과 28:30-31에서 로마 군인이 죄수를 감금하는 방식과 자비로 감금되었을 때의 상태를 정확하게 묘사한다(노만 가이슬러[Norman Geisler]의 *Baker Encyclopedia of Christian Apologetics*를 참조하라).

루사니아가 입증되다

누가는 루사니아라는 이름을 가진 분봉왕을 묘사했고, 세례 요한이 사역을 시작했을 때 그가 아빌레네를 다스리고 있었다고 기록했다(눅 3:1). 요세푸스 역시 루사니아라는 이름을 가진 사람을 기록했지만,[17] 이 사람이 그 지역을 기원전 40년부터 36년까지 다스린 왕이라고 언급했다(이것은 세례 요한이 태어나기 한참 전이다). 다시 한번 회의론자들은 이런 명백한 불일치를 이용해서 누가의 기록에 의혹을 던졌다. 하지만 이전과 마찬가지로 이 문제를 해결하고 누가의 주장을 입증해준 것은 고고학이었다. 루사니아를 직접 언급하는 두 개의 명문(銘文)이 발견된 것이다. 하나는 기원후 14년-37년까지로 추정되며 루사니

---

17 Josephus, *Complete Works of Flavius Josephus*, Kindle edition, Kindle locations 1292-1295.

아가 다메섹 근처 아빌레네의 분봉왕이라고 확인해준다.[18] 이 명문은 루사니아라는 이름을 가진 사람이 두 사람이었을 가능성, 곧 예수가 태어나기 전에 다스렸던 루사니아와, 또한 누가가 묘사하는 바로 그 정확한 시점에 다스리던 분봉왕이 루사니아였을 가능성을 합리적으로 확증해준다.[19]

베데스다 연못이 입증되다

요한은 베데스다라는 연못의 존재를 기록했고(요 5:1-9), 그것이 예루살렘 안의 다섯 행각에 둘러싸여 양문 근처에 위치해 있다고 묘사했다. 오랫동안 이 장소에 대한 증거는 요한복음 밖에서는 찾을 수 없었다. 다시 한번 회의론자들은 성서의 이런 본문을 지적하면서, 요한복음이 그 도시의 특징을 잘 모르는 누군가에 의해 역사의 뒤늦은 시점에 기록되었다고 주장했다. 하지만 1888년에 고고학자들은 예루살렘에 있는 성안나교회(St. Anne's Church)의 부근 지역을 발굴했고, 한쪽에서 아래로 내려오는 계단과 다른 한쪽에는 안이 빈 다섯 행각을 구비한 연못의 유적을 발견했다.[20, 21] 이에 더하여 20세기에 발견된 사해사

---

18   John McRay, *Archaeology and the New Testament* (Grand Rapids, MI: Baker Academic, 2009), Kindle edition, Kindle locations 2091-2095.

19   Sir William Ramsay, *The Bearing of Recent Discovery on the Trustworthiness of the New Testament* (Primedia eLaunch, 2011), Kindle edition, Kindle locations 3630-3658.

20   Bruce, *New Testament Documents, Kindle location* 1393-1400. 『신약성서는 신뢰할 만한가?』

21   Shimon Gibson, *The Final Days of Jesus: The Archaeological Evidence* (New York: HarperCollins ebooks, 2009), Kindle edition, Kindle location 73. 『예루살렘의 예수』(청

본 두루마리도 이 연못의 존재를 확증해주는 고대의 기록을 제공한다. 구리 두루마리(Copper Scroll, 기원후 25-68년 사이에 기록됨)는 예루살렘 안의 여러 장소의 목록을 묘사하는데, 여기에는 현관 부근에 위치한 "베트 에쉬다타인"(Beth Eshdathayin)이라는 연못이 포함되어 있다.[22] 다시 한번 복음서 저자의 주장이 고고학으로 입증된다.

실로암 연못이 입증되다

또한 요한은 "실로암 못"을 기록했고(요 9:1-12), 이곳이 성결의식이 행해지는 장소라고 묘사했다. 이 연못은 구약성서(사 8:6; 22:9)에서도 언급되지만, 신약시대의 고대 저자 중에서는 요한만이 유일하게 그것의 존재를 묘사했다. 학자들은 2004년까지는 이 연못의 위치를 확신할 수 없었지만, 그때 예루살렘의 다윗 성 지역에서 이 연못이 발견되었다. 고고학자 로니 라이히(Ronny Reich)와 엘리 슈크론(Eli Shukrun)이 이 연못을 발굴했고, (못의 특징과 회반죽에서 발견된 동전을 기초해서) 그것의 연대를 기원전 100년에서 기원후 100년 사이로 추정했다.[23] 이 발견은 기독교의 성서와 요한의 증언이 믿을 만하다는 사실을 입증해준다.

림 역간).

22 John McRay, *Archaeology and the New Testament* (Grand Rapids, MI: Baker Academic, 2009), Kindle edition, Kindle locations 2537-2543.

23 Gibson, *The Final Days of Jesus*, Kindle location 71.

2부 증거를 검토하라

본디오 빌라도가 입증되다

본디오 빌라도(예수의 십자가 처형을 허락한 유다의 총독)의 존재에 관하여 오랫동안 우리에게 남아 있는 유일한 입증 자료는 (1부에서 묘사된) 타키투스의 아주 간략한 인용뿐이었다. 하지만 1961년에 빌라도의 이름이 명문(銘文)으로 새겨진 석회석 조각 하나가 발견되었다.[24] 이 명문은 빌라도의 재임 기간(기원후 26년-36년) 중 지방의 수도였던 가이사랴에서 발견되었고, 빌라도가 티베리우스 카이사르에게 헌정했던 건물을 묘사한다. 이런 발견 하나만으로도 복음서 저자들이 역사 속의 빌라도의 존재, 정권에 관련된 그의 위치, 그리고 그와 티베리우스 카이사르와의 관계에 대해 기록한 것들이 입증된다.

십자가 처형의 관습이 입증되다

로마 제국의 십자가 처형 관습을 묘

다른 중요한 고고학적 입증

읍장들(Politarchs): 수백 년에 걸쳐서 누가는 "그 도시의 지배자들"을 묘사하기 위해 "읍장들"이라는 단어를 사용했던 유일한 고대의 저자였다. 회의론자들은 19세기의 명문이 발견될 때까지 계속해서 그것이 적절한 그리스어 용어인지 의심했었다. 그 단어가 사용된 경우 가운데 다섯 번은 데살로니가(누가가 그 용어를 들었다고 주장하는 바로 그 도시)를 언급한다.

서기오 바울(Sergius Paulus): 사도행전 13장에서 누가는 서기오 바울을 바보의 총독으로 소개한다. 하지만 회의론자들은 이 사람의 존재를 의심했고, 그 지역의 지도자는 총독이 아니라 "지방장관"(propraetor)이었다고 주장했다. 하지만 구르보의 솔리(Soli)에서 서기오 바울을 인정하고 그를 총독으로 소개하는 한 명문이 발견되었다.

---

24 McRay, *Archaeology and the New Testament*, Kindle location 1922.

사한 것은 복음서 저자들만이 아니다. 요세푸스 역시 예루살렘의 파괴를 묘사하면서 그 관행을 묘사한 바 있다.[25] 하지만 수천 명의 사형수와 전쟁 포로가 그런 방식으로 처형되었다는 보고가 있음에도 불구하고, 고고학 현장에서는 그렇게 처형된 사람이 단 한 명도 발견되지 않았다. 일부 회의주의적인 학자들은 그 이유가 그렇게 처형된 범죄자는 제대로 된 절차를 밟아 장사 될 형편이 아니었기 때문이라고 추측한다. 그들은 보통 비슷하게 처형된 다른 죄수와 함께 공동묘지로 내던져졌다. 하지만 복음서 저자들은 예수가 정식으로 장사되었다고 기록한다. 이에 대해 회의론자들은 십자가 처형을 당한 희생자가 그렇게 장사되었다는 증거가 부족하다면서 그럴 가능성을 의심했다. 하지만 1968년에 바실리오스 차페리스(Vassilios Tzaferis)는 십자가 처형을 당한 희생자인 요하난 벤 하갈골(Yohanan Ben Ha'galgol)의 유적을 발견했는데, 그는 유대식 "코크힘 형태"의 무덤에 제대로 장사되어 있었다.[26] 요하난의 유해를 조사한 결과 그의 두 발과 손목 뼈 사이에는 못이 박혀 있었던 것으로 확인되었다. 요하난의 무덤의 발견은 범죄자 가운데 일부가 실제로 복음서 저자들이 묘사하는 것과 비슷하게 장사되었다는 사실을 입증해준다.

복음서에 기록된 다른 많은 세부사항 역시 고고학에 의해 입증되어왔다. 이런 발견은 계속해서 복음서 저자들의 주장을 "밖으로부터 안으로" 증명해준다. 성서 밖에 위치했던 고대 저자들의 기록이 복음

---

25 Josephus, *Complete Works of Flavius Josephus*, Kindle edition, Kindle locations 31292-31294.

26 McRay, *Archaeology and the New Testament*, Kindle location 2820.

서 저자들의 증언과 모순되는 것처럼 보이는 사항에서, 고고학적인 발견은 신약성서의 주장을 확증해주면서 명백한 모순들을 계속해서 해결해가고 있다.

큰 틀의 묘사와 소소한 세부사항

"내부적인" 그리고 "외부적인" 증거들은 복음서의 이야기들을 입증할 뿐만 아니라 예수의 생애와 사역에 대한 심상(image)을 형성한다. 복음서의 광범위하고 일반적인 요소들을 우리 눈앞에 "그려주는 것"은 1세기와 2세기 초반의 성서 밖에 위치한 고대 저자들이며, 고고학적인 기록이 그것을 확증해준다. 그런 그림의 일부는 최소한의 묘사에 그치고

성서 밖에 위치한 고대의 목격자들과 고고학이라는 "외적 증거"를 통해 입증되는 큰 틀의 묘사들

이름, 지역, 언어, 그리고 "의도되지 않은 지지"라는 "내적 증거"로 입증되는 소소한 세부사항

초점도 분명하지가 않지만, 그러나 심상은 충분히 알아볼 수 있을 만큼 분명하다. (큰 틀에서의 묘사 안에서) 그것은 신약성서가 제시하는 복음서 저자들의 증언과도 일치한다. 하지만 복음서의 기록 가운데 여러 가지 구체적 세부사항이 보다 명확해지는 것은 이런 큰 틀에서의 확증 너머에 있는 복음서 자체의 내적인 증거를 통해서다. 복음서 저자들 사이에 일어난 "의도되지 않은 지지"(J. J. 블런트가 "뜻밖의 우연"이라고 부른 것), 고유명사 및 장소의 정확한 식별, 당시 지역과 시대상을 반영하는 그리스어의 적절한 사용 등의 사례를 발견해갈수록, 우리는 복음서의 기록이 1세기의 팔레스타인 상황과 일치하는 세부사항을 서술하고 있다고 확신할 수 있게 된다.

예수에 대한 우리의 그림은 "내적" 증거의 확증을 통해 보다 더 분명해지는데, 이것은 "내적" 증거가 "외적" 증거에 증거능력을 부여하고 복음서 저자들의 주장들을 입증해가면서 이루어진다.

그렇다면 왜 어떤 사람들은 이 사실을 계속해서 부정할까?

복음서를 비판하는 일부 사람은 지금까지 우리가 논의해온 내적 및 외적 증거에 시큰둥해한다. 다양한 증거가 서로 일치하고 있다는 **명확한** 사실에도 불구하고 말이다. 많은 회의론자들은 복음서 안의 많은 본문이 여전히 성서 밖의 증거를 통해 이해되고 지지되어야 한다고 주장한다. 내적·외적 증거의 영역과 관련하여 회의론자들이 제기하는 이의를 살펴보면서, 왜 (알버트 아인슈타인 같은) 일부 사람이 복음서를 "인간적

연약함의 표현과 산물"로 묘사하는지를 알아보기로 하자.

고대 저자들이 남긴 원문의 일부는 실종되었다

많은 비평가는 우리가 탈루스와 플레곤 같은 고대의 비기독교적인 작가들을 통해 설명했던 "외적인" 확증의 일부를 거절했다. 그들은 이 두 고대 역사가의 원문이 우리에게 남아 있지 않다는 것을 걸고 넘어졌다. 우리는 역사 속의 훨씬 늦은 시점에서 원문을 빌려 썼던 기독교 저자 (섹스투스 율리우스 아프리카누스와 오리게네스)의 인용문을 검토했다. 여기서 이런 문제가 생긴다. 우리가 이 고대 기독교의 옹호자들이 탈루스과 플레곤을 왜곡하거나 잘못 인용한 것이 아닌지 어떻게 알 수 있는가? 회의론자들은 우리에게 탈루스나 플레곤이 쓴 온전한 원문이 복사된 사본이 없고, 따라서 오늘날 우리에게 남아 있는 인용은 신뢰할 수 없는 것이라고 주장한다.

하지만…
아프리카누스와 오리게네스는 탈루스와 플레곤에 동의하는 입장이 아니라 회의적인 입장에서 그들의 작품을 인용했다. 아프리카누스는 탈루스가 예수의 십자가 처형 당시에 내려왔던 어둠을 설명하기 위해 사람들이 일식을 제시했다고 언급하면서도, 그 자신은 분명히 그런 결론에 동의하지 않았다. 그는 탈루스가 "아무런 근거 없이" 그런 주장을 했다고 말했다. 이와 비슷하게 오리게네스 역시 플레곤이 예수에게 미래를 예측할 수 있는 능력이 있었다는 사실을 의도치 않게 인정하면서도, 예수에 대한 기록 가운데 많은 부분이 사실을 착각하고 있다고("베드로를 지칭하는 어떤 것을 혼동하고 있다"고) 주장했다. 아프리카누스와 오리게네스는 자신들이 인용한 기록을 주관적으로 오염시키지 않았다. 다시 말해 그들 자신의 주장을 지지하지 않는 세부사항을 삭제하거나 변경하지 않았다. 그 대신에 아프리카누스와 오리게네스는 탈루스와 플레곤의 결론에 언제나 동의했던 것이 아님에도 불구하고 그들의 작품을 인용했다. 이런 증거로부터 내릴 수 있는 최선의 추론은 아프리카누스와 오리게네스가 그들의 자료를 정확하고 정직하게 인용했다는 것인데, 특별히 아프리카누스와 오리게네스가 전하는 것과 모순되는, 탈루스와 플레곤에 대해 상충하는 다른 고대의 인용이 없기에 더욱 그렇다고 생각된다.

일부 복음서의 용어는 여전히 "골칫거리"다

일부 비평가는 복음서 저자들이 부정확하게 사용한 것처럼 보이는 몇몇 용어를 예로 들기도 한다. 비평가들은 이런 잘못된 참조가 복음서 저자들이 그들이 묘사하던 시기와 지역에 익숙하지 못했거나 그들이 주장하는 것보다 훨씬 이후에 복음서를 기록했다는 사실을 드러내 준다고 주장한다. 예를 들어 회의론자들은 산상수훈에 나오는 "외식하는 자들이 회당에서 기도하는 것같이" 사람들 앞에서 기도하는 것에 대한 예수의 발언(마 6:5)은 타당하지 않다고 논쟁했다. 일부 유대학자들은 예

2부 증거를 검토하라

수 시대의 유대인은 회당에서 기도하지 않았고, 이런 실천이 시작된 것은 기원후 70년에 성전이 파괴되고 난 이후라고 주장한다.[27] 이것이 사실이라면, 마태복음은 기묘하게도 시간 순서가 뒤바뀐 주장을 포함하고 있는 셈이 된다. 비평가들은 비슷한 다른 예를 여럿 제공하는데, 이것들은 복음서 저자들에게 의혹을 불러일으키는 독특한 용어 혹은 당시의 고대 작품과는 다른 방식으로 사용된 용어가 있다고 주장한다.

하지만…

이런 이의제기는 우리가 1세기 팔레스타인의 환경에 대한 완벽한 지식을 갖고 있다고 가정한다. 예를 들어 그런 특정한 이의제기에서 복음서 저자들의 주장과 모순되는 어떤 고고학적인 증거나 고대 문서의 증거는 존재하지 않는다. 대신에 비평가들은 성서의 주장에 대한 외부로부터의 증거가 없다는 이유로 복음서에 반대하는 주장을 펼친다. 하지만 우리는 이미 이전까지 입증이 되지 않았거나(예를 들어 벳새다 연못), 모순으로 보였지만 결국에는 고고학에 의해 입증된(예를 들어 구레뇨나 루사니아의 신분) 복음서의 주장들을 여럿 보아왔다. 성서의 역사적인 기록을 비난하는 회의주의의 상당 부분은, 심지어 증거를 통한 지지가 없더라도, 기록이 확증되기 전까지는 기본적으로 그것이 거짓이라고 추정한다. 복음서 저자들은 실질적으로 무죄로 증명될 때까지는 유죄라는 셈이 된다. 신약성서의 저자들에게는 무죄 추정이란 없다. 고대의

---

27 Gerald Friedlander, *The Jewish Sources of the Sermon on the Mount*, Elibron Classics (Whitefish, MT: Kessinger Publishing, LLC, 2011), 266.

다른 역사적 저자들과 달리 복음서 저자들에게는, 다른 고대 자료들이 어떤 특정한 주장에 대하여 침묵할 경우, 유죄 확정 때까지는 무죄로 추정된다는 신뢰가 사치가 되고 제공되지 않는다.

이런 회의주의적 주장의 상당 부분은 우리가 이 책 1장에서 논의했던 철학적 자연주의의 추정에 기인한다. 복음서들은 초자연적 묘사 곧 치유, 예언, 기적들을 포함한다. 그러나 비평가들은 이런 가능성을 부인하고, 성서의 그런 기록을 거절하며, 그 기록들을 거짓이라고 묘사할 방법을 찾는다. 바로 이런 추정 때문에 많은 회의론자는 복음서가 역사의 뒤늦은 시점에, 그리고 기적 사건들이 일어났다고 보고된 지역으로부터 멀리 떨어진 상태에서 기록되었다고 주장한다. 그렇지 않고서야 어떻게 복음서 저자들이 초자연적인 것에 대한 이야기를 가지고 그렇게나 많은 사람을 속일 수 있었겠는가? 그들은 분명 진짜 목격자들이 저자들의 거짓말을 폭로할 수 있는 시점 혹은 지역에서 복음서 기록을 남길 수는 없었을 것이다. 그렇지 않을까? 하지만 고고학과 고대 자료로부터 나온 증거들은 그런 식으로 주장하는 늦은 저작설이나 원거리 저작설을 지지하지 않았다. 오히려 바울은 자신이 고린도인들에게 편지했을 무렵인 기원후 53-37년에 예수의 기적을 (특별히 그의 부활을) 입증할 많은 목격자가 여전히 있다고 주장했다(고전 15:6). 우리가 초자연적인 것의 묘사에 무조건적인 반감을 갖는 편견을 극복할 수만 있다면, 복음서 기록의 주장은 설득력 있게 입증될 수 있다.

고고학이 복음서의 모든 세부사항을 확증해주지는 못한다

일부 회의론자들은 고고학이 역사 속 저자나 고대 목격자의 주장을 만족스럽게 확증하는 일은 말 그대로 불가능하다고 주장해왔다. 복음서 기록 가운데 많은 부분이 현재 고고학의 발견으로는 지지되지 않을 뿐만 아니라 (우리가 살펴본 대로) 다른 고대 기록과 모순을 이루는 것처럼 보이고, 수세기에 걸쳐 고고학이 대답해오지 못한 성서의 주장은 많이 남아 있다. 고고학이 보여줄 수 있는 것이 제한적이라면 우리는 어떻게 그것이 복음서 저자들의 주장을 온전히 입증할 수 있다는 신뢰를 가질 수 있을까? 더욱이 어떤 종류의 고고학적인 증거를 통해 성서가 묘사하는 기적을 입증할 수 있을까? 예를 들어 우리가 기적이 합리적이라고 믿는다고 해도 어떤 고고학적 증거가 맹인을 고친 예수의 치유 기적을 입증할 수 있을까? 이와 같이 회의론자들에게 고고학은 흥미롭기는 하지만, 도움을 받기에는 너무나도 제한적이다.

하지만…

이번 장에서 우리가 논의한 고고학적인 증거들은 복음서의 신빙성을 입증하기 위해 우리가 제시할 수 있는 누적적인 사건 정황 속에서 하나의 증거의 범주에 불과하다. 모든 사건 정황이 그렇듯이 각각의 증거가 홀로 사건 전체를 증명하기란 불가능하다. 사건 정황은 여러 종류의 증거가 갖는 힘과 모든 개별적인 증거가 동일한 결론을 지목한다는 사실 위에서 세워진다. 우리에게 남아 있는 복음서의 기록에 대한 고고학의 지지는 (성서 밖의 고대 사건에 대한 고고학적 지지와 마찬가지로) 제한적이고 불완전하다. 이는 놀라운 일이 아니다. 역사가이자 마이애미 대학교의 명예교수인 에드윈 야마우치(Edwin Yamauchi) 박사는 고고학적인 증거를 "일부분"의 문제라고 설명했는데, 이것은 정확한 표현이다. 세상의 고고학적 증거 가운데 일부분만이 여전히 땅 속에 남아 있다. 잠재적인 고고학적 현장 가운데 일부분만이 발견된다. 이것들 가운데 일부분만이 발굴되며, 발굴되는 것 또한 단지 부분적이다. 이것을 더욱 어렵게 만드는 것은 그런 부분적인 발굴 가운데 다시 일부분만이 철저히 검토되고 발표된다는 사실이다. 마지막으로 검토되고 발표된 것 중에서도 일부분만이 성서의 주장과 관련이 있다.[28] 이런 제한에도 불구하고 우리는 다른 종류의 증거와 더불어 우리가 고고학적으로 알고 있는 것을 망설이지 말고 사용해야 한다. 고고학이 모든 것을 이야기해줄 수는 없지만, 우리가 복음서의 기록을 입증해갈 때 형성되는 사건 정황 속 "공백을 메워줄 수"는 있기 때문이다.

또한 회의론자들이 제기하는 이의들 가운데 다수는 복음서가 뒤늦게, 다시 말해 일어난 일을 실제로 증언해줄 사람들이 죽고 한참이 지나서야 기록되었다는 추정에 의존하고 있다. 우리는 이 사실을 기억해야 한다. 하지만 이 책 11장의 증거는 복음서가 목격자들이 살아 있는 동안 출현했다는 사실에 대해 별 다른 의심의 여지를 남기지 않는다. 증거가 확고히 제시하는 것처럼 누가복음이 이른 시기에 쓰였다면,

---

28 성서적 고고학의 "일부분"의 제한에 관련해서 더 자세한 정보를 원한다면 Edwin Yamauchi, *The Stones and the Scripture* (Grand Rapids, MI: Baker Book House, 1981), 146-62.

누가가 어떤 특정한 직위를 잘못 인용했다거나 지도자들의 순서를 잘 못 묘사했다는 주장에는 전혀 타당성이 없다. 이것이 사실이라면 누가 복음의 최초 독자들이 1세기 동안, 곧 실제로 일어난 일을 여전히 기억 하고 있을 동안 누가복음을 읽었을 때 처음부터 그의 잘못을 지적했을 것이기 때문이다. 적어도 초기 필사자 가운데 일부는 잘못된 역사를 바 로잡기 위해 누가의 이야기를 수정하려 시도했을 것이라고 예상할 수 있다. 그러나 그런 수정은 한 번도 일어나지 않았고, 누가복음의 최초 독자들도 누가의 기록에 도전하지 않았다. 그러므로 복음서는 독자들 에게 이른 시점에, 그러니까 독자들이 총독과 왕의 즉위 순서를 정확히 알고 있는 동안에 건네졌다. 수천 년이 지나 처음에는 누가를 의심할 수 있겠지만, 결국 우리는 고고학이 누가의 기록을 입증한다는 사실에 놀라게 된다. 누가복음의 이른 저작설을 지지하는 증거가 옳다면, 우리 는 누가의 무죄가 입증될 것이라는 사실에 전혀 놀랄 필요가 없다.

입증되어야 하는 사건

복음서들이 합리적으로 입증되었는지 판단하려고 애쓰는 과정에서, 이 와 같은 정황 사건은 "귀추법"을 통해 검토될 수 있다. 우리가 이제껏 살펴본 모든 증거를 회의론자들의 주장을 포함해서 다시 한번 나열해 보자. 복음서가 충분히 입증되었다고 결론내리는 것은 합리적인가?

고고학 자체의 한계와 "내적인" 문학적 분석의 한계를 고려한다고 해도 우리가 증거로부터 내릴 수 있는 가장 합리적인 추론은, 특별히 그런 기록의 본질을 감안할 때, 복음서가 놀라우리만큼 믿을 만하다는 것이다. 고대 기록 가운데 신약성서의 복음서만큼 비판적으로 검토된 기록은 없었다. 고대에 기록된 어떤 문서도 그만큼 심각하게 도전받고 면밀하게 조사된 문서는 없었다. 오랜 시간에 걸친 면밀한 조사는 우리에게 강력하고 상세한 일련의 증거를 건넸고, 우리는 귀추법을 통해 그 증거를 검토할 수 있다.

우리가 첫 번째 설명(복음서가 믿을 만하고 신뢰할 만하다는 설명)을 받아들인다면, 우리는 개별 증거들 사이의 어떤 모순이나 마찰도 없이 모든 증거를 통합하고 수용할 수 있다. 두 번째 설명은 마지막 세 가지 주장을 잘 광고해줄 수는 있지만, 처음의 일곱 가지 사실은 설명할 수 없다. 그러므로 복음서가 믿을 만하고 다른 현대적인 증거와도 일치한다는 추론이 가장 최선의 설명이다. 이 설명은 "실현 가능"하고 "복잡하지 않으며" "논리적"이다. 또 다른 대안적인 설명보다 "우월"하다. 다시 한번 말하지만 이것은 귀추법을 위해 우리가 세운 기준을 충족시킨다. 우리는 우리가 가장 합리적인 설명에 도달했다고 자신해도 좋다.

복음서들은 두 번째 시험을 통과했다

지금까지 우리는 배심원들이 목격자를 평가하면서 고심하게 되는 두 종류의 영역을 살펴보았다. 증거는 (1) 복음서 저자들이 1세기의 현장에 있었다는 사실과, (2) 그들의 주장이 확증적 증거의 여러 조각과 일치한다는 사실을 지지한다. 이것은 복음서가 믿을 만하다는 충분한 의

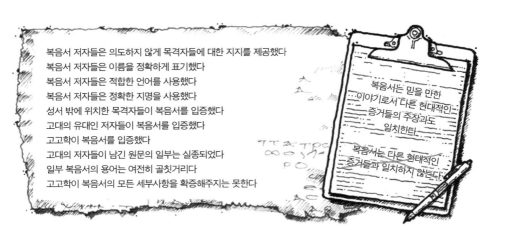

복음서 저자들은 의도하지 않게 목격자들에 대한 지지를 제공했다
복음서 저자들은 이름을 정확하게 표기했다
복음서 저자들은 적합한 언어를 사용했다
복음서 저자들은 정확한 지명을 사용했다
성서 밖에 위치한 목격자들이 복음서를 입증했다
고대의 유대인 저자들이 복음서를 입증했다
고고학이 복음서를 입증했다
고대의 저자들이 남긴 원문의 일부는 실종되었다
일부 복음서의 용어는 여전히 골칫거리다
고고학이 복음서의 모든 세부사항을 확증해주지는 못한다

복음서는 믿을 만한 이야기로서 다른 현대적인 증거들의 주장과도 일치한다.

복음서는 다른 현대적인 증거들과 일치하지 않는다.

미일까? 아직은 아니지만, 절반은 왔다. 복음서는 처음 두 가지 시험은 통과했다. 복음서의 증언은 신약성서의 역사 속에서 충분히 이른 시점에 이뤄진 것으로 보이고, 그들의 주장은 입증이 가능하다. 이제 우리는 그 기록이 시간을 두고 부패하지 않았는지를 확인해야 한다. 이는 오늘날 우리에게 남아 있는 기록이 목격자들이 원래 기록한 것을 정확하게 반영하고 있는지의 문제다.

13장

그들의 증언은 정확한가?

성서…속에서 묘사되는 인물과 사건은 허구다. 죽은 사람이든 산 사람이든 실제 사람과 유사하게 보인다면, 그것은 순전한 우연이다.[1]

—"펜 앤 텔러"(Penn and Teller)

코미디 마술쇼 진행자들

우리의 거룩한 책들 안에 오류가 없다는 것을 어떻게 알 수 있는가? 그 책들 자신이 그렇게 말하고 있기 때문이라고 한다. 이런 종류의 인식론적인 블랙홀이 우리의 세상으로부터 빛을 빠르게 집어삼키고 있다.[2]

—샘 해리스(Sam Harris)

신경과학자이자 강연가, 『믿음의 종말: 종교, 테러, 그리고 이성의 미래』 저자

---

1   Penn Jillette and Raymond Joseph Teller, *Penn and Teller: Bullshit!*, Season 2, Episode 11, Showtime Network (2005).

2   Sam Harris, *The End of Faith: Religion, Terror, and the Future of Reason* (New York: W.W. Norton & Company, 2005), 35. 『종교의 종말』(한언 역간).

시간, 문서화, 거짓말

성서의 이야기가 한낱 허구에 불과하며 오류로 가득하다고 주장하는 사람들은 성서 저자들이 복음서를 기록한 때가 기록된 사건들이 일어 났다고 주장되는 때를 훨씬 지난 시점이며, 그리고 그 사건들이 묘사 되는 지역으로부터 멀리 떨어진 곳에서 기록되었다고 추정한다. 거짓 되고 허구적인 요소들이 삽입될 수 있었던 것은 목격자들이 살아 있어 그것을 거짓으로 밝힐 수 있는 시점이 훨씬 지났기 때문이라는 것이다. 여기에 덧붙여서 정확한 역사적 기록이 부패되지 않도록 잘 보전되거 나 보호되지 못했을 때 오류는 아무도 모르게 잠입할 수 있다. 만약 이 런 일이 복음서에 일어났다면, 복음서는 신뢰할 만하지 못하다. 고고학 이나 내적인 증거가 복음서의 사건을 몇몇 관점에서 입증한다고 해도, 복음서의 묘사는 다수의 이야기와 관련해서 여전히 부정확할 수 있다.

미제사건의 수사관은 시간과 신뢰도 사이의 관계를 이해한다. 우리 는 목격자와 용의자의 이전 진술을 평가하고, 그 진술이 진실인지 혹은 허구인지를 파악하는 데 최선을 다해야 한다. 시간의 흐름은 미제사건 의 수사관에게 원래 그 사건을 맡았던 형사에게는 가능하지 않았던 이 점을 제공하기도 한다. 종종 시간이 목격자의 부정확성과 용의자의 거 짓말을 폭로해주기 때문이다. 나는 수년 동안 그런 유익을 누려왔다.

내가 맡았던 한 사건의 용의자(Jassen, 자센)는 그가 처음으로 조사 를 받았던 1988년 당시에 자신의 알리바이를 제공했다. 그는 살인사건 이 일어났을 때 친구의 집으로 차를 몰고 가던 중이었는데, 타이어가 펑크 나서 결국 도착하지는 못했다고 했다. 그가 최초의 수사관들에게 사실을 이야기했을 때, 수사관들은 그것을 수첩에 적어 넣었다. 하지만 이런 진술을 최종 보고서에는 기록하지 못했다. 자센을 체포할 만한 충분한 증거가 없었고, 결과적으로 체포보고서를 쓸 수 없었던 것이다. 그들의 최종 보고서는 이 범죄와 관련하여 아무도 실제로 체포된 사람이 없었기에 매우 부족했다.

나는 몇 년이 지나 그 사건을 다시 열어보게 되었고, 그 당시 형사들이 남긴 최초 보고서와 메모를 검토했다. 그것들은 우리 경찰서의 기록실에 정성스럽게 보존되어 있었는데, 이곳으로 들어오는 자료는 가장 먼저 복사되고 마이크로필름으로 저장된다. 나는 첫 번째 형사의 메모로부터 자센의 최초 진술을 읽었고, 그 수사관에게 만남을 요청했다. 그는 자센과 진행했던 인터뷰를 이야기해주었는데 수첩을 보지도 않은 상태에서 자센이 이야기했던 세부사항을 정확하게 기억해냈다. 나는 그에게 그의 수첩을 보여주었고, 그는 그것을 곧바로 알아보았다.

나는 그다음에 자센과 즉흥적인 인터뷰 시간을 잡았다. 최초의 형사는 그가 1988년에 실시했던 인터뷰에 대해 메모를 남기는 주의를 기울였지만, 자센은 그런 기록을 남기지 않았다. 시간이 흘렀고 그는 자신이 맨 처음에 형사에게 이야기했던 내용을 잊어버렸다. 그가 이제 나에게 건네는 이야기는 처음에 형사들에게 건넸던 것과는 판이하게 달랐다. 친구의 집으로 차를 몰고 가고 있었다는 주장은 온데간데없어졌다. 타이어가 터졌다는 주장도 마찬가지였다. 이제 그는 자신이 살인사건이 일어난 시간에 자신의 차고에서 오일을 갈고 있었다고 이야기했다. 내가 그에게 원래 이야기를 제시하자 그는 그것을 자신의 이야기로 알아듣지도 못했을 뿐 아니라, 자신이 그런 진술을 했다는 사실조차 단

호히 부인했다. 자센은 자신의 최초의 거짓말을 기억(혹은 반복)할 수 없었다. 그와 이야기를 더 많이 하면 할수록 원래 이야기가 허구였다는 사실이 드러났다. 자신의 거짓말이 탄로 났음을 알았을 때, 그의 알리바이에 대한 자신감은 무너져내리기 시작했다.

자센은 결국 일급 살인으로 유죄를 선고받았다. 배심원단은 형사가 남긴 최초의 메모가 정확하며 잘 보존되어 있다고 확신했다. 그들은 그 메모가 자센의 최초 진술에 대한 정확한 묘사를 담고 있다고 확신했다. 또한 그들은 자센의 나중 진술이 사실이 아님도 확신했다.

그들은 무엇을 말했고 그것은 얼마나 잘 보존되어 있는가?

오늘날 우리에게 남아 있는 성서의 기록이 정확하고 믿을 만한지 우리는 어떻게 알 수 있는가? 우리는 어떻게 그 문서들이 시간을 두고 부패하지 않았고 허구에 불과하지도 않다는 것을 아는가? 미제사건의 수사관과 마찬가지로 우리도 두 가지 중요한 수사 영역에서 확신이 필요하다. 먼저 우리는 복음서가 애초에 무엇을 이야기했는지 확신할 수 있어야 한다. 두 번째로 그 문서가 시간을 두고 잘 보존되었다고 믿을 만한 타당한 이유가 있는지 알아야 한다. 1988년에 행해진 자센의 진술은 잘 기록되고 보존되었다. 우리는 나중에 배심원단 앞에서 그의 진술의 정확성에 대한 주장을 펼칠 수 있었다. 복음서의 정확성에 대해서도 같은 주장을 펼칠 수 있을까? 우리는 그 가능성을 알아보기 위해 복음서 저자들이 가장 먼저 무엇을 말했고, 어떻게 그 진술이 시간을 두고 보전되어왔는지를 수사할 것이다.

목격자의 초기 진술의 내용과 본질을 확신하는 한 가지 방법은 신약성서의 "전달"과 관련된 증거를 검토하는 것이다. 8장에서 우리는 신약성서의 "관리 연속성"의 수립을 위해 최초의 목격자들과 그들을 잇는 직속 제자들의 신원을 확인하는 것이 중요하다는 사실을 말했다. 최초의 목격자들이 자신의 제자들에게 이야기했던 것을 검토할 수 있다면, 우리는 복음서의 내용의 진위 확인을 위해 그들이 그것을 작성했다고 주장하는 시점부터 존재하는 가장 이른 사본에 이르기까지 합리적으로 추적해갈 수 있다. 우리에게 남아 있는 가장 오래되고 온전하게 남아 있는 신약성서의 필사본(시나이 사본)은 시내산 성카타리나 수도원에서 발견되었다. 콘스탄틴 티셴도르프(Constantin Tischendorf)가 그것을 발견했고, 19세기에 그 발견을 발표했다. 학자들은 이 필사본이 기원후 350년 무렵에 기록되었다고 믿는다.[3] 시나이 사본의 본문은 4세기에 신약성서가 이야기했던 내용의 그림을 우리에게 제공해주고, 학자들은 그것을 오랫동안 성서 번역의 내용을 알리고 확증하는 일에 사용해왔다. 신약성서의 "관리 연속성"에 대한 우리의 검토는 최초 저자들의 주장을 예수의 생애와 사역에 대한 4세기의 그림과 연결시키려고 시도할 것이다.

처음으로 이 "연속성"을 검토하기 시작했을 때, 나는 사도들의 첫 번째 제자들의 신원을 확인해줄 역사 속 기록을 찾았다. 예수를 보았고 또

---

3   "Date," Codex Sinaiticus. 출처는 다음과 같다. 2012년 4월 12일, http://codexsinaiticus. org/en/codex/date.aspx.

그와 함께 삶을 경험했다고 주장한 이들은 결국 사도들이었기 때문이다. 나는 그들이 제자들에게 정확하게 무엇을 말했는지 알고 싶었다. 사도들에게는 여러 명의 학생들이 있었지만, 그런 "제2세대" 기독교인 모두가 응당 지도자가 되었다거나 역사의 인정을 받았던 것은 아니다. 사도들의 제자였던 사람들 모두가 어떤 무리를 이끌거나 또는 최초의 제자들이 자신들에게 가르쳐준 바를 객관적으로 드러낼 서신을 남긴 것도 아니다. 사도들의 제자들 가운데 다수가 자신들의 스승이 증언했던 내용을 기록했을 수는 있지만, 그 문서 중 소수만이 잔존하고 있다. 우리가 검토하고 있는 이 사건이 얼마나 오래된 사건인지를 감안한다면, 이는 놀라운 일이 아니다. 그 모든 것에도 불구하고 나는 몇몇 "관리 연속성"을 찾아낼 수 있었고, 이것은 사도들이 무엇을 관찰했고 가르쳤는지에 대한 그림을 우리에게 제공해준다. 사실 나는 성서가 전부 유실된다고 가정해도 사도들의 제자들이 쓴 서신만 가지고도 예수에 대한 정확한 그림을 수월하게 재구성할 수 있다고 확신한다. 신약성서의 "관리 연속성"으로부터 주어지는 증거를 살펴보자.

요한의 제자들은 복음서의 정확성을 확증했다

사도 요한(기원후 약 6-100년)은 예수의 제자들 가운데서 가장 어렸다. 그는 세베대와 살로메의 아들이자 야고보의 형제였다. (순교로 생을 마감했던) 다른 사도들과 달리 요한은 약 94세의 나이까지 살다가 자연적인 죽음을 맞이했던 것으로 보인다. 요한은 두 명의 중요한 제자를 가르쳤고, 자신이 지닌 복음을 그들의 충실한 손에 맡겼다.

요한은 이그나티우스(Ignatius)를 가르쳤다

이그나티우스(기원후 35-117년경)는 자신을 *Theophorus*(하나님을 지니는 자)로 칭했다. 초기 교회의 기록은 이그나티우스가 복음서에서 예수께서 축복하신 어린아이 중 하나라고 묘사하지만, 그의 생애 초기에 대해서는 알려진 것이 많지 않다. 하지만 우리는 이그나티우스가 요한의 제자였고, 마지막에는 베드로의 뒤를 이어 (터키의) 안디옥 주교가 되었다는 사실을 알고 있다. 그는 초기 교회에 몇 편의 중요한 서신을 보냈고, 이그나티우스가 쓴 일곱 편의 진짜 서신은 오늘날까지 남아 있다(여섯 편은 지역 교회의 무리에게, 한 편은 폴리카르포스에게 쓴 것이다).[4] 이 서신 가운데 일부는 그다음 한 세기 동안 오염되었고, 추가된 본문과 함께 변개되었다. 하지만 우리에게는 각 서신의 보다 짧은 진품 버전의 필사본이 있고, 이 간략한 저술은 이그나티우스에게 미친 요한(과다른 사도들)의 영향력을 드러내준다. 복음서의 이야기를 반복해서 전하는 것이 이그나티우스가 원하는 바가 아니었다는 사실을 기억하는 것이 중요하다. 그의 저술은 복음서들이 이미 독자들에 손에 들려 있다고 추정한다. 그의 목표는 지역 교회의 무리를 격려하거나 책망하는 것이었다. 하지만 그 과정에서, 주된 목표가 아니었음에도 불구하고, 신약성서의 각 문서와 예수의 본질이 언급된다. 그의 서신으로부터 그가

---

4   이그나티우스에 대한 보다 더 자세한 정보는 *Early Christian Writings: The Apostolic Fathers* (London: Penguin, 1968). Kindle edition를 참조하라.

사도들 가운데 다수를 알고 있었다는 사실이 분명해지는데, 그가 사도들을 자주 언급할 뿐 아니라 보다 나이가 있는 그의 독자 중 여럿도 그들을 알고 있는 것처럼 말하기 때문이다. 학자들은 (기원후 105-115년에 기록된) 이 서신을 세세히 살펴보았고, 이그나티우스가 (마태복음과 요한복음, 누가복음, 그리고 전부는 아닐지라도 몇몇 바울 서신을 포함해서) 일곱 권에서 열여섯 권에 달하는 신약성서의 각 책을 인용(혹은 암시)한다는 사실을 발견했다. 이것은 신약성서라는 개념과 그 문서가 역사 속에서 매우 일찍부터 존재했다는 사실을 확고히 하는 반면에, 이그나티우스의 서신은 예수에 대한 그림을 우리에게 제공하고 사도 요한이 (목격자로서) 그를 어떻게 묘사했는지를 어렴풋하게나마 보여준다. 이그나티우스의 서신을 읽어가는 가운데 내가 찾아냈던 예수에 관한 묘사는 다음과 같다.

예언자들이 예수를 예언했고 기다렸다.[5]
예수는 다윗 왕의 후손이었다.[6]
그는 "하나님"의 아들이었다(아들이다).[7]
그는 성령으로 잉태되었다.[8]

---

[5] Ignatius of Antioch, *The Epistle of Ignatius to the Magnesians* (OrthodoxEbooks), Google eBook, 126.

[6] Ignatius of Antioch, *The Epistle of Ignatius to the Ephesians* (OrthodoxEbooks), Google eBook, 114.

[7] Ignatius of Antioch, *The Epistle of Ignatius to the Romans* (OrthodoxEbooks), Google eBook, 154.

[8] Ignatius, *The Epistle of Ignatius to the Ephesians*, 114.

별 하나가 그의 탄생을 알렸다.[9]

그는 아버지 하나님으로부터 왔다.[10]

그는 동정녀 마리아에게서 났다.[11]

그는 세례 요한에게 세례를 받았다.[12]

그는 "완전한" 인간이었다.[13]

그는 아버지 하나님의 뜻과 지식을 드러내었다.[14]

그는 가르쳤으며 지상에서 "사역"했다.[15]

그는 지혜의 근원이었고 많은 계명을 가르쳤다.[16]

그는 하나님의 말씀을 전했다.[17]

예수의 머리 위로 향유가 부어졌다.[18]

그는 사람들에게 부당한 대우와 선고를 받았다.[19]

그는 고통을 받았고 십자가에서 처형당했다.[20]

---

9 같은 곳.

10 Ignatius, *The Epistle of Ignatius to the Magnesians*, 124.

11 Ignatius, *The Epistle of Ignatius to the Ephesians*, 114.

12 같은 곳.

13 Ignatius of Antioch, "The Epistle of Ignatius to the Smyrneans," *A Collection of Gospels, Epistles, and Other Pieces Extant from the Early Christian Centuries but Not Included in the Commonly Received Canon of Scripture* (Glasgow: Thomson, 1884), 85.

14 Ignatius, *The Epistle of Ignatius to the Ephesians*, 100.

15 Ignatius, *The Epistle of Ignatius to the Magnesians*, 123.

16 Ignatius, *The Epistle of Ignatius to the Ephesians*, 105.

17 Ignatius, *The Epistle of Ignatius to the Romans*, 154.

18 Ignatius, *The Epistle of Ignatius to the Ephesians*, 113.

19 Ignatius, *The Epistle of Ignatius to the Ephesians*, 107.

20 Ignatius, *The Epistle of Ignatius to the Ephesians*, 112.

그는 십자가 위에서 죽었다.[21]

예수는 우리를 위하여 자신을 희생했고 아버지 하나님께 자신을 제물로
드렸다.[22]

모든 일은 본디오 빌라도의 통치 아래서 일어났다.[23]

헤롯은 분봉왕이었다.[24]

예수는 부활했다.[25]

그는 육체로서의 부활의 몸을 가지고 있었다.[26]

그는 부활 이후에 베드로와 다른 사람들에게 나타났다.[27]

그는 부활 이후에 제자들에게 자신을 만져보라고 격려했다.[28]

그는 부활 이후에 제자들과 함께 먹었다.[29]

제자들은 부활의 나타남으로 인하여 확신을 갖게 되었다.[30]

제자들은 부활한 그리스도를 본 이후로 두려움을 알지 못했다.[31]

예수는 아버지 하나님께로 돌아갔다.[32]

---

21 Ignatius of Antioch, *The Epistle of Ignatius to the Philadelphians* (OrthodoxEbooks),
    Google eBook, 166.
22 Ignatius, *The Epistle of Ignatius to the Ephesians*, 98.
23 Ignatius, *The Epistle of Ignatius to the Magnesians*, 128.
24 Ignatius, "The Epistle of Ignatius to the Smyrneans," 85.
25 Ignatius, *The Epistle of Ignatius to the Ephesians*, 116.
26 Ignatius, "The Epistle of Ignatius to the Smyrneans," 85.
27 같은 곳.
28 같은 곳.
29 같은 곳.
30 같은 곳.
31 같은 곳.
32 Ignatius, *The Epistle of Ignatius to the Magnesians*, 124.

예수는 이제 우리 안에 살아 있다.[33]

우리는 그리스도를 믿는 우리의 믿음의 결과로 영원히 산다.[34]

그에게는 우리를 변화시킬 능력이 있다.[35]

예수는 아버지 하나님의 현현이다.[36]

그는 하나님과 연합해 있다.[37]

그는 우리의 유일한 스승이고,[38] 하나님의 아들이다.[39]

그는 "문"[40]이고 "생명의 떡"[41]이며 "영원한 말씀"이다.[42]

그는 우리의 대제사장이다.[43]

예수는 "주님"이다.[44]

예수는 "하나님"이다.[45]

그는 "우리의 구원자"[46]이고 "참생명"에 이르는 길이다.[47]

---

33 Ignatius, *The Epistle of Ignatius to the Magnesians*, 129.

34 Ignatius, *The Epistle of Ignatius to the Ephesians*, 116.

35 Ignatius, "The Epistle of Ignatius to the Smyrneans," 85.

36 Ignatius, *The Epistle of Ignatius to the Magnesians*, 124.

37 같은 곳.

38 Ignatius, *The Epistle of Ignatius to the Magnesians*, 125.

39 같은 곳.

40 Ignatius, *The Epistle of Ignatius to the Philadelphians*, 167.

41 Ignatius, *The Epistle of Ignatius to the Romans*, 154.

42 Ignatius, *The Epistle of Ignatius to the Magnesians*, 125.

43 Ignatius, *The Epistle of Ignatius to the Philadelphians*, 167.

44 Ignatius, *The Epistle of Ignatius to the Ephesians*, 99.

45 Ignatius, *The Epistle of Ignatius to the Ephesians*, 114.

46 Ignatius, *The Epistle of Ignatius to the Ephesians*, 97.

47 Ignatius, *The Epistle of Ignatius to the Ephesians*, 108.

그의 희생은 우리를 영화롭게 한다.[48]

십자가 위에서 일어난 그리스도의 공로를 믿는 믿음이 우리를 구원한다.[49]

이와 같은 구원과 용서는 하나님께로부터 오는 은혜의 선물이다.[50]

예수는 교회를 사랑한다.[51]

(교회로서) 우리는 예수를 높여 주의 만찬을 기념한다.[52]

이그나티우스의 서신은 신약성서의 주장과 기록이 역사 속의 이른 시점에 존재했음을 보여준다. 이그나티우스는 복음서와 바울 서신의 많은 본문에 익숙했던 것으로 보인다. 나아가 이그나티우스는 예수에 대한 요한의 묘사를 그대로 반영한다.

요한은 폴리카르포스를 가르쳤다

폴리카르포스(기원후 69-155년)는 이그나티우스의 친구였고, 둘 다 요한의 제자였다. 이레나이우스(곧 그에 대해 자세히 논의할 것이다)는 나중에 폴리카르포스가 요한과 나누었던 대화에 대해 말하는 것을 자신이 들었다고 증언했다. 폴리카르포스는 목격자인 사도들에 의해 기독교로

---

48   Ignatius, *The Epistle of Ignatius to the Ephesians*, 98.

49   Ignatius of Antioch, *The Epistle of Ignatius to the Trallians* (OrthodoxEbooks), Google eBook, 139.

50   Ignatius, *The Epistle of Ignatius to the Ephesians*, 116.

51   *The Ante-Nicene Fathers: Translations of the Writings of the Fathers down to A.D. 325*, eds. Alexander Roberts and James Donaldson, vol. 1, *The Apostolic Fathers – Justin Martyr – Irenaeus* (Buffalo: Christian Literature, 1885), 95에서 인용된 Ignatius, "Epistle of Ignatius to Polycarp."

52   Ignatius, "Th Epistle of Ignatius to the Smyrneans," 86.

회심을 했다고 알려져 있다. 폴리카르포스는 결국 서머나(현재는 터키의 이즈미르)의 주교가 되었고,[53] 자신에게 보내온 서신에 대한 답으로서 빌립보 교회에 편지를 쓰기도 했다. 폴리카르포스가 쓴 편지(기원후 100-150년에 기록되고 역사 속에서 잘 증명된 편지)의 내용은 이그나티우스를 개인적으로 언급할 뿐만 아니라, 이그나티우스가 쓴 서신의 내용과도 완벽하게 일치한다. 폴리카르포스는 다른 살아 있는 사도들 및 예수의 생애를 목격했던 이들과 친숙했던 것으로 보인다. 그는 바울에 대해서도 썼는데, 바울이 빌립보 교회와 맺고 있던 관계를 인정했고, 바울의 사도로서의 삶의 본질을 확신했다. 폴리카르포스의 서신은 빌립보인들을 격려하며 그들이 분명히 알고 있는 신약성서의 가르침에 상응하여 살아야 할 의무를 상기시키는 데 집중했다. 실제로 폴리카르포스는 빌립보인들이 "거룩한 말씀"으로 잘 훈련되어 있다고 언급했으며, 이 말씀의 예로서 바울이 에베소에 보낸 편지를 인용했다. 폴리카르포스는 열네 권에서 열여섯 권에 달하는 신약성서의 각 책을 인용하거나 참조했다(여기에는 마태복음, 누가복음, 요한복음, 사도행전, 로마서, 고린도전서, 갈라디아서, 에베소서, 빌립보서, 데살로니가전후서, 디모데전서, 베드로전서, 요한1서가 포함되며, 일부 학자는 디모데후서와 고린도후서를 추가로 언급하기도 한다). 그 과정에서 폴리카르포스는 아래와 같은 방식으로 예수를 묘사하면서, 자신의 스승이었던 사도 요한으로부터 얻은 예수의 심상을 제시한다.

---

53   폴리카르포스에 대한 더 자세한 정보를 위해 *Early Christian Writings: The Apostolic Fathers* (London: Penguin, 1968), Kindle edition을 참조하라.

예수는 죄가 없었다.[54]

그는 계명들을 가르쳤다.[55]

그는 산상수훈을 베풀었다.[56]

그는 고통을 당했고 십자가 위에서 죽었다.[57]

그는 우리의 죄를 위하여 죽었다.[58]

십자가 위의 그의 죽음이 우리를 구원했다.[59]

십자가 위에서 일어난 예수의 공로를 믿는 믿음이 우리를 구원한다.[60]

우리는 은혜로 구원받는다.[61]

예수는 죽은 자 가운데서 살아났다.[62]

그의 부활은 우리 역시 부활하게 될 것을 보증한다.[63]

예수는 하늘로 승천하여 하나님의 오른편에 앉아 있다.[64]

만물이 예수에게 굴복한다.[65]

---

54 Polycarp, "The Epistle of Polycarp to the Philippians," *The Epistle to the Philippians*, ed. J. J. S. Perowne (Cambridge University Press, 1895), 26.

55 Polycarp, "The Epistle of Polycarp to the Philippians," 25.

56 같은 곳.

57 Polycarp, "The Epistle of Polycarp to the Philippians," 26.

58 Polycarp, "The Epistle of Polycarp to the Philippians," 25.

59 Polycarp, "The Epistle of Polycarp to the Philippians," 27.

60 Polycarp, "The Epistle of Polycarp to the Philippians," 25.

61 같은 곳.

62 Polycarp, "The Epistle of Polycarp to the Philippians," 26.

63 Polycarp, "The Epistle of Polycarp to the Philippians," 25.

64 *Apostolic Fathers*, eds. J. B. Lightfoot and J. R. Harmer (Whitefish, MT: Kessinger), 95에 인용된 Polycarp, "The Epistle of S. Polycarp."

65 Polycarp, "The Epistle of Polycarp to the Philippians," 25.

그는 산 자와 죽은 자 모두를 심판할 것이다.[66]

예수는 우리의 "구세주"다.[67]

예수는 "주님"이다.[68]

이그나티우스와 마찬가지로 폴리카르포스의 저술도 신약성서 정경이 이른 시기에 등장했다는 사실을 긍정할 뿐만 아니라, 예수의 본질과 사역에 관한 요한의 가르침을 그대로 반복한다. 이그나티우스와 폴리카르포스는 신약성서의 "관리 연속성"에서 중요한 고리로서, 요한의 목격자 증언과 다음 세대의 기독교적인 "증거 관리인"을 연결하고 있다. 우리에게는 사도 요한이 찍은 (자신의 복음서에 기록한) "범죄 현장"의 사진이 있고, 이 사진은 조심스럽게 이그나티우스와 폴리카르포스에게 전달되었는데, 그들은 이 사진을 거룩한 증거로서 귀중하게 여겼고, 또한 그것을 자신을 따랐던 이들에게 재차 조심스럽게 넘겨주었다.

이그나티우스와 폴리카르포스는 이레나이우스를 가르쳤다

이레나이우스(기원후 120-202년)는 폴리카르포스가 주교로 섬겼던 도시인 서머나에서 태어났다. 그는 기독교 가정에서 자랐고, 폴리카르포스의 "청강생"(hearer)이었다(그의 가르침을 경청했다는 뜻이다). 그는 나중에 폴리카르포스가 사도 요한과 나누었던 대화에 관하여 이야기하는 것을 들었다고 기억했다. 그는 마지막에는 갈리아의 루그두눔(현재

---

66 같은 곳.

67 Polycarp, "The Epistle of Polycarp to the Philippians," 24.

68 같은 곳.

프랑스의 리옹)의 주교가 되었다.[69] 이레나이우스는 신학자 겸 기독교의
수호자로 성장했고, 「이단에 반대하여」(Against Heresies)라는 중요한
작품을 남겼다. 기독교에 대한 이런 세련된 변호는 이레나이우스에게
성서적 권위의 문제를 다룰 수 있는 기회를 제공했고, 그는 스물네 권
에 달하는 신약성서의 책들을 공인된 성서로 명확하게 확인했다(여기
에는 마태복음, 마가복음, 누가복음, 요한복음, 사도행전, 로마서, 고린도전후
서, 갈라디아서, 에베소서, 빌립보서, 골로새서, 데살로니가전후서, 디모데전후
서, 디도서, 베드로전서, 요한일이서, 요한계시록이 포함된다). 이레나이우스
는 사도들의 제자들과 자신을 뒤따르는 세대를 서로 연결하였고, 확고
하게 수립된 목격담들을 긍정했을 뿐만 아니라 다음 세대를 위해 그것
들을 신실하게 보존함으로써 우리에게 "관리 연속성" 안의 또 하나의
고리를 제공해준다.

이레나이우스는 히폴리투스(Hippolytus)를 가르쳤다

"다음 세대"(next-generation)의 기독교인 중에는 히폴리투스(기원후
170-236년)라는 용감한 남성도 있었다. 히폴리투스는 로마에서 태어났
으며, 이레나이우스의 학생이자 제자였다.[70] 그는 리더의 위치로 성장
해가면서 로마 주교들에 대항했다. 주교들이 로마에서 믿음으로 나아
오던 수많은 "이교도인"을 수용하기 위해 자신의 신념을 변개했기 때

---

69 이레나이우스에 대한 더 자세한 정보를 위해 Robert M. Grant, *Irenaeus of Lyons*, The
    Early Church Fathers (London: Routledge, 1996)를 참조하라.

70 히폴리투스에 대한 더 자세한 정보를 위해 Christopher Wordsworth, *St. Hippolytus
    and the Church of Rome in the earlier part of the third century. From the newly-
    discovered Philosophumena* (Charleston: Nabu Press, 2010)을 참조하라.

문이었다. 정통성을 수호하기 위해 노력하는 가운데 히폴리투스는 기독교 역사 속에서 첫 번째의 "교황-대립자"(antipope, rival pope)로 알려지게 되었다. 그는 뛰어난 학식과 기량을 지닌 연설가로서 알렉산드리아의 오리게네스와 같은 여러 중요한 기독교 지도자들에게 영향을 미쳤다. 히폴리투스는 「모든 이단에 대한 반박론」(*Refutation of All Heresies*)이라는 열 권의 거대한 논문을 남겼다. 이 방대한 작품을 통해 히폴리투스는 스물네 권에 달하는 신약성서의 책을 성서로 확인했다(여기에는 마태복음, 마가복음, 누가복음, 요한복음, 사도행전, 로마서, 고린도전후서, 갈라디아서, 에베소서, 빌립보서, 골로새서, 데살로니가전후서, 디모데전후서, 디도서, 빌레몬서, 베드로전서, 요한1·2서, 요한계시록이 포함된다). 불행하게도 히폴리투스는 막시무스 트락스 황제(Emperor Maximus Thrax)에게 박해를 받았고 사르디니아(Sardinia)로 유배되었는데, 그곳의 광산에서 삶을 마쳤을 가능성이 높다. 히폴리투스의 저술은 (그보다 앞섰던 이레나이우스의 저술과 마찬가지로) 신약성서의 기록이 기독교 운동의 초기 시절에 이미 군건했음을 확증해준다.

히폴리투스에게는 제자가 여럿 있었을 것이고, 그들은 이레나이우스의 제자가 품었던 것과 같은 열정을 가지고 성서를 보존했던 영향력 있는 제자들이었음이 분명하지만, 히폴리투스의 유배와 순교의 결과로 이러한 특정한 "관리 연속성"은 명확한 "다음 고리"가 없이 중단되었다. 알렉산드리아의 오리게네스가 자신을 히폴리투스의 제자로 간주했을 수는 있지만, 그것이 사실이라는 구체적인 증거는 없다. 확실히 말하자면 역사는 히폴리투스의 제자들의 분명한 정체를 아직 밝혀내지 못했으며, 우리는 그 사실을 인정해야 한다. 우리가 한 가지 분명히 알고 있는 사실은 예수의 생애와 사역(그리고 "성서의 정경")에 대한 진리가 1세기에 이미 성립되어 있었다는 것이다. 요한의 목격담은 (다른 신약성서의 문서와 더불어) 기록되었고, 그의 제자들에게 전달되었다.

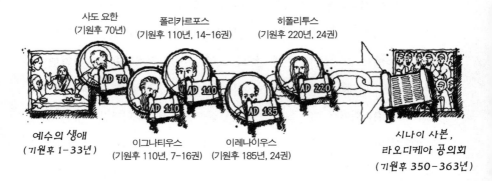

사도 요한
(기원후 70년)

폴리카르포스
(기원후 110년, 14-16권)

히폴리투스
(기원후 220년, 24권)

예수의 생애
(기원후 1-33년)

이그나티우스
(기원후 110년, 7-16권)

이레나이우스
(기원후 185년, 24권)

시나이 사본,
라오디케아 공의회
(기원후 350-363년)

요한의 제자들은 이런 가르침을 기록했고 또 다음 세대를 위해 그것의 출처도 밝혀두었다. 시나이 사본이 처음 기록되거나 라오디케아 공의회가 정경을 공식화하기 이전에 이미 신약성서는 믿을 만한 목격자 증언으로서 확고하게 서 있었다.

바울의 제자들은
복음서의 정확성을 확증했다

사도 바울(기원후 5-67년 경)은 신약성서 가운데 가장 많은 분량을 기록했고, 오늘날 우리에게 남아 있는 성서를 문서화하고 보존하는 데 일조했던 몇몇 주요 사도, 역사가, 목격자들과 밀접한 관계를 맺고 있다. 예를 들어 바울의 친구인 누가는 목격자들과 접촉할 수 있었을 뿐만 아니라, 신약성서 속의 교회사에 개인적으로 관여했던 꼼꼼한 역사가였다. 이 책 11장에서 묘사했던 대로 바울은 디모데전서 5:17-18과 고린도전서 11:23-25에서 누가의 복음서 버전을 인용한 바 있다. 바울을 알았던 사람들은 아마도 누가의 저술과도 친숙했던 것 같다. 바울에게는 바울 자신의 저술을 (누가를 포함해서 다른 목격자들의 최근 저술과 더불어) 보호하고 다음 세대의 기독교 지도자들에게 그것을 전달했던 몇 몇 주요 학생과 제자가 있었다. 바울의 "관리 연속성"은 요한의 것보다는 추적이 어렵지만, 우리는 바울의 영향력이 로마교회의 초기 지도자들을 통해 시리아와 같이 멀리 떨어진 곳까지 미쳤다는 사실을 추적할 수 있다.

바울은 리노(Linus)와 로마의 클레멘스(Clement of Rome)를 가르쳤다

바울은 말년에 로마에서 가택연금 상태로 재판을 기다리며 보냈다. 이 기간 동안 그는 다른 믿는 자들을 자유롭게 만났고, 그 결과 교회를 이끌어가게 될 많은 후학을 가르치게 되었다. 우리는 그 가운데 특별히 두 사람을 알고 있다. 이레나이우스는 바울의 동역자 중 하나인 리노라는 이름의 남성을 묘사한다(바울은 디모데후서 4:21에서 아볼로, 부데, 글라우디아와 더불어 리노라는 이름의 동역자를 언급한다). 역사는 우리에게 리노가 토스카나(Tuscany)에서 헤르쿨라누스(Herculanus)와 클라우디아(Claudia) 사이에서 태어났으며, 베드로와 바울이 죽은 후 로마의 교황이 되었다고 이야기해 준다.

초창기 교황들의 정확한 순서는 역사적으로 불분명하고, 초기의 기록들에 따르면 로마의 클레멘스가 리노를 앞섰을 것이라는 암시도 있다.[71] 클레멘스 역시 바울의 동역자였고(빌 4:3에서 구체적으로 언급됨), 로마교회의 초창기에 바울과 베드로에게 중요한 조력자가 되기도 했다.[72] 실제로 베드로는 자신이 기도와 설교에 집중할 수 있도록 리노와 클레멘스 둘 다를 리더의 위치로 높였던 것으로 보인다. 클레멘스는 몇 편의 서신을 남겼는데, 그중 하나("고린도인들에게 보내는 성 클레멘스의 편지")는 신약성서를 제외하고는 가장 오래된 기독교 문서로 남아 있다. 클레멘스의 서신(기원후 80-140년에 기록)은 고린도교회를 격려하고 그들을 거룩한 삶으로 부르기 위해 쓰였다. 클레멘스는 구약성서에서 많은 사례들을 참조했고, 예수의 생애와 가르침을 자신이 바울과 베드로에게서 받은 그대로 진술했다. 사실상 클레멘스는 사도적 목격자들로부터 그 자신이 속한 "이 세대"의 독자들에게까지 이어져 내려온 "관리 연속성"에 대하여 논의했다. 다시 말해 고린도의 믿는 자들에게 이렇게 말했다. "사도들은 우리를 위하여 주 예수 그리스도에게서 복음을 받았고, 예수 그리스도는 하나님으로부터 보내심을 받았다. 그러니까 그리스도는 하나님으로부터 왔고, 사도들은 그리스도로부터 왔다. 따라서 그 둘 모두는 하나님의 뜻에 따라 순서대로 왔다."[73] 이와 같이 클레멘스는 목격자의 "관리 연속성" 안의 "정해진 순서"를 이해했다. 그 편지를 상세하게 검토한 학자들은 클레멘스가 자신의 저술을 써 내

---

71 리노와 클레멘스에 대한 더 자세한 정보를 위해 George Edmundson, *The Church in Rome in the First Century* (Charleston: BiblioBazaar, 2009)을 참조하라.

72 클레멘스에 대한 더 자세한 정보를 위해 *Early Christian Writings: The Apostolic Fathers* (London: Penguin, 1968), Kindle edition을 참조하라.

73 Clement of Rome, "Epistle to the Corinthians," *Documents of the Christian Church*, eds. Henry Bettenson and Chris Maunder (Oxford University Press, 2011), 67.

려갈 때 일곱 권의 신약성서(마가복음, 마태 혹은 요한복음, 로마서, 갈라디아서, 에베소서, 빌립보서)를 인용했거나 암시한 사실을 발견했다. 또한 클레멘스는 예수의 인격과 사역을 묘사하면서 목격자들이 처음 소통했던 예수에 대한 묘사를 그대로 따랐다. 예수에 대한 클레멘스의 다음과 같은 묘사는 이그나티우스와 폴리카르포스가 제공한 것과 매우 비슷하다.

예언자들은 예수의 생애와 사역을 예언했다.[74]

예수는 자신의 제자들에게 중요한 계명을 주었다.[75]

그는 마가와 누가가 묘사하는 것과 같은 원칙들을 가르쳤다.[76]

그는 겸손했고 자신을 내세우지 않았다.[77]

그는 매질을 당했다.[78]

그는 우리의 구원을 위하여 고통과 죽임을 당했다.[79]

그는 우리의 죄 값을 위하여 죽임을 당했다.[80]

그는 죽은 자들 가운데서 부활했다.[81]

74　Clement of Rome, *The First Epistle of Clement to the Corinthians* (Whitefish, MT: Kessinger), 12.

75　Clement, *The First Epistle of Clement to the Corinthians*, 10.

76　Clement, *The First Epistle of Clement to the Corinthians*, 27.

77　Clement, *The First Epistle of Clement to the Corinthians*, 11.

78　같은 곳.

79　같은 곳.

80　같은 곳.

81　Clement, *The First Epistle of Clement to the Corinthians*, 16.

그는 살아 있어서 하나님과 함께 다스린다.[82]

그의 부활은 우리의 부활을 확실히 보증한다.[83]

우리는 하나님의 "은혜"로[84] 예수를 믿는 믿음을 통해[85] 구원을 받는다.

그는 "주님"이며[86] 하나님의 아들이다.[87]

그에게는 영원한 영광과 왕권이 있다.[88]

모든 창조가 그에게 속한다.[89]

그는 우리의 "피난처"이고[90] 우리의 "대제사장"이다.[91]

그는 우리의 "변호인"이고 우리를 "돕는 자"이다.[92]

교회는 그에게 속한다.[93]

클레멘스는 자신이 보낸 편지의 독자가 자신이 인용하는 복음서가 증언하는 예수의 진리를 이미 이해하고 있다고 추정한 것이 분명하다. 하지만 그는 여전히 베드로, 바울, 그리고 복음서 저자들이 그린 그림과 일치하는 예수에 대한 특징 가운데 다수를 재차 언급했다. 분명 클

---

82 Clement, *The First Epistle of Clement to the Corinthians*, 22.

83 Clement, *The First Epistle of Clement to the Corinthians*, 16.

84 Clement, *The First Epistle of Clement to the Corinthians*, 7.

85 Clement, *The First Epistle of Clement to the Corinthians*, 15.

86 Clement, *The First Epistle of Clement to the Corinthians*, 10.

87 Clement, *The First Epistle of Clement to the Corinthians*, 22.

88 Clement, *The First Epistle of Clement to the Corinthians*, 14.

89 Clement, *The First Epistle of Clement to the Corinthians*, 22.

90 Clement, *The First Epistle of Clement to the Corinthians*, 14.

91 Clement, *The First Epistle of Clement to the Corinthians*, 22.

92 같은 곳.

93 Clement, *The First Epistle of Clement to the Corinthians*, 27.

레멘스는 이 한 편의 서신 외에도 많은 기록을 남겼을 것이고, 그 안에서 훨씬 더 많이 신약성서의 본문을 긍정했을 것이다. 현존하는 그의 서신 가운데 고린도인들에게 보낸 것은 최초의 목격자들로부터 다음 세대의 믿는 자들에게로 목격담이 전달된 사실을 인정하며, "관리 연속성" 안에서 우리에게 또 다른 고리를 제공해준다.

클레멘스는 에바리스투스(Evaristus)로부터 피우스(Pius)에 이르기까지 진리를 전달했다

리노와 로마의 클레멘스는 로마에서 바울(과 베드로)을 뒤이은 주교들의 혈통을 확고히 다졌다.[94] 이들은 가르치고 논쟁했으며, 자신의 후계자들 즉 에바리스투스(기원후 ?-109년)로부터 알렉산더 1세(Alexander I, 기원후 ?-115년), 식스투스 1세(Sixtus I, 기원후 ?-125년), 텔레스포루스(Telesphorus, 기원후 ?-136년), 히기누스(Hyginus, 기원후 ?-140년), 피우스 1세(기원후 90-154년)에 이르기까지 목격자들의 성서를 전달했다. 이그나티우스, 폴리카르포스, 클레멘스의 저술은 2세대(second generation) 기독교 지도자들이 목격자의 저술을 이미 귀중한 성서로 간주하고 있었다는 사실을 보여준다. 클레멘스를 뒤이은 교황들이 이런 목격담의 중요성을 인정하고 그에 대해 감사히 여겨야 하는 책임을 졌다는 결론 역시 타당하다. 그들은 미래 세대를 위하여 그런 기록을 보존해야 하는 중요성을 잘 알고 있었다.

---

94 초대 교황들에 대한 더 자세한 정보를 위해 Thomas Meyrick, *Lives of the Early Popes. St. Peter to St. Silvester* (BiblioBazaar, 2009)를 참조하라.

피우스 1세와 순교자 유스티누스는 기록을 잘 보존했다

기독교 교회의 초창기에 로마는 그곳에서 (사도들이나 그들의 제자의 설교를 듣고) 믿음으로 나아왔거나 혹은 로마 제국의 다른 곳에서 믿음을 갖게 된 후 로마로 여행왔던 사람들로 북적였다. 그런 사람들 가운데 하나인 카이사레아의 유스티누스(기원후 103-165년)는 중요한 철학자로서 기독교 역사에 공헌하는 사람이 된다. 그는 순교자 유스티누스로 알려지며, 초기 기독교의 변증자들 가운데 하나가 된다.[95] 그는 플라비아 네아폴리스(지금은 팔레스타인의 나불루스)에서 그리스인 부모 밑에 태어났다. 그는 이교도로서 자랐고, 자신을 사마리아인이라고 불렀지만 철학을 공부했으며, 결국에는 기독교로 회심했다. 그는 피우스 1세가 기독교 공동체를 이끌었을 때 로마에서 기독교 교리를 가르쳤다. 그는 방대하고 중요한 몇 권의 작품을 남겼으며, 그중에는 「변증 1」, 「변증 2」, 「트리포와의 대화」가 있다. 이 초기 기독교 문서에서 순교자 유스티누스는 마태복음, 마가복음, 누가복음, 요한복음, 요한계시록을 인용하거나 암시했다. (피우스 1세를 포함해서) 로마의 초기 주교와 교황들의 저술 가운데 일부는 우리에게 남아 있지 않지만, 순교자 유스티누스는 그들이 목격담을 어떻게 바라보았고 또 미래를 위하여 이것을 어떻게 보존하려고 했는지에 대해 동시대의 시각을 제공해준다.

---

95 순교자 유스티누스에 대한 더 자세한 정보로는 *The Writings of Justin Martyr*, eds. Alexander Roberts and James Donaldson (Berkeley: Apocryphile Press, 2007)을 참조하라.

유스티누스는 타티아노스(Tatian)를 가르쳤다

성서적인 "관리 연속성"에서 일정한 역할을 수행했던 모든 사람에게
정통주의적 믿음이 있었던 것은 아니다. 많은 사람이 목격자들의 증언
을 듣고 기록했지만, 막상 자신과 자신의 제자들에게는 그것을 잘못 해
석하는 경우가 있었다. 아시리아의 타티아노스(기원후 120-180년)가 그
런 예라고 할 수 있다.[96]

타티아노스는 아시리아에서 태어났고, 아마도 그곳에서 생을 마쳤
을 것이다. 하지만 그는 로마로 건너와 얼마 동안 그곳에서 살았고, 구
약성서를 공부했다. 그는 순교자 유스티누스를 만나서 그의 제자가 되
었고, 기독교로 회심했다. 그는 로마에서 유스티누스와 수년 동안 함께
공부했으며, 마지막에는 그곳에서 기독교 학교를 개원하기도 했다. 시
간이 흘러 그는 결혼과 고기 먹는 것을 금지하는 엄격한 유형의 기독
교를 발전시켰다. 유스티누스가 죽자 그는 로마교회로부터 쫓겨났다.
그는 시리아로 건너가서 훗날 「디아테사론」(*Diatessaron*, 혹은 「복음서
대조」[*Harmony*])이라고 불리는 그의 가장 유명한 작품을 펴냈다. 이
책에서 그는 복음서라는 네 개의 목격자 증언을 하나의 문서로 통합하
려고 시도했고, 그 과정에서 복음서의 존재를 인정했다. 시리아에 있
는 가장 오래된 교회의 기록(타티아노스에게까지 거슬러 올라가는 교회)
은 초기 교회의 정경을 확인해주는데, 여기에는 「디아테사론」, 바울 서
신, 사도행전이 포함된다. 타티아노스의 작품은 이런 고대 정경의 목록

---

96 타티아노스에 대한 더 자세한 정보를 위해 Emily J. Hunt, *Christianity in the Second
Century: The Case of Tatian*, Routledge Early Church Monographs (London:
Routledge, 2003)을 참조하라.

과 더불어 바울로부터 2세기 후반에 이르는 "관리 연속성" 안에서 정경이 이른 시기에 형성되었음을 입증한다.

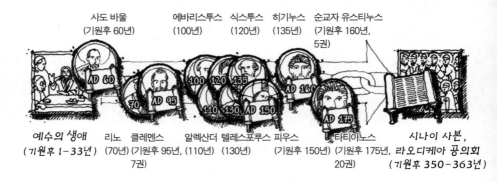

사도 바울 (기원후 60년) | 에바리스투스 (100년) | 식스투스 (120년) | 히기누스 (135년) | 순교자 유스티누스 (기원후 160년, 5권)

예수의 생애 (기원후 1-33년) | 리노 (70년) | 클레멘스 (기원후 95년, 7권) | 알렉산더 텔레스포루스 피우스 (110년) (130년) | 타티아누스 (기원후 150년) (기원후 175년, 20권) | 시나이 사본, 라오디케아 공의회 (기원후 350-363년)

역사는 이런 특정한 "관리 연속성" 안에서 그다음에 이어지는 고리에 대해서는 정확한 정보를 제공하지 않는다. 어쨌든 바울로부터 이어져 온 "관리 연속성"은 목격자 증언이 실제로 존재했고, 이것은 매우 이른 시점부터 거룩한 성서로 대우받았으며, 앞선 세대에서 다음 세대로 조심스럽게 전달되었다는 사실을 인정한다. 그리고 이 모든 일이 일어난 것은 기독교 공의회가 신약성서의 기록을 판단하여 공식적으로 목록을 확정하기 오래전이었다.

베드로의 제자들은 복음서의 정확성을 확증했다

사도 베드로(기원전 1년경-기원후 67년경)는 예수의 제자 가운데 가장 나이가 많았을 것이다. 그는 시몬 게바(그의 이름의 아람어 형태)라고도 알려져 있다. 그는 요나(요한)의 아들이었고 (갈릴리에 있는) 벳새다에서 자랐다. 예수를 처음 만나 곧바로 그의 제자가 되었을 때, 그는 (동생 안드레와 함께) 어부였다. 인간적인 실패와 성공으로 점철된 그의 이야기는 우리에게 잘 알려져 있다. 예수의 승천 이후 베드로는 안디옥에 교회를 세웠고, 7년 동안 주교로 섬겼다. 그는 마지막에는 로마로 가서 그곳에서 주교가 되었다. 이 책 5장에서 우리는 마가가 마가복음에서 베드로의 목격담을 저술했다는 주장을 지지해주는 증거들을 논의했다. 마가복음은 (요한복음과 마찬가지로) "범죄 현장"으로부터 온 중요한 증거이고 베드로는 그것을 (1세기에 등장했던 다른 목격자 문서와 함께) 자신의 학생과 제자들에게 신중히 전달했다.

베드로는 마가를 통해 소통했다

마가 요한은 바나바의 친척이었고, 베드로는 마가의 어린 시절의 고향을 잘 알고 있었다(행 12:12-14). 마가는 베드로와 매우 친밀해졌고, 이 사도는 마가를 "내 아들"이라고 묘사했다(벧전 5:13). 베드로는 자신의 목격자 증언을 자신의 주된 제자인 마가를 통해 보존했고, 마가는 우리가 지금 "마가복음"으로 알고 있는 저작을 통해 그 증언을 다음 세대로 전달했다.

마가는 아니아누스(Anianus), 아빌리우스(Avilius), 케드론(Kedron), 프리무스(Primus), 유스투스(Justus)를 가르쳤다

마가는 알렉산드리아에 교회를 세웠고, 곧바로 설교사역 및 새로운 신자에게 세례를 베푸는 일을 시작했다. 역사 기록에 따르면 그에게는 적어도 다섯 명의 제자가 있었는데, 이들은 나중에 북아프리카 교회의 지도자가 되었다.[97] 마가는 사도적 목격자로부터 온 초기의 다른 신약성서 기록과 함께 자신의 복음서를 전달하면서, 아니아누스(기원후 ?-82년), 아빌리우스(기원후 ?-95년), 케드론(기원후 ?-106년), 프리무스(기원후 40-118년경), 유스투스(기원후 ?-135년) 등을 제자로 삼고 가르쳤다. 이 다섯 명의 남성은 훗날 마가가 죽고 난 이후에 (서로 돌아가며) 알렉산드리아의 주교가 되었다. 그들은 성실하게 목격담을 보존했고, 이를 한 세대에서 다음 세대로 전달했다.

유스투스는 진리를 판타이노스(Pantaenus)에게 전달했다

마가는 생전에 자신의 제자인 유스투스를 알렉산드리아 교리 학교(Catechetical School of Alexandria)의 책임자로 임명했다. 이 중요한 학교는 목격담과 성서가 수집되고 보존되는 배움의 장소로 큰 존경을 받았다. 이 학교의 초기 발전에 중요한 역할을 감당했던 인물은 기독교로 회심한 전(前) 스토아 철학자 판타이노스였다.[98] 그는 중요한 교사이자 선교사가 되었고, 알렉산드리아의 동쪽을 여행하며(아마도 멀리 인도까지) 그 동쪽에도 믿는 자들이 존재하고 그들이 히브리어 편지로 쓰인 마태복음을 사용하고 있다는 사실을 알렸다. 어쨌든 판타이노스는 우리에게 "관리 연속성" 안의 또 다른 중요한 고리를 제공하는데, 그의 제자 중 한 사람의 저술이 오늘날까지 현존하여 그 당시 이미 거룩하다

---

97 북아프리카 초대 교황들에 대한 더 자세한 정보를 위해 Stephen J. Davis, *The Early Coptic Papacy: The Egyptian Church and Its Leadership in Late Antiquity*, Popes of Egypt (The American University in Cairo Press, 2005) 을 참조하라.

98 판타이노스에 대한 더 자세한 정보를 위해 Vincent J. O'Malley, *Saints of Africa* (Huntington, IN: Our Sunday Visitor 2001) 을 참조하라.

2부 증거를 검토하라

고 여겨졌던 신약성서의 책들을 연대순으로 기록해서 확인해주기 때문이다.

판타이노스는 알렉산드리아의 클레멘스(Clement of Alexandria)를 가르쳤다

티투스 플라비우스 클레멘스(Titus Flavius Clement, 기원후 150-215년 경)는 알렉산드리아의 클레멘스로도 알려져 있다.[99] 그는 판타이노스의 제자였으며 후에 알렉산드리아 교리학교의 지도자가 되었다. 클레멘스는 당시의 이교도 문헌에 친숙했고 광범위한 저술 활동을 펼쳤다. 그가 쓴 중요한 세 권의 책은 「그리스도인에 대한 권고」(Protrepticus), 「교사」(Paedagogus), 「잡록」(Stromata)이며, 이 책들은 기독교인의 도덕과 행실을 논의한다. 클레멘스는 당시 존재하던 성서(판타이노스가 자신에게 전해준 성서)를 가장 중요하게 논했고 빌레몬서, 야고보서, 베드로후서, 요한2·3서를 제외한 모든 신약성서의 책을 인용하거나 암시했다. 클레멘스는 "관리 연속성" 안에서 그의 전임자들이 알았던 것과 동일한 신약성서의 문서를 전달받고 수용했던 것으로 보인다.

알렉산드리아의 클레멘스는 오리게네스를 가르쳤다

오리게네스(기원후 185-254년경)는 지중해 주변의 기독교 교회가 사용했던 고대의 목격담을 신중히 보존했고 확증했다. 그는 믿음을 갖게 된

---

99 알렉산드리아의 클레멘스에 대한 더 자세한 정보를 위해 Philip Schaff, *Fathers of the Second Century: Hermas, Tatian, Athenagoras, Theophilus, and Clement of Alexandria*, Kindle edition을 참조하라.

이집트인이었고, 나중에 알렉산드리아 교회의 학교에서 가르치기도 했다.[100] 그는 많은 작품을 남겼으며, 성서의 거의 모든 책에 대한 주석을 썼다. 그러면서 신약성서 속의 모든 책을 인용했다. 그는 야고보서, 베드로후서, 요한2서와 3서에 대해서는 망설임을 표현하면서도 그것들을 믿을 만한 정통 목격자 문서의 목록에 포함시켰다. 오리게네스는 중추적인 역할을 담당했고, 그의 제자들 가운데는 신약성서의 "관리 연속성" 안에서 중요한 고리가 된 이가 많았다.

카이사레아의 팜필루스(Pamphilus of Caesarea)는 오리게네스의 작품을 취했다

오리게네스는 말년에 알렉산드리아를 떠나(적합한 승인을 거친 안수를 받지 못했다는 이유로 그를 쫓아냈던 대주교의 박해 아래서) 카이사레아 마리티마(Caesarea Maritima)에 정착했다. 팜필루스[101] 역시 오리게네스의 작품에 헌신하게 되었고, 「오리게네스를 위한 변론」(*Apology for Origen*)이라는 다섯 권의 논문을 쓰면서 오랜 시간 머물렀던 알렉산드리아를 떠나 그곳에 정착했다. 팜필루스는 오리게네스의 작품을 보존하고 옹호했으며, 자신의 학생들에게 이 문서에 대한 자신감을 표출하며 성서의 목격담을 권위적인 것으로 받아들였다.

---

100 오리게네스에 대한 더 자세한 정보를 위해 Joseph W. Trigg, *Origen*, The Early Church Fathers (London: Routledge, 1998)을 참조하라.

101 팜필루스에 대한 더 자세한 정보를 위해 *History of the Martyrs in Palestine: Discovered in a Very Ancient Syriac Manuscript* (Charleston: Nabu Press, 2010)을 참조하라.

카이사레아의 팜필루스는 유세비우스를 가르쳤다

팜필루스의 제자들 가운데 한 사람은 카이사레아의 유세비우스 (Eusebius of Caesarea, 기원후 263-339년경)였다. 그는 나중에 교회의 중요한 역사가이자 교부가 되었으며 「생애」(Vita)라고 하는 세 권의 작품을 통해 팜필루스의 경력을 문서화한 헌신적인 제자가 되었다.[102] 유세비우스는 많은 작품을 남긴 작가였으며 「교회사」(Church History)를 포함해 그의 작품 가운데 다수는 오늘날까지 현존해 있다. 유세비우스의 작품을 가까이서 살펴보면, 그가 26권의 신약성서를 정경으로 인식하고 확증했다는 사실이 드러난다. 그는 마태복음, 마가복음, 누가복음, 요한복음, 사도행전, 로마서, 고린도전후서, 갈라디아서, 에베소서, 빌립보서, 골로새서, 데살로니가전후서, 디모데전후서, 디도서, 빌레몬서, 베드로전서, 요한1서, 요한계시록을 강력히 긍정했고, 야고보서, 유다서, 베드로후서, 요한2·3서는 보다 덜 강하게 인정했다.

베드로에서 유세비우스로 이어지는 성서적인 "관리 연속성"은 우리를 시나이 사본이 기록된 기간의 안쪽으로 안전하게, 그리고 라오디케아 공의회의 문전으로 인도한다. 목격담과 사도들의 저술이 이 기간 동안 수집되고 보전되었으며, 한 세대에서 다음 세대로 전달되었던 것은 분명하다.

신약성서의 "관리 연속성"은 목격담들의 으뜸가는 지위와 거룩한 중요성을 보존했고, 그것들을 다음 세대로 충실하게 전달했다. 목격담

---

102 카이사레아의 유세비우스에 대한 더 자세한 정보를 위해 Robert Van De Weyer, *Eusebius: The First Christian Historian*, Early Christian Writings (Berkhamsted, UK: Arthur James Ltd, 1997)을 참조하라.

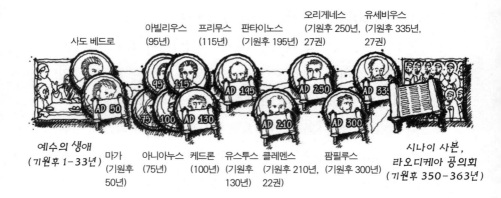

사도 베드로

예수의 생애
(기원후 1-33년)

마가
(기원후 50년)

아빌리우스
(95년)

아니아누스
(75년)

프리무스
(115년)

케드론
(100년)

판타이노스
(기원후 195년)

유스투스
(기원후 130년)

클레멘스
(기원후 210년, 22권)

오리게네스
(기원후 250년, 27권)

팜필루스
(기원후 300년)

유세비우스
(기원후 335년, 27권)

시나이 사본,
라오디케아 공의회
(기원후 350-363년)

을 전달받은 그들은 지금 우리에게 있는 정경을 확립했던 공의회에서 나중에 그 목격담을 공식적으로 확증했던 사람들이다. 정경 혹은 우리가 너무나도 잘 알고 있는 예수에 대한 지금의 생각은 공의회가 "창조" 해낸 것이 아니다. 공의회는 단지 목격자가 제공해왔던 정경과 예수에 대한 묘사를 승인했을 뿐이다.

우리가 배울 수 있는 최소한의 내용

이제 잠시 동안 기독교가 주장하는 모든 "목격자 증언"이 파괴되었다고 상상해보자. 우리에게 남은 것이라고는 목격자들의 몇몇 제자가 남긴 기록뿐이다. 그렇다면 우리는 마가, 이그나티우스, 폴리카르포스, 그리고 클레멘스의 저술에 의존해야만 할 것이다. 하지만 남아 있는 이런 기록은 우리가 예수의 진실을 배우는 데 분명 충분할 것이다. 무엇보다 마가의 임무는 베드로가 회고했던 것을 연대기 순서로 기록하는 것이었고, 마가는 실제로 그것을 상세히 기록했기 때문이다. 따라서 우리의 도전을 조금 더 어렵게 만들어보자. 마가복음을 고려의 대상에서 제외하고, 비록 마가를 제외한 세 명의 다른 제자는 예수의 생애와 사역에 대한 세부사항을 기록하려는 의식적인 노력을 기울이지 않았음에도 불구하고 그들이 기록한 "성서 밖의"(정경에 포함되지 않는) 서신만을 잠시 고려해보기로 하자. 오직 그 세 명의 제자에게만 의존한다면, 우리는 예수에 대해 무엇을 배울 수 있는가? 얼마 되지 않는 이들의 묘사는 21세기의 성서가 우리에게 말해주는 내용을 긍정할 것인가?

가장 초기에 기록된 "성서 밖"의 증언으로부터 우리는 다음 사실을 배울 수 있었다. 구약의 예언자들은 예수를 예언했다. 예수는 다윗의 후손이자 성령으로 잉태된 하나님의 독생자로 동정녀 마리아에게서 태어났으며, 큰 별이 그의 탄생을 알렸다. 그는 하나님으로부터 왔고, 하나님의 뜻과 지식을 현현했다. 그는 세례 요한에게서 세례를 받았고, 겸손히 자신을 내세우지 않고 온전하고 죄가 없는 삶을 살았으며, 하나님의 말씀을 전했고 사람들에게 중요한 여러 신적인 진리를 가르쳤다. (산상수훈을 통해 우리가 인식하는 원칙들도 여기에 포함된다.) 예수는 기름 부음을 받았으나 부당한 대우와 선고를 받고 매를 맞았으며 결국 십자

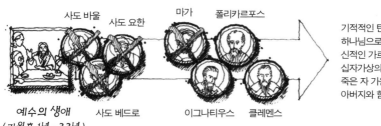

사도 바울 사도 요한 마가 폴리카르포스

예수의 생애 사도 베드로 이그나티우스 클레멘스
(기원후 1년-33년)

기적적인 탄생
하나님으로 인식됨
신적인 가르침
십자가상의 죽음
죽은 자 가운데서의 부활
아버지와 함께 다스리심

가에서 처형당했다. 그 처형은 본디오 빌라도와 분봉왕 헤롯의 통치 아래서 이루어졌다. 예수의 죽음은 그가 우리를 대신하여 우리의 죄 값을 치르고자 하나님께 드린 개인적인 희생이었다. 예수는 죽은 자들로부터 육체적으로 부활했고, 베드로와 다른 제자들에게 나타났으며, 그들과 함께 먹고 또 그들이 자신을 만지고 직접 보도록 격려함으로써 자신의 신성을 증명했다. 제자들은 부활한 예수를 보고 담대해져서 그 무엇도 두려워하지 않게 되었는데, 이는 예수의 부활이 영원한 생명과 그를 믿는 모든 사람에게 부활을 보증한다는 사실을 이해했기 때문이다. 예수는 아버지 하나님께로 돌아갔고, 지금 하늘에서 다스리고 있는 동시에 그가 제공하는 용서와 구원을 받아들인 모든 사람 안에서 살아 있다. 예수는 "문", "생명의 떡", "영원한 말씀", "하나님의 아들", 우리의 "대제사장", "구세주", "주인", "지키는 자", "돕는 자", "피난처" 그리고 "주님"이다. 예수와 아버지 하나님은 하나다. 예수에게는 영원한 영광과 왕권이 있다. 모든 창조가 그에게 속하고 굴복한다. 예수는 산 자와 죽은 자 모두를 심판할 것이다. 예수는 "하나님"이다.

우리는 이 모든 것을 복음서가 가르치는 내용에 기초하지 않고서도, 복음서 저자들의 최초의 제자들(그것도 단지 세 명의 제자)이 가르친 내용에만 기초하여 충분히 배울 수 있다. 이그나티우스, 폴리카르포스, 클레멘스의 서신은 복음서의 정확성을 확증해준다. 우리가 회의론자로서 각각의 목격자 증언에 존재하는 아주 작은 세부사항에 대해 얼마간의 의심을 품을 수 있다고 해도, 복음서의 주된 주제와 주장들에 대해서는 의심이 있을 수 없다. 예수는 하나님으로 묘사되었고, 그의 제자들과 동행했으며, 수많은 사람을 가르쳤고, 십자가 위에서 죽었으며,

죽은 자들 가운데서 부활했다. 예수에 대한 이런 설명은 뒤늦은 발명이나 과장이 아니라 처음부터 회자되었던 증언으로부터 존재해온 설명이다. 이런 설명은 복음서 저자들이 목격한 것이고, 정확히 묘사되었으며, 그들의 제자들에 의해 확증되었다. 내가 인터뷰했던 자센이라는 용의자, 곧 원래 이야기가 20년 후에 다시 제공된 설명과 일치하지 "않았던" 용의자와는 달리, (목격자들과 그 목격자들의 1세기 제자들이 제공하는) 예수 이야기의 최초 기록은 2천 년 후 우리에게 남아 있는 설명과 "일치한다."

유대인들의 기록처

하지만 우리는 복음서의 다른 세부사항(사도들의 제자들이 구체적으로 언급하지 않은 사항)이 정확한지 어떻게 알 수 있을까? 우리는 어떻게 복음서의 그런 부분이 1세기에서 시작하여 시나이 사본의 기록에 이르기까지 긴 기간 동안 부패를 피할 수 있었는지를 알 수 있는가? 나는 우리 경찰서 기록처의 관리능력을 자부했고, 따라서 자센 사건의 메모를 신뢰할 수 있었다. 나는 그 관계자들이 사건의 파일을 복사하고 보존하는 정확하고 주의 깊은 방법을 알고 있었다. 하지만 원시적인 1세기의 그리스도인들에게 그런 보전에 대한 동일한 의지와 능력이 있었다고 믿을 만한 타당한 이유가 있는가?

목격자는 의식적이고
방어적이었다

우리는 이 책 4장에서 사도들이 목격자로서 수행했던 역할을 살펴보았다. 사도들은 자신의 증언의 심각성과 중요성을 분명히 이해하고 있었다. 사도들은 하나님의 계획 가운데 있는 자신의 역할이 오로지 예수와 함께했던 자신들의 경험과 그분의 부활을 목격한 것을 다른 사람들에게 전하는 것임을 깨달았다. 사도들이 자신들을 중요한 목격자로 생각했다면, 당연히 그들은 증언의 정확성을 지켜내기 위해 주의를 기울였을 것이다. 맨 처음에 그들의 증언은 구두로 이루어졌다. 이것은 사도들이 예수의 임박한 재림을 간절히 기다리며 느꼈을 긴박감을 고려한다면 쉽게 이해할 수 있다. 하지만 그리스도의 도래가 일어나지 않고 수개월, 수년이 흐르자 사도들은 자신들이 목격했던 것을 지역교회의 회중과 공유할 수 있도록 증언의 형태로 기록하기 시작했다. 만일 복음서들이 이른 시기에 쓰였다면(목격자들이 실제로 살아 있는 동안), 그들이 행한 증언의 내용이 다른 사람들에게 전해졌을 때 목격자들은 당연히 그것의 "진위 여부를 점검"했을 것이다. 예들 들어 마가복음이 이 책 11장에서 논한 정황적 증거가 제안한 것만큼 이른 시기에 기록되었다면, 베드로는 어떤 오류든 관계없이 그것을 잡아내어 수정했을 것이다.

필사자와 서기관은 꼼꼼했다

고대의 유대교 문화는 1세기에 이미 잘 확립되어 있었고, 그런 문화권 안에서 사도들과 초기 교회의 신자들이 등장했다. 유대인이 성서를 극도의 주의력과 정확성을 가지고 보존했다는 사실은 분명하다. 에스라 이후부터(심지어 그 이전에도) 제사장(신 31:24-26)과 서기관이 있었는데, 이들은 거룩한 문서를 복사하고 또 꼼꼼히 돌보는 책임을 졌다. 서기관은 예수 시대에도 계속해서 같은 일을 했고, 그들을 지켜봤던 목격자들은 바리새인 및 유대 종교의 다른 지도자들과 더불어 신약성서 도처에서 그들을 언급했다. 이 기간 동안 구약성서의 정경은 존중받고 보호받았는데, 대체로 초기 교회의 신자들이 그것을 신약성서 문서와 더불어 거룩한 하나님의 말씀으로 간주했기 때문이었다. 바울은 누가복음을 성서로 표현했고(딤전 5:17-18), 베드로 역시 바울의 서신을 성서라고 말했다(벧후 3:15-16). 바울은 여러 지역의 교회에게 자신의 서신을 합당하게 다룰 것을 당부하면서, 그 서신을 다른 회중에게도 보내서 그들이 모였을 때 읽도록 권고했다(골 4:16과 살전 5:27). 신약성서 문서가 다른 고대의 성문서가 소중히 여겨지고 보존된 것과 같은 방식으로 취급되었다는 결론은 타당하다.

1세기의 기독교 필사자들이 거룩한 본문을 복사하고 보존했던 정확한 방식을 확신을 갖고 완벽하게 알기는 어렵지만, 우리는 그들이 1세기 이전과 이후를 모두 포함해서 수백 년에 걸쳐 내려온 종교적 전통 안에서 일했다는 사실은 알고 있다. 예를 들어 우리는 마소라 전통을 통해 유대 서기관들이 그들의 거룩한 본문에 대해 역사적으로 취해왔던 강박에 가까운 조심성을 살짝 엿볼 수 있다. 마소라 편집자(주로 디베랴와 예루살렘에 살면서 작업했던 유대 필사자들의 한 무리)로 알려진 서기관들은 고대의 성서를 복사하고 또 그것을 다음 세대로 전달하는 꼼꼼한 일을 담당했다. 오늘날 마소라 본문으로 알려진 것을 발전시킨 이들도 마소라 편집자다.[103] 우리는 이 문서들을 본래의 성서에 대한 놀랍도록 신뢰할 수 있는 복제품으로 인식할 뿐만 아니라 그 본문들 역시 신뢰하는데, 그것은 문서들이 필사되는 방식을 이해하기 때문이다. 마소라 편집자들은 마소라식 필사의 정확성을 보증하기 위해 모든 새로운 필사본들이 원본을 정확하게 복제한 것임을 보장해 줄 수 있는 여러 가지 엄격한 지침들을 만들어냈다. 마소라 편집자들의 규칙은 모든 면에서 현대의 기록처에서 사용하는 일련의 규정만큼이나 포괄적이다. 그들은 자신들이 지닌 모든 정확성을 가지고 문서를 복사했고 또 이를 조심해서 다루었다.

역사는 자신들이 필사하고 있는 문서가 본질적으로 신적인 것이라는 확신을 갖고 작업했던 고대 서기관들의 놀라운 정확성을 보여준다. 쿰란에서 발견된 사해사본이 그들의 놀라운 능력을 확증해주었다. 1947년에 베두인 목동 하나가 사해 골짜기 근처의 동굴 속에서 기이한 질항아리 몇 개를 발견했다. 그 항아리 안에는 기원전 150년에서 기원후 70년 사이에 그 골짜기에서 살았던 수도원 농부들의 종교적인 믿음

---

103 성서의 전달 과정에서 마소라 편집자들의 역할에 대해 더 자세히 알고 싶다면 Norman Geisler and William Nix, *General Introduction to the Bible* (Chicago: Moody, 1986)을 참조하라.

을 드러내주는 많은 두루마리가 들어 있었다. 로마가 그 지역으로 침략해오는 것을 보았던 수도사-농부들이 자신들에게 소중했던 두루마리를 항아리에 담아 동굴 안에 숨겨놓았던 것으로 보였다. 사해사본에는 구약성서의 거의 모든 개별적인 책, 가장 중요하게는 이사야서의 완전한 필사본이 포함되어 있었다. 이 사본의 연대는 대략 기원전 100년경으로 추정되었다. 이것은 역사가와 원문 전문가들에게 굉장히 중요했는데, 이사야서의 어떤 마소라 필사본보다도 대략 천 년은 더 오래된 것이었기 때문이다. 학자들은 이사야서의 사해사본 두루마리를 천 년 뒤의 필사본과 비교해서 필사자의 성실성 여부를 알아볼 수 있었다. 학자들은 자신들의 발견에 깜짝 놀랐다.

이사야서 쿰란 사본을 표준 히브리어 본문과 비교했을 때

꼼꼼한 마소라 편집자들 🔍

마소라 편집자들은 본문의 변질을 막기 위해 포괄적 절차를 수립했다.

본문에서 명백한 오류가 발견될 때, 그들은 그것에 *kethibh*("쓰인")라는 표시를 달았고, 여백에는 *qere*("읽히는")라는 정정용 단어를 배치했다.

본문에 있는 어떤 단어가 문법이나 해석에서 의심이 될 때, 그들은 그 단어 위에 점을 찍어두었다.

그들은 오류를 방지하기 위한 수단으로서 상세한 통계 자료를 기록했다. 예를 들어 레위기 8:8은 토라의 가운데 "구절"로 인식되었다. 레위기 10:16의 *darash*라는 단어는 토라의 가운데 "단어"로, 레위기 11:42의 히브리어 *gachon* 안에 위치한 *waw*는 토라의 가운데 "글자"로 인식되었다.

또한 그들은 각각의 책의 말미에 총 구절 수, 단어 수, 글자 수를 포함한 통계를 남겼다. 이런 통계를 합쳐 그들은 각각의 책을 수학적으로 측정해서 필사자의 오류가 있었는지를 확인할 수 있었다(글리슨 아처, 『구약총론』[CLC 역간]을 참조하라).

"우리에게 있는 표준 히브리어 성서와 본문의 95퍼센트 이상이 글자 그대로 정확하게 일치하는 것으로 판명이 났다."[104] 나머지 5퍼센트의 차이에는 (favour 대신에 favor라는 단어를 사용할 때 우리도 경험하는 것과 같이) 단순한 철자의 문제나 (한 문장 안에서 두 가지 이상의 생각이나 대상을 연결하기 위해 사용하는 "그리고"와 같은 단어의) 문법적인 차이가 있었다. 마지막으로 (53:11의 말미에 "그들이 보게 될 것이라"에 이어 "빛"을 뜻하는 히브리어가 추가된 것처럼) 명확성을 위해 어떤 단어가 추가된 경우도 있었다. 하지만 이런 문법적인 변형 가운데 그 무엇도 어떤 방식으로든 본문의 의미를 바꾸지는 못했다.

무엇이 고대 서기관들로 하여금 그런 신중함과 세심한 주의를 가지고 그 문서를 다루도록 만든 것일까? 그것은 분명 그 문서 자체가 거룩하며 또 그것이 하나님께부터 자신들에게 주어졌다는 그들의 믿음이었다. 바울과 베드로가 신약성서의 문서(예를 들어 누가복음과 바울 서신)를 성서로 확인했을 때, 그들은 그 문서가 마소라 전통에 상응하는 방식의 존경과 돌봄을 받을 수 있도록 보증했다. 1세기의 기독교 서기관에게는 현대의 경찰서 기록처에 있는 복사기, 마이크로피시, 디지털 화상 수집기 같은 것은 없었지만, 그들은 신적인 기록관리의 중요성을 이해했고 그와 같은 기술에 맞먹는 1세기의 무언가(조상의 꼼꼼한 정통)를 사용해서 본문의 정확성을 신중하게 보증했다.

---

104 Gleason Archer, *A Survey of Old Testament Introduction* (Chicago: Moody, 2011), Kindle edition, Kindle location 473-75. 『구약총론』(CLC 2008).

일관성 있게 잘 보존된 본문

"관리 연속성"의 증거와 1세기 필사자들의 성실성에 관하여 우리가 알고 있는 바를 감안할 때, 복음서의 정확성에 대해 우리가 도출할 수 있는 가장 합리적인 추론은 무엇일까? 내가 수사했던 미제사건 속에 등장했던 자센의 진술과는 달리 사도들의 메시지는 시간이 지나도 변하지 않았던 것처럼 보인다. 1세기에도, 21세기에도 그들의 메시지는 동일하다. 첫 번째 형사의 메모처럼, 1세기 기록의 세부사항은 적절하게 보존되어 있는 것으로 보인다. 유대인들의 "기록처"에는 그럴 만한 능력과 효율이 있었고, 그들은 시간의 흐름을 거슬러 목격자의 증언들을 필사했고 지켜냈다.

그렇다면 사람들이 이 사실을 지속적으로 부인하는 이유는 뭘까?

이런 결론을 지지하는 강력한 정황 증거에도 불구하고 일부 사람들은 여전히 복음서의 정확성에 대해 회의적이다. 성서를 "허구"로 묘사하는 비평가들이 제기하는 이의 가운데 어떤 것이 합리적일 수 있을지를 판단하는 데 있어 우리가 택한 귀추법이 약간의 도움이 될 수 있을지 살펴보도록 하자.

이그나티우스, 폴리카르포스, 클레멘스는 성서를 정확하게 인용하지 않았다

비평가 가운데 일부는 사도들의 제자들이 기록한 글이 참된 것으로 증명될 수 없다거나, 그들이 정확성을 보증할 만큼 복음서를 정확하게 인용하지 못했다고 주장해왔다. 비평가들은, 예를 들어 이그나티우스의 것으로 알려진 서신이 실제로는 바로 그 요한의 제자(이그나티우스)로부터 온 것이 아니라고 주장했다. 또한 많은 비평가는 "제2세대"의 제자들이 복음서를 인용했다고 보이는 본문(예를 들어 산상수훈에 대한 그들의 언급)이 정확한 "단어 대 단어"의 인용이 아니라고 주장하기도 했다. 비평가들은 제자들이 아직 파피루스에 기록되지도 않았으며 완결되기도 훨씬 이전에 오염되었던, 모호하고 믿기 어려운 초기 구전을 단지 암시했을 뿐이라고 주장한다.

하지만…

이그나티우스의 서신 가운데 일부와 관련된 논란은 늘 있어왔지만, 우리의 "관리 연속성"에서 앞서 분리해낸 일곱 편의 서신에 대한 진위를 의심할 이유는 없다. 그렇다. 역사에서 뒤늦게 등장한 것으로 보이고 또 이그나티우스의 것으로 잘못 알려진 추가적인 서신이 있지만, 우리가 언급했던 일곱 편의 서신은 이그나티우스의 최초의 저술로 열거되어 있고, 이에 대해서는 (이그나티우스를 거론한) 폴리카르포스의 서신이 입증한다.

이그나티우스, 폴리카르포스, 클레멘스가 종종 특정한 구절을 "단어 대 단어"로 인용하는 대신 해당 본문의 의미를 포착하는 방식으로 성서 본문을 언급했던 것은 사실이다. 하지만 이것은 역사 속에서 그 당시의 저자들에게는 드물지 않은 일이었다. 바울도 때때로 성서(구약 성서)를 환언(paraphrase)했다(고전 2:9이 그런 한 예인데, 여기서 바울은 사 64:4과 사 65:17 모두를 환언한 것으로 보인다). 바울이 사용한 환언이 바울이 그의 서신을 기록했을 때 구약성서가 존재하지 않았다는 증거 가 될 수 없는 것처럼, 폴리카르포스와 클레멘스가 사용했던 환언 역시 2세대 저자들이 그들의 서신을 기록했을 당시에 신약성서가 존재하지 않았다는 증거가 될 수 없다. 가장 중요한 것은, 사도들의 제자들이 예 수를 묘사하기 위해 환언을 했든지 아니면 자신만의 단어를 사용했든 지 관계없이, 그 서신이 묘사하는 예수와 사도적 목격자들이 묘사하는 예수가 서로 일치한다는 사실이다.

필사자의 삽입이 많은데 이는 명백한 오염이다

회의론자들은 우리가 이 책 6장에서 논의했던 나중에 삽입된 일부 구 절에도 도전했다. 일부 필사자가 세부사항을 덧붙이기 위해서든 아니 면 원문에서 누락된 신학적 요점을 분명히 하기 위해서든 간에 자신들 이 필사 중인 사본을 의도적으로 오염시킨 것처럼 보인다는 것이다. 만 일 그렇다면 우리는 어떻게 우리에게 남아 있는 어떤 사본이 믿을 만 하고 정확한 것으로 신뢰할 수 있을까? 본문의 일부가 오염되었다면, 다른 어떤 부분도 신뢰할 수 없을 것이다.

하지만…

그런 오염이 "명백하다"는 사실은 우리에게 무언가를 환기시켜준다. 우리가 이 책 6장에서 언급했던 오염과 나중의 삽입은 왜 그렇게 명백한 걸까? 그것이 우리에게 뚜렷이 부각되어 보이는 것은 우리에게 서로 비교 가능한 수백 개에 달하는 복음서의 고대 필사본이 남아 있기 때문이다. 신약성서의 복음서보다 더 잘 입증된 고대 문서는 없다. 비교의 일환으로, 그리스의 역사가인 헤로도토스는 기원전 5세기에 「역사」(*The Histories*)를 기록했다. 이것의 고대 필사본은 고작 여덟 권에 불과하지만, 우리는 우리에게 그 문서의 정확한 복사본이 남아 있다고 믿는다. 이에 반해 신약성서 문서의 고대 필사본은 수천 개에 달한다. 이 복사본은 지중해를 둘러싼 다양한 고대 세계로부터 온 것이다. 서로 다른 지역에 위치하고 서로 다른 기독교 무리로부터 온 다양한 사본이 서로 비교될 때, 그것은 곧바로 변형을 드러낸다. 본문의 편차는 "명백"한데, 이는 우리에게 검토하고 비교할 사본들의 풍성한 광맥이 있기 때문이다. 우리는 우리에게 있는 많은 복사본을 통해 손쉽게 변형을 발견하고 이를 제거할 수 있다. 결과적으로 우리는 나중의 삽입을 제거하고 강한 확신을 가지고서 원문을 재구성할 수 있다.

　이런 비교의 과정이 어떻게 일어나는지 예를 하나 들어보자. 당신과 내가 순찰 파트너가 되어 어느 날 오후 514C라는 구역을 함께 순찰하고 있다고 가정해보자. 우리 MDT(경찰차 안에 있는 이동식 컴퓨터)로 동네의 한 미니 마트에서 일어난 강도 사건을 알리는 연락이 들어왔다. 우리를 호출한 교환원은 길 이름과 무기의 철자를 실수로 잘못 보내왔다. 우리는 우리 도시에 그런 지명의 길은 없지만, 우리 구역(같은 백 번대 번지) 안에 매우 비슷한 이름의 길이 실제로 존재한다는 사실을 알고 있다. 우리는 그쪽으로 방향을 틀면서, 그 사실을 교환원에게 알렸고, 정정된 길 이름을 포함한 새로운 호출을 전달받았다. 두 번째 호출에서 교환원은 또 다른 실수를 했고 "Markey"라는 잘못된 철자를 보내왔다. 우리는 교환원에게 이것을 다시 알렸고, 또다시 메시지를 받았는데 이번에도 오타가 있었다. 교환원은 오타를 교정하기 위한 노력을 두 번 더 기울였지만 순간적인 압박 속에서(기억하겠지만 그 당시에는 강도사건이 일어나고 있었다), 매번 비슷한 실수가 반복되었다.

이제 질문을 하나 던져보자. 강도사건이 현재 진행 중인 것과 촌각을 다투는 정황을 고려할 때, 우리는 갓길에 차를 세워놓고 교환원이 정확한 호출을 기입해주기를 기다려야 할까? 아니면 교환원이 반복적으로 보내오는 메시지를 통해 호출에 응할 만큼의 충분한 정보가 있다고 생각해도 될까? 여러 개의 오탈자와 오류가 있다고 해도 교환원의 호출이 반복될수록 우리는 더 큰 확신을 갖고 그것이 어떤 종류의 호

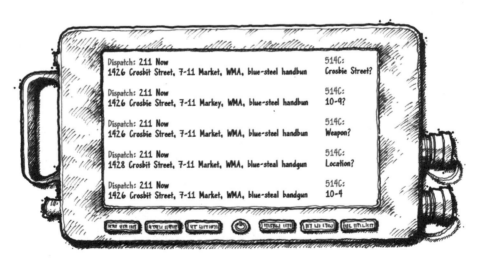

출이며 범죄가 어디서 일어나고 있는지를 판단할 수 있다. 우리는 메시지가 더 많이 반복될수록 교환원이 원래 의미했던 것을 판단하기 위해 그것들을 비교할 수 있고, 그 결과 우리의 결론을 더욱 강하게 확신할 수 있다.

우리가 고대의 성서 사본을 검토할 때도 이와 비슷한 일이 일어난다. 그렇다. 우리는 오류와 나중에 삽입된 것을 발견할 수 있지만, 이것은 오히려 거대한 더미를 이루는 사본이 갖는 장점이다. 그것 때문에 우리는 확신을 가지고 부정확한 것을 제거할 수 있다.

서로 차이를 보이는 성서 이야기가 많다

회의론자는 복음서 저자들이 동일한 사건을 서로 다른 방식으로 묘사한 사실을 보고, 그 차이가 단순히 화해되기는 어려운 "모순"을 이룬다고 주장했다. 회의론자는 그런 양립 불가능한 차이가 성서 기록의 정확성을 무효화한다고 여긴다.

하지만…

우리는 이 책 4장에서 목격자 증언의 본질에 대해 이미 논의했고, 그래서 우리는 진실한 목격자 증언이라면 그 사이의 차이를 반드시 "기대"해야 한다는 사실을 알고 있다. 이처럼 기대되는 차이점은, 각각의 목격자가 사건을 바라보았던 관점, 관심, 위치를 이해하는 한, 형사로서 일하는 우리에게는 전혀 문제되지 않는다. 책임감 있는 수사관으로서

2부 증거를 검토하라

우리의 임무는 사건에 대해 가장 탄탄한 관점을 얻을 수 있도록 서로 다른 목격자 진술들을 어떻게 조화시켜야 할지 이해하는 것이다.

가장 합리적인 결론

복음서의 정확성과 관련해서 어떤 설명이 가장 합리적인지 판단하기 위해 다시 한번 우리가 "귀추법"이라고 알고 있는 과정으로 되돌아가 보자. 우리는 이번 장에서 살펴 본 모든 증거를, 회의론자들이 인용한 증거를 포함해서, 다시 한번 나열할 것이다. 이 사실들과 함께 우리는 이제껏 살펴본 것을 설명해줄 두 가지 가능한 설명을 고려할 것이다.

요한, 베드로, 바울의 제2세대 제자들이 남긴 기록을 감안할 때, 우리는 복음서의 본질적인 가르침이 2천 년이 넘는 시간 동안에 불변했다는 사실을 자신할 수 있다. 첫 번째 설명 곧 복음서와 다른 신약성서 문

요한의 제자들은 복음서의 정확성을 확증했다
바울의 제자들은 복음서의 정확성을 확증했다
베드로의 제자들은 복음서의 정확성을 확증했다
목격자는 의식적이고 방어적이었다
필사자와 서기관은 꼼꼼했다
이그나티우스, 폴리카르포스, 클레멘스는
　　성서를 정확하게 인용하지 않았다
필사자의 삽입이 많이 있는데 이는 명백한 오염이다
서로 차이를 보이는 성서 이야기가 많다

복음서는 이른 시기에 기록되었고, 사도들의 제자들 앞에서 낭송되었다
복음서는 오늘날 우리가 가지고 있는 문서와 일치한다
사도들의 제자들은 어떤 서신도 기록하지 않았고 사도들의 메시지는 시간을 두고 왜곡되었다

서가 이른 시기에 쓰였고 사도들의 제자들이 그 문서를 배웠다는 설명은 가장 합리적인 결론이며, 또한 이 설명은 우리가 이 책 11장에서 살펴본 이른 저작설에 대한 증거와도 일치한다. "관리 연속성"으로부터 주어지는 증거와 필사자들의 특징은 첫 번째 설명을 지지하고, 이런 설명은 회의론자들의 도전에도 합리적인 대답을 제공한다. 반대로 두 번째 설명은 이그나티우스, 폴리카르포스, 클레멘스가 제공하는 증거를 적절하게 설명하지 못한다. 첫 번째 설명은 "실현가능"하고 "복잡하지 않으며" "논리적"이다. 우리가 수집한 모든 증거를 "총망라"하고 있고, 다른 대안적 설명보다 "우월"하다. 이것은 귀추법을 위해 우리가 세운 기준을 충족시킨다. 그러므로 이것이 가장 합리적인 설명이다.

복음서는 세 번째 시험을 통과했다

이제 우리는 형사사건 재판에서 목격자를 평가하는 네 가지 영역 가운데 세 가지를 통해 복음서의 목격자 증언의 본질을 평가했다. 증거에 기초한 가장 합리적인 추론은 (1) 복음서 저자들이 현장에 "있었고" (2) 그들의 증언은 "입증되었다"는 것이다. "관리 연속성"과 그 기록이 시간을 두고 보존된 방식을 연구함으로써 우리는 (3) 목격자 증언들이 또한 "정확하다"는 합리적 결론에 도달할 수 있었다. 우리는 그것들이 믿을 만하다고 말할 준비가 되었는가? 거의 다 되었다. 하지만 아직 검토해야 할 마지막 영역이 하나 더 남아 있다.

14장

그들은 편견을 가졌는가?

예수의 죽음 이후에 실존했던 기독교인에 대해 우리가 아는 한 가지는, 그들이 예수의 죽음을 이해하려고 노력하는 가운데 성서로 향했다는 것이다.…
어떻게 메시아였던 예수가 일반 범죄자로서 죽임을 당할 수 있었을까? 기독교인은 이를 이해하고 검증하기 위해 성서를 찾았으며, 의로운 자가 하나님의 죽음의 고난을 받는다고 언급하는 본문을 찾아냈다. 이사야 53장, 시편 22편, 시편 61편과 같은 본문에서 형벌을 받거나 죽임을 당한 자는 하나님이 그의 혐의를 벗겨주신다. 기독교인은 예수가 바로 그 의로운 자이고 하나님께서 그의 혐의를 벗겨주신 것이 분명하다는 말씀을 믿기에 이른다. 그래서 기독교인은 예수가 비록 십자가 처형을 당했지만, 그는 히브리 성서 속의 엘리야와 에녹이 그랬던 것처럼 하늘로 높이 들어 올려졌다고도 생각하게 되었다.…하지만 예수가 높임을 받았다면 그는 더 이상 죽어 있을 수 없고, 따라서 기독교인은 그가 부활했다는 이야기를 퍼뜨리기 시작한 것이다.[1]

---

1   매사추세츠 주 우스터(Worcester)에 위치한 홀리크로스 대학(College of the Holy Cross)에서 "예수의 부활에 대한 역사적 증거는 존재하는가?"라는 주제로 2006년 3월 28일 열린

—바트 어만(Bart Ehrman)

신약학자, 종교학 교수, 『예수 왜곡의 역사』저자

세 가지 동기

모든 사람은 동기를 가지고 있다. 동기라는 단어를 들을 때 우리는 범죄자를 떠올리는 경향이 있지만, 배심원은 재판에서 증언하는 목격자들을 검토하고 평가할 때도 동기를 고려해야만 한다. 배심원은 어떤 목격자가 "편견, 선입견, 사건에 연루된 사람과의 개인적 관계, 혹은 사건이 어떻게 종결되느냐에 따른 개인적 이익과 같은 요인의 영향을 받고 있는지"를 생각해야 한다는 요청을 받는다. 이런 질문에서 작용하는 요인은 "편견"과 "동기"라는 두 가지다. 바트 어만이 주장하는 것처럼 제자들은 부활에 대해 거짓말을 하고 있었는가? 그들의 주장은 종교적 기대 혹은 편견에 기초해 있었는가? 그렇다면 그들은 그런 정교한 거짓말을 통해 무엇을 얻고자 했는가? 만일 사도들이 원했던 바가 예수가 하나님이 되는 것이었다면, 적어도 그것은 정교한 거짓말로는 성취될 수 없는 소원이었다. 거짓말은 현장에 없었던 사람을 속일 수는 있지만, 정황을 보다 잘 아는 이를 그렇게 속일 수는 없다. 그들의 이야기가 거짓이었다면 이를 통해 제자들은 무엇을 얻고자 했던 것일까? 동

윌리엄 레인 크레이그(William Lane Craig)와의 논쟁에서 바트 어만이 제시했던 최종 진술. 출처는 다음과 같다. 2012년 4월 13일, www.philvaz.com/apologetics/p96.htm.

기의 문제와 기독교 목격자의 "편견"을 살펴보는 것으로 우리의 여정을 마무리하도록 하자.

살인사건을 수사해온 지난 시간 동안에 나는 모든 살인사건의 중심에는 세 가지 일반적인 동기가 자리를 잡고 있다는 사실을 발견했다. 결과적으로 이 세 가지 동기는 다른 악한 행실에 대해서도 동일한 원동력이 된다. 이것은 우리가 때로는 생각해서는 안 되는 것을 생각하고, 말해서는 안 되는 것을 말하며, 행해서는 안 되는 것을 행하는 이유이기도 하다.

재정적 탐욕

이것은 내가 수사하는 범죄의 이면에 흔히 자리했던 원동력이다. 예를 들어 강도사건이 엇나가서 일어났던 살인사건이 있다. 용의자에게 재정적 이점을 준다는 이유로 일어난 경우도 있었다. 예를 들어 내가 맡았던 어떤 살인사건에서 남편은 아내가 자신의 퇴직금의 일부를 받는 것을 원치 않아서 살인을 저지르기도 했다.

성적 혹은 관계적 욕구

또한 나는 성적 (혹은 관계적) 동기를 갖는 살인사건을 여럿 수사해보았다. 어떤 성폭력범은 피해자가 나중에 증언을 할 수 없도록 만들기 위해 그를 살해한다. 단순한 질투에 휩싸인 남자친구가 자신의 여자친구가 다른 남자를 만나는 것을 볼 수 없어 일으키는 살인사건도 있다.

권력의 추구

마지막으로 더 높은 권력 혹은 권위를 차지하거나 유지하기 위해 살인을 저지르는 이도 있다. 동일한 승진 자리를 서로 얻어내기 위해 애쓰는 두 사람 사이의 경쟁이 요인이 될 수도 있다. 단순히 피해자가 여러 동료 앞에서 자신의 명예를 훼손했거나 "무례"히 행했다는 이유로 살인을 한 이도 있었다. 성, 돈, 권력은 모든 범죄에서 형사가 수사하는 동기다. 사실상 이 세 가지 동기는 보다 가벼운 범죄의 이면에도 존재한다. 당신이 해서는 안 되는 일을 행한 가장 최근의 일을 떠올려보라. 그 일의 동기를 조심스럽게 검토해본다면, 그것은 아마도 대체로 세 가지 범주 가운데 하나에 들어갈 것이다. 동기가 존재한다는 것이 언제나 용의자가 실제로 범행을 저질렀다는 것을 의미할 수는 없다. 어떤 범죄를 저지를 동기는 있었지만, 그것을 행동으로 옮기고 싶은 유혹을 거절했을 수도 있다. 하지만 반대로 피고 측 변호인들은 "동기의 부족"을 인용해서 의뢰인의 결백을 주장하기도 한다. "어떤 이득도 얻을 것이 없는데 제 의뢰인이 왜 이런 일을 저질렀겠습니까?" 이것은 정당한 질문이자, 사도들의 주장을 검토하면서 우리가 물어야 하는 질문이기도 하다.

사도들의 동기

예수의 생애와 사역의 목격자라고 주장되는 이들이 복음서를 기록했을 때, 그들에게 어떤 숨은 동기가 있었는가? 우리가 앞서 서술한 세

가지 동기들 가운데 하나로 인해 사도들이 거짓말을 했다고 믿을 만한 타당한 이유가 있는가? 없다. 역사의 그 무엇도(기독교 역사든 세상속 역사든 관계없이) 제자들이 예수와 관련된 증언을 통해 얻을 것이 있었다는 사실을 제시해주지 않는다.

사도들은 재정적인 이득에
끌리지 않았다

사도행전에 기록된 기간 이후에 있었던 사도들의 삶을 묘사하는 고대의 기록은 많다. 다양한 고대 공동체에 속한 현지의 기독교인들은 제자들이 도처에서 복음을 전하며 활동했던 것들에 대한 기록을 남겼다. 하지만 그 문서 중 어디에도 제자들 가운데 누군가가 물질적인 부를 소유했었다는 기록이 없다. 제자들은 반복적으로 이 장소에서 저 장소로 쫓겨 다녔고, 그들이 가졌던 소유가 무엇이든지 그것을 버려두었으며, 그들이 거주하던 집을 비워주었던 사람으로서 등장한다. 제자들은 예수를 처음 따르기 시작했을 때 이미 자신들의 집과 가족을 떠났고, 또 그런 방식으로 살아가는 데 익숙했다. 베드로가 예수에게 "보옵소서, 우리가 우리의 것을 다 버리고 주를 따랐나이다"(눅 18:28)라고 말했을 때, 그는 그런 사실을 인정하고 있다. 제자들은 복음의 진리가 훨씬 더 큰 가치를 지닌 무엇, 곧 영원한 생명을 제공한다는 사실을 믿었기에 모든 물질적인 부를 거절했다. 바울은 자신들의 빈곤한 재정적 상태를 여러 번 묘사하면서, 청중에게 사도들이 "주리고 목마르며 헐벗고 매 맞으며 정처가 없다"(고전 4:11)는 사실을 상기시켰다. 사도들은 "무명한 자 같으나 유명한 자요, 죽은 자 같으나 보라, 우리가 살아 있고, 징계를 받는 자 같으나 죽임을 당하지 아니하고, 근심하는 자 같으나 항상 기뻐하고, 가난한 자 같으나 많은 사람을 부요하게 하고, 아무것도 없는 자 같으나 모든 것을 가진 자"(고후 6:9-10)로서 살았다. 제자와 사도들이 재정적인 이득을 얻기 위해 거짓말을 하고 있었다면, 이들의 거짓말에는 효력이 없었다. 바울을 가까이서 지켜보았던 사람들은 그가 물질적 이득보다 영적 생명에 헌신된 사람임을 알았다. 그는 "아무의 은이나 금이나 의복을 탐하지 아니하였다"(행 20:33).

다른 사도들도 재정적으로는 비슷한 상황에 처해 있었다. 베드로와 요한이 1세기의 처음 절반을 예루살렘에서 보냈을 때, 가난하고 몸이 자유롭지 못한 사람 하나가 그들에게 다가와 돈을 달라고 청했다. 그때 베드로는 이렇게 대답했다. "은과 금은 내게 없거니와 내게 있는 이것을 네게 주노니, 나사렛 예수 그리스도의 이름으로 일어나 걸으라"(행 3:6). 제자들이 영적 진리를 추구하기 위해 물질적으로 빈곤한 삶을 선택했다는 사실이 일관성 있게 계속해서 묘사된다. 야고보가 부요한 자들을 묘사했

동기

판사는 배심원들이 피고의 유죄를 평가할 때, 동기를 고려할 것을 권고한다.

"여러분은 피고에게 기소된 범죄(혹은 그 범죄의 일부)를 저지를 동기가 있었는지를 증명할 의무는 없습니다. 그러나 평결을 내릴 때, 피고에게 동기가 있었는지를 고려할 수는 있습니다."

"동기가 있다는 것은 피고가 유죄라는 사실을 보여주는 요인일 수 있습니다. 동기가 없다는 것은 피고가 무죄라는 사실을 보여주는 요인일 수 있습니다"(『캘리포니아 사법위원회 형사재판 배심원 지침서』[2006], 370항).

을 때(예를 들어 약 5:1-5), 그는 언제나 2인칭을 사용했다. 자기 자신은 그들의 숫자에 포함시키지 않은 것이다. 사도들은 단 한 번도 자신들을 부요한 자로 묘사한 적이 없었다. 그 대신에 부요한 자들에게 그들의 부요함이 영원한 것에 대한 그들의 관점을 진실로 위태롭게 할 수 있음을 분명히 말했다. 다른 사도적인 저자들과 마찬가지로 야고보도 자신의 동료 기독교인을 기쁨에 찬 빈곤자로 묘사했다. "하나님이 세상에서 가난한 자를 택하사 믿음에 부요하게 하시고, 또 자기를 사랑하는 자들에게 약속하신 나라를 상속으로 받게 하지 아니하셨느냐?"(약 2:5)

사도들은 예수의 생애와 사역을 증언했지만, 재정적으로 아무것도 얻지 못했다. 신약성서 속의 바울 서신은 역사의 매우 이른 시점에 바울을 개인적으로 잘 알던 사람들을 위해 쓰였다. 바울이 자신의 재정 상황에 대해 거짓말을 했다면, 그의 독자는 이를 곧바로 알아챘을 것이다. 사도들의 삶과 관련된 성서 밖의 다른 모든 기록은, 적법한 것이든 전설적인 것이든, 제자들이 자신들의 증언을 선포하기 위해 세계 각지를 여행하는 동안 빈곤했다고 말해준다. 신약성서의 이른 기록과 성서 밖의 기록이 동의하는 내용으로부터 이끌어낼 수 있는 가장 합리적 추론은, 신약성서의 저자들은 그들 스스로가 선언하는 대로 자족하는 무일푼자였다는 것이다. 재정적인 탐욕이 그들이 복음서에서 주장했던 내용의 동기가 될 수 없다는 결론은 타당하다. 사실 그들은 무엇보다 그들의 증언에 대한 헌신 때문에 그런 빈곤 상태에 머물렀다.

2 사도들은 성이나 애정관계의 욕망에 이끌리지 않았다

사도들이 성적 욕망이나 애정관계라는 동기를 가졌다는 제안 역시 비합리적이다. 신약성서의 자료가 사도적인 목격자들의 "애정 생활"에 대해 말을 삼가는 것은 사실이지만, 우리는 베드로가 기혼자였고 그에게 장모가 있었음을 안다(마 8:14). 바울은 이 사실을 확증해주었고, 고린도인들에게 보낸 편지에서는 다음과 같은 물음에서 베드로가 유일한 기혼자가 아님을 시사했다. "우리가 다른 사도들과 주의 형제들과 게바[베드로]와 같이 믿음의 자매 된 아내를 데리고 다닐 권리가 없겠느냐?"(고전 9:5) 초기 교부들도 가장 어린 사도였던 요한을 제외하고는 모든 사도가 기혼자였다고 시사한다. 알렉산드리아의 클레멘스는 베드로와 빌립에게 자녀가 있었으며,[2] 바울은 기혼자였지만 사도로 증언을 할 때는 아내를 동반하지 않았다고 기록했다.

> 그가 아내를 데리고 다니지 않은 유일한 이유는 자신의 사역에 불편을 초래할 수 있기 때문이었다.…(사도들은) 특정한 사역을 따라 자신들이 어떤 방해도 없이 말씀을 전할 수 있는 일에 헌신했고, 아내와 동행하더라도 자신과 결혼 관계에 있는 여성으로서가 아니라 자매, 그러니까 주부들을 상대하는 동료 사역자로서 동반했다.[3]

---

2   Eusebius, *The Ecclesiastical History* (Cambridge, MA: Harvard University, 1980), 269에서 인용된 클레멘스.

3   *Women in Religion: The Original Sourcebook of Women in Christian Thought*, eds.

여기서 클레멘스는 사도들이 기혼자였을 뿐만 아니라, 그들이 자신들의 증언을 통해 도달하기를 원했던 영혼들을 잘 섬기기 위해 그리스도의 승천 이후에는 아내와의 성적인 접촉을 자제했음도 시사했다. 이 그나티우스 역시 사도들을 기혼자로 언급했다.

하나님께 합한 자로 여김을 받은 나는, 내가 하나님 나라에서 조상들의 발 앞에, 곧 아브라함과 이삭과 야곱의 발 앞에, 요셉과 이사야와 나머지 예언자들의 발 앞에, 그리고 기혼자였던 베드로와 바울과 나머지 사도들의 발 앞에 있을 수 있기를 기도한다. 그들은 자신의 욕구를 위해서가 아니라 인류의 종족 보존을 위해 결혼 생활을 시작했다.[4]

알렉산드리아의 클레멘스와 같이 이그나티우스도 사도들이 개인적인 욕망보다 자신들의 증언 행위를 우선시하는 성적 관점을 지녔다고 말한다. 이는 3세기 초반에 다음과 같은 기록을 남긴 테르툴리아누스라는 이름의 다른 고대 기독교 저자를 통해서도 확인된다.

사도들은 한편으로 결혼해서 자신의 아내를 데리고 다닐 "자유"가 있었

Elizabeth A. Clark and Herbert Richardson (New York: HarperCollins, 1996), 29에서 인용된 클레멘스. 클레멘스의 저술과 관련한 더 자세한 정보를 위해 Alexander Roberts, *Ante-Nicene Fathers, vol. 2, Early Church Fathers* (Grand Rapids, MI: Eerdmans, 1988)을 참조하라.

4 Ignatius, *The Epistle of Ignatius to the Philadelphians*, 162. 이그나티우스의 저술과 관련한 더 자세한 정보를 위해 Alexander Roberts, James Donaldson, and A. Cleveland Coxe, eds., *Ante-Nicene Fathers*, vol. 1, *Apostolic Fathers, Justin Martyr, Irenaeus* (Grand Rapids, MI: Eerdmans, 1950)을 참조하라.

다. 다른 한편으로 그들은 "복음대로 살아갈 자유"도 있었다.[5]

사도들은 자신들의 여정에 아내와 동행할 권리가 있었고, 일부는 그렇게 했을 수도 있다. 어쨌거나 성서의 기록과 성서 밖의 역사 모두에서 사도들이 나무랄 데 없는 방식으로 자신들의 성생활에 대해 조심했다는 사실은 분명하다. 사실 당시의 문화에서는 한 명 이상의 아내를 두는 남성이 종종 있었지만, 사도들은 자신의 아내를 한 명으로 제한하는 이들에 한해서만 지도자의 자리에 오르는 것을 허용했다(딤전 3:2).

열두 사도는 쾌락을 추구하는 열두 명의 총각이 아니었다. 그들은 그 지역의 괜찮은 처녀에게 구애하기 위해 자신의 지위나 증언을 이용하지도 않았다. 그들이 성적인 욕구를 가졌다고 해도, 확실한 것은 당시의 고대 문서는 이를 전혀 기록하지 않았으며, 그들 자신이 남긴 문서도 이를 암시하지 않는다. 그들은 (아마도) 순결과 성적인 순수성을 높은 가치로 삼았던 기혼자였다. 사도들의 삶에 대해 우리가 알고 있는 것을 감안할 때, 가장 합리적인 추론은 성적인 혹은 애정관계의 욕구가 그들이 복음서에서 주장하는 내용의 동기가 될 수는 없다는 사실이다.

---

5   *The Ante-Nicene Fathers*, eds. Alexander Roberts and James Donaldson, vol. 4, *Tertullian, Part Fourth; Minucius Felix; Commodian; Origen, Parts First and Second* (Buffalo: Christian Literature, 1885), 55에서 인용된 테르툴리아누스.

3 사도들은 권력 추구의 욕망에도 이끌리지 않았다

일부 회의론자들은 사도들이 각각의 종교 공동체 안에서 강력한 권력을 소유하고자 하는 욕구에 의해 동기부여를 받았다고 주장해왔다. 그런 회의론자들은 4세기에 기독교가 국가의 후원을 받는 종교가 되면서부터 기독교 지도자가 로마에서 누리게 된 권력을 가리키곤 한다. 로마가톨릭교회의 교황들이 종교적·정치적으로 대단한 권력을 누리게 되었다는 것은 의심할 바 없는 사실이다. 하지만 1세기에 실존했던 사도들의 삶을 살펴볼 때, 이는 로마 가톨릭교회의 교황들의 삶과 전혀 유사점을 지니지 않는다.

권력에는 특전이 따르고, 이것들 가운데는 스스로를 보호하는 능력이 포함된다. 하지만 사도들에게 이런 종류의 권력은 불가능했다. 초창기 기독교 운동은 1세기에 실제로 권력을 갖고 있었던 사람들의 적대감과 곧바로 마주쳤다. 로마인들은 기독교인이 로마의 정서에 반하는 의식을 행할 뿐만 아니라, 네로 황제를 신으로 숭배하지 않으려고 한다는 소문을 재빨리 퍼뜨렸다. 다음은 타키투스가 기록한 네로의 반응이다.

결과적으로 네로는 그런 기록을 없애기 위해 죄를 다른 사람에게 돌렸다. 그들은 대중이 혐오스럽다는 이유로 증오하는 계층, 곧 그리스도인이라고 부르는 한 부류였다. 네로는 그들에게 가장 격렬한 고문을 가했다. 그리스도인이라는 이름의 출처는 그리스도(Christus)였다. 그리스도는 티베리우스(Tiberius)의 통치 기간 동안, 우리의 행정장관 중 하나인 본 디오 빌라도의 손에 의해 극심한 형벌을 겪었고, 그래서 잠시 동안 이 유 해한 미신은 제지되었지만 다시 터져 나왔는데, 이번에는 그 악의 처음 근원지인 유대 땅뿐만 아니라 심지어 로마에까지 퍼졌다. 로마는 세상의 모든 지역으로부터 온 온갖 이교적이고 수치스런 것이 중심적인 자리를 찾고 인기를 누리는 곳이다. 그에 발맞추어 유죄가 인정된 모든 이들에 대한 첫 번째 체포가 행하여졌고, 이후에도 그들에 대한 정보에 근거해 서 엄청난 수의 사람이 유죄 선고를 받았다. 그 도시에 불을 지른 죄는 물 론 더 크게는 인류에 대한 증오가 그들의 죄목이었다. 온갖 조롱이 그들 의 죽음 위에 더해졌다. 짐승의 가죽을 뒤집어쓴 이들은 개에게 찢겨 죽 거나, 십자가에 못 박혀 죽거나, 해가 저물고 난 후 야간의 조명으로 쓰이 기 위해 불꽃처럼 타 죽기도 했다.[6]

기독교 역사 속의 이른 시점에서 기독교 공동체의 리더의 지위란 자산이라기보다 부채였다. 예수에 대한 충성을 공개적으로 인정함으로 써 ("유죄가 인정된") 사람, 그런 충성을 철회하지 않았던 유명한 기독교 인과 지도자들이 가장 먼저 죽임을 당했다. 베드로와 바울이 로마에서 처형을 당한 것도 역사의 이 시점이었지만, 이들이 기독교 지도자로서 의 명성 때문에 목숨을 잃은 사도의 전부는 아니었다. 열두 제자의 생 애와 사역에 관련된 성서 밖의 역사와 저술은 사도들이 자신들의 증언

---

6   Cornelius Tacitus, *Works of Cornelius Tacitus. Includes Agricola, The Annals, A Dialogue concerning Oratory, Germania and The Histories* (MobileReference, 2009), Kindle edition, Kindle locations 6393-6400.

2부 증거를 검토하라

때문에 지속적으로 박해를 받았고, 결국에는 순교를 당했다고 선언한다. 사도적 목격자들은 상상하기 어려운 고문과 처형에 직면해서도 자신이 본 것에 대한 증언을 변개하기를 거절했다. 오직 요한만이 순교를 피했던 것으로 보이지만, 그 역시 사도로서의 지위 때문에 유배당했고 박해를 받았다.

사도들이 자신의 신앙 때문에 처형을 당하기 훨씬 이전부터 박해는 그들에게 일관된 경험이었다. 바울이 고린도인들에게 보낸 편지에서 서술하는 다음과 같은 경험은 슬프지만 사도들에게는 규범적인 것이었다.

> 유대인들에게 사십에서 하나 감한 매를 다섯 번 맞았으며, 세 번 태장으로 맞고 한 번 돌로 맞고 세 번 파선하고 일주야를 깊은 바다에서 지냈으며, 여러 번 여행하면서 강의 위험과 강도의 위험과 동족의 위험과 이방인의 위험과 시내의 위험과 광야의 위험과 바다의 위험과 거짓 형제 중의 위험을 당하고, 또 수고하며 애쓰고 여러 번 자지 못하고 주리며 목마르고 여러 번 굶고 춥고 헐벗었노라. 이외의 일은 고사하고 아직도 날마다 내 속에 눌리는 일이 있으니, 곧 모든 교회를 위하여 염려하는 것이라 (고후 11:24-28).

리더의 자리로 올라가는 동안 사도들은 박해와 학대의 표적이 될 수밖에 없었다. 그들이 유명해질수록 원수의 손에 죽임을 당할 위험도 함께 커졌다. 그들의 죽음에 대해 우리가 알고 있는 바를 감안할 때, 가장 합리적인 추론은 권력과 자리에 대한 추구가 그들이 복음서에서 주장하는 내용의 동기가 될 수 없다는 사실이다.

피고 측 변호인이 사도들 가운데 한 사람을 대변해서 그가 자신의 증언과 관련하여 거짓말을 했다는 고소에 맞서 그를 변호하고 있다면, 그 변호인은 당연히 이렇게 물을 것이다. "어떤 이득도 얻을 것이 없는데 제 의뢰인이 왜 그런 일을 하겠습니까?" 우리가 그런 거짓말의 동기가 될 것으로 예상했던 세 가지 영역에서 사도들은 분명 누구도 이득을 얻지 못했다.

편견과 선입견 🔍

편견:
기질 혹은 관점의 성향, 특별히 개인적이고 때로는 불완전한 판단

선입견:
(1) 사전에 형성된 판단이나 의견, (2) 공정한 이유나 충분한 지식이 없이 형성된 부정적 의견이나 성향(*Merriam-Webster's Collegiate Dictionary*, 11판)

숨은 동기로부터 자유롭다는 것

동기는 배심원이 목격자의 신뢰성을 평가할 때 측정해야 하는 주요 요인이다. 그래서 판사는 배심원에게 이런 질문을 던지도록 권고한다. "증인은 그의 증언을 대가로 해서 면제 혹은 관대한 처벌을 약속 받았는가?"(이 책 4장 참조) 우리는 진실을 나누고자 하는 단순한 소원 외에 다른 무엇이 목격자에게 지금 증언하는 그 내용을 증언하도록 동기를 부여했는지 알아야 한다. 복음서 저자의 동기를 살폈을 때 일반적으로 사람들로 하여금 거짓말을 하도록 강요하는 힘이 그 저자를 이끌지 않

았다는 사실이 분명해진다. 사도들은 숨은 동기로부터 자유롭다.

하지만 편견은 어떠한가? 복음서 저자들에게 앞서 살펴본 세 가지 잇속을 챙기려는 동기가 없었다고 해도, 그들에게 정말로 편견이 없었는지 우리는 어떻게 알 수 있는가? 판사는 배심원을 격려해서 목격자들이 "편견, 편향, 사건에 연루된 특정 인물과의 관계, 사건의 종결에 따른 개인적 이익 등과 같은 요인의 영향을 받았는지" 찾도록 권고한다. 어떤 사건을 지켜 본 목격자에게 "선입관"이나 "편애"가 있었다면, 그런 편견은 그가 본 것을 해석하는 데 영향을 미쳤을 수 있다. 편견은 사람들로 하여금 무엇을 "부정확하게" 바라보도록 만든다. 사도들도 이런 경우에 속할까?

그렇다면 이 사실을 지속적으로 부인하려는 이들의 이유는 뭘까?

일부 회의론자들이 복음서(그리고 예수의 승천 이후 사도들의 생애에 대한 성서 밖의 기록)를 불신하는 것은 복음서 안에 편견이 들어 있을 수도 있다는 가능성에 기초하고 있다. 사도들이 탐욕, 성적 욕망, 권력욕 등에 의해 동기를 부여를 받았음을 시사하는 증거가 없음에도 불구하고, 비평가들은 여전히 복음서 기록에 대해 의구심을 갖는다. 이들의 의심의 이면에 놓인 이유를 찾아보고 귀추법을 사용하여 그것들을 마지막으로 평가해보자.

복음서는
기독교인에 의해 쓰였다

회의론자들은 복음서가 "객관적"인 비기독교인이 쓴 것이 아니기 때문에 신뢰할 수 없다고 주장해왔다. 이런 견해에 따르면 신약성서의 기록은 자신의 종교적인 시각을 우리에게 납득시키려는 편향된 기독교인에 의해 쓰인 셈이 된다. 비평가들은 기독교인이 복음서의 사건을 전적으로 종교적인 렌즈를 통해 관찰했고, 그 후 이런 관점에서 그 사건을 보고했다고 주장한다. 결과적으로 복음서의 이야기는 편향되었고 신뢰할 수 없다는 것이다.

하지만⋯

그런 견해는 복음서의 목격자들이 예수의 생애와 사역을 관찰했던 시기인 1세기에 일어났던 일에 대한 정확한 묘사가 아니다. 내가 맡았던 사건 하나를 예로 들어 설명해보자. 수년 전 강도 사건 담당 수사관이었을 때, 나는 은행 강도사건을 맡게 되었다. 그날 오후에 사건의 용의자(마크 힐, Mark Hill)는 은행 안으로 들어섰고, 줄을 서서 창구 직원에게 접근하기를 기다렸다. 그는 로비에서 이삼 분 정도를 기다려 창구 쪽으로 걸어갔고, 거기서 직원에게 "요구조건"이 담긴 "쪽지"를 건네며, 허리춤에 찬 권총을 내보였다. 그가 기회를 엿보는 동안 은행 직원 한 명(캐시 스몰리[Kathy Smalley])이 줄에 서 있는 그를 발견했다. 캐시는 은행의 대리로 일하고 있었고, 그녀의 책상은 로비 안의 창구직원 바로 뒷줄에 위치해 있었다. 그녀는 차례를 기다리던 마크를 알아보았다. 캐

2부 증거를 검토하라

시는 마크와 같은 고등학교를 다녔고 그가 재능 있고 (유명한) 운동선수였기에 그를 알아본 것이다. 여러 해가 지났지만 그녀는 여전히 확신을 가지고 그를 알아볼 수 있었다. 반면에 차례를 기다리는 동안 마크는 은행을 터는 일에만 몰두에 있었다. 그는 한 번도 고개를 들지 않았고, 따라서 자신을 바라보고 있었던 캐시를 발견할 수 없었다. 마침내 그는 창구 직원(데브라 카마초[Debra Camacho])에게 다가갔고, 도둑질을 완수했다. 데브라는 마크에게 그가 요구한 돈을 건넸고, 그 후 마크가 몸을 돌려 은행을 나설 때 무음 경보 버튼을 눌렀다. 그녀는 자신이 보이는 곳에 앉아 있는 캐시에게 재빨리 손짓을 했다.

캐시는 데브라가 방금 강도를 당했다는 사실을 알아차렸다. 믿을 수가 없었다. 이제껏 단 한 번도 마크를 강도를 저지를 만한 사람으로 생각해본 적이 없었기 때문이었다. 사실 마크는 고등학교를 졸업하면서 체육 특기생 장학금을 받았고, 지금쯤이면 출세한 운동선수로서 대학을 마쳤을 것이라고 생각했다. 캐시는 로비로 들어서는 마크를 처음 봤을 때, 그가 강도를 저지를 것이라고는 전혀 생각하지 못했다. 하지만 이미 벌어진 일을 보니 마크가 강도인 것이 확실했다. 이제 그녀는 마크의 유죄에 대한 "참된 신자"가 되었다. 자신의 눈으로 그것을 목격했기 때문이다. 강도 사건과 관련해서 말하자면 캐시는 이제 "마크 힐리언"(Mark-Hillian) 신자가 된 것이다. 이제 독자에게 질문을 하나 던져보자. 나는 그녀의 증언을 신뢰해야 할까? 믿을 만한 목격자라고 하기에는, 그녀는 지나치게 편향된 것이 아닐까? 캐시는 은행에서 목격한 것에 대해 중립적이지 않다. 그녀에게는 강도의 정체성에 대한 관점과 의견이 있다. 그녀는 마크 힐리언 신자이다. 누가 그 범죄를 저질렀는지에 대한 모든 가능한 진실 가운데 그녀는 오직 하나만이 정확하다고 확신한다. 그녀가 이처럼 편견을 가지고 있는데, 내가 어떻게 그녀의 말을 신뢰할 수 있을까?

충격이야! 고등학교를 같이 다닌 친구, 마크 힐이잖아!

캐시는 이제 마크 힐이 은행 강도라는 사실을 확신한다. 캐시는 "마크 힐리언" 신자다.

하지만 이런 걱정은 얼마나 우스운가? 캐시는 마크에 반하는 편견이나 자신이 본 것을 오염시킬 수 있는 추정으로 시작하지 않았다. 사실 그녀는 마크가 그런 범죄를 저지를 수 있다는 것을 알고 충격을 받았다. 이 사건이 일어나기 전까지 캐시는 "마크 힐리언" 신자가 아니었다.

이와 비슷한 방식으로 복음서 저자도 자신이 예수의 생애와 사역을 목격하기 전까지는 "그리스도"의 신자가 아니었다. 1세기 팔레스타인 땅의 유대인들이 자신들을 로마의 억압으로부터 구원해줄 메시아를 찾고 있었다는 사실에 대해서는 많은 기록이 있다. 그들은 영적인 구원자가 아니라 군사적인 해방자를 기대하고 있었다. 바트 어만조차도 제자들이 스스로 다음과 같은 질문을 던졌음을 인정했다. "어떻게 메시아 예수가 일반적인 범죄자로서 죽임을 당할 수 있었을까?" 제자들은 (군사적 메시아로서) 예수의 죽음을 기대하지 않았고, 부활은 더더욱 기대하지 않았다.

복음서는 제자들이 예수의 예측과 선언에 대해 오해했던 사례로 가득하다. 예수의 생애를 목격했던 제자들 쪽에서도 의심과 망설임의 예는 허다하다. 의심 많은 제자들은 계속해서 예수에게 설명을 요구했고, 도마는 예수와 3년을 함께 보내고 나서도 자신의 눈으로 보고 손으로 만지기 전까지는 부활하신 예수에 대한 증언을 믿지 않았다. 사도들은 예수의 살아 있음과 부활을 목격하고 난 "후"에야 그분의 신성을 확신하게 되었다. 캐시가 "마크 힐리언"으로서 시작하지 않았던 것처럼, 제자들도 미리 그리스도인으로서 시작하지 않았다. 캐시가 자신이 목격했던 것의 결과로 "마크 힐리언"이 되었던 것(그가 강도임을 확신했던 것)처럼, 제자들 역시 자신이 목격했던 것의 결과로 그리스도인이 되었던 것(예수가 하나님이심을 확신했던 것)이다. 제자들에게는 선입견에 의한 편견이 아니라, 증거에 의한 확신이 있었다.

사도들의 죽음에 대한 이야기도 기독교인에 의해 쓰였다

회의론자들은 사도들의 순교를 묘사하는 "역사"가 주로 믿는 자들에 의해 쓰인 기독교의 전설이고, 따라서 사도들이 자신의 증언 때문에 순교를 당했다는 주장은 신뢰하기 어렵다고 주장해왔다. 만일 우리에게 있는 유일한 기록이 기적적인 이야기로 채워진 편향된 진술과 전설뿐이라면, 그런 순교가 정말로 일어났다는 사실을 우리는 어떻게 알 수 있을까?

하지만…

이 책 1장에서 묘사한 대로 어떤 고대 기록이 기적 사건에 대한 묘사를 포함한다고 해서 그것의 자격을 자동적으로 박탈해서는 안 된다. (단지 기독교인이 썼다는 이유만으로) 고대의 이야기 안에 편견이 있다고 주장한다면, (초자연주의에 반하는) 우리 자신의 또 다른 편견을 가지고 그것을 거절하는 셈이 된다. 사도들의 순교에 관련된 일부 기록이 다른 기록보다 더 믿을 만하다는 것은 사실이다. 그러므로 그 기록 전부를 역사적으로 부정확하다고 거절해야 할 이유는 없다. 베드로, 바울, 야고보, 요한의 죽음은 잘 입증되었고, 나머지 사도들의 순교 기록 역시 (맛디아와 빌립은 가능한 예외로 하고서도) 우리에게 충분한 자료를 제공해서 우리가 그들의 죽음에 대한 진실을 확신을 가지고 알게 해준다.

가장 중요한 사실은 목격자인 제자들의 죽음에 대해 기록한 기독교 저자들의 주장과 모순을 이루는 고대의 어떤 비기독교적인 기록물이 없다는 것이다. 다시 말해 제자들의 증언과 관련해서 경쟁 관계에 있는 기록은 없다. 우리는 한편으로는 사도들이 예수에 대한 진리를 선포했고 자신의 증언을 철회하지 않아서 죽었다고 주장하는 고대 기독교인의 기록을 가지고 있고, 다른 한편으로는 사도들이 결국에는 그것을 전부 거짓말로 자백했다고 주장을 하는 다른 고대 비기독교인의 기록을 가지고 있는 것이 아니다. 전자의 기독교인이 묘사한 것과 다른 어떤 주장을 펼친 고대의 저자는 없다. 사도들이 압력을 받아 자신의 거짓말을 자백한 거짓말쟁이라고 묘사하는 모순적 기록은 존재하지 않는다는 말이다. 고대의 기록이 만장일치로 증언하는 것은 기독교의 초기 목격자들이 자신의 증언으로 고통을 받았으나 끝까지 인내했다는 것이다. 그들은 망설이지 않았고, 또 자신의 증언을 변개하지 않았다.

가장 합리적인 결론

"귀추법"은 사도적 목격자들이 복음서를 기록하거나 목격자 증언을 행할 때 가졌을 법한 편견이나 동기와 관련해 우리가 두 가지 가능한 결론 사이에서 판단을 내리려고 할 때 도움을 줄 수 있다. 마지막으로 지금까지 우리가 살펴본 것을 해명해주는 두 가지 가능한 설명과 함께 증거를 나열해보자.

사도들에게는 악한 의도가 없었다. 그들은 자신이 본 것에 대해 거짓말을 함으로써 어떤 이득도 얻을 수 없었다. 실제로 입만 다물고 있었다면 그들의 형편은 훨씬 나았을 것이다. 그들은 이런 정교한 거짓말을 통해 정말로 무엇을 얻을 수 있었을까? 복음서 저자들은 분명 물질적인 이득보다는 영원한 생명에 관심을 두었던 것으로 보인다. 예수에 대한 거짓말이 예수의 영적인 주장을 진실로 만들 수 있을까? 제자들은 사실이 아닌 것으로 스스로 알고 있었던 어떤 영적인 주장을 위해 모든 것을 포기했다는 주장이 이해될 수 있는 것인가? 역사가 제시하는 증거는 다시 한번 두 번째보다는 첫 번째 설명을 지지한다. 그것이 회의론자들이 던지는 도전에도 합리적인 대답을 제공한다. 반면에 두 번째 설명은 사도들의 입장에서 동기가 부족하다는 사실을 충분히 해명하지 못한다. 첫 번째 설명은 "실현 가능"하고 "복잡하지 않으며" "논리적"이다. 우리가 수집한 모든 증거를 "총망라"하고, 대안적 설명보다

"우월"하다. 다시 한번 이것이 가장 합리적인 설명이다.

복음서는 마지막 시험을 통과했다

우리는 지금까지 배심원들이 목격자의 신뢰성을 판단할 때 숙고해야 하는 네 가지 중요한 영역을 전부 검토했다. 가장 합리적인 추론은 복음서 저자들이 (1) "현장에 있었고" (2) "입증되었으며" (3) "정확했고" 그들에게 (4) "편견이 없었다"는 것이다. 만일 그렇다면 우리는 확신을 가지고 그들의 증언이 "믿을 만하다"는 결론을 내릴 수 있다. 우리는 그 기록의 신뢰도를 판단하기 위해 필요했던 "어려운 임무"를 수행했다. 배심원으로서 우리는 성실하고 신실했으며 증거를 고려했다. 이제는 결정을 내릴 시간이다.

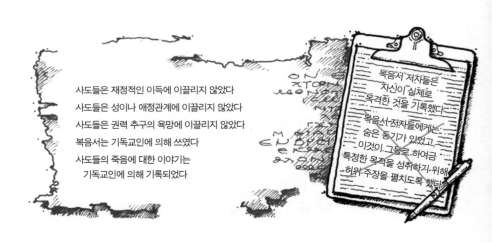

사도들은 재정적인 이득에 이끌리지 않았다
사도들은 성이나 애정관계에 이끌리지 않았다
사도들은 권력 추구의 욕망에 이끌리지 않았다
복음서는 기독교인에 의해 쓰였다
사도들의 죽음에 대한 이야기는
  기독교인에 의해 기록되었다

복음서 저자들은
자신이 실체로
목격한 것을 기록했다

복음서 저자들에게는
숨은 동기가 있었고,
이것이 그들로 하여금
특정한 목적을 성취하기 위해
허위 주장을 펼치도록 했다

"두 가지 결정"을 내리는
기독교인이 된다는 것

산티아고 오르테가(Santiago Ortega)는 열쇠를 돌려 오래된 1975년식 트라이엄프 Tr6의 시동을 걸었다. 산티아고가 집이라고 부르는 싸구려 호텔에 붙어 있는 작은 주차장에 세워진 차의 엔진이 연기를 내뿜으며 털털거리는 소리를 냈다. 산티아고는 락 코카인(담배처럼 피울 수 있는 형태의 코카인)에 중독되어 있었고, 종일 그것에 정신이 팔려 있었다. 그는 락을 피우고 있었거나, 아니면 락의 비용을 지불할 방법을 찾고 있었다. 그는 점점 더 절망적이 되어갔다.

그는 지난 몇 주 동안 아내를 보지 못했다. 그의 가족은 카운티 도처에 흩어져 살고 있었고, 특별히 지금은 아무도 그에게 도피처를 제공해주고 싶어 하지 않았다. 그의 아버지와 형제는 은행 강도죄로 연방 감옥에 수감되어 있었고, 슬프지만 산티아고 역시 그들의 뒤를 따라가는 중이었다. 그는 우리 시에서 처음으로 은행을 털기 전에 로스앤젤레스 카운티에서 이미 일곱 번이나 은행을 턴 경력이 있었다. 당시 나는 비밀 감시 팀에서 일하고 있었는데, 한 정보원의 제보가 우리를 산티아고가 머무는 호텔로 인도한 것이다. 우리는 산티아고가 그의 찌그러지고 오래된 컨버터블에 시동을 걸고 있었을 때, 그 주차장에 진을 치고 있었다.

산티아고는 은행 CCTV 사진 속의 인물처럼 보였지만, 우리가 찾고 있는 바로 그 강도인지는 확신할 수 없었다. 하지만 곧 알게 될 것이다. 산티아고는 주차장을 벗어나 롱비치(Long Beach)라는 도시로 들어갔다. 우리 팀은 조심스럽게 그의 뒤를 밟았다. 다섯 명의 경관과 한 명의 경사가 평범한 중형차들을 몰고 용의자를 추적한 것이다. 산티아고는 얼마 못 가서 자신의 중독에 굴복을 했다. 첫 신호등에서 그는 손으로 만든 락 파이프에 불을 붙였고, 작은 차의 내부는 연기로 가득 찼다. 트라이엄프는 안개 낀 캡슐로 변모했고, 그의 모습은 거의 보이지 않았다. 그는 창문을 한 번도 열지 않아 연기에 푹 젖은 채로, 용케도 운전을 했다. 그리고 약 3km를 더 달려서 주택예금 대출은행(Home Savings and Loan)에 도착했다.

산티아고는 은행 문쪽에서 볼 때 시야에서 약간 벗어나는 주차장의 가장자리에 주차했다. 그는 차에서 내리면서 셔츠의 매무새를 가다듬었고 머리를 단정히 했다. 그는 은행 입구로 들어서면서 불안한 듯이 주차장을 둘러보았다. 청바지에 티셔츠를 입은 우리 팀원 가운데 하나가 차에서 내려 산티아고를 따라 영업장 안으로 들어갔다. 그는 휴대용 무전기로 나머지 팀원과 소통했다. 마크 힐처럼 산티아고도 "요구 조건이 담긴 쪽지"를 사용하는 은행 강도였다. 그는 과거의 강도 사건에서 창구직원에게 총을 내보일 필요가 한 번도 없었다. 그들의 협조를 순순히 이끌어내는 데는 쪽지면 충분했다. 오늘 만난 직원도 예외는 아니었

베테랑 형사 복음서 난제를 수사하다

다. 그녀는 자신의 서랍을 비워 산티아고에게 돈을 건넸다. 그는 재빨리 뒤돌아섰고 은행을 빠져나왔다. 로비에 있는 고객들은 강도 사건이 일어났는지도 전혀 눈치 채지 못했다.

하지만 내 파트너는 알았다. 그는 재빨리 은행의 내부자를 통해 우리에게 무전을 보내 산티아고가 실제로 은행 강도임을 알렸다. 이때 이미 산티아고는 트라이엄프 차량을 몰고 달려 나와 지금 막 주차장을 벗어나려 하고 있었다. 우리 팀은 재빨리 그의 뒤로 접근해 들어갔다. 이런 상황에서 우리는 보통 가장 근접한 신호등에서 용의자가 도주할 수 없도록 우리 차들을 배치해서 세우는 전략적 체포를 시도한다. 하지만 산티아고는 지금 자신을 둘러싼 상황을 예민하게 인지했고, 감시 차량 중 하나를 의심하기에 이르렀다. 추격이 시작된 것이다.

마약에 취한 락 코카인 중독자가 오래된 트라이엄프 차량을 타고 경찰로부터 도주하려 할 경우 필연적으로 재난을 불러올 수밖에 없다. 산티아고는 추격이 시작되고 2km를 못가서 다른 차를 들이받았다. 나는 사건의 책임자였고, 따라서 산티아고에게 수갑을 채우고 기록을 위해 그를 경찰서로 호송하는 것은 나의 책임이었다. 경찰서로 가는 도중에 나는 그와 더불어 그의 삶과 미래에 대해 이야기를 나눌 수 있었다. 나는 단순한 관찰로부터 시작했다.

"산티아고, 정말로 초췌해 보여." 나는 말했다.

"저도 알아요." 그는 고개를 저으며 대답했다. 기특한 것은 산티아고 오르테가가 깨어진 사람이었다는 사실, 즉 그가 자신의 삶과 자신이 그간 마구 저지르고 다닌 범행에 대해 후회하며 뉘우치고 있었다는 사실이다.

"얼마 동안이나 이렇게 살 수 있을 거라고 생각했어?" 나는 진심으로 그를 염려하며 물었다. 산티아고의 눈은 벌겋게 충혈되어 있었다. 그는 수척했고 부스스했다. 며칠 동안 먹지도 못한 것 같았다.

"끝이 다가오고 있는 걸 알았어요. 정말로요. 어쩌다 이렇게까지 됐는지는 저도 잘 모르겠어요. 이 정도로 어리석지는 않았었는데." 그는 놀라울 만큼 수다스러웠고 솔직했다.

"그럼 왜 이런 짓을 한 거야?" 나는 물었다.

"저는 마약 중독자예요. 멈추고 싶어요. 하지만 언제나 이곳으로 되돌아오게 돼요. 아시겠지만 사실 저는 결혼을 했고 아름다운 아내가 있어요. 아내는 제가 다시 마약을 시작했을 때, 저를 떠났어요." 산티아고는 울기 시작했고 눈물이 감염된 눈을 아프게 했는지 움찔했다. "2년 전에 저는 아내와 함께 전도 집회에 가서 구원을 받았어요. 아내도 구원을 받았죠. 하지만 여전히 엉망진창인 모습으로 여기 있네요." 산티아고는 그가 참석했던 거대 경기장에서 열린 복음 전도 집회의 경험을 이야기했다. 그는 집회에서 설교자가 이야기한 내용에 감화되었고 관중석에서 내려와 예수의 제자가 되라는 그의 초청을 받아들였다고 했다. 그는 그날 밤의 결정이 그의 삶을 영원히 바꾸어줄 것으로 생각했다.

"아마도 형사님은 저를 위선자 가운데 하나로 생각하시겠죠. 또 다른 엉망진창의 기독교인으로요. 그렇죠?" 그는 자신이 예수의 제자에게 이야기하고 있다는 것을 알지 못했다.

산티아고는 자신의 구원을 위해 예수를 믿겠다고 결정을 내렸지만, 증거에 기초해서 예수의 생애와 가르침을 검토하겠다는 결정은 단 한 번도 내린 적이 없었다. 자신이 믿는 것을 검토하겠다는 두 번째 결정

베테랑 형사 복음서 난제를 수사하다

을 내리는 데는 실패한 것이다. "객관적 사실"로 가득한 이 세상에서 살며 고군분투하는 동안, 그는 자신의 신앙을 "주관적 의견" 이상의 것으로 바라보지 못했다. 결과적으로 그의 "믿음"은 상황과 중독의 압력이라는 "사실들"에 굴복했다. 그는 자신의 가족과 이웃에게 영성과 진리의 근원이 되기보다, 친구들과 가족의 상황이 자신에게 영향을 미치도록 했다. 산티아고는 한 가지 결정만을 내린 기독교인이었고, 그 결정은 증거에 대한 합리적인 검토에 의해 지지를 얻지 못했다. 나는 그 후 수년 동안 산티아고와 편지를 주고받았다. 결국 그는 유죄가 인정되어 여러 해 동안 연방 감옥에서 형을 살아야 했다. 마침내 기독교에 대한 증거를 검토할 시간과 기회를 얻게 된 것이다.

지식의 믿음(belief that)의 결정과 신뢰하는 믿음(belief in)의 결정

나의 여정은 산티아고 오르테가의 것과는 정반대였다. 나는 나 자신을 기독교인으로 부르기 "이전에" (기독교의 주장이 옹호될 수 있는 것인지 판단하기 위해) 그 주장을 수사하기로 결정했다. 나의 수사는 (그중 일부를 이 책 2부에서 묘사했다) 나로 하여금 복음서가 믿을 만하다는 결론에 이르도록 이끌었다. 하지만 이런 결론은 내게 딜레마를 제시했다. 이 책 4장에서 살펴본 것처럼 배심원단이 제리 스트릭랜드를 믿을 만한 목격자라고 확신했을 때, 그들은 강도의 신원과 관련된 그의 증언을 신뢰했다. 이제 나도 복음서의 믿을 만한 목격자들에 대해 비슷한 발걸음을 떼야 했다. 하지만 성서의 이야기에 나오는 장소나 주요 인물들의 역사성을 받아들이는 것과, 복음서가 예수에 대해 묘사하는 내용을 받아들이는 것은 전혀 다른 문제다. 예수는 정말로 복음서 목격자들의 주장대로 자신의 신성을 나타냈는가? 예수는 정말로 죽은 자 가운데서 부활했는가? 그는 자신이 누구인지에 대해, 영원한 생명의 본질에 대해 진실을 말했는가? 나는 가장 합리적인 추론에 따라 내리는 결정이 내게서 자연주의적인 추정을 모두 내려놓도록 요구할 것임을 알고 있었다. C. S. 루이스는 옳았다. 예수에 대한 주장이 사실이라면, 그 주장은 무한한 중요성을 지닌다. 그와 같은 결정은 내 삶을 영원히 바꾸어놓을 것이다.

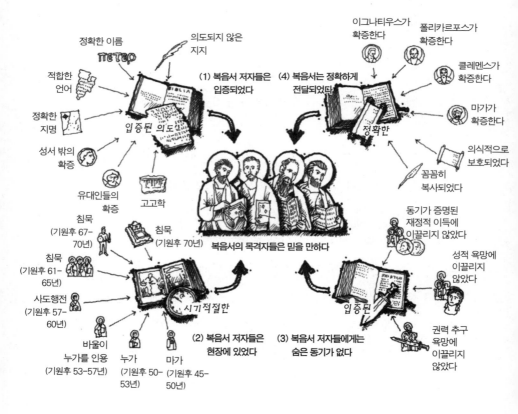

나는 내가 맹목적인 믿음의 도약을 행할 수 없을 것임을 알았다. 내게는 "지식의 믿음"으로부터 "신뢰하는 믿음"으로 건너가는 결정은 증거에 기초한 합리적인 결정이어야 했다. 나는 배심원들에게 어떤 사건을 제시할 때마다 이것 즉 정황 증거를 수집하고 그것들의 검토로부터 가장 합리적인 추론을 도출할 것을 요구한다. 이것이 복음서의 신뢰성에 대한 누적된 사건을 구성하면서 내가 행했던 일이다.

나는 복음서에 대한 나의 염려가 언제나 그것들이 서술하는 기적 사건들에 뿌리를 두고 있다는 것을 알았다. 철학적 자연주의는 나를 방해해서 기적을 진지하게 받아들이지 못하도록 했다. 하지만 사도들은 기적을 보았다고 주장했고, 복음서 저자들은 우리가 일반적으로 목격자들을 평가하는 모든 측면의 시험을 통과했다.

나는 내가 마침내 자연주의적인 편견을 내려놓고 무언가를 "지식으로 믿는 것"에서 "신뢰하는 믿음"으로 옮겨간 날을 기억할 수 있다. 나는 아내와 함께 교회에서 예배를 드리고 있었다. 설교자가 무슨 말을 하고 있었는지 정확히 기억할 수는 없지만, 몸을 기울여 아내에게 내가 믿는 자라고 말했던 기억은 난다. 자신의 방탄조끼를 신뢰하게 되었던 경관 마크 워커와 매우 흡사하게, 나 역시 바로 그 순간에 복음서가 신뢰할 만한 목격자 증언임을 믿는 것으로부터 그들이 예수에 대해 말한 것이 사실임을 신뢰하는 쪽으로 옮겨갔다.

복음서의 목격자들은 예수에 대해서 이야기해야 하는 구체적인 내용을 갖고 있었다. 그들은 하나님에 대한 그들의 개인적인 "의견" 때문에 자신들의 삶을 희생하여 바친 것이 아니다. 그들의 주장이 생사가 걸린 객관적 문제였기에 그렇게 했던 것이다. 그들은 예수가 개인적인 행동을 위한 지침 이상을 제시했다는 사실을 알고 있었다. 그들은 예수가 "길이요 진리요 생명"임을, 또 그로 "말미암지 않고는 아버지께로 올 자가 없음"을 알았다(요 14:6). 사도적 목격자들은 우리가 우리 곧 타락하고 불완전한 인간에게 구세주가 절실히 필요하다는 사실을 알게 되도록 자신들의 생명을 바쳤다. 그들은 예수가 실제로 우리의 불완전함을 위해 죄 사함을 베풀어주는 구세주임을 보이기 위하여 순교자로서 자신들의 삶을 마감했다. 베드로는 다음과 같은 증언을 통해 이런 사실을 분명히 했다.

> 하나님이 나사렛 예수에게 성령과 능력을 기름 붓듯 하셨으매, 그가 두루 다니시며 선한 일을 행하시고 마귀에게 눌린 모든 사람을 고치셨으니, 이는 하나님이 함께 하셨음이라. 우리는 유대인의 땅과 예루살렘에서 그가 행하신 모든 일에 증인이라. 그를 그들이 나무에 달아 죽였으나 하나님이 사흘 만에 다시 살리사 나타내시되, 모든 백성에게 하신 것이 아니요 오직 미리 택하신 증인 곧 죽은 자 가운데서 부활하신 후 그를 모시고 음식을 먹은 우리에게 하신 것이라. 우리에게 명하사 백성에게 전도하되 하나님이 살아 있는 자와 죽은 자의 재판장으로 정하신 자가 곧 이 사람인 것을 증언하게 하셨고, 그에 대하여 모든 선지자도 증언하되 그를 믿는 사람들이 다 그의 이름을 힘입어 죄 사함을 받는다 하였느니라(행 10:38-43).

사도들은 자신들의 메시지가 우리 모두를 죽이고 있었던(죽이고 있는) 것을 치유해주는 생명의 치료제임을 인식했다. 그들은 우리의 생명을 살리기 위해, 그래서 우리가 보다 더 많은 생명을 살릴 수 있도록 자신의 생명을 바쳤다. 메시지의 이런 능력을 알게 되었을 때, 나는 "지식의 믿음"에서 "신뢰하는 믿음"으로 옮겨갈 수 있었다. 사람들은 거의 즉각적으로 나의 변화를 알아챘다. 내가 다르게 행동하려고 했다거나 혹은 새로운 규칙을 따르려고 열심을 낸 것은 아니다. 내가 그리스도를 믿고 신뢰하기로 처음 마음먹었을 때, 모든 "규칙"을 알았던 것도 아니다. 하지만 이것만큼은 알았다. 나는 감사했다. 나는 예수의 참된 본성뿐만 아니라, 나 자신의 타락한 상태의 참된 본질을 이해하기 시작했다. 우주의 완전하신 하나님을 대면할 때, 우리 자신의 불완전성을 보는 것은 어렵지 않다. 나 자신이 용서를 필요로 한다는 것, 그리고 나를 위한 그 용서를 성취하기 위해 예수께서 무엇을 행하셨는지를 인정하게 되면서, 나는 정말로 감사했고 내 인생에서 처음으로 낙관적이 되었다. 나는 기독교인이 되기 전까지 경찰관으로 8년을 근무했다. 그 기간 동안 나는 사람에 대한 신뢰를 시나브로 잃어갔다. 나는 의심했다. 모든 사람을 거짓말쟁이로, 끔찍한 행동을 할 수 있는 사람으로 간주했다. 인간의 부패와 관련된 그 무엇도 나를 놀라게 하지 않았다. 나는 누구도 신뢰하지 않았고, 내가 만나는 거의 대부분의 사람보다 나 자신을 우월하게 생각했다. 나는 자만했고 냉소적이었으며, 다른 사람들과 거리를 두었다. 아내와 아이들이 내 세상의 전부였다. 내게는 몇몇 동료 경찰관 외에는 다른 친구가 거의 없었다. 나의 마음은 점점 좁아졌고, 맡은 사건의 숫자와 햇수가 더해갈수록 점점 더 굳어져갔다. 이것들 가운데 어느 것도 나의 신경을 전혀 거스르지 않았다. 사실 나는 나의 의심을 미덕으로 여겼다.

내가 예수를 "신뢰하며 믿게" 되었을 때, 이 모든 것이 변했다. 내게 필요한 것과 내게 주어진 은사를 이해하기 시작했을 때, 나의 연민과 인내는 자라갔다. 용서받은 사람으로서 나는 이제 용서할 능력을 발전시켜갔다. 나의 흥분에는 전염성이 있었다. 그것은 내가 말하고 행하는 모든 것 안으로 흘러 들어갔다. 내 파트너들은 내가 나의 회심을 숨기기 위해 주의했던 초기에도 이 변화를 알아차렸다. 그 모든 것을 통해 가장 많이 놀란 사람은 아마도 내 아내였을 것이다. 그녀는 기독교적 환경에서 성장했지만, 우리가 만난 처음 17년 동안은 나의 저항과 갈수록 심해지는 냉소주의를 인내심으로 참고 받아들였다. 그런데 이제 나의 삶(과 그녀의 삶)이 극적으로 변화되는 것을 목격하게 된 것이다. 16년이 지난 지금 그때를 돌아보면서 아내는 여전히 당시의 내 변화에 놀라곤 한다. 예수에 대한 진실은 내가 그에 대해 더 배우고 싶다는 갈망에 사로잡히면서 우리 삶의 모든 영역에 영향을 미쳤다. 나는 덜 잤고 더 공부했으며, 더 큰 긴박감을 가지고 일했고 이전에는 그렇게 하지 못했던 방식으로 다른 사람들을 사랑했다. 나는 내가 발견한 것을 내 세계 속의 다른 이와 나누고 싶었다. 결국 내가 접하게 된 모든 사람은 복음에 대해 듣게 되었다. 나는 목소리가 높은 기독교인으로 알려지게 되었다. 나는 신학교에 입학했고 목사가 되었으며, 심지어 작은 교회를 개척하기까지 했다. 지난 16년 동안 목격자 증언을 연구해오면서 나는 그것의 신뢰도와 메시지의 내용을 보다 더 확신하게 되었다. 이와 같은 확신은 내게 그 진리를 변호하고 나눌 동기를 부여했다.

두 가지 결정을 내린 기독교인이 되는 것의 중요성

텔레비전으로 중계되는 형사사건 재판에서 배심원은 자신의 판결이 내려진 후에 인터뷰를 하곤 한다. 기자가 접근할 때 그는 두 번째 결정을 내린다. 자신이 그런 방식으로 투표한 이유에 대해 이제 자기주장을 펼치기로 선택하는 것이다. 모든 배심원이 자신의 결정을 변호하기로 결정하는 것은 아니지만, 그렇게 한 사람이 다른 사람을 설득하고 자신의 결정에 관련된 개인적인 확신 속에서 성장해갈 확률은 훨씬 높다. 산티아고 오르테가가 자신이 믿은 것을 수사하고 변호하겠다는 결정을 했더라면, 그도 주변 사람을 설득했거나, 아니면 적어도 그의 개인적인 확신 혹은 다른 이로부터 오는 영향에 저항할 능력의 영역에서 더 성장하지 않았을까 생각해본다. 복음서 저자들이 내게 전해주는 것을 내가 믿기로 결정했을 때, 또한 나는 기독교를 앞장서서 주창하는 자(case maker)가 되기로 결심했다. 이 두 번째 결정은 첫 번째 결정만큼 중요했다. 시작은 미약했다. 나는 비용 부담이 적은 웹사이트(PleaseConvinceMe.com)를 시작했고, 다양한 영역에서 내가 수사했던 결과의 내용을 올렸다. 중고등부 전도사였을 때는 학생들에게 전했던 레슨이나 메시지를 올리기도 했다. 마지막에는 팟캐스트를 시작했다. 이제는 책도 쓰게 되었다. 처음에는 다른 많은 기독교인이 느끼는 것처럼 기독교의 주장을 변호한다는 것이 불편했다. 효과적인 주창자(主唱者)가 될 만큼 충분히 배운다는 것(혹은 안다는 것)이 가능할까? 철학이나 기독교 변증학 분야의 박사 학위가 필요한 것은 아닐까? 내가 믿는 것을 변호하겠다고 애쓰기 전에, 먼저 소위 "전문가"가 되어야 하는 것은 아닐까?

배심원은 전문가는 아니지만 법정에서 가장 중요한 결정을 내리도록 요구받는다. 사실 검사 측 혹은 피고 측이 소개하는 전문가들은 그 결정에 대해 단 한 표도 행사하지 못한다. 우리의 사법제도는 당신이나 나와 같은 사람들이 전문가의 증언을 검토한 후 진실에 대한 합리적 결론에 도달할 수 있다고 믿는다. 심지어 배심원 중 한 사람은 배심원실의 리더가 되기도 한다. 다른 배심원이 선출하는 "배심원 대표"로서 그 사람은 심의를 인도하고, 마지막에는 판사에게 자신의 결정을 발표한다. 배심원으로 봉사하거나 배심원단을 이끌기 위해 전문가가 될 필요는 없다. 배심원은 전문가의 말을 경청하고 증거를 신중하게 평가하면서 가장 합리적인 추론을 도출할 수 있으면 된다. 배심원은 자신이 고려 중인 분야에서 전문가일 필요는 없다. 다만 경청하는 능력과 성실한 자세와 일에 뛰어들려는 의지만 있으면 된다.

바로 그것, 곧 경청, 성실, 일에 뛰어들려는 의지가 우리 자신이 효과적인 기독교의 주창자가 되기 위해 필요한 전부다. 알고 보면 우리 각자는 이미 이런저런 일의 전문가다. 우리에게는 회의론자들의 도전에 답하기 위해 필요한 전문성으로서 우리가 의존할 수 있는 인생의 경험이 있고, 그래서 우리는 더 나은 기독교 "주창자"가 되기 위한 의식적인 결정을 내릴 수 있다. 그것은 시간을 유용하게 사용하는 일이며, 기독교인으로서 우리의 정체성에 속하는 중요한 부분이다.

베테랑 형사 복음서 난제를 수사하다

두 가지 결정 가운데 하나를 생략한 기독교인이 되는 것의 위험성

우리 가운데 다수는 이런 영역에 해당하는 의무를 소홀히 해왔다. 사실 대로 말하자면 그런 의무를 발견하지도 못했다. "한 가지를 생략한" 그 리스도인이 된 것이다. 이렇게 설명해보자. 우리 가운데 다수는 기독교 인의 삶에서 복음전도가 갖는 중요성을 이해한다. 예수는 사도들에게 "모든 민족을 제자로 삼을 것"을 말했고, 제자들에게 자신이 가르친 모 든 것을 가르치고 지킬 것을 지시했다(마 28:16-20). 우리는 이것을 "대 위임령"(Great Commision)이라고 부른다. 우리는 분명 사도들이 자신 의 세대에서 다른 사람들을 제자로 삼은 것과 같이, 그렇게 하라는 명 령을 받고 있다. 결과적으로 우리 기독교인 가운데 다수가 자신의 신앙 을 나눌 준비가 부족하다고 느끼는 것에도 불구하고, 기독교인은 보통 자신이 어떤 형태로든 복음전도로 부르심을 받았다고 생각한다.

바울은 이 사명을 의식했던 것으로 보인다. 그는 복음전도를 은사 의 문제로 논의했다. 바울은 우리 모두를 교회의 지체로 묘사하면서, 하나님이 성도를 온전케 하여 봉사의 일을 하도록 하시며, 그리스도의 몸을 세우기 위해 "어떤" 사람은 사도로, "어떤" 사람은 선지자로, "어 떤" 사람은 복음 전하는 자로, "어떤" 사람은 목사와 교사로 삼으셨다 (엡 4:11-12)고 말한다. 모든 사람이 목사나 선지자인 것은 아니다. 우리 가운데 일부에게는 그런 분야의 은사가 주어졌지만, 다른 이들에게는 아니다. 비슷한 방식으로 우리들 가운데 일부만이 복음전도자로서의 은사를 받았다. 모든 사람이 빌리 그레이엄(Billy Graham)처럼 자신의 신앙을 나눌 능력을 갖고 있지는 않다는 말이다. 내가 기독교와의 대화를 시작하기 위해 고군분투할 때, 바울의 이와 같은 말이 위로가 되곤 했다.

하지만 신약성서 저자들은 우리 모두가 복음전도자의 은사를 받은 것은 아니라는 사실을 인정하면서도 그리스도인으로서 우리 모두에게 적용이 되는 한 가지 책임을 묘사한다. 베드로는 어느 누구도 기독교 주창자로서의 자신의 의무를 다른 사람에게 떠넘길 수 없다고 말했다. 베드로에 따르면 우리 "모두"는 "[우리] 속에 있는 소망에 관한 이유를 묻는 자에게는 대답할 것을 항상 준비"해야 한다(벧전 3:15). 우리 중 일부만이 복음전도자로서의 은사와 부르심을 받는 반면에, 우리 모두는 "주창자"로서의 부르심을 받는다. 이것은 우리가 기독교인으로서 갖는 일반적인 의무다. 우리는 스스로를 "생략된" 방식으로 생각하기를 멈추어야 한다. 성서적인, 나아가 신약성서적인 신자인 우리는 단순히 "기독교인"인 것에 그치지 않는다. 우리는 "주창하는 기독교인"이다. 우리는 편안함을 추구하면서 신앙의 변호라는 어려운 일을, 그런 주제로 책을 쓰는 다른 이에게 떠넘길 수 없다.

우리 가운데는 생계의 수단으로 식사를 준비하는 사람들이 있다. 이 세상은 식당이나 텔레비전 프로그램을 위해 식사를 준비하는 것으로 생계를 꾸리는 유명하고 능숙한 쉐프로 넘쳐난다. 우리는 이 쉐프들을 인정하고, 이들의 레시피와 경험으로부터 무엇을 배우기도 한다. 하지만 당신이 전문 쉐프는 아니라고 해도, 확신하건대 당신도 식사를 준비하는 방법을 알고 있을 것이다. 식사 준비는 우리의 삶에 중요한 한 부분이다. 맞다. 우리 가운데 일부는 전문 셰프이지만, 생존하기를 원한다면 그 밖의 사람도 요리를 할 줄 알아야 한다. 비슷한 방식으로 우

베테랑 형사 복음서 난제를 수사하다

리 가운데는 기독교를 변호하는 일로 생계를 꾸리는 사람이 있다. 나머지는 그런 전문적인 "기독교 변증가"의 논쟁과 발표된 견해로부터 많은 것을 배울 수 있다. 하지만 그렇다고 해서 우리의 의무가 사라지는 것은 아니다. 우리 모두는 기독교인으로서 우리 자신이 믿는 것에 대하여 변호할 준비가 되어 있어야 한다. 이것은 매일 식사를 준비하는 것만큼이나 중요하다. 우리의 식사는 전문 쉐프가 준비한 것만큼 창의적이거나 화려하지 않을 수도 있지만, 우리의 것도 대체로 충분하고 만족스러울 수 있다. 마찬가지로 기독교에 대한 우리의 개인적 변호가 전문적인 변증가가 제공하는 것만큼은 탄탄하지 않을 수 있지만, 우리의 것도 동일하게 강력하고 설득력이 있을 수 있다.

우리 각자는 "두 가지 결정"을 내린 기독교인으로서 살아가라는 하나님의 부르심에 응답해야 한다. 이미 복음서를 믿기로 결정했다면 두 번째 발걸음을 떼어 그것을 변호하기로 결정하라! "주창하는" 기독교인이 되라! 곧 직업 현장에서 일하고 주어진 삶을 신실하게 살며, 자신을 진리에 헌신하고 또 자신이 믿는 것을 변호하기 위해 스스로 착실히 준비하라! 나는 독자들이 이와 같은 두 번째 결정도 내릴 수 있기를 바란다. 작게 시작하라! 읽고 연구하라! 친구의 주의를 끌라! 블로그를 시작하거나 웹사이트를 만들라! 교회에서 성서 공부반을 가르치겠다고 자원하라! "이 일에 뛰어들라!"

기독교인으로서 나의 삶은 내가 "주창자"가 되기로 결정한 순간, 하늘로 비상했다. 하나님은 내게 독자들과 더불어 이 책의 내용을 나누려는 마음을 주셨고, 그 관점을 주시기 위해 오묘한 방식으로 그간 쌓아 온 형사로서의 나의 경험을 사용하셨다. 이 책을 읽는 회의론자들이 복음서 저자들에 대한 신뢰를 회복하고, 그것을 지지해주는 중요한 정황적 사건을 인식하게 되기를 소망한다. 그렇게 된다면 회의론자들은 자신의 추정을 내려놓을 수 있게 될 것이다. 또한 하나님께서는 이 책을 읽는 기독교인을 바로 지금, 바로 이 순간에, 각각 사용하셔서 진리의 주장을 펼치도록 만드실 수 있다. 나는 독자들이 이 사실을 알게 되기를 소망한다.

수사에 도움을 준 증인들

부
록

주창자가 되기 위해
필요한 자료를
한곳에 집약하다

나는 증거의 구체적이고 세부적인 측면에 대해 증언을 해줄 전문가 증인의 도움 없이는 어떤 사건도 재판으로 가지고 간 적이 없다. 다음의 전문가 증인은 당신이 기독교의 진리 주장을 변호하는 동안 증인석으로 호출될 수 있다.

1장 "다 안다고" 생각하지 말라

J. P. 모어랜드(J. P. Moreland)와 W. L. 크레이그(W. L. Craig)는 『기독교 철학』(CLC 역간)을 통해 신앙과 이성의 문제에 영향을 미치는 철학적 편견과 추정에 대해 증언해준다.

2장 "추론"하는 법을 배우라

개리 하버마스(Gary Habermas)와 마이클 리코나(Michael Licona)는 The Case for the Resurrection of Jesus (Kregel, 2004)을 통해 부활과 관련된 "최소한의 사실" 및 증거에 대해 증언해준다.

3장 "정황적으로" 생각하라

W. L. 크레이그(William Lane Craig)는 *The Kalām Cosmological Argument* (Wipf & Stock, 2000)를 통해 우주론적 논쟁과 관련된 인과론적 증거에 대해 증언한다.

존 레슬리(John Leslie)는 *Universes* (Taylor & Francis, 2002)를 통해 인류원리와 관련된 미세 조정의 증거에 대해 증언한다.

닐 맨슨(Neil Manson)은 *God and Design: The Teleological Argument and Modern Science* (Routledge, 2003)을 통해 목적론적 논쟁과 관련된 설계의 증거에 대해 증언한다.

폴 코판(Paul Copan)과 마크 린빌(Mark Linville)은 *The Moral Argument* (Continuum Publishers, 2013)를 통해 도덕적 논증과 관련된 도덕적 증거에 대해 증언한다.

4장 목격자를 검증하라

리처드 보컴(Richard Bauckham)은 『예수와 그 목격자들』(새물결플러스 역간)을 통해 예수의 생에 대한 "목격자 증언"으로서 신약성서 복음서들이 갖는 본질에 대해 증언한다.

브루스 메츠거(Bruce Metzger)는 *The Canon of the New Testament: Its Origin, Development, and Significance* (Oxford University

베테랑 형사 복음서 난제를 수사하다

Press, 1997)를 통해 목격자 증언이 이른 시기에 수집된 것과 신약성서로 형성된 것에 대해 증언한다.

5장 모든 단어에 집중하라

크레이그 블롬버그(Craig Blomberg)는 *The Historical Reliability of the Gospels* (InterVarsity Press, 2007)를 통해 복음서 연구에 적용될 수 있는 "본문비평"의 "법의학적인" 방식에 대해 증언하고, 그런 노력으로부터 도출될 수 있는 결론의 일부를 논의한다.

대니얼 B. 월리스(Daniel B. Wallace)는 *Revisiting the Corruption of the New Testament: Manuscript, Patristic, and Apocryphal Evidence* (Kregel, 2011)라는 책을 통해 신약성서 문서들의 초기 전승에서 "법의학적으로" 무엇을 배울 수 있는지 증언한다.

6장 현장 수집품과 증거물을 구분하라

미셸 브라운(Michelle Brown)은 *In the Beginning: Bibles before the Year 1000* (Smithsonian, 2006)을 통해 고대의 성서 사본 다수를 제시하면서, 성서 본문이 이른 시기에 형성되었다는 사실을 증언한다.

필립 컴포트(Philip Comfort)는 *Early Manuscripts & Modern Translations of the New Testament* (Wipf & Stock, 2001)를 통해 초창기의 신약성서 파피루스 사본들이 갖는 본질과 원래의 기록을 재현하기 위해 사용된 방법에 대해 증언한다.

7장 음모론에 저항하라

윌리엄 맥버니(William McBirnie)는 *The Search for the Twelve Apostles* (Tyndale, 2008)에서 예수의 부활을 목격했다고 주장한 사도들의 삶과 죽음의 본질에 대해 증언한다.

8장 "증거물 관리의 연속성"을 존중하라

마크 D. 로버츠(Mark D. Roberts)는 *Can We Trust the Gospels? Investigating the Reliability of Matthew, Mark, Luke, and John* (Crossway, 2007)을 통해 역사적 사본의 증거와 성서 기록의 이른 시기의 등장에 대해 증언한다.

마이크 아퀼리나(Mike Aquilina)는 *The Fathers of the Church* (Our Sunday Visitor, November 2006)를 통해 초기 교부들의 저술과 가르침에 대해 증언한다.

9장 "멈춰야 할 때"를 알라

데이비드 울프(David Wolfe)는 *Epistemology: The Justification of Belief*를 통해 우리가 어떤 것을 사실로 "알게" 되는 방법에 대해 증언한다.

윌리엄 로우(William Rowe)는 *God and the Problem of Evil* (Wiley-Blackwell, 2001)을 통해 "악의 문제"에 대한 무신론자의 대표적인 견해와 유신론자가 제공해온 대표적인 변증(신정론)에 대해 증언한다.

베테랑 형사 복음서 난제를 수사하다

10장 공격에 대비하라

크레이그 에반스(Craig Evans)는 『만들어진 예수』(새물결플러스 역간)를 통해 지금까지 회의론자들이 사용해온 일부 이론과 전술들을 해명해주는 추정과 모호한 자료에 대해 증언한다.

그레고리 쿠클(Gregory Koukl)은 *Tactics: A Game Plan for Discussing Your Christian Convictions* (Zondervan, 2009)를 통해 기독교 세계관의 변증을 원하는 이들이 사용할 수 있는 성공적이고 조리정연한 접근법에 대해 증언한다.

11장 그들은 현장에 있었는가?

장 카미냑(Jean Carmignac)은 *Birth of the Synoptic Gospels* (Franciscan Herald Press, October 1987)를 통해 공관복음서가 갖는 셈족의 기원과 그것이 어떻게 1세기의 처음 50년 동안 유대적인 문화 속에서 형성되었는지에 대해 증언한다.

존 웬함(John Wenham)은 *Redating Matthew, Mark and Luke: A Fresh Assault on the Synoptic Problem* (InterVarsity Press, March 1992)을 통해 복음서들을 서로 비교하고 교부들의 저술과 기록과도 비교하여 복음서의 "이른 저작설"에 대한 한 가지 대안적인 이론(마태복음을 마가복음 앞에 두는 것)을 증언한다.

12장 증거는 입증되었는가?

피터 섀퍼(Peter Schafer)는 *Jesus in the Talmud* (Princeton University Press, 2009)를 통해 탈무드 곳곳에 흩어져 있는, 고대 유대인들의 예수에 대한 묘사에 대해 증언한다. R. T. 프랜스(R. T. France)는 *The Evidence for Jesus* (Regent College, 2006)를 통해 예수의 존재를 확증해주는 성서 밖의 고대 자료에 대해 증언한다.

존 맥레이(John McRay)는 *Archaeology and the New Testament* (Baker, 2008)를 통해 신약성서의 고고학적인 확증에 대해 증언한다.

쉬몬 깁슨(Shimon Gibson)은 『예루살렘의 예수』(청림출판사 역간)를 통해 (고고학자로서) 예수 생애의 마지막 날들을 확증해주는 고고학적인 증거에 대해 증언한다.

13장 그들의 증언은 정확한가?

마이클 홈즈(Michael Holmes)는 *The Apostolic Fathers: Greek Texts and English Translations* (Baker, 2007)를 통해 사도들의 제자들이 쓴 저술에 대해 증언한다.

후스토 곤잘레스(Justo González)는 *Story of Christianity: Volume 1, The Early Church to the Dawn of the Reformation* (HarperOne, 2010)을 통해 기독교의 초기 역사와 "관리 연속성" 안에서 일정한 역할을 수행했던 다수의 인물에 대해 증언한다.

니콜라스 페린(Nicholas Perrin)은 *Lost in Transmission? What We Can Know About the Words of Jesus* (Thomas Nelson, 2007)를 통해 복음서 기록의 전달(과 복사)에 대해 증언한다.

14장 그들은 편견을 가졌는가?

버나드 러핀(C. Bernard Ruffin)은 *The Twelve: The Lives of the Apostles after Calvary* (Our Sunday Visitor, 1998)를 통해 사도들의 생애와 순교에 대해 증언한다.

조쉬와 션 맥도웰(Josh & Sean McDowell)은 *Evidence for the Resurrection* (Regal, 2009)을 통해 사도들의 증언에 관련해서 도출될 수 있는 합리적인 결론에 대해 증언한다.

나는 복음서의 목격자들과 관련된 증거를 수사해서 그들이 믿을 만하다고 결론 내린 첫 번째 경찰관이나 형사가 아니다. 많은 형사가 그 증거에 대해 자신의 전문성을 사용했고, 나와 동일한 결론에 도달했다. 아래의 형사들은 자신의 전문성을 동원하여 수년 동안 기독교의 대의를 도와온 많은 형사 가운데 일부다.

로버트 앤더슨 경(Sir Robert Anderson)
영국 런던 경찰국 부경찰국장(작고)

로버트 앤더슨 경은 신학자였고 *The Coming Prince*와 *The Bible and Modern Criticism* 그리고 *A Doubter's Doubts about Science and Religion*을 포함해서 많은 책을 저술했다.

그레고리 앨런 도일(Gregory Allen Doyle)
캘리포니아 업랜드 경찰서 경사(퇴임)

그레고리 도일은 작가이자 예배 인도자였고 *The Sting of the Gadfly, God Is Not an Option, The Stinging Salve: A Hearty Concoction of Essays, Short Stories, Songs, Poems, and Thoughts Mostly about God, Faith, and Eternal Life* 저자다.

마이클 다이(Michael Dye)
플로리다 볼루시아 카운티 보안관실 부보안관

로스앤젤레스 미국 연방 보안관서 소속 보안관 마이클 다이는 강연가이며 *The Peace Keepers: A Bible Study for Law Enforcement Officers* 저자다(www.christianlawenforcement.com). 또한 마이클은 크리스천 경찰관들의 모임(the Fellowship of Christian Peace Officers, www.fcpo. org)의 이사로서 섬기고 있는데, 이 모임은 크리스천 경찰관들이 선교 대위임령을 수행하기 위해 다른 이들을 제자로 삼고 훈련시키는 동안, 그리스도를 위한 보다 더 효과적인 증인이 될 수 있도록 그들에게 지지와 책임을 부여하는 사역을 담당하고 있다.

콘래드 젠슨(Conrad Jensen)
뉴욕시 경찰서 부조사관(작고)

콘래드 젠슨은 강연가이자 저자였다. 그는 23번 지방 경찰서의 서장이었으며, 동할렘 청소년 범죄 조직을 교화하기 위한 복음주의 단체를 창설하기도 했다. 1964년 은퇴 이후에는 미국 전도지 협회의 요청으로

*26 Years on the Losing Side*라는 책을 집필하기도 했으며, 그것은 "하나님 아래서 우리나라가 나라의 기초인 성서적 토대로 되돌아가야 한다는 합심 기도를 고무시키기 위한 것이었다."

마크 크뢰커(Mark Kroeker)

로스앤젤레스 경찰서 부서장(퇴임), 포틀랜드 경찰서 서장(퇴임), 보스니아 국제연합 부경찰국장(현임), 헤르체코비나 국제연합 부경찰국장(재임), 라이베리아 국제 연합 평화 유지 사절단 민간인 경찰국장(재임)

마크 크뢰커는 강연가이자 저술가다. 그는 세계 소아 장기 이식 발달에 헌신한 비영리 기구, 세계 어린이 장기 이식 기금(World Children's Transplant Fund, wctf.org)을 창설했고, 지금도 의장으로 섬기고 있다.

토니 미아노(Tony Miano)

로스앤젤레스 카운티 보안관서 수사관 겸 경찰관(퇴임)

토니 미아노는 보안관들의 목사로서 경찰 공동체에 실질적이고 영적인 지원을 제공하는 텐포 사역(Ten-Four Ministries, tenfourministries.org)의 창립자 겸 이사였다. 현재는 리빙워터미니스트리(Living Waters Ministry, www.livingwaters.com)의 구제 사역팀인 대사 연합(Ambassador's Alliance)의 이사이기도 하다. 또한 그는 *Take Up the Shield: Comparing the Uniform of the Police Officer and the Armor of God*을 집필하기도 했다.

존 모레노(John Moreno)

뉴욕시 경찰서 부서장(퇴임)

존 모레노는 평신도 사역자, 강연가, 저자이면서 능숙한 평신도 강연가들이 자신의 재능을 종교기관에 기부하는 소모임인 가톨릭 평신도 설교자들(Catholic Lay Preachers, www.catholiclaypreachers.com) 창립자다. *A Spirituality for Police Officers* 저자이기도 하다.

랜디 마이어스(Randy Myers)

테네시 오크리지 경찰서 경찰관

랜디 마이어스는 강연가이자 모든 경찰관의 안전과 안녕을 위해 기도하는 일에 헌신하는 국제 COPS 사역(International COPS Ministries, www.copsministry.org) 창립자다.

로빈 오크 경(Sir Robin Oake)

영국령 맨섬(Isle of Man) 지서장(퇴임), 런던 경찰청 경감, 그레이터 맨체스터 경찰 부지서장의 경정

여왕으로부터 경찰 메달을 수여받기도 한 로빈 오크는 강연가이자 *Father Forgive: The Forgotten 'F' Word and With God on the Streets* 저자다.

랜달 (랜디) 시몬스(Randal[Randy] Simmons)

로스앤젤레스 경찰서 경찰특공대원(공무 집행 중 사망)

랜달 시몬스는 캘리포니아 카슨스글로리 크리스천 펠로우십 국제교

회(Carson's Glory Christian Fellowship International Church)의 사역자였다. 지역사회의 문제 청소년을 향해 그가 보인 섬김의 유산은 사회적 보호가 덜한 지역의 가정과 개인을 섬기고 그들에게 권한을 부여하여 격려하기 위해 조직된 비영리 기구, 랜달 D. 시몬스 구제 재단(Randal D. Simmons Outreach Foundation, www.randysimmonsswat.com/foundation)을 형성하는 영감을 주었다.

로버트 L. 버논(Robert L. Vernon)
로스앤젤레스 경찰서 부서장(퇴임)

밥 버논(Bob Vernon)은 강연가, 작가, 전 세계적으로 경찰들에게 리더십 훈련을 제공하는 포인트맨 리더십 협회(Pointman Leadership Institute, www.pliglobal.com)의 설립자, 그리고 *L.A. Justice: Lessons from the Firestorm and Character: The Foundation of Leadership* 저자다.

래리 워너(Larry Warner)
로스앤젤레스 카운티 보안관서 부보안관(퇴임)

래리 워너는 강연가이자 저자, 목회자, 그리고 목회자와 사역 리더, 교회 직원들을 위한 영적 방향성과 명상 수련회, 전인적 리더십 개발을 제공하기 위해 만들어진 "b" 사역("b" ministry, www.b-ing.org)의 이사다. 또한 그는 샌디애고에 위치한 베델 신학교(Bethel Seminary)의 강사이며 *Imaginative Prayer for Youth Ministry: A Guide to Transforming Your Students' Spiritual Lives into Journey,*

Adventure, and Encounter 공저자, *Journey with Jesus* 저자다.

데이브 윌리엄스(Dave Williams)

포틀랜드 경찰서 부서장

데이브 윌리엄스는 강연가이며, 모든 최초 대응자들(first responders)의 가족을 지원하고 강화하기 위해 만들어진 리스판더라이프(Responder Life, www.responderlife.com)의 창립자 겸 의장이다.

마이클 "MC" 윌리엄스(Michael "MC" Williams)

형사반장 겸 콜로라도 주 범죄 수사관

마이클 윌리엄스는 강사이자 강연가로서 크리스천 경찰관의 모임(The Fellowship of Christian Peace Officers, www.fcpo.org)에서 전미 부회장직을 맡고 있다. 또한 경찰관을 그리스도의 구원의 지식으로 이끌고 크리스천 경찰관의 신앙 성장을 돕기 위해 조직된 백부장 경찰 사역(Centurion Law Enforcement Ministry, www.thecenturionlawenforcementministry.org)의 이사이기도 하다.

트래비스 예이츠(Travis Yates)

오클라호마 툴사 경찰서 경찰서장 겸 툴사 경찰서 정밀운전 훈련반 팀장

트래비스 예이츠는 교사, 강연가, 텐포 사역(tenfourministries.org)의 이사이며, 장비를 갖추지 못한 경찰관들에게 무료로 방탄조끼를 제공하는 사역인 하나님의 전신갑주 프로젝트(Armor of God Project, www.vestforlife.com)를 감독한다. 또한 트래비스는 경찰관의 운전 교육 문제를 다루는 웹사이트인 www.policedriving.com의 관리자다.

베테랑 형사
복음서 난제를
수사하다

Copyright ⓒ 새물결플러스 2017

1쇄발행_ 2017년 6월 29일

지은이_ J. 워너 월리스
옮긴이_ 장혜영
펴낸이_ 김요한
펴낸곳_ 새물결플러스
편   집_ 왕희광·정인철·최율리·박규준·노재현·한바울·유진·신준호
         신안나·정혜인·김태윤
디자인_ 송미현·이지훈·이재희·김민영
마케팅_ 임성배·박성민
총   무_ 김명화·최혜영
영   상_ 최정호·조용석·곽상원

아카데미_ 유영성·최경환·이윤범

홈페이지 www.hwpbooks.com
이메일 hwpbooks@hwpbooks.com
출판등록 2008년 8월 21일 제2008-24호
주소 (우) 07214 서울특별시 영등포구 양평로 11, 4층(당산동 5가)
전화 02) 2652-3161
팩스 02) 2652-3191

ISBN 979-11-6129-020-1 03230

책값은 뒤표지에 있습니다.

이 도서의 국립중앙도서관 출판시도서목록(CIP)은 서지정보유통지원시스템 홈페이지
(http://seoji.nl.go.kr)와 국가자료공동목록시스템(http://www.nl.go.kr/kolisnet)
에서 이용하실 수 있습니다(CIP제어번호: CIP2017014470).